密室与剧场

——现当代日本政治社会结构变迁

金 赢／著

人 民 出 版 社

目　　录

第一章　绪　论

进入 21 世纪已届 10 年,世界仍处于大变革之中。为应对各种内外危机和挑战,当今各主要国家的政党都在快步调整,以期通过解决自身长期存在的结构性问题,在新的历史条件下获得尽可能多的社会认同,在野的能够上台执政,在朝的能够保住执政地位。为了实现这样的目标,国际政坛出现了一个越来越明显的现象,就是为能吸引大众的眼球和注意力,传统的政党组织模式日益转变为一种借助现代信息传播手段,政治人物现身表演,以期实现政治动员规模和效果最大化的新型模式。其中,日本政党政治由来已久的"密室"传统,近年来突然出现"剧场政治"的巨大转折,成为新旧两种模式交融折冲的集中体现,背后的机理值得深入研究。

第一节　问题的提出与研究的对象

一、平成政局的剧变

急速的变化始于 1989 年。当年 1 月 7 日,在位长达 62 年的裕仁天皇去世,昭和成为历史,日本进入平成时代。"平成",典自《史记·五帝本纪》的"内平外成",从这一年号可以看出经历了第二次世界大战的一败涂地、又在战后创造了复兴奇迹的日本人对新时代原本充满了美好期望。但事与愿违,平成时代却是在一系列动荡中拉开序幕的。在政治领域,最突出的表现就是政局的混乱。战后长期执政的日本第一大政党自民党，先在1989年的参院选举中失利，后在1993年的众院选举中饮恨下野，战后政治体制开始崩坏，并且一发不可收拾。自1989年至2000年，11年间日本共出现了10位首相①，执政超过两年的只有海部俊树和桥本龙太郎两位，大部分都在一年左右，其中有两位居然不到三个月。这些席不暇暖的匆匆过客，大多连首相任职的"磨合期"尚未完整经过，更何谈展现治国理政的宏图大志。纷扰迷离中，日本国民对政坛乱象充满了疑惑与失望。

但是，在政权短命、政治低迷的同时，日本也出现了一批颇受瞩目的政治明星、政治偶像。中央政治层面，如原社会党委员长土井多贺子，掀起新党旋风并在1993年出任非自民党政权首相的细川护熙，原新进党、后又曾担任民主党代表（相当于党首）的小泽一郎，在首相任内大胆推进"六大改革"的桥本龙太郎，在桥本内阁任厚生大臣并一举解决"感染爱滋问题"的菅直人②，2000年向森喜朗政权发动逼宫政变的自民党议员加藤纮一，等等；地方政治层面，如东京都知事石原慎太郎，长野县知事田中康夫，千叶县知事堂本晓子，宫崎县知事东国原英夫，大阪府知事桥下彻，等等。

---

①　他们是竹下登（1987年11月至1989年6月）、宇野宗佑（1989年6月至1989年8月）、海部俊树（1989年8月至1991年11月）、宫泽喜一（1991年11月至1993年8月）、细川护熙（1993年8月至1994年4月）、羽田孜（1994年4月至1994年6月）、村山富市（1994年6月至1996年1月）、桥本龙太郎（1996年1月至1998年7月）、小渊惠三（1998年7月至2000年4月）、森喜朗（2000年4月至2001年4月）。

②　菅直人当时是新党先驱的议员，1996年出任桥本联合内阁厚生大臣。上任后，他要求属下官僚提供有关因输血导致血友病患者感染艾滋病的数据资料，对于官僚们的消极应对采取公开的强硬手段，并在1996年2月代表厚生省向遗族谢罪，获得了极高的人气。1998年菅与鸠山由纪夫组建民主党。

这些人物政治背景各不相同,性格也互有差异,但在以下三个方面颇具相通之处:(1)执政风格开放,注重宣传、公关;(2)执政重点突出,改革家形象鲜明,成为舆论关注焦点;(3)执政过程阻力多多,不少人虎头蛇尾,半途而废。

对于上述现象,日本学者大岳秀夫曾借用交响乐中的概念——通奏低音中的间歇高音予以形容①。"通奏低音",是指政客屡屡失信于民、政治权威不断流失;"间歇高音",是指在普遍性政治低迷的背景下,民众将对改革的期待,寄托于富有个人魅力的特定政治家,冀望他们能够灵光闪现,创造政治昌明的奇迹。但结果往往是期望越高,失望越深。这些"改革家",大多或很快曝出丑闻,或陷入这样那样的麻烦,"间歇高音"昙花一现,整个政治乐章重又回归"通奏低音"的黯淡和沉闷。可以说,在这种"失望与期待"的交错沉浮中,上世纪90年代以来的日本政治,在以往派阀和密室编织而成的厚重幕布上,开始投射出斑驳陆离的戏剧性色彩。

二、小泉纯一郎的剧场政治

进入21世纪以来,国际政坛表演型的"政治秀"成为流行的时尚,你追我赶、花样翻新,有些甚至到了登峰造极的地步②。在

---

① ［日］大岳秀夫:《日本型民粹主义》,中公新书2003年版,第1页。

② 如2003年5月1日,美国总统布什在太平洋的浩瀚碧波上居然表演了一场轰动世界的"驾机秀"。当天,亿万美国观众从美国主要电视网现场直播的画面上看到,一架S－3B"海军一号"专机,以大约每小时200公里的速度,降落在从海湾返航的美军"林肯号"航空母舰的甲板上,布什身着飞行服,从"海军一号"副驾驶位置上出现在电视镜头前,然后来到航母甲板上发表讲话,宣布美国在伊拉克战争中的"主要战斗行动"胜利结束。此举使他的支持率直线攀升,但民主党抨击他的此次"驾机秀"耗资惊人,并且讥讽他的利用电视作秀的功夫能够让好莱坞演员出身的里根自愧弗如。

这种潮流之下,日本政治中的戏剧性成分也有增无已。最具代表性的人物,无疑是自 2001 年 4 月至 2006 年 9 月担任日本首相的小泉纯一郎。较之上世纪 90 年代,小泉的政治表演更加淋漓尽致,强烈的戏剧化特征令人叹为观止:第一,把政治变得更具冲突性,有悖常理、超乎常规。第二,把政治变得更加简单明快,非此即彼、非黑即白。第三、把政治变得更加令人兴奋,人气如潮、甚至狂热。

2001 年,"日本新语·流行语"大奖授予小泉纯一郎为年度获奖人物,而当年所有的年度获奖词汇,如"米百俵"①、"没有圣域的改革"、"不恐惧、不怯懦、不拘泥"、"骨干方针"、"综艺节目内阁"、"改革之痛"等均与小泉本人及其内阁或政策有关②。2005年,"日本新语·流行语"大奖又推选"小泉剧场"为年度获奖词汇,因为在 2005 年 9 月 11 日,首相主导了一场解散众院、派选举"刺客"击败逆臣(指反对小泉邮政民营化法案的议员)的大选政治剧,在这次选举中,小泉带领自民党赢得了压倒性胜利,整个过程充满了令人目不暇接的戏剧性场面。当然,"综艺节目内阁"、"刺客选举"等只是"小泉剧场"中最引人注目的两幕,而非全部。在执政的五年又五个月中,内政方面,小泉强力推行构造改革,加速摧毁维系自民党多年的派阀政治,使长期笼罩于日本政坛的

---

① 来自日本幕末明治初期长冈藩藩士小林虎三郎咬紧牙关,兴办教育的故事,后用来形容着眼未来不怕吃苦的精神。2001 年小泉在第一次组阁后发表的信念演说中援引了这个熟语。当年 9 月日本歌舞伎座演出《米百俵》,据日本媒体报道,小泉观看了这场演出并很受感动。

② "综艺节目内阁"的日语原文表述是"ワイドショー内閣"。"ワイドショー"是日本商业电视中以娱乐信息为主,兼有生活信息的软新闻节目的总称。这一获奖词汇反映出小泉及其班底在电视软新闻节目中高温不断的持续展演。另外,2001 年新语流行语的前十位中还有"盐爷"、"抵抗势力"等与小泉政治相关。

"密室云霾"为之一变。外交方面,小泉借"9·11"事件及其本人与小布什的"私交",进一步强化了日美军事同盟,首次突破和平宪法,把自卫队派往海外战场;并不顾中、韩等亚洲国家的强烈反对,连续六次参拜了供奉有日本甲级战犯牌位的靖国神社。

耐人寻味的是,"小泉剧场"尽管在中韩两个近邻颇多争议①,但在日本国内却颇受欢迎。首先,小泉政权是日本进入平成时代十余年来的第一个长期政权,时间长度在六十余年的日本战后史中仅次于佐藤荣作和吉田茂,位居第三。其次,小泉的人气和内阁支持率自始至终保持了高位水准:2001年4月上台之初,小泉内阁支持率创下均值80%的历史纪录②;2006年9月小泉卸任时仍然人气不减,被民调评价为战后历任首相中位居第二的"伟大首相"③。由此可见,在当今日本,"小泉剧场"或由小泉发挥至极的剧场政治,已经成为反映近年来日本政治和社会发展、嬗变趋势的最具典型意义的样本。

政治是关于重要公共利益的决策和分配活动。与其他社会行为和社会活动相比,政治行为和政治活动具有公共性、根本性、全局性和权威性等显著特征④。既然"小泉剧场"成为日本政治的代

---

① 如对于小泉的"参拜秀",中国政府和民间的抗议和强烈反应是众所周知的。在韩国,也屡屡引发韩日两国关系的轩然大波。如2001年,为抗议小泉公然以首相身份参拜靖国神社,20名韩国男子在首尔街头,一起用铡刀切掉了自己的小指,鲜血四溅的场面经电视播出后,震动世界。——作者注。

② 2001年4月末日本五家全国性报纸的调查结果显示,国民对小泉内阁的支持率最低的是78%,最高的达到了87%,平均值亦为83%,是该类调查有史以来最高的数字。

③ 见产经新闻社2006年9月初进行的网上调查。此次调查中,"伟大首相"位居第一的是吉田茂。

④ 俞可平:《民主与陀螺》,北京大学出版社2008年版,第4页。

表性现象,那么它的公共性、根本性、全局性和权威性何在? 作为对日本剧场政治的社会学考察,必然涉及以下问题:剧场政治在当今日本出现的社会背景是什么? 有哪些必然性和偶然性? 剧场政治想要打破什么、建设什么、实现什么样的目标?"剧场"的舞台布景(社会背景)、故事情节(政治事件)和夹杂其中的各色人物(从普罗大众到媒体人士再到高层政客等),是怎样互动博弈组成一台政治戏剧的? 剧场政治与以往的日本政治有何不同、将对日本社会的政治生态产生哪些深远的影响? 剧场政治是不是日本社会的特殊现象? 如果是,它的特殊性在哪里;如果不是,它的普遍性又在哪里? 政治的剧场化是否要以社会的剧场化为基础,如果这一假设成立,"剧场"作为一种"后现代现象",是否具有某种内在的规律性,或者是说,当今时代,是否各种社会在实现和完善现代化的过程中,都会以这样那样的方式形成某些"政治剧场"? 从效果分析的角度看,剧场政治的利弊如何、风险何在? 如何在实施过程中扬长避短,以利于在这个新型的公共政治领域趋利避害,达到政治与社会的共赢? 等等。限于篇幅和个人的学识水平,上述问题不可能在本书中逐一得到解答,但作为问题意识中的基本元素和思考路径,围绕这些问题进行的思考与分析将贯穿整个研究。

三、主要的研究对象

整个研究将主要针对以下三个方面展开:日本政治与社会结构的关系、日本媒体与政治的关系以及小泉、安倍两个政权中剧场政治的典型个案。

对于政治的概念,东方与西方、古代和现代的众多解释从来难以定于一尊,除了立场观点方法的差异,认识视角也往往各有千秋,有的聚焦于政治的肇端,有的侧重于政治的结果,有的则更强调政治的过程。但无论做何解释,政治在本质上,都是由生产力所决定的生产关系(经常表现为各种社会利益之间的关系)以及建构于经济基础之上的上层建筑和社会组织方式的集中体现。从这一意义上来说,当今日本政治所表现出的剧变及其重要的衍生现象——"剧场政治",也应该是其社会利益关系出现深刻变动、社会组织方式发生剧烈变化的集中反映。所以,本书的第一个主要研究对象,就是日本政治与社会结构的关系。

说起剧场政治,许多人会想起美国人类学家克利福德·格尔茨笔下的尼加拉①。在 19 世纪巴厘剧场国家,华丽的、戏剧性的仪式,就是政治,就是国家对各种社会利益关系的制度安排,就是其社会组织方式在上层建筑中的集中体现。时过境迁,本书所要探讨的当今日本剧场政治,与 19 世纪的巴厘剧场政治相比,虽在本质上颇有异曲同工之处,但外在方面却显出天壤之别,日本剧场政治不仅在表现形式、载体手段方面大大现代化了,而且政治目标似乎也与巴厘剧场政治南辕北辙、大相径庭。如果说 19 世纪巴厘国家呈现的是塑造威权、建构秩序的剧场政治,那么,当代日本上演的则是打破威权、解构秩序的剧场政治。自上世纪 80 年代中期以来,日本剧场政治的"剧情",几乎清一色是"改革者"向既有威权、既有秩序的代表者——"守旧派"②和"抵抗势力"③的挑战,媒体和大众趋之若鹜使之形成人气鼎沸的"政治剧场",原因也正在这种"挑战"与"抵抗"的攻防。因此,在本书第三章中,围绕对本书第一个研究对象的分析,将要涉及的问题包括:在 20 世纪 90 年

---

① [美]克利福德·格尔茨:《尼加拉:十九世纪巴厘剧场国家》,赵丙祥译,上海人民出版社 1999 年版。

② 小泽一郎语。

③ 小泉纯一郎语。

代前后,日本现存的政治秩序、政治权威是什么? 它们是怎样形成的? 具有怎样的特征? 改革者想通过改革,使之发生怎样的变化? 其社会动力和社会基础是什么? 在政治变化的表象下,日本社会的利益关系、组织方式发生了怎样的变动? 又将进一步发生怎样的演变? 等等。借助"剧场"这个"窥镜",笔者希望对当今日本政治及社会结构的互动关联进行综合的审视。

前已述及,在小泉登上首相宝座的 2001 年,"综艺节目内阁"一词获得了"日本新语·流行语"大奖。对于"综艺节目内阁"现象,日本作家边见庸曾经评论说:①

小泉政权刚刚诞生后的日本媒体,在我的印象中大概就像是患上了严重热性病一样。小泉首相所到之处,往往人群聚集欢呼声一片,其情其景很有点节庆活动的味道。媒体对这种情况再三进行报道,又使首相的人气数倍放大,他似乎也已不由自主地陶醉在人们的拥戴声中。

"综艺节目内阁"的称谓和边见庸的评论,引出了本书的第二个研究对象——日本媒体与政治的关系。如前所述,20 世纪 80 年代后期以来,日本政治进入传统秩序崩坏、新生力量跃跃欲试的动荡时代。反映在媒体格局方面,以往政治新闻的生产、传播和效果发生机制逐渐失灵,长期形成的以几家全国性报纸和日本广播协会为中心的政治传播秩序开始分崩离析,出现了两种相伴相生、互为表里的新现象:一是主流媒体边缘化,边缘媒体主流化;二是政治新闻娱乐化,娱乐新闻政治化。过去难登政治大雅之堂的电视新闻秀,甚至是体育娱乐类节目、栏目开始登堂入室,逐渐成为政治传播中的新媒体。而充斥新型政治传播舞台的主旋律,是黑白分明的对抗

---

① ［日］边见庸:《何为小泉时代?》,新华社东京 2002 年 3 月 8 日电。

和冲突:自民党主流、官僚机构是坏蛋、是恶人,自民党旁流、民间人士是英雄、是好人。英雄的"改革者"展示英姿、放大英姿(边见庸所言的"再三报道")的最主要的场所是电视,英雄获得人气、获得政治合法性的场所也是电视。在钟爱善恶分明的电视软新闻节目中,"改革者"的政治家与英雄式的电视偶像融为一体,选民的政治好恶与电视观众的喜怒哀乐实现了统一。尝到甜头的"政治英雄"们开始进一步研究如何使表演增加迷人的时尚因素,以吸引电视及观众的眼球。面对急速流失的人气,原来的主流媒体也被迫放下身段,加入到与娱乐电视"抢吃软饭"的竞争中来了。就这样,经济社会生态的变化带来了新的政治品味和政治需求,媒体生态也随之改变,为"剧场时代"的政治家的崛起准备了土壤和平台。在这些因素综合作用下,"剧场政治"通过电视媒体的催生终成大观。

　　既然在"剧场政治"中,电视已经成为政治最重要的角力场和作秀竞技场,那么在进一步研究媒体与政治关系的过程中,就有必要对电视媒体这个"公共空间"的功能演变多着笔墨。实际上,由于媒体在近现代西方民主政治体制形成过程中发挥了重要作用,获得的舆论和话语权力越来越多、越来越大,因此媒体与政治的关系长期以来一直是西方政治学、传播学关注的重要领域,在社会问题研究中同样是不可回避的内容。研究日本"剧场政治"及其媒体生态的演化,离不开对国际政治和传媒互动格局大背景的观察,尤其需要深入分析方兴未艾的人类信息传播的革命性变化对政治形态的深刻影响。

　　早在日本"剧场政治"兴起之前,以美国为代表的"信息经济"、"知识经济"已经逐渐催生出一种全新的媒体与政治关系:政治媒体化、媒体娱乐化。政治家和媒体精英们越来越清楚地看到,借助高新科技、工业化生产和商业化运作,大众文化与大众传播互相结合,社会影响力不断上升,在某种程度上影响甚至决定着人们

的社会生存和生活方式,"数字化生存"日益成为主流。20 世纪
80 年代,英语词汇中出现了一个新词"infotainment",这是将"信息"(information)和"娱乐"(entertainment)合而为一的产物,意思是"信息娱乐化"或"在娱乐中接受信息"。这个新词的产生,反映了西方社会文化的一个重要变化。以新闻传播为例,虽然电视与戏剧、电影表现形式类似,都是直观的形象传播,但在过去,电视媒体供给社会大众的"新闻"或"信息"必须是严肃的,戏剧和电影才带给人们"娱乐",而进入新的大众传播时代后,新闻媒体必须提供越来越多的"软信息",再严肃的"硬新闻"也必须靠娱乐化的"软包装"加以兜售,因为受众要在轻松、休闲、娱乐中接受"新闻信息"。于是,电视新闻的严肃性与戏剧电影的娱乐性开始合流①。在这种新的政治传播模式中,政治家们的"新闻人物形象"也静悄悄地发生了巨大转变,原来一本正经、高高在上、借助神秘凸显权威的形象范式,让位于能够最大化取悦普罗大众的,与公众共喜乐、亲民、爱民的"邻家好友"②形象。媒体作为加工生产表演型政治人物的流水线,开始通过栏目设计、节目设置等手段为政治秀提供各种各样的"秀场",最典型的就是美国电视中大量的"脱口秀"(talk show),影响大、收视率高。进入 21 世纪,网络电视、手机媒体等新的传播手段和载体层出不穷,促使上述"合流"的态势发展得更加迅猛。概而言之,伴随着西方新闻传播模式加快朝着

---

① Grant, August E. & Wilkinson, Jeffrey S. (Editors), *Understanding Media Convergence*, OUP, USA, 2008, pp. 16 - 18.

② 此论在 20 世纪 80 年代欧美文化界和学界甚为流行,如英国作家、记者雨果·扬写作的撒切尔夫人传记,题目就是《我们中的一个》,描绘成功的领袖人物如何通过表演取悦大众的政治历程。见 Young, Hugo *One of Us: Life of Margaret Thatcher*, Pan Books; 2Rev Ed edition, 1993。

数字化、大众化、娱乐化的方向转型，人们的政治信息接受习惯及与之相关的交往方式和行为方式发生着日益深刻的转变。"眼球经济"直接催生和营造了表演型的"眼球政治"，注意力意味着影响力越来越成为共识。大众传播媒体尤其是电视，通过主导政治议程、参与政治事件、影响政治人物命运，成为政治运行过程中的重要因素。而能够顺应潮流的政治人物也纷纷审时度势，借助媒体新型传播模式的强大人气凝聚力，在实现社会动员和获取权力目标的过程中如虎添翼。所以，当商业电视节目本身的剧场性和政治以电视为媒介的表演性日益融为一体的时候，电视政治与剧场政治也就几乎是同义词了。

在这样的大背景下，日本剧场政治背后媒体与政治的关系，与欧美等国相比，既有共性也颇具其特性。共性方面，首先，日本的近代政治和大众媒体，均发轫于 19 世纪西方国家进行全球殖民化的背景之下。具体而言，是迫于佩里将军率领美国黑船压境及随之而来的内外压力一步步蜕变而成的，从头到脚具有明显模仿和照搬西方做法的痕迹。第二次世界大战后，通过美国占领下的改革，日本政治和媒体具有了与欧美等西方国家更其相近甚至雷同的制度环境。所以，每当欧美等西方国家发生政治变革或出现新的传媒革命浪潮，日本总是受到吸引也乐于尝试模仿，许多做法很快就被移植过来并在日本落地生根。其次，无论是在欧美还是日本，媒体作为资本主义产业的重要组成部分，在秉持其意识形态与核心价值理念的同时，都天然地具有追逐高额利润、追逐垄断市场的内在驱动。20 世纪 80 年代以来，以减少管制①、自由放任为特

---

① 即 deregulation，也有学者译为"解除管制"，是新自由主义经济学的重要主张之一。

征的美国媒体迅速崛起为重要的支柱性产业，其商业化模式受到包括日本在内许多资本主义国家的认可和仿效。媒体商业化浪潮背后强大的经济逻辑就在于，坚定不移地以市场作为商业成败的最终裁定者，始终遵循市场理念，坚持利润第一。因此，西方媒体在对政治人物、政治事件的报道中，总是践行"狗咬人不是新闻，人咬狗才是新闻"的金科玉律，想方设法提起人们的兴趣，吸引眼球、吸引广告、创造利润。为此，媒体除了努力寻找具有轰动效果的政治报道选题，在编辑技巧、报道角度和形象设计等各个环节上也无不进行精心包装，尽可能赋予政治行为冲突、刺激、搞笑以取悦受众的剧场基本形态①。小泉"综艺节目内阁"最早由娱乐类商业电视烘托而成，就是这个道理。

在特性的一面，虽然目前日本媒体与政治的关系，与欧美等西方国家在外观上几乎并无二致，但往深里探究，就会发现二者又具有很大的不同。仍以电视媒体与政治的关系为例，首先，其电视媒体的政治化过程本身就带有强烈的"日本特色"，反映了日本媒体与政治的特殊关系。早在20世纪60年代初，日本的电视机持有量就突破了一千万台，达到近50%的普及率，与美国大体相当。但两国电视政治的展开方式，电视政治的影响力发生路径，却有很大的不同。至少表现在两个方面：一是在开始的时间上有很大落差。如同西方政治学、社会学和大众传播学界所公认，以肯尼迪和尼克松角逐总统的四次大选电视辩论会为标志，美国早在1960年就已进入电视政治时代，而日本的电视政治时代直到20世纪80年代后期才拉开序幕。二是媒体的政治功能有较大差异，如同样是报道越南战争，美国的电视媒体可以暴露本国军队在印度支那

---

① 唐海江：《西方政治媒体化简析》，《国际新闻界》2003年第2期。

战场的残暴和窘迫,但日本的电视稍微触及真相,就每每受到严厉的惩罚,包括节目停播,主持人、记者被辞退①,等等。因此,与欧美的"复杂统一体"②相比,日本媒体与政治间"成熟"关系的形成迟滞了近二三十年。那么,电视政治在日本为何"晚熟"? 是什么力量制约了日本电视的政治化进程? 在 20 世纪 80 年代后半期到 21 世纪初这十多年里,日本又为何能从电视政治的后发国,一跃成为电视政治的"发达国家"? 在日本,电视与政治之间的具体博弈怎样展开,又将如何继续下去? 要回答这些问题,就需要对"日本特色"的社会文化密码进行深入解析。

最后,凸显于 21 世纪初的日本剧场政治,在小泉纯一郎政权时期达到了第一次高峰,其后的安倍晋三政权萧规曹随,颇想百尺竿头更进一步,不料却落了个东施效颦、黯然收场的结局。虽然结果迥异,但小泉、安倍两个政权在运作过程中,充分展示了当今日本剧场政治的各种要素,撷取其中的典型个案加以条分缕析,有利于进一步见事见人地揭示日本剧场政治的内在机理。因此,本书的第三个研究对象就是小泉时代、安倍时代的日本剧场政治。对于小泉时代剧场政治的研究,将从对以下问题分析的线索展开:小泉纯一郎的个人背景是怎样的? 是英雄造时势还是时势造英雄? 在小泉执政期间,他的政绩何在? 如果说"剧场"的政治表演都是"前台"的,那么在小泉剧场政治的"后台"又发生了什么? 换言

---

① 最著名的事件就是日本 TBS 电视台主持人田英夫因其在越南战场的采访评论触怒了自民党高层,被辞退。

② "复杂统一体"是英国文化研究学者斯图亚特·霍尔提出的概念。简要地说就是,在现代发达西方资本主义国家中,电视(媒体)和政府的关系是相对自主的,这一自主性和中立原则能够更有效地服务于资本主义秩序。参见[英]安吉拉·麦克罗比:《文化研究的用途》,李庆本译,北京大学出版社 2007 年版,第 15 页。

之,在小泉时代中,看得见的剧场政治与看不见的"密室政治"是一种什么样的关系,对内政外交发挥了怎样的影响? 对安倍时代日本剧场政治的研究,也将按相应的分析框架进行。在当代剧场政治的大环境中,安倍晋三作为小泉的接班人,在2006年9月的自民党总裁选举中实现了"不战而胜",成为日本首相。但不到一年,安倍政权就草草收场,"安倍剧场"的失败是由哪些因素造成的,是由于个人表演技不如人还是缘于集体性社会因素?

1957年,即电视在日本问世三年之后,大宅壮一发出了"一亿总白痴化"这一振聋发聩的评论。自20世纪80年代起,西方政治学界、大众传播学界开始探讨"看客民主主义"、"民主还是媒主"等问题。围绕媒体与政治的关系,在媒体商业化对政治的影响不断加剧,尤其是逐步与政治剧场化合力生产出新型政治形态的趋势下,分析小泉、安倍时代的案例,将为研究当代剧场政治提供一个日本的视角。

第二节　先行研究与本研究的意义

对日本剧场政治的研究是一项综合性研究,与现当代日本政治研究(包括被称为"1955年体制"的战后政治体制,与1993年自民党下野后的后战后政治体制)、日本社会结构研究、日本媒体研究等都密切相关。从更为宏观的视角去看,还离不开对现代国际政治及传播行为的研究和对传统及现代社会文化、社会心理、社会思潮问题的观照。由于论题的广泛性,本书呈现的只是一个长期研究的阶段性思考,整个研究框架将从两个方面展开:一个是现代化背景下的政治,另一个是媒体电子化背景下的政治。对前者将主要运用社会学的结构功能理论进行分析,对后者的透视则主要借助传播学的媒介分析理论来进行。二者在剧场与剧场国家理论中实现对接。

一、现代化背景下的日本政治

研究过程中对现代化的结构功能理论的汲取,直接受启于日本学者富永健一1990年出版的《日本的现代化与社会变迁》①。从富永处主要借鉴两点:一是其对现代化的结构功能分析框架,二是他关于前现代、现代、后现代社会的三重结构框架。在《日本的现代化与社会变迁》一书中,富永运用帕森斯的结构功能主义理论,提供了一个分析后发社会现代化的理论框架,即将社会整体分为经济、政治和社会文化三个子系统,把产业化作为经济现代化的根本标志,把民主化作为政治现代化的重要标志,把自由、平等和理性主义作为社会文化现代化的根本标志,并以此作为价值标准,对三个体系现代化的基本变动趋势以及互动关系展开分析。富永认为,作为后发国家,日本的现代化走了一条"以经济增长带动社会变迁","经济现代化领先、政治、社会、文化现代化相对落后"的发展道路。这与文艺复兴、科学革命以来,"以文化现代化带动社会变迁"的西方现代化进程形成了鲜明对照。

在他的著作中,富永反复强调日本战后民主主义制度及与此相关的国民意识的不成熟状态。他认为,自民党一党执政长达近40年的民主主义政体根本不能被称为现代的民主主义,通过选举支持这种民主主义政体的国民也称不上是具有现代性的国民。如果说战前日本社会的现代化是具有很大不平衡性的现代化,即政

---

① ［日］富永健一:《日本的现代化与社会变迁》,李国庆、刘畅译,商务印书馆2004年版。

治传统中欠缺民主主义,社会—文化传统中欠缺自由、平等与理性主义,那么这种不平衡性在战后日本的现代化进程中并没有得到根本扭转,反而在经济迅速复苏的掩盖下更加深刻地潜伏了下来。通过具体分析,富永指出,自1960年安保斗争之后,经济优先再次成为日本国家发展的首要目标,经济加速产业化、市场化被有意无意地等同于现代化进程的全部。这样一种"重点发展经济"的现代化不可能,实际上也没有使社会矛盾消失或从根本上缓解社会紧张。经济系统内部的矛盾及由此带来的政治系统、社会—文化系统等子系统之间紧张度升高、不稳定因素增多的结构性矛盾,一有机会就以这样那样社会危机的形式表现出来。

在对经济、政治和社会—文化三个子系统进行考察的同时,富永还提出了一个相对应的前现代、现代和后现代的三重结构框架。以政治子系统为例,自民党作为一个党派,并不具有现代大众组织的社会基础,对以本党议员为主,靠世袭、门阀、派系等非正式人际关系建立起来的后援组织的依赖,体现出其浓厚的前现代色彩,这种"日本式精英"代表的前现代性结构虽在逐渐式微,但依然在很大程度上发生着作用,在中央政治的层面上尤其如此。与此同时,城市尤其是大都市中出现了政党支持的流动化,"不支持某一特定政党"的群体层迅速增加,他们没有特别的政治偏好,哪个政党上台都一样,好也好不到哪去,坏也坏不到哪里,这又属于后现代现象。再以社会—文化子系统为例,家庭的解体与自然村的解体属于现代化现象,而由于收入、教育背景、职业身份等阶层地位标志的差异在社会大众中间逐步缩小,开始形成"均等化大众社会",以及在这种社会条件下出现的"新中间大众",他们的社会心理又属于后现代现象范畴。

需要说明的是,富永的《日本的现代化与社会变迁》成书于

1990 年,即在日本进入平成时代仅一年之后,恰逢战后日本现代化来到一个新的转折点,该书的时代特征和针对性因此非常鲜明。2004 年该书的中文译本出版前,富永特又增写一个《十二年后的补记》,进一步阐述了 1990 年之后日本发生的种种新的显著"社会变迁"。但富永在这一简短的补记中只着重分析了经济社会变迁,尤其是经济子系统的变迁,对其他子系统的变迁、各子系统之间结构功能关系及新型社会变迁与现代化的关系均未涉及。弥补这一缺憾,继续丰富这方面的认识,也成为本研究的一个起点和重要动力。

二、媒体电子化背景下的政治

本书运用的电子化媒体分析理论主要来自大众传播学领域,主要借鉴了加拿大学者英尼斯、麦克卢汉,以及美国学者约书亚·梅罗维茨的理论观点[1]。其中,梅洛维茨的《消失的地域:电子媒介对社会行为的影响》一书,为本文的论述提供了基本的分析架构。

随着传播技术日新月异的发展,信息化浪潮正一波波席卷全球,在这种背景下媒体分析的意义日益凸显。20 世纪五六十年代,加拿大学者英尼斯、麦克卢汉率先创立媒介分析理论,提出了"媒介即信息"、"地球村"等一系列惊世骇俗的概念。例如,麦克卢汉和英尼斯在对现代传播技术进行集中研究后提出,媒介并非仅仅是两个或两个以上话语环境中人们之间进行交流的手段,它

---

[1] [美]约书亚·梅洛维茨:《消失的地域:电子媒介对社会行为的影响》,肖志军译,清华大学出版社 2002 年版。需要说明的是,在本书中,"媒体"与"媒介"是被作为同义词使用的,而在传播学界往往将"媒体"、"媒介"交相混用。

们本身既是话语环境,也是信息。

20 世纪 80 年代中期,美国学者约书亚·梅洛维茨继承和发展了麦克卢汉和英尼斯的理论。在《消失的地域:电子媒介对社会行为的影响》一书中,梅洛维茨认为,"麦氏将媒介描绘成感官的延伸,并且宣称新媒介进入某种文化后就会改变这种文化下的人们原有的感知平衡结构,改变他们的意识。但是麦克卢汉没有给出具体的理由来解释为什么具有不同感知平衡结构的人会有不同的行为。"在他看来,麦氏的理论只是发现了问题,但却没有清楚地阐明电子传媒是通过何种具体机制引发广泛的社会思维和社会行为发生变化的。也就是说,媒介特别是电子媒介为什么以及如何导致社会结构或社会行为的根本性转变,在麦氏理论中并没有得到回答。梅洛维茨认为,可运用"情境论的视角,考察传播媒介情境与行为之间的关系,通过这种考察来审视新传媒的崛起造成的社会传播新模式。"为此,他选择美国社会学家戈夫曼的社会情境与社会角色关系理论作为其媒介分析理论的学理基础,将麦氏理论向前推进了一大步[1]。

在梅洛维茨看来,在麦氏理论的基础上,应进一步以人们接触信息的机会为着眼点,拓宽情境的概念内涵。以这种拓宽了的情境概念来分析人们的行为,需要把媒介环境(即通过运用媒介所形成的信息环境)放在重要位置上来考虑,因为媒介环境或其构成的信息环境如同人们在有形的物质世界中所处的场域一样,媒介的变化与情境的变化相互关联,而情境的变化又直接影响着行为者的社会思维和社会行动,电子传媒对社会发挥影响的机制就

---

① 田中初:《电子媒介如何影响社会行为——梅洛维茨传播理论述评》,浙江师范大学学报 2006 年第 1 期。

是这样的新媒体—新情境—新行动的关联模式。

梅洛维茨还具体分析了在电子传播媒介日益普及的趋势下社会情境发生的一些新变化:首先,电子媒介特别是电视,打破了不同群体信息系统的分离状态,消解了信息消费主体的差异性。在纸质媒体时代,受社会地位、教育水平、欣赏品味等因素的影响,接受过良好教育的社会精英可能主要读那些严肃的主流报刊,只受过初步教育的劳动大众往往选择那些以刊登"八卦新闻"和搞笑内容为主的小报小刊,没有受过教育的文盲则什么也不读。而到了电视时代,由于电子传媒所用符码的简单性(如声像),坐在电视机前,无论什么人都面对着同样的社会情境,从而打破了印刷媒介所造成的不同阶层受众群之间的区隔和壁垒。其次,由于电子传媒的传播具体生动且能展现事件过程,"公共领域"和"私人领域"的界限往往也难以像过去那样清晰了。例如人们通过观看电视节目,能够察看到别人不愿为人看到的私密行为(如大型体育比赛直播时突然在电视画面上出现的现场观众中的情侣亲昵行为),梅洛维茨将这种现象称为"公共情境与私人情境的合并"。另外,电子传媒还能将人类的体验和具体的物理接触分离开来,引起社会场所与自然场所的"离合"。电子媒介通过特定的传播手段,上至外层空间,下至大洋深海,更不必说人类生活的各个大陆,往往都能瞬间展现在人们面前,这些情境为人们重新界定了空间和地域的概念,也引发人类社会行为许多前所未有的新变化。

在梅洛维茨的研究中,发现电子媒介建构情境变化并导致不同社会行为的作用是多方面的。其中有两点值得提及:一是不同性别之间气质的融合。因为电视是面向全体社会成员的动态影像媒介,因而男性和女性在电视场景中的角色必须基本平衡,这样电视传播的信息才能被男女两种性别共同接受,长此以往,就造成了社会行为中男女的气质差异在缩小,共通的成分增多。梅洛维茨认为,大量的信息一旦由男性和女性共享,那么他们就可能使用相同的语言,讨论相同的话题,并且期望获得相同的社会权利。二是政治英雄和普通百姓的融合。电子媒介时代给政治权威展示自身提供了非常重要的舞台,但同时也失去了印刷媒介环境下神秘的光环,因为人们可以清晰地看到具体的人,尽管经过公关专家的包装,但是一旦经过现代化技术武装起来的"火眼金睛"的现场报道,政治权威与普通人就实现了零距离接触,任何完美也就不存在了。这种情况下,政治生活中的私人领域和公共领域之间的界限日益淡化,与之紧密相连的政治文化就不得不重新定位。

梅氏的这些理论为研究日本剧场政治提供了诸多启示。第一,电子媒介特别是电视,对不同群体信息系统樊篱的打破、对社会场所与自然场所的"离合"、对信息消费主体差异性的消解等等,潜移默化地使日本政治社会中的那些传统共同体趋向解体。电子媒介造成的新情境如"头脑风暴"般,摧毁了地域的、业界的高墙,冲垮了城乡差别、职业差别等旧有的情境界限,人们从原来小圈子的组织中走出来,融合到了一个全国性、全球性的媒体"剧场"之中①。归属意识的改变,不可避免地产生了与以往不同的社会行为。

第二,正如"小泉剧场"明示的那样,在改革的欢呼者中,女性的反应要明显超过男性的反应。这固然是因为经济高速增长时期日本形成了男主外、女主内的家庭结构,使女性构成了电视收视者的主体,电视的收视趣味更趋于迎合女性,但考虑到新型电子媒体

---

① 日本的全国电视网络到 20 世纪 70 年代中期建成,详见本书第五章第一节。

对新情境的建构功能,是否可以说经过"电视剧场"的放大性生产效应,在现实世界中本来并不享有政治社会平等地位的日本女性,反倒因此产生了一种建立在假想和反叛心理上的影响力呢? 美国学者西达·斯科克波尔在论及美国福利国家的起源时曾有一个主要观点[①],即阻碍美国福利制的独特的历史和制度的背景在于,美国是一个过分的父系主义的国家,这个国家由男人来打理,把男性劳动者当作维持家庭生计的工具,但实际上却促使一个强大的母系主义国家发展起来。这一视角也可套用在日本媒体政治的性别构造中。政治剧场中的女粉丝一旦与现实政治中的女选民实现合体,那么这股母系主义的力量是异常强大的。近年来,美国的奥巴马、法国的萨科奇、俄罗斯的普京纷纷在不同场合赤膊上阵"秀肌肉",而且每每经过媒体的放大引起轰动。许多政治分析家和媒体专家也指出他们的举动主要是为在女性选民中建立好感。果真如此,那么这种"政治秀"刺激出的虚拟性影响力,反过来无疑会对现实政治产生巨大影响,毕竟,在选举政治中,一人一票,每一票都是重要的。

　　第三,与其他西方国家一样,日本的"剧场政治"也极度热衷于对政治人物私人领域的关注,甚至这种关注已达到了无聊和误导的地步。例如日本电视在对小泉的报道中,观看相扑比赛、欣赏歌剧、品尝美食都成为日本电视追踪报道、连续"热播"的对象,而如海外驻军、外交摩擦等有关政府立场、国家利益的重大问题却被绝大部分媒体忽视。在"日本的奥维尔式1984时代"的情境下,日本媒体逐渐消解或放弃了舆论话语中的"公共议题",公私不分

---

①　Theda Skocpol, *Protecting Soldiers and Mothers：The Political Origins of Social Policy in the United States*, Cambridge, Massachusetts：The Belknap Press of Harvard University Press, 1992.

的"剧场政治"究竟出路在哪里？既是一个越来越突出的社会文化问题，更是严肃的政治和经济的问题，因为再热闹的大戏散场后，观众还得面对自己的现实。

三、剧场与剧场国家理论

上文已述，梅洛维茨通过运用戈夫曼的社会情境与社会角色关系理论，考察了电子传媒崛起形成的新型社会情境模式和其对人们社会行为的改变。实际上，在情境决定行为之外，戈夫曼的代表作《日常生活中的自我呈现》①还为我们提供了另一种视角，即情境未必能改变行为，行为的改变有时不过是一种装作适应情境的一种表演，一种仪式。

在该书中，戈夫曼将个体和群体在他人面前努力创造并维护理想形象的过程比作一种戏剧表演，并用戏剧学的概念分析了个体（单人剧班）与群体（特指剧班）的各种技术。戈夫曼提出的一个主要概念是"情境合宜"：行动或概念的意义取决于产生于其中的社会背景。简单说来，人人都在不同的社会舞台中扮演着大量不同的社会角色，当人们进入某种环境时，他们就得对这一社会环境及环境中的其他人有所了解，以便采取不同的行动予以适应。根据这种"戏剧"中的社会角色理论，任何个人在特定情境中的行为，都可归于两个大的范畴，一是"后台区域或后台行为（自己人之间的一种放松状态）"；二是"前台区域或舞台表演区行为"。戈夫曼认为，戏剧表演往往具有理想化倾向，当个体在他人面前呈现自己时，他的表演往往会体现和力证社会公认的准则，在这种意义

---

① ［美］欧文·戈夫曼：《日常生活中的自我呈现》，冯刚译，北京大学出版社2008年版。

上,可以把他的表演看作一种礼仪,即运用表现力对团体道德准则进行复原和重申,当这种表演的表达性倾向逐渐被作为现实得到认可,被接受的表演就具有了某些典仪性的特征。

这一理论对分析日本剧场政治具有很大的有效性。上文已述,当代日本剧场政治中的角色定位是自民党主流、官僚机构是坏蛋,自民党旁流、民间人士是好人。坏人之所以坏,因为他们搞金权政治,搞腐败,好人之所以好,因为他们反金权政治,反腐败。但是,这些好坏之分,很多时不过是"前台区域或舞台表演区的行为",到了后台区域或后台,两者间的相同点恐怕要远远多于不同点。例如,升味准之辅曾这样描述过发生在1974年的田中角荣派(金权政治的代表)与福田赳夫派、三木武夫派(反金权政治的代表)的一次对阵①:"当反对派少壮议员成立'党再建议员联盟',点起改进党的素质的狼烟后,田中为了阻止改革运动,也成立了一个'关于党的基本问题与运营等调查会'的党的正式机关。田中所以能够软化党内对金权的批判,摆脱危机,并不是因为他不搞金权了。也就是说,批判田中的金权的议员,依然要依靠田中的金钱来生活。"由此可见,当反金权成为一种社会背景后,每一派都必须采取适合的行动予以适应。田中的成功在于他理解变化的环境和不变的人性,理解这些人在前台与后台的行为差异,更理解既是一种仪礼,那就先且行礼如仪,之后该怎么办还怎么办的道理。而到三十年之后的小泉纯一郎时代,前台表演与后台行为的模式发生了变化,但二者差异的关系本质却没有改变。

再如2005年9月11日的众院选举中的小泉。为了表示对通过邮政民营化法案的坚持,他通过电视公开喊话,称如果不能"获

---

① 　[日]升味准之辅:《日本政治史》第四册,商务印书馆1997年版,第1176页。

得国民的支持,赢得大选,自己将义无反顾地辞职。"这样小泉向观众呈现的,是一个不恋栈的、愿意为理想信念牺牲自己政治生命的清流形象,与那些忽而引咎辞职,忽而重新复出的老政客相比,具有明显的道德优势。除了注重占据道义的制高点,小泉还非常注意演技的运用,即在表演中的对表达程度的控制,如对愤怒、紧张、动情、欣喜等一颦一笑的拿捏,这些技巧的把握也对小泉的形象塑造发挥了积极功效[1]。在小泉的支持者中,很多人表示"小泉让他们看到了不同于以往传统政治家的鲜活一面"。这就正如戈夫曼所言:重要的是"不管诚实的表演者是否想要传达真相,也不管不诚实的表演者是否想要传达虚假,两者都必须用恰如其分的表达来使他们的表演有血有肉、栩栩如生。"

如果说戈夫曼提供了个体或群体如何在剧场中表演的分析框架,那么在《尼加拉:十九世纪巴厘剧场国家》一书中,美国人类学家克利福德·格尔茨则向人们展示了一个东方剧场国家中作为政治的仪式,阐释了仪式政治化、政治剧场化的过程及其政治社会学的含义[2]。在19世纪的巴厘,国家的政治生活是两极性的:一极是作为国家中央政体的尼加拉,另一极是作为村落政体的德萨。由于国家无力使专制权力达到充分有效的集权,唯一能使社会产生凝聚力,从而维持尼加拉存在的办法,就是安排一个又一个仪式,使国家的政治走向各种各样的排场,走向极度铺张的庆典,制

---

[1]　这是表演型政治家共同的特长。如在评论普京2009年8月的"肌肉秀"时,俄罗斯媒体说:"普京能够在任何情况下洞悉事态,制造同民众交流的动人场面,这连职业演员也望尘莫及。"见俄罗斯《独立报》2009年8月7日文章:《普京的第一个10年》,转引自2009年8月11日《参考消息》第1版。

[2]　[美]克利福德·格尔茨著:《尼加拉:十九世纪巴厘剧场国家》,赵芮祥译,上海人民出版社1999年版。

造巴厘文化的迷狂精神和公共生活的戏剧化。尼加拉并不是一个社会的、政治的和经济组织的综合体,不是一个现代意义上的国家,而更像一个宗教意义上的精神共同体。它的存在反映在各种仪式的表演中,通过这些表演,统治者的地位和权威得以彰显。并非夸张华丽的仪式服务于权力,而是权力服务于仪式。仪式不仅是巩固国家的权术,而且是国家本身。

格尔茨之所以把研究的视角聚焦在 19 世纪的巴厘,是因为他感到从巴厘的政治剧场中可以发现其与现代西方政治历史源流上的联系①:

　　现代政治话语中的支配性概念之一是国家(state),它至少蕴涵着三个不同的词源学主题:其一,在位置(station)、级别(standing)、层级(rank)、状况(condition)等意义上,表示"地位(status)——即等级(estate)",当人们说"我们的血缘和国家的荣誉"时,就体现了这种内涵;其二,在其显赫(splendor)、夸示(display)、尊严(dignity)、风采(presence)等意义上,表示(pomp)——即"辉度(stateliness)",这明确体现在下面这句话里面:"我们在荣耀中昂首阔步,因为唯有荣耀方为伟大,而陛下因国家而得荣耀";其三,在执政(regency)、体制(regime)、支配(dominion)、控制(mastery)等意义上,表示"治理(governance)——即国家治术(statecraft)",我们也谙熟这种说法:"应被视为公理的是,国家的管理权不能置于少数人手中,亦不能将立法机关分散到太多人手中"。而这的确是那种话语及其现代性的特征,也就是说,它的第三种意义

_____

① 〔美〕克利福德·格尔茨著:《尼加拉:十九世纪巴厘剧场国家》,赵芮祥译,上海人民出版社 1999 年版,第 145—146 页。

最后才得以生发(1540 年代于意大利,甚至连马基雅维利时代的人们都还不知道它),但如今这一意义却笼罩了这一词汇,以至于遮蔽了我们对高等权威之多重本质的确切理解。如今这一词汇只把这种含义强行灌输给我们,因此我们才看不到它的其他方面。

人类学的真谛,在于通过研究人类的过去来昭示我们的现在和未来。作为人类学家的格尔茨对尼加拉的研究,意义也就在于"这种研究恢复了我们对夸示、敬意和戏剧所拥有的秩序化力量的领悟"。透过尼加拉华丽的仪式表演回望人类政治的过去,格尔茨清晰地看到:16 世纪以来在西方发展起来的、关于国家究竟"是"何物的任一种主导性观念,诸如在一确定领域内的暴力垄断者、统治阶级执行委员会、公众意愿的授权代理人,调和各种利益的谋术性机构等等观念,都过于注重权力的构造,而忽视了"权力的诗学"。如果说权力构造呈现出静态的,"是"的状态,那么"权力的诗学"则呈现出权力的"做"的方面,即权力形成和固定化的过程。正因如此,格尔茨说"说美国总统是一位大众领袖而摩洛哥国王是一位独裁者也不算错。但这还远为不够。关键问题在于,'神性'(或"大众性"或"独裁性")的内容究竟为何物。更重要的是,这一内容如何被创造出来,它如何通过物化形式被制造出来"①。从这个意义上讲,任何政治都离不开"权力诗学",都离不开"做"的"仪式性的戏剧表演"。进而言之,无论东方还是西方、古代还是现代,剧场与政治始终如影随形,政治离不开剧场,有政治就一定要有剧场。

---

① [美]克利福德·格尔茨著:《尼加拉:十九世纪巴厘剧场国家》,赵芮祥译,上海人民出版社 1999 年版,第 150 页。

回到日本剧场政治,格尔茨的"权力诗学"概念对本研究给予重要的启示。"权力诗学"与本雅明在《机器复制时代里的艺术作品》(1936年)中提出的"政治美感化"、与艾米略·贞蒂勒(Emilio Gentile)提出的"政治神圣化"①等概念具有很大的相通性。以小泉政治为例,小泉之所以能有别于那些"短命首相",在近六年的时间里把小泉剧场维持下来,当然是有赖于一套行之有效的"权力诗学"。在个人层次,其诗学表现是二十余年来对同一政策主张的坚持②;在政界层次,其诗学表现是不计人情和个人得失的"不恐惧、不怯懦、不拘泥";在大众层次,其诗学表现是说服国民发扬"米百俵"的吃苦精神,忍耐"改革之痛"。在由电视等媒体建构的现代"尼加拉"中,小泉以"抵抗势力"、"既得利益阶层"为祭品,以芸芸大众为看客和参与者,在其权力舞台上搭建了一个圣塔,而选举就是他的臣民向其顶礼膜拜、并使其权力固定化的最重要的仪式。因此,弄清改革者的权力诗学和其中的过程,是把握当代日本剧场政治的关键之所在。

在上述先行研究之外,日本、欧美及中国的众多学者在日本政治、社会结构、媒体文化领域的研究都使笔者受益良多,有关章节可详见其诸多借鉴,在此先不详述。

四、研究的意义

对日本剧场政治的社会学研究,应当具有三个方面的意义:

(一)对深入认识当代日本的社会结构具有重要意义。以20

---

① 政治神圣化的英文表述是"the sacralization of politics",Emilio Gentile在中国也被译作金泰尔。——作者注。

② 例如在邮政民营化问题上,自1979年起小泉纯一郎就已显示出其新自由主义倾向。详见本书第六章第四节。

世纪 90 年代为界,日本社会结构显现出前后截然不同的特征。甚至直到 90 年代中期以前,日本社会还是一种以企业社会为核心、以经济利益为主要价值的共同体社会,这种企业社会结构与自民党开发主义、利益诱导政治相匹配,显得与以和为贵、以忠为德的意识形态体系衔接良好、运转顺畅。但是在"喧嚣的 90 年代"①,这种共同体社会受到了全球化浪潮中的新自由主义和效率至上的个人主义的严峻挑战,终身雇佣制、年功序列制等共同体社会被打破。在社会结构、社会整合机制出现转型,新旧体制矛盾日趋尖锐的情况下,围绕着日本社会中个人、集团、国家以何种方式实现"团结"这个核心问题进行研究,对于准确把握日本社会的结构特点具有重要的意义。

(二)对关于日本现代化尤其是政治现代化研究具有现实意义。在非欧美文化传统的国家中,日本是第一个实现现代化的国家。按照摩尔在《民主和专制的社会起源》②一书中的分类,日本的现代化既区别于以英、法、美为代表的西方民主道路,也区别于以俄国和中国为代表的社会主义道路,在第二次世界大战结束前,属于与德、意同途的法西斯道路。第二次世界大战战败后,特殊的被占领国的历史决定了日本现代化依然是"以经济现代化带动社会变迁"③的历程。日本这种与西方国家不同,与社会主义国家不同,甚至与战后的德、意也有着巨大不同的现代化,虽然在经济、政

---

① 这是诺贝尔经济学奖获得者斯蒂格利茨对 20 世纪 90 年代作出的一个判断。

② [美]巴林顿·摩尔:《民主与专制的社会起源》,拓夫等译,华夏出版社 1987 年版。

③ [日]富永健一:《日本的现代化与社会变迁》,李国庆、刘畅译,商务印书馆 2004 年版,第 310—318 页。

治、社会、文化等各个领域都取得了长足的发展,但几个方面之间的关系却很难说是协调的。因此,当经济进入"后现代"发展阶段后,日本模式的现代化越来越显示出其工具性的局限。这主要表现为经济、政治、社会、文化等社会子系统之间因发展不平衡而呈现的紧张状态,即经济现代化的步伐一直超前于政治、社会、文化现代化的发展,而后三方面却始终难以找到足够的动力与经济协调发展,因此也就很难实现各子系统之间的平衡和一致①。那么这种不平衡与21世纪初在日本社会出现的剧场政治背后有无因果关系? 剧场政治现象仅仅为日本所独有,亦或在其他国家实现现代化的过程中也具有一定的内在规律性? 进一步分析研究这些问题,其意义应当不仅限于对当代日本增进了解。

(三)对加深大众传播与社会、大众传播与政治关系的理解具有重要意义。当今世界处于大众媒体时代,更确切地说是进入了一个以新兴媒体为代表的电子传播时代,以电视为核心的大众传播方式,促使媒体情境、传播情境乃至社会情境急剧变迁,催生了一个新型的景观社会。但与此同时,大众消费和商业化也对这些新型情境的产生和形成发挥着重要的形塑作用。以日本的"剧场政治"现象为例,没有高度发达的电子媒体网络,没有以追逐收视率为目标的媒体商业动机作支撑,"小泉剧场"不可能达到这般热闹的地步。但娱乐化、碎片化的电视剧场语境也暗含了很多危险,即像美国学者尼尔·波兹曼所预言的"娱乐至死"②一样,日本现阶段有关国家进程的重大问题,如修宪问题、军事大国化问题等话

---

① 〔日〕富永健一:《日本的现代化与社会变迁》,李国庆、刘畅译,商务印书馆2004年版,第310—318页。

② 〔美〕尼尔·波兹曼:《娱乐至死》,章艳译,广西师范大学出版社2004年版。

语都有被娱乐化倾向解构的危险。这种政治娱乐化、剧场化的模式,是否与民主精神、理性精神背道而驰? 政治娱乐化、剧场化的模式是否会改变或削弱民主化进程中的基层参与基础? 大众—媒体—社会、观众—剧场—国家两个三角关系以何种方式交织、互动,才能达到合理的社会政治效果? 深入思考这些问题,将在研究中占有重要的分量,以期对建构新型的大众传播生活有所借鉴。

第三节　研究思路与框架

一、研究思路

研究以一系列的假设和逻辑分析展开,认为日本政治之所以在 20 世纪 90 年代后实现了由"密室"向"剧场"的转变,最根本的原因在于自 20 世纪 80 年代末以来所进行的改革。这场改革是对国际以美英为首的新自由主义改革和新保守主义改革的呼应,其内容是改革在自民党政权之下的,以小国主义外交和利益诱导型内政为两大支柱的"战后体制"。改革的形式是从自民党一党政权变为保守型两大政党的轮流执政,内容则是使日本完成新自由主义改革和成为军事大国。由于这场改革对于自民党来说是自我否定式的改革,因此,自民党非主流(如小泉纯一郎)或非自民党人物(如在 1993 年脱离自民党另立新党,曾担任民主党党首的小泽一郎)担当了改革的领军人物。因为不具备现实政治基础(如国会议席和党内势力),改革势力采取了一种"以剧场(虚拟的电子广场)摧毁密室(党内派阀架构)"的远交近攻的策略,通过电视软新闻、周刊杂志、体育报刊等通俗媒体,动员因金权腐败、因政治封闭,因经济不景气、因裁员失业等问题,对政治不满的大众,在媒体和舆论的支持下获得政治合法性,推进改革。

由此可见,当代日本剧场政治的本质在于社会组织结构和政治动员方式的改变。即原先以经济利益为主的政治认同,被以形象价值(如外观好、廉洁、亲民)为首的个人认同所取代,政治参与方式从以地域、职场共同体为中介的间接民主,演变为以媒体剧场为中介的直接民主。田中角荣与小泉纯一郎是这两种政治模式的代表性政治家。对于田中角荣来说,民主政治就是人数,即本派阀在国会议员中的人头数量。为了确保自己的势力,他通过金权政治,以利益为支点,收买人心。田中时代日本政治的舞台是日本国会所在地的永田町。派阀领袖在密室中的合纵连横,决定了政治的走向。而对于小泉纯一郎来说,民主政治就是人气,即自己或本阵营政治家在国民中的支持率。为了确保人气,他通过剧场政治,以情绪为支点,吸引关注。小泉时代日本政治的舞台是电视荧屏,政治明星在剧场中的形象比拼,直接影响着政治的未来。但是,由于现代商业媒体的非大众利益性(迎合大众,但并不以大众利益为依归),这种建立在媒体剧场之上的政治方式蕴涵了很大的伪民主风险。由于因为"小泉剧场"政治下加速的新自由主义改革进一步打破了日本企业社会的结构,社会统合遭遇严重危机,这种剧场政治到安倍时代迎来拐点。2009 年 9 月,民主党在第 45 届众院中获得压倒性胜利,在政权更替中,日本剧场政治拉开了新的篇章。

二、本书的研究框架和结构

如上所述,本书以研究日本政治与社会的关系、媒体与政治的关系为主线,以对日本和欧美社会文化发展路径的比较研究为大的背景,理论与实际相结合,历史与现实相结合,一般现象与典型案例相结合,通过对日本当代"剧场政治"的成因演变、过程阶段、要素构成、发生机制、效果作用、长期影响等方面进行系统解析,力求回答"剧场政治"这种政治社会形态究竟颠覆了什么、催生了什么,并进而探寻其中的深层次规律和未来走向。

由此形成了本书的研究框架和结构,它由八章组成:第一章绪论介绍了整个研究的动机和研究的主要问题、研究的现状、意义、研究的方法、思路和结构。第二章概括地描述了政治剧场性的历史变迁,其中既有对欧美社会共性发展的分析,也有对日本特殊性的阐释,说明日本近代化过程中虽以欧美为师、但政治社会文化却与欧美大不一样的发展路径,从比较研究和历史研究的视角,为理解"日本特色"的政治传统和政治社会文化氛围提供一把钥匙。第三章至第五章是对日本剧场政治结构性因素的分析。在第三章即政治经济结构分析中,整理了自20世纪80年代末以来,以政治改革为起始,后扩展至各个领域的,近20年来日本改革的原因和全貌。这一方面应该称得上是当代日本剧场政治的主题。第四章是社会心理分析,分析了20世纪70年代以来日本民众的政治意识变化、当代情绪特征及其政治文化的历史"继起"。第五章是媒体社会的结构分析,分析了战后日本媒体与政治,特别是电视与政治的关系,其中涉及的对象既有商业性电视,也有初衷是公益性电视的日本版国会电视。这一方面应该称得上是当代日本剧场政治的舞台。第六章是对当代日本剧场政治最具代表性的小泉纯一郎政治的案例分析,其中重点分析了2001年自民党总裁选举、2004年自卫队海外派兵及2005年众议院选举。第七章是对小泉的政治继承人安倍晋三政权在剧场政治成败两方面的研究。第八章结论是在前面几章分析研究的基础上,以广场、密室、剧场的隐喻性概念,对日本剧场政治的形成机制及其特点做进一步概要分析,得出研究结论,并提出后续研究的思路。

第二章　剧场政治的历史演变

　　自 2001 年小泉政权问世后,"小泉剧场"日趋活跃,日本的剧场政治逐渐被推至顶峰。此后五年多的时间里,剧场政治、电视政治、媒体政治等词汇,被频繁用于形容小泉政权。分析当代日本的剧场政治,需要在大量令人眼花缭乱的现象中,去粗取精,由表及里,探求其内在的规律和发生机制。为此,有必要首先从历史发展的角度,从日本与外部世界(近代前的中国、近代后的欧美)比较的角度,深入观察剧场政治的演化轨迹,由此更好地理解在古代、近代、现代的不同阶段,及至当代小泉政权时期形成的独具"日本特色"的剧场政治。

第一节　政治的剧场性及其古今演变

一、古希腊政治凸显的公共性与剧场性

　　说起剧场政治,有人往往倾向于认为它是近年来随着大众传播媒体的迅猛发展而出现的新现象。实际上,古往今来,政治一直带有很强的剧场性。只是因时代、社会制度和文化的不同,剧情、表现形式、表演者和观众各不相同而已。我们知道,政治来源于社会的公共生活。西方主要语言中的"政治"一词(法语 politique、德语 politik、英语 politics),均源自希腊语 πολις[①],这个词最早载于

---

　　① 英文为 polis。——作者注。

《荷马史诗》,含义是城堡或卫城。古希腊的雅典人将修建在山顶的卫城称为"阿克罗波里",简称为"波里",城邦制形成后,"波里"就成为了具有政治意义的城邦的代名词,后同土地、人民及其政治生活相结合而被赋予"邦"或"国"的意义。因此,"政治"一词一开始就是指城邦中的公民参与统治、管理各种公共生活的社会行为。在中国,古代典籍也很早就使用过"政治"一词。《尚书·毕命》有"道洽政治,泽润生民";《周礼·地官·遂人》有"掌其政治禁令"。但在更多的情况下是将"政"与"治"分开使用。"政"主要指国家的权力、制度、秩序和法令;"治"则主要指管理和教化人民,也指建立社会秩序、实现社会安定的状态等。现代中文的"政治"一词,来自于日本人用汉字对西方语言中的"politics"的翻译,从日本传入中国后得到了认可,如孙中山就认为"politics"可以用"政治"来对译,"政就是众人之事,治就是管理,管理众人之事,就是政治"。由此可见,虽然东西方政治概念的演变及含义有诸多不同,但在众人之事、公共之事的意义上,理解和运用基本是一致的。

那么,在作为公共生活的政治中,为什么会有剧场性因素存在? 这要从政治的公共性特征入手进行分析。古希腊文化被公认是西方文明的源头。古希腊的社会生活的突出特点集中地反映在当时的城邦国家中,如雅典、米利都、阿果斯等,其中雅典最为典范,而且流传下来的材料也较丰富,有助于详加考察。雅典是奴隶主公民国家,其政治制度基于高度的直接民主,城邦的全体公民都可以参加国家的政治活动。有大量的材料证明,公元前 5 世纪的雅典公民热衷于辩论政治问题,他们认为参与公共事务是公民的天赋职责。城邦开展的一切活动都依靠公民的积极参与,而参与的重要形式就是对国家政策的各个方面进行自由而充分的辩论。

辩论的舞台可以是任何公共场合,尤其集中体现在公民大会上。公民大会是雅典的最高权力机关,凡年满20岁的男性公民皆可自由参加。在那里,每个雅典公民既是演员,也是观众,与会者自由发言,人人有权对国家政策和任何公职人员进行评议,提出意见。① 城邦的政治生活形成了各抒己见的活跃气氛,古希腊著名政治家伯里克利说过这样一段话:

> 在我们看来,行动的巨大障碍不是辩论,而是缺乏那种为行动作准备而进行辩论所需要的知识。我们具有行动之前进行思考的特殊能力,也具有采取行动的特殊能力。②

由此可见,雅典人对政治生活的基本信条就是,公开辩论是制定和推行公共措施的最好方法,由此形成了古希腊政治鲜明的公共性特征。公共(public)一词也来源于古希腊,在漫长的发展过程中尽管其内涵日趋丰富,但基本构成要素是稳定的、共通的。汤普逊认为,公共的概念包括两方面含义:第一,与集团利益相关。这种集团首先是指国家,其次是指国家的统治集团,"公共事业"、"公共团体"等概念中的"公共",多是指由国家统治集团直接运营的或得到统治集团认可而由相关社会团体具体运营的实体及其活动。第二,公众都有机会接触。例如"公共场所"、"公共设施"等概念中的"公共"就是这种意义③。具体到古希腊城邦的民主生活中,其政治剧场的"公共"特征主要体现在以下方面:1. 广泛性。如前所述,所有城邦公民都可以参与公共事务的决策。当然,这种广泛性是相对的,因为古希腊实行的是一种人类早期的奴隶主社

---

① 施治生等著:《民主的历史演变》,北京出版社1982年版,第9页。

② [美]萨拜因:《政治学说史》,商务印书馆1986年版,第50页。

③ Thompson,John B,*The Media and Modernity:A Social Theory of The Media*,Polity Press,Cambridge,UK,1995.

会的民主,其公民身份有很多限制性条件,如年龄在 20 岁以上,而且不包括妇女、奴隶、外邦人等诸多庞大的社会群体。2. 广场性。如当时古希腊公民就经常聚集到公共广场,在那里议论、演说、辩驳、传播政治消息,大型仪式、戏剧表演、法庭行刑等公共事件也交相上演。作为相对固定而且使用最为频繁的政治环境,广场几乎可以说是希腊政治的同义词,希腊政治的每一个重大事件都与广场直接相关。3. 演员与观众的一体性。城邦公民既是表演者也是观众。从这个意义上说,公民、公共广场与公共事务是三位一体的。4. 程序性。通过讨论乃至辩论,按多数原则决定公共事务。5. 宗教性的仪式。古希腊文化始终与神相伴,这一点从五光十色的希腊神话中就不难得到印证,与之相适应,希腊的哲学、艺术、科学、建筑、教育、体育等同步兴盛,并达到了后来难以企及的高峰。在政治剧场中,这些意识形态装置共同的特点就是都具有强烈的仪式性。如古希腊一度将狄奥尼索斯教派作为国教,随之还在公元前 535 年前后设立了狄奥尼索斯节,国家为此建立了合唱团,定期举行规模宏大的戏剧(主要是悲剧)表演,埃斯库罗斯著名的《普罗米修斯三部曲》就成于这个时代,众神、庙堂、悲剧以及其他万人空巷的盛大仪式都是政治的重要组成部分,"从一开始,悲剧就被立为人民的崇拜制度","在雅典民主的生活中,悲剧究竟意味着什么……诗人作为人民的教育者而出现,为他们树立人之榜样;人民的品质取决于人之典范,而这种典范就出现在狄奥尼索斯节日的盛典之中。埃斯库罗斯作为教育者,作为希腊波斯战争一代的榜样而出现。"①精心打造各种仪式,借仪式彰显典范,再用典

---

① [美]埃里克·沃格林:《城邦的世界》,陈周旺译,凤凰传媒出版集团译林出版社 2009 年版,第 314—315 页。

范的力量塑造民族精神和共同意志。古希腊剧场政治的这种范式影响极为深远。特别是由于希罗多德、苏格拉底、修昔底德、柏拉图、亚里士多德、色诺芬等希腊先哲的著作,使古希腊政治广场上演出的一幕幕政治戏剧得以广为流传,成为后世仰慕和仿效的经典。伯里克利曾将雅典誉为"希腊人的学校",那么,希腊则可以当之无愧地被看作当时欧洲的学校。

　　经过中世纪的沉寂,古希腊政治的公共性特征及其关于自由辩论、公民理性的丰富政治思想再度大放光彩,对文艺复兴、启蒙运动、资产阶级革命及资本主义发展产生了重大影响,以至于到了"言必曰希腊"的地步。后来西方资本主义的政治剧场,不管发展演变的路径怎样地千折百回,其源头都可以上溯到千古之遥的古希腊。可以毫不夸张地说,古希腊文化是滋养近现代资本主义的第一滴精神乳汁。马克思曾深刻而又生动地指出①:

　　　　人们自己创造自己的历史,但是他们并不是随心所欲地创造,并不是在他们自己选定的条件下创造,而是在直接碰到的、既定的、从过去承继下来的条件下创造。一切已死的先辈们的传统,像梦魇一样纠缠着活人的头脑。当人们好像刚好在忙于改造自己和周围的事物并创造前所未闻的事物时,恰好在这种革命危机时代,他们战战兢兢地请出亡灵来为他们效劳,借用它们的名字、战斗口号和衣服,以便穿着这种久受崇敬的服装,用这种借来的语言,演出世界历史的新的一幕。例如,路德换上了使徒保罗的服装,1789—1814 年的革命依次穿上了罗马共和国和罗马帝国的服装,而 1848 年的革命就

---

　　①　马克思:《路易·波拿巴的雾月十八日》,见《马克思恩格斯选集》第 1 卷,人民出版社 1995 年第 2 版,第 585 页。

只知道拙劣地时而模仿 1789 年,时而又模仿 1793—1795 年的革命传统。

马克思此处虽然只提到"罗马共和国和罗马帝国"而没有提及古希腊城邦国家,但实际上古罗马共和国和后来的罗马帝国是古希腊思想文化的直接传承者,所以上述这段话也可看作是关于希腊—罗马文化对近代历次资产阶级革命深远影响的论述。

公元前 2 世纪,古罗马军队攻陷了希腊并将其变成一个行省。虽然是占领者,但罗马共和国的政治体制早已在多方面借鉴了希腊城邦国家的民主制。如在政治围绕公共事务展开、确定目标、达成一致的过程中,古罗马的公民之间也按照一定的程序,采取相互讨论、辩论甚至争论的方式,来谋求合作、妥协和利益调整。但是,古希腊的城邦政治毕竟成员单一,范围有限,随着古罗马共和国公共事务范围的扩大,参与其中的人员趋向多样化、复杂化时,城邦政治的局限性日益显现。由于直接参与的成员规模过大,不同背景、不同个性的人们之间难以很快有效地达成协议,政治决策过程往往难于一次完成,需要多次反复,许多事情长期议而不决,公共政治的效率势必受到影响,每个公民既是演员又是观众的直接民主难以为继。于是古罗马共和国的政治体制采取元老院、执政官和部族大会(comitia tributa,也译作公民大会或平民大会)三权分立的形式。掌握国家实权的元老院由贵族组成;执政官由百人队会议从贵族中选举产生,行使最高行政权力;部族大会由平民和贵族构成,其中元老院主政的作用最大。作为人类历史上第一个共和政体,古罗马共和国以其强大的政府、强烈的民族精神和尚武精神、系统化的法制和开放的民族性,在当时的欧洲形成了无与伦比的竞争优势,也通过健全和完善共和制中的元老院(相当于后来的参议院)和部族大会(相当于后来的众议院),对古希腊民主政体进行了创造性的借鉴。今天,漫步罗马街头,仍经常可见许多历经沧桑的圆形广场,这些遗迹就是古罗马共和国传承古希腊城邦公共广场的产物。

罗马人在继承中有创新,又在创新中有超越。如果说古希腊人在广场上演出的政治戏剧属于直接民主,每个公民在其中既是演员又是观众,那么古罗马的政治则是间接民主,议院中的政治家才是主要的演员,公民大众则更多地变成了观众,此时的演员和观众不再浑然一体,已经发生了分离并产生了距离,政治在他们之间运转和展开时,必须依靠议院作媒介。近代欧美资产阶级革命后的剧场政治,虽与古希腊政治传统一脉相承,但在形式上则主要继承了古罗马的议院制,公众选举出议会成员,冀望通过他们来代表自己的意愿、达成体现自己利益的"社会契约",然后选民就变成了观众,一般只能借助议会这个舞台远远地注视着各种各样的政治表演。

二、中世纪剧场:"被信仰的"与"被赞赏的"

政治由于其公共性而形成政治剧场。这一历史经验在古希腊衰落之后继续得以验证。此后主导欧洲舞台的古罗马共和国,在不断地征战杀伐中日渐强大,内部的权力之争也日益激烈,终于,以恺撒遇刺为转折点,罗马共和国演变成为独裁的罗马帝国。帝国时期的剧场政治在过往基础上又有多方面的发展,形成了"庙堂—广场—密室"模式,对后世的影响巨大而深远。

任何帝国的统治,军事力量都是第一位的要素。在古代欧洲,罗马帝国拥有当时世界上最庞大的军队、最优秀的训练和最精良的武器,攻城略地,血腥残暴。欧洲的历史记载说,尤利乌斯·恺撒曾征战高卢十年,当他终于凯旋时,炫耀杀人百万,整个帝国为之骄傲和狂欢。但是,古罗马之所以能够成为帝国典范,更主要的还是由于它深知帝国仅靠武力无法存活延续,必须刚柔并济,必须在赢得战争的同时也以心理、文化和政治的手段维持声威、传播文明、俘获人心。所以,罗马帝国时期的拉丁文学、艺术、建筑、雕塑、体育、陶瓷等都曾达到过高峰,辉煌的文明令无数被征服者既心存畏惧又心向往之。在国内的统治中,罗马的皇帝们也同样恩威并重,在建立强有力统治权威的过程中也营造了巨大的政治剧场,以求在臣民中产生最广泛的吸引力、感染力和凝聚力。在这方面,第一任皇帝屋大维不仅是帝国的缔造者,对罗马的剧场政治也有着开创之功。

在恺撒遇刺身亡后,其养子屋大维用铁血手段剪除了一系列政敌,夺取了国家一切大权。公元前30年,他被确认为终身保民官,公元前29年又获得"大元帅"称号,公元前28年获得"元首"(首席元老或第一公民)称号,正是因为屋大维有元首的头衔,所以有的史书把他的统治形式称为"元首制"。屋大维真正君临天下,一般认为是从公元前27年1月13日开始的,这一天,屋大维在元老院发表长篇演说,表示不再总揽一切,要卸掉重权,交出军队和行省,作为普通公民终老林下。但此时,他实际上掌握着军事、行政、司法、财政、宗教一切大权,元老院已成摆设,所以这一切都不过是一种戏剧性的表演。果然,屋大维以退为进的表演大为奏效,诚惶诚恐的元老院不但"恳切地"保留了他所有头衔,还授予他"奥古斯都"的称号,使其得以更加畅通无阻地号令天下。这是在共和的外衣下施行独裁,元首政治实际上已成为君主政治,罗马严格来说已是君主国,屋大维就是皇帝。

屋大维巧妙地运用许多剧场符号来不断巩固其统治。他经常在元老院慷慨激昂、尽情挥洒,把这个从共和时代就已经深入人心的机制作为自己攫取权力的舞台,然后再通过元老们的手为这些权力加上合法性的外衣,如上面提到的"奥古斯都"封号,意思就是"神圣庄严、备受尊崇的统治者"。奥古斯都还通过一系列隆重盛大的仪式,把荣耀归于他的养父——恺撒,他下令修复罗马城里的古老神庙,然后把恺撒的雕像置于神庙之上,与众神并列。此举非常关键:如果恺撒是神,那么奥古斯都就是神子,奥古斯都就应该拥有诸神的权威。元老院已经赋予了他君主的权威,神庙给予了他神子的荣耀,接下来就需要把这样的信息传递出去,那最好的办法莫过于在热血沸腾的民众面前广为宣扬。为此,奥古斯都又新建许多宏伟壮观的集会广场、纪念碑、凯旋门①和宫殿,举办从盛大的阅兵到集体歌舞等各种各样的仪式,这些仪式安排迎合了大众狂欢的心理需要②,因为在狂欢中,所有人都要参与其中,没有观众都是演员,君王淋漓尽致的表演与臣民心花怒放的狂欢融为一体。普天同庆,天下归心,通过"与民同乐"来展示威权,达到凝聚力效应的最大化,"奥古斯都"可谓深谙此道。

　　在奥古斯都统治下,罗马帝制日趋巩固,国家空前团结,成了帝国的典范。于是,屋大维以后的罗马皇帝纷纷起而效仿,如康茂德自称大力神转世、戴克里先则自称为朱庇特化身。他们还竞相敕建展示皇恩浩荡、威加四海的标志性"剧场建筑"。其中最为著名的就是建于弗拉维王朝时期的罗马大竞技场,它有3层拱门,可容纳数万人,是举行角斗表演的地方。然而,罗马的竞技场可不仅

---

　　①　凯旋门虽以法国巴黎的最为著名,但实际上它也发源于古罗马,是为罗马皇帝凯旋而建。现在罗马古城中有两座凯旋门,一为第度所造,另一为君士坦丁所造,上有精美浮雕。——作者注。

　　②　[日]北冈诚司:《巴赫金——对话与狂欢》,河北教育出版社2002年版,第267页。

仅是为了消遣，而是要通过人和野兽、人与人相互搏斗，让民众感到对罗马皇帝巨大权威的恐惧，同时展现出罗马人的勇气，证明他们凶悍尚武的强大力量。这样一来，罗马皇帝们一方面通过造神运动被当作神来崇拜，一方面通过驾驭和胁迫元老院，集军事和内政外交大权于一身，再配以制度化的典章法令，举行宣战、誓师、凯旋、祭祀、继位、国葬等各种仪式，制造了神秘莫测的"神权"和无以复加的"君权"，演绎出千百年来许多极具传奇色彩的政治剧目，凸显了古代剧场政治中"密室"与"庙堂"、"广场"相辅相成的巨大力量。

公元313年，君士坦丁大帝颁布"米兰敕令"，认可基督教具有合法性；到了392年，狄奥多西一世进而将基督教定为罗马帝国的国教。宗教排斥异端，反对基督教教义以外的一切思想文化的传播。为了借宗教使专制独裁合理化、法统化，罗马帝国的统治者普遍认可并强力推行基督教教义，作为回报，自诩是基督启示受托者的罗马教皇及其大主教们，极力宣扬"君权神授"，利用教统的绝对权威压制各种追求真理的政治学说，盛行于古希腊和古罗马早期的理性原则遭到严重摧残，欧洲进入中世纪。西方古代政治经由古希腊的城邦政治、古罗马共和国的议会政治，至此发生逆转，演变成为独裁的古罗马帝国，再后来进一步演变为中世纪的封建政治。与此同步，古代西方政治剧场的演化，从公开的政治广场到门禁森严的大帝宫殿，后又坠入了神秘莫测的基督教教堂。

中世纪是黑暗的，但社会也在生产力缓慢发展过程中出现日趋复杂的分工。为有效地组织社会行动、调动社会资源、实现集体目标，在中世纪的政治演变之中，统治集团及其成员也不断对其统治术进行总结，探求有效的驾驭和统治之道，探求如何成功地运用权力建立社会秩序、维持集体团结，以达到长期稳定的统治目标，于是政治剧场也出现了舞台分工,前述王权与教会,皇帝与文学、艺术、建筑、雕塑、体育等符号系统,相互借用、相互支持以求相辅相成就是这种情况。"社会作为一个整体……也有它的分工……在宗法制度、种姓制度、封建制度和行会制度下,整个社会的分工都是按照一定的规则进行的。这些规则是由哪个立法者确定的吗? 不是。它们最初来自物质生产条件,只是过了很久以后才上升为法律。分工的这些不同形式正是这样才成为同样多的社会组织的基础。"①值得注意的是,王权和教会在运用政治权力进行支配和统治的过程中,固然有其刚性和暴力性的一面,即通过惩罚和威胁,迫使被统治者做其本不想做的事情,但借鉴自屋大维以来罗马王朝的统治经验,政教合一的罗马皇帝们在运用硬权力的同时,都会胡萝卜加大棒,刚柔相济,运用吸引而非强迫、奖赏而非惩罚的软权力,让被统治者心甘情愿地"服从"进而产生"崇拜"和"忠诚",以期为实现统治目标争取到更加稳定持久的社会合力。因此,观察欧洲中世纪各种各样的成功统治,会发现有一个共同之处,那就是在建立法律尊严、暴力威慑的同时,无不动员包括树立当政者的威望、激发社会成员竞逐财富的欲望、建构有效的社会组织等在内的各种社会"软资源",而且"软"的一手往往更加有效,因为民众在畏惧王权的同时,还会由此产生敬意和凝聚力。美国学者威廉姆就曾指出,权力只有同时达到"被信仰的(credenda)"与"被赞赏的(miranda)"地步才是成功的、有效的,要实现这样的目的,权力必须进行自我装饰,使被统治者敬畏交织。为此,就需要为权力的运用打造舞台,使政治过程剧场化,使被统治的社会成

---

① 马克思:《哲学的贫困》,见《马克思恩格斯选集》第 1 卷,人民出版社 1995 年第 2 版,第 163 页。

员成为心甘情愿的观众,然后统治者通过各种有效的表演,获得观众的"信仰"和"赞赏"①。

汤普逊曾指出,在中世纪的传统绝对君王制下,国王、王子等统治集团的核心成员在公共场合露面即在被统治者面前现身时,整个过程都要经过精心的编排,充满了金碧辉煌的华丽装饰和气势宏大的仪式,以此来树立专制君主的权威,建构臣民对国王和王室的崇拜。康托维茨(Kantrovitz)在《国王的两个身体——关于中世纪政治神学的研究》一书中入木三分地指出,在中世纪王权统治时代,经过宗教神秘主义的装点和国家典仪的粉饰,国王成就了其物质性的肉身与超自然"神体"的合一②,"君权神授"成了四海之内、普天之下的共同信仰。由此可以看出,在中世纪的政治运行中,政治剧场的核心主要是各种各样国家典仪(宗教的或世俗的),演剧的主角就是国王,他通过向作为观众的普罗大众展演威严和仁慈,不断在芸芸众生中建立"信仰"、获得"赞赏",在这个过程中君主政治得以延续。这种政治模式,如果套用马克斯·韦伯政治合法性的模式理论,也可以看作是传统型统治(traditional)与魅力型统治(charismatic)的统一。

概而言之,罗马帝国及其后中世纪的剧场政治呈现出典型的"庙堂—广场—密室"的三者合一。具体分析就是:1. 所谓"庙堂",就是通过建立宗教等核心意识形态,造成对神的顶礼膜拜,而对神的崇拜归根结底是要服务于对君主的尊崇。从屋大维将恺撒置于神殿到君士坦丁临终受洗,都是为了制造"君权神授"、让

---

① ［日］谷藤悦史:《现代媒体与政治》,一艺社 2005 年版,第 72 页。

② Kantrovitz, Ernst Hartwig, The King's Two Bodies: A Study in Mediaeval Political Theology, Princeton University Press, 1957. 转引自［日］远藤薫:《间媒体社会与舆论形成》,东京电机大学出版社 2007 年版,第 39 页。

臣民无条件服从君主的精神条件和文化氛围。2. 所谓"广场"，就是通过各种具象的和抽象的文化装置，激发大众、凝聚大众，教化大众、引领大众，达到维护既有社会秩序、巩固君主统治的目标。通过竞技场、纪念碑、凯旋门、神庙、宫殿，也通过元老院威严肃然的会堂、罗马法庞杂繁巨的典章、丰富多彩的古拉丁文学艺术，还通过盛大的阅兵、祭奠、凯旋等仪式，犹如形成一个巨大无比、无所不在的广场空间，君主及其统治者集团居于舞台中央，无数虔诚的民众簇拥在舞台周围；君主永远睿智勇武，观众总是懵懂无知；君主总是能引领民众，教化他们什么是真善美，什么是假恶丑，什么应该受到惩罚，什么应该得到奖赏。3. 所谓"密室"，则是宫廷内部的政治运筹，内政外交、国计民生、工商贸易等国家大计都掌握在皇帝及其心腹手中。虽然从屋大维以后罗马帝国仍有元老院、仍实行名义上的共和制，但基本上是君主独裁，军机国务均策划于深宫幕后。当然，在这种"庙堂—广场—密室"模式中，掌握政治的力学平衡并不容易，"庙堂"和"广场"具有很强的公开性和参与性，"密室"则充满了封闭性和排他性，它们犹如剧场的台前和幕后，必须随机应变、巧妙运用，互为补充才能相辅相成。在这方面，屋大维是成功的典范，他用"庙堂"为自己装点上神圣的色彩，用在元老院酣畅淋漓的演说及各种盛大的庆典仪式等"广场"表演让臣民敬畏膜拜，用与元老和各地将军们非常隐蔽的"密室交易"换取了最大的政治支持，这一切使他在治国理政、号令三军中无往不利。与此相反，"庙堂"、"广场"和"密室"三者之间畸重畸轻，任何偏废都可能导致政治剧场的失衡和权力的失控，罗马帝国时期这种反面的例子也很多。如屋大维后连续四任罗马皇帝均因此死于暗杀和政变，其中，也包括历史上著名的暴君尼禄，他不理国政，残暴嗜杀，热衷于娱乐、演戏，以"伟大的艺人"自居。64 年，罗马发生大火，几乎全城焚毁，尼禄反而在宫中吟诗歌唱，在大火过后又修建新宫，号为"金宫"，当时传播广泛的一个流言是尼禄为建造新宫故意放火。由于尼禄暴政，各地反抗不断、烽烟四起。危机四伏而且迫在眉睫时，尼禄仍沉湎于自己的艺术表演，称"希腊人是唯一能欣赏音乐的民族"，亲率戏班到希腊进行长时间的巡演。68年，西班牙地区的将军加尔巴造反，自立为帝，元老院立即予以承认，同时宣布尼禄为祖国之敌并判处死刑，尼禄在逃亡途中自杀。这就是典型的格局错乱，他罔顾"庙堂"，鄙视"密室"，对于"广场"政治表演真谛的理解也谬之千里，走火入魔到把"政治表演"等同于"戏剧表演"的地步，结果假戏真做，落得个众叛亲离，玩火自焚。

　　正如格尔茨所言，任何政治都离不开"权力诗学"，都离不开"做"的"仪式性的戏剧表演"。进而言之，在不同的时空和不同的历史文化中，"庙堂"和"广场"中的"夸示、敬意和戏剧"，对于维系政治的重要性从未有变。羸弱的巴厘国家要依靠各种各样的仪式来保住涣散的政权，强大的古罗马帝国也要靠着同样的方法把军民凝聚在君王周围去谋取更大的霸权。而"庙堂"和"广场"上的演出，首先都要设计策划于密室之中，至于台前幕后如何布局筹划，那只是"庙堂—广场—密室"模式的分工而已。古罗马帝国在汲取正反两方面经验教训的过程中，使这种"庙堂—广场—密室"三者合一的政治剧场模式日臻成熟，并对后世西方政治产生了深远影响。从此以后，不论是哪个阶级或集团占据统治地位，也不论是独裁还是民主政体，政治内容的"酒"可能会随时代变换而不同，但"庙堂—广场—密室"三者合一的形式之"瓶"却万变不离其宗，总不外如此。近代资产阶级登上历史舞台后，他们的政治演出，也没有超越这种规律和传统的规定性。

第二节　早期资本主义的剧场政治

一、新的符号系统与新的话语体系

在王权时代,"国王的身体"作为社会共同体的核心力量和团结的象征,是"人"与"神"、"君权"与"神权"的高度统一。到了近代,伴随着早期资本主义的到来,生产力发展水平迅速提高,以西欧为代表的西方社会,渐次实现了由前现代向近现代的转变。在这一过程中,政治形态也发生了巨大变化。康托维茨认为,在现代化的过程中,原来人神合一的"国王的两个身体"发生了分裂,国王的权威走下神坛,其政治的身体即原来只有王子龙孙才具有的超自然的"神体",终于灵魂出窍飞入寻常百姓家,士农工商、凡夫俗子人人可以去做登堂入室、咨议国事的政治梦了。随着近代资本主义民主政治对封建君主制的取代,政治剧场中的核心符号——象征着"神"的"君权"逐渐转移到象征着理性的"人"的身上来了。

转变首先是从话语体系的变革开始的。进入 17 世纪后,因早期资本主义原始积累和殖民掠夺迅速富裕起来的西欧市民阶层,越来越要求在经济活动中具有更大的自由,为了摆脱经济上的剥夺和精神上的桎梏,他们矛头所向就是君主制的集权主义体制,一场深刻的社会思想变革随之出现。在资产阶级启蒙思想家看来,中世纪以来的君主制国家,贵族、僧侣、庄园主等占统治地位的阶级不但占有社会的全部财富,而且将整个社会的公民权利置于君王的股掌之上,对新兴的工商阶层在精神上进行严苛的禁锢,政治上百般压迫和恐吓,经济上则予取予求。与之相比,民主政体是社会政治最合理的组织形式,它建立在保护广泛的个人权利基础之上,而且这种"保护"作为普遍的理性原则适用于全体社会成员。

据此,卢梭、孟德斯鸠、洛克、米尔等宣称人是理性的、理性是至高无上的,颠覆了中世纪以来非理性的宗教神权及与之相适应的种种社会观念,确立了资本主义的人文精神和科学理性。

思想解放打开了人们精神的闸门,启蒙思潮引发了革命和社会运动,"君权神授"让位于"天赋人权",创造一种更加合理、自由的社会政治模式,成为当时欧美普遍的社会要求。科学、理性、自由、民主、平等、博爱、天赋人权、公众利益等启蒙运动的核心话语,成为新兴资产阶级反对封建王权、争取政治权力斗争中最有力的武器。所以,在这个时候的政治剧场中,名词、概念的话语之争占有重要地位。为了确立新思想、新观念的地位,当代人的话语往往不如古代圣贤们的具有说服力和权威,所以在资产阶级革命初期,"旧瓶装新酒",大量引述古代古希腊—罗马时期关于人具有理性和自由的经典语录成为时尚,"旧的法国革命时的英雄卡米尔·德穆兰、丹东、罗伯斯比尔、圣茹斯特、拿破仑,同旧的法国革命时的党派和人民群众一样,都穿着罗马的服装,讲着罗马的语言来实现当代的任务,即解除桎梏和建立现代资产阶级社会"①。随着新兴资产阶级羽翼渐丰,新的口号、新的概念不断得以确立,为革命的气氛增添了极大的戏剧性,在这种氛围中,人们几乎每天都在革命中狂欢,或者说每天都在接受新思想、新观念、新气息的洗礼,政治剧场化达到了前所未有的程度。马克思曾这样描绘当时的情景②:

　　资产阶级革命,例如18世纪的革命,总是突飞猛进,接连不断地取得胜利的;革命的戏剧性效果一个胜似一个,人和事

---

①　马克思:《路易·波拿巴的雾月十八日》,见《马克思恩格斯选集》第一卷,人民出版社1995年第2版,第585页。

②　马克思:《路易·波拿巴的雾月十八日》,见《马克思恩格斯选集》第一卷,人民出版社1995年第2版,第588页。

物好像是被五彩缤纷的火光所照耀,每天都充满极乐狂欢……

在这种新的"充满极乐狂欢"的资本主义剧场政治中,既然表演体系是以建构新的话语体系为核心和主线展开的,能否确立并巩固新的话语体系,就成了能不能保住并不断扩大资产阶级革命成果的大问题。有鉴于此,新兴的资产阶级很快就用硬的和软的两手,将其话语体系整合为核心价值,并进而上升为国家的意识形态。硬的一手,就是资产阶级迅速动用国家机器将这种新的话语体系法律化、制度化。如同马克思所指出的:"1848 年各种自由的必然总汇,人身、新闻出版、言论、结社、集会、教育和宗教等自由,都穿上宪法制服而成为不可侵犯的了"[①]。软的一手,就是资产阶级开动报刊印刷物等舆论机器,迅速普及这些新词汇、新概念及其承载的新理念,并将之渲染成为人类终极的"普世价值",形成了强大的舆论力量,由此,资产阶级民主主义价值观成功地取代了中世纪以来政教合一、国王至上的理念,成为在全社会"被信仰的(Credenda)"与"被赞赏的(Miranda)"的政治符号。通过用法制强力推进的社会观念建构和报刊媒体水银泻地般的宣传普及,资产阶级新的话语体系迅速从边缘走向中心、从异端邪说变为统合社会的金科玉律,并进而形成这样一种局面:谁不信仰和礼赞这些价值符号,谁就是不赞成自由平等的政治,就是不赞成新兴市民阶层的广泛参与,也就是逆历史潮流而动,这样的人就无法被社会容忍,甚至成为社会的公敌。于是,从刚刚被逐出权力舞台的王公贵族到目不识丁的乡野村妇,人人争相说民主、讲自由、谈人权,颇有点像平时只想占吴妈便宜的阿 Q 一夜之间也连连呼号"我要革

---

① 马克思:《路易·波拿巴的雾月十八日》,见《马克思恩格斯选集》第一卷,人民出版社 1995 年第 2 版,第 597 页。

命"。马克思曾辛辣地嘲讽过当时这种鹦鹉学舌、人云亦云的话语时尚[1]:"就像一个刚学会一种新语言的人总是要把它翻译成本国语言一样;只有当他能够不必在心里把新语言翻成本国语言,当他能够忘掉本国语言来运用新语言的时候,他才算领会了新语言的精神,才算是运用自如。"但无论如何,这种新的话语体系,与立法、司法、行政三权分立的资本主义上层建筑一起,被塑造成了人类最好的政治形态,成为近代资产阶级剧场政治的核心内容。

二、早期资本主义代议制的剧场政治与媒体的政治化

在近代资本主义剧场政治中,新的符号系统和话语体系的确立,解决了演出什么内容的问题,接下来,还需要确定用什么作为演出载体。结果,议会和报刊等新闻媒体成了首选的政治舞台。近代资本主义国家的议会,两院制的形式与罗马共和国元老院和部族会议的设计颇有几分相似,故此西方至今仍时常津津乐道其议会的希腊—罗马传统。但与古罗马相比,近现代议会制不是简单的继承和复兴,最大的变化在于,与议会同时存在的,还有一些伴生性的政治组织,特别是集中了众多政治家的政党,他们一起形成了以议会为舞台、政治家为演员的代议制剧场政治。具体而言,近现代西方社会所实行的民主,是由公民通过选举代表(或议员)组成代议机构来管理国家和社会公共事务的间接民主制,就是政治学中所说的"代议制度"。在这种体制下,议会是国家政治活动中心,政府由议会产生,并且对议会负责。近现代以来,政党活动的主要目的就是获得政权,政党只有成为执政党,即只有取得政治

---

① 马克思:《路易·波拿巴的雾月十八日》,见《马克思恩格斯选集》第一卷,人民出版社1995年第2版,第585页。

上的统治权力才能实现自身的政治理想。而由于议会在国家的政治生活中具有如此重要的地位,政党就要千方百计地在议会中寻求自己的立足之地。政党只有进入议会,才能取得对国家政治生活的参与机会,当它在议会选举中取得多数席位成为执政党而拥有组阁权时,便在国家的政治生活中起着决定性的作用。因此,政党都把议会看作是为本党谋利益,使本党开启最高权力之门的钥匙。在西方国家,可以说是议会孕育、培养了政党,议会是政党的栖息之地,又是政党的活动舞台,是政党控制政治权力的根本途径,政党的活动贯穿于议会活动的始终。在这种政治逻辑的支配下,在议会这个政治舞台上,政党的作用越来越突出,占据多数议席的政党就能够上台执政,沦为议会少数派的政党则只有在台下指手画脚的份儿,于是政治剧场又进而发生了主角、配角的角色分化,演员圈子中的政党政治家都在演出中使出浑身解数,力争技高一筹,当上主角,不当配角。这样,无论是政治家个人化的表演,还是政党组织化的表演,都有一个共同点,就是要把选民吸引到自己这边来,拉住选票。为此,政党和政治家往往就要动员所有的资源,千方百计把各种"被信仰的(Credenda)"符号诸如民主、自由、平等、人权等等置于己身,把自己装点成"政治正确"的化身,抢占道义制高点。另外还要凸显魅力,充分施展各种各样时尚的、能够取悦大众和激发大众共鸣的演技,用尽可能多的"被赞赏的(Miranda)"因素包装自己,抢占人气的先机。可以说,此时"庙堂"中的神,已不再是具体的雅典娜、朱庇特或耶稣基督,而是由新教伦理与资本主义自由、民主、平等、人权、博爱等新的话语组成的政治神话。而"广场"——街头实实在在的空场虽然仍是新的资本主义剧场政治表演的舞台,但已经退居从属和次要的位置,议院会场成为新的更重要的角力场,而且很快,政党政治家们发现仅仅在议会舞台上进行表演还不够,他们把目光又聚焦到了正在迅速崛起的大众媒体。

众所周知,资产阶级革命极大地解放和发展了社会生产力,"资产阶级在它不到一百年的阶级统治中所创造的生产力,比过去一切世代创造的全部生产力还要多,还要大。自然力的征服,机器的采用,化学在工业和农业中的应用,轮船的行驶,铁路的通行,电报的使用,整个大陆的开垦,河川的通航,仿佛用法术从地下呼唤出来的大量人口,——过去哪一个世纪料想到在社会劳动里蕴藏有这样的生产力呢"①。在这个工业革命、科学革命、政治革命的时代,新兴的报刊出版物等大众媒体也越来越显现出巨大的传播能量,越来越发挥着推动观念变迁、革故鼎新的广泛的舆论功能,"书籍和报刊同18世纪欧洲启蒙运动是联系在一起的。报纸和政治小册子参与了17世纪和18世纪所有的政治运动和人民革命。"②而且,在历次资产阶级革命中,报刊等大众媒体不仅是发挥了"参与"的作用,"在拿破仑看来,报纸相当于一支30万人的军队;一支30万人的军队在安邦定国、对外威慑方面所起的作用,还比不上半打受雇的蹩脚的记者"③。所以,在代议制剧场政治拉开序幕的同时,应运而生的近代报刊,很快就成为西方各国政治舞台上不可缺少的重要角色,与议会政治结成了形影不离、相辅相成的共生关系,形成了哈贝马斯所称的以报刊等印刷媒体为主要传播媒介的市民沙龙时代。在早期资产阶级国家的政党政治中,媒体

---

① 马克思、恩格斯:《共产党宣言》,见《马克思恩格斯选集》第一卷,人民出版社1995年第2版,第277页。

② [美]施拉姆等:《传播学概论》,周立方等译,新华出版社1985年版,第18页。

③ [法]彼·阿尔贝等:《世界新闻简史》,许崇山等译,中国新闻出版社1985年版,第32页。

作为政治宣传的工具,紧密地依附于政党或政党派别,传播的内容和报道形式具有赤裸裸的政治倾向。如美国建国初期,报刊常常表现出浓厚的党派色彩,对敌对阵营的政治人物常常无中生有、造谣诽谤、人身攻击,常常肆无忌惮到了令人难以忍受的地步,被称为"政党报业的黑暗时期"①。马克思在《路易·波拿巴的雾月十八日》中,对"六月事变"以后的法国制宪国民议会的历史进行了深刻分析,其中揭示的资产阶级共和派统治和报刊媒体在政治舞台上密不可分的关系堪称经典②:

> 这个派别(即资产阶级共和派——引者注)是以三色旗的共和党人、纯粹的共和党人、政治的共和党人、形式的共和党人等等称呼闻名的。这个派别在……议院中有它的代表,在报界它也有相当大的势力。它在巴黎的机关报《国民报》,和《辩论日报》一样,算是受人尊敬的……在路易—菲力浦的统治下,《国民报》的很大一部分拥护者都是因为它鼓吹这种隐蔽的帝制思想而获得的,也正因为如此,后来在共和国时期,这种帝制思想就能以路易·波拿巴为代表,作为一个置人于死地的竞争者来同《国民报》本身对立。《国民报》也和其余一切资产阶级反对派一样,曾经对金融贵族作过斗争。反对预算案的论争在当时的法国是同反对金融贵族的斗争完全相吻合的,这个论争既然保证有可能博得非常便宜的声望,并吸取非常丰富的材料来写清教徒式的社论,因而是不能不大受利用的。工业资产阶级感激《国民报》,是因为它奴颜婢膝

---

① 《各国新闻出版法选辑》,人民日报出版社1981年版,第187页。
② 马克思:《路易·波拿巴的雾月十八日》,见《马克思恩格斯选集》第一卷,人民出版社1995年第2版,第595—596页。

地拥护法国的保护关税制度,而它维护这个制度又多半是出于民族的动机,而不是出于国民经济学的动机。整个资产阶级感激它,则是因为它恶毒地诽谤共产主义和社会主义。此外,《国民报》派是纯粹的共和派,就是说,它要求把资产阶级统治的形式由君主国改为共和国,首先是要求保证自己能在这个统治中占优势……《国民报》派利用六月起义的爆发解散了执行委员会,从而清除了它的最切近的对手,即小资产阶级的或民主主义的共和党人(赖德律—洛兰等人)。卡芬雅克,这个指挥了六月战斗的资产阶级共和派的将军,获得了一种独裁的权力,代替了执行委员会。《国民报》的前任总编辑马拉斯特,成了制宪国民议会的常任议长;政府各部部长以及其他一切重要职位,都由纯粹的共和党人占据了。

从马克思的分析中,我们可以看出新闻媒体在早期资本主义剧场政治中发挥作用的基本特点:1. 媒体即政治,政治即媒体。资产阶级报刊从诞生之日就具有强烈的政治性,或者说就是政治的媒体,如"《国民报》派是纯粹的共和派"。当时的法国是如此,美国建国之初的情况也如出一辙,"当18世纪末政党发展起来时,每个党都控制着几份报纸……接受政党的补贴"①。2. 在资产阶级代议制政治剧场中,与议院形成了直接的互补关系。资产阶级的政治演员们必须同时占据两个舞台——议院和媒体,如当时法国的资产阶级共和派在"议院中有它的代表,在报界它也有相当大的势力"。而这两个政治舞台上的演员角色又是可以互换的,如"《国民报》的前任总编辑马拉斯特,成了制宪国民议会的常

---

① [美]梅尔文·德弗勒等:《大众传播通论》,颜建军等译,华夏出版社1989年版,第36页。

任议长"。3. 与议院的目标一致,但分工不同。如在马克思笔下
的法国,当时资产阶级共和派控制的议院和媒体都"要求把资产
阶级统治的形式由君主国改为共和国,首先是要求保证自己能在
这个统治中占优势",但两者又具有不同的功能,议院是直接提出
政治诉求的场合,而媒体则是通过制造舆论为实现具体的政治诉
求服务,如"工业资产阶级感激《国民报》,是因为它奴颜婢膝地拥
护法国的保护关税制度……","整个资产阶级感激它,则是因为
它恶毒地诽谤共产主义和社会主义"。

第三节　现代资本主义的剧场政治

一、大众政治与平民议会

在与中世纪封建王权的斗争中,代表着先进生产力的欧洲资
产阶级一经登上历史舞台,就在各个方面显示出巨大的活力,新技
术新发明层出不穷并迅速得以应用,大机器生产代替了手工劳动,
工厂制度在西欧国家主要生产部门得以普遍确立,为资本主义在这
些国家最终彻底战胜封建制度提供了强大的物质技术基础,随着资
产阶级通过流血的或不流血的革命推翻封建君主统治夺取政权,这
些国家的社会生产关系也发生了全面的变革,资本主义现代化的实
现使整个社会的面貌天翻地覆。在这个上升阶段,资本主义既是一
种新的社会制度,同时也是一种迅速发展变化着的社会运动,"一切
固有的僵化的关系以及与之相适应的素被尊崇的观念和见解都被
消除了,一切新形成的关系等不到固定下来就陈旧了"[①]。为了进

---

　①　马克思、恩格斯:《共产党宣言》,见《马克思恩格斯选集》第一卷,人民出
版社 1995 年第 2 版,第 275 页。

一步巩固业已建立的资本主义经济基础和生产方式,资本主义意识形态及与之相对的国家政治制度等上层建筑也在不断改良和完善。现代资本主义剧场政治的序幕也全面拉开,虽然随着社会的发展不停地变动,但这个时代"庙堂—广场—密室"模式的发展,仍有轨迹可寻:"庙堂"中的民主话语符号变得越来越抽象,资本主义新的政治神话更加可望不可及;"广场"的焦点则发生了很大的转移,渐渐从"议会广场"为中心转变成为以"媒体广场"为中心;"密室"中的资产阶级政党为了最大限度地凝聚人气,调整以往完全"黑箱作业"的做法,时不时地撩起神秘的面纱,在若隐若现中左右政局和舆情。在这个过程中,资本主义的政治组织形式、媒体产业形态、社会结构等都发生了复杂而深刻的变化。

如前所述,在与封建王权的殊死搏斗中,资产阶级借助工人阶级的力量,打着自由、民主、平等、人权、博爱等光鲜夺目的旗帜,夺取了最后的胜利,这些启蒙思想从此广为流传、深入人心,成为新时代的核心政治话语,也成了那个时代及其后来剧场政治中最能打动人心的口号,鉴于此,资产阶级迅速将这些名词和口号整合为核心价值话语体系,并将其载入宪法和法律变成了"制度化"的意识形态,任何政治演出要具有"被信仰的"合法性和社会基础,必得高高举起由这些符号编织而成的精神旗帜。但现实的情况却远没有自由、民主、平等、博爱等字眼那么美好,资产阶级一旦取得国家政权,立即暴露出"资本来到世间,每个毛孔都滴着血和肮脏的东西"的本质,很快就抛弃了工人阶级并且转而通过攫取剩余价值对其进行残酷的剥削和压迫,两者由昔日的同盟军变成了统治者和被统治者,两大阶级的对立和斗争不断加剧。资产阶级在对内残酷剥削压榨工人的同时,对外进行疯狂的殖民掠夺。结果,资本主义的早期统治很快导致国内工人运动风起云涌,社会主义思潮激流澎湃,甚至爆发了人民起义和内战,在国际上也激起了被压迫民族的强烈反抗。

在巨大的压力下,资本主义被迫进行了一系列政策调整,如扩大选举权、解放黑奴、增加社会保障和社会福利的开支等,以缓和尖锐的社会矛盾,营造"民主自由"的宽松景象。这些措施,也包括对政治运作方式不断进行的调整,增强了资本主义抗御社会危机风险的能力,客观上更多地满足了社会大众参与政治等公共事务的愿望,普通民众参政议政的热情和积极性日趋高涨,"自1870年后,大家愈来愈清楚地看出:各国政治民主化已势所难免。不论统治者喜欢不喜欢,民众都会走上政治舞台……"①资本主义开始由初期的精英政治进入大众政治的时代,沙龙式的政治剧场逐渐被"现代大众民主主义新型的巨大剧场"②所代替。

大众政治直接导致了政治剧场舞台装置的变革。在迅猛崛起的大众参政潮流的推动下,资产阶级议会的组织形态、运作方式都发生了深刻变化。如议会中的"演员圈子",原来几乎完全是由"拥有财产和教养"的资产阶级贵族组成,但随着各个阶层"新入场者"的涌入,贵族院很快成为摆设,平民院变成了政治角逐的真正舞台,英国在这方面最为典型③,而且这种情况一直延续至今。其实,看似熙熙攘攘的"平民议会"也并不属于平民,因为后者只是能够进入剧场的看客,通常并不能将自身融入演出之中,更无法

---

①　[英]埃瑞克·霍布斯鲍姆:《帝国的年代》,贾士蘅译,江苏人民出版社1999年版,第100页。

②　[日]谷藤悦史:《现代媒体与政治》,一艺社2005年版,第76页。

③　其议会为两院制。贵族院(House of Lords)也称上院,如今只具有象征性功能;平民院(House of Commons)也称下院,具有实质的政治议决功能。——作者注。

决定剧情的发展。不过,与早期的"贵族议会"相比,现代资本主义"平民议会"的剧场政治具有一种更大的魔力,演员(政治家)依然由资本利益集团挑选,但却造成了是由"一人一票"的选举公正产生的幻象;观众(社会大众)依然处于被大资本剥夺的无助状态,但却经常陷入"自己是社会的主人"的自我陶醉之中。凡此种种,都说明资本主义制度在不断地自我调整、自我完善中更加老于世故。如果说早期资本主义"用公开的、无耻的、直接的、露骨的剥削代替了由宗教幻想和政治幻想掩盖着的剥削"①,那么在经过与工人运动和社会主义革命交锋的历练后,大众时代的资本主义已经成功地建立起了用"民主"等新的政治神话构成的"宗教幻想和政治幻想"。

除了议会的平民化,大众政治也使得整个剧场政治的社会生态不断发生新的变化。一方面,由于背景复杂、地域广泛、诉求多样的社会成员参与其中,政治剧场的内部结构出现变化,表演者与观众之间的距离扩大。政治家与选民面对面接触的机会越来越少,在严肃的治国理政的话题上,政治家越来越难于满足多种多样的大众需求,一种主张能够取悦城市选民,但可能恰恰是农民反对的,一部分人视如甘醇的政见也许就是另一个群体的毒药,众口难调的现象日益凸显,古希腊—罗马政治剧场中演员与观众的一体感逐渐消失。另一方面,经济发展和科技进步也使表演环境不断出现变化,大众对政治演出戏剧性效果的期待和要求越来越高,表演者必须练就高超的多样化演技,于是出现了一批具有特殊表演才能的职业政治家或曰专业政客,他们表演的世界与现实的世界

---

① 马克思、恩格斯:《共产党宣言》,见《马克思恩格斯选集》第一卷,人民出版社1995年第2版,第275页。

开始分离,演员与观众的距离进一步拉大,各自形成了自身的运行逻辑和感情世界。在这种新的社会生态中,资本主义剧场政治及其舞台设置、编排技巧、演艺策略等不断吸收大众文化的活力元素,越来越追求随机应变的通适性。

二、大众文化与大众媒体

资本主义大众文化是产生于现代工业社会中的群众性文化,因与市场经济相伴生而具有强烈的商业性和消费性,又因以大众媒体为载体而具有广泛性和通俗性。大众文化的到来和迅速普及,使剧场政治的社会生态进一步发生深刻变化。

一方面,原来囿于党派偏见、主要服务于本党精英政治斗争的资产阶级政党报纸,暴露出种种局限性。"报纸内容总是一家之言"①,就注定无法吸引方方面面的读者;而受众面狭窄、发行量小,经营成本就高,只能依靠政党补贴,但常常捉襟见肘。这种状况日复一日,形成了难以为继的恶性循环。

另一方面,随着资本主义市场经济迅猛发展,加之广泛应用新的传播科技,报刊媒体市场迅速兴起并以令人瞠目的速度向大众化、商业化转变②,广告成为报刊的主要经济来源后,报刊的印刷发行成本不断下降,出现了市井民众也买得起的"便士报"。原来的党派报刊也被迫参与商业竞争,不遗余力地追逐利润和市场份

---

① ［美］梅尔文·德弗勒等:《大众传播通论》,颜建军等译,华夏出版社1989年版,第37页。

② 国内有新闻史学者将这一阶段西方产生大众报刊的经济社会土壤概括为六个方面,即政治民主,舆论自由;经济发展,贸易繁荣;教育普及,读者大增;科技进步,传讯加速;城市兴起,人口集中;大众社会,大众文化。见李彬:《全球新闻传播史》,清华大学出版社2005年版,第256—266页。

额。这样一来,原来面向政治精英的"贵族纸"迅速变成人人可读可用的"新闻纸"、"大众纸"。伴随着议会这个政治剧场由贵族政治向大众政治的转变,以通俗性的商业报纸为代表的大众媒体也成为新的政治舞台,成了大众文化时代演绎大众政治的重要载体。

在媒体大众化的初期,由于摆脱了因经济依附而形成的政党依附,媒体开始转而追求与政党的相对独立或至少是形式上独立,自命为"社会公器",在新闻报道上标榜"客观"、"公正"①。媒体(medium 或其复数形式 media)正如其词源所表明的那样,是一个中介者,一方面将舞台上表演者的信息传递给观众,另一方面也把观众需要怎样的表演和演技的信息传递给舞台上的表演者。

实际上,大众文化时代的大众媒体,从一开始就不是简单的、机械的、被动的信息中介,大众报刊的迅速普及,既开阔了人们的视野,扩大了相互间的影响和联系,同时也"造成对变化和新奇的渴望,促进了对轰动的追求"②。市场需求就是导向,巴尔扎克曾用小说家犀利的笔锋形容说,"报纸是用说话做商品的铺子,专拣群众爱听的话向群众推销。要是有一份给驼背看的报纸,准会从早到晚说驼背怎么美,怎么善,怎么必要"③。在实现了由党派媒体向商业化媒体转变后,按照培育和扩大受众市场的目标,大众报刊的信息传播活动逐渐组织化、机制化。为此,媒体在加强商业功能以吸引尽可能多的广告客户的同时,竞相强化自身的政治信息传播和评论的功能,不但对政治舞台上的表演及时进行"客观报道",而且对表演者的表演内容和演技进行批评和分析,甚至去为

---

① 唐海江、吴高福:《西方政治媒体化评析》,《国际新闻界》2003 年第 2 期。

② [美]丹尼尔·贝尔:《资本主义文化矛盾》,三联书店 1989 年版,第 137 页。

③ [法]巴尔扎克:《幻灭》,傅雷译,人民文学出版社 1989 年版,第 330 页。

表演者"设置议题",影响和驱使他们表演什么或不表演什么,媒体的这种介入政治的愿望与其追逐利润的商业动机是内在统一、相辅相成的,就是基于这样一种逻辑:只有参与政治,才能产生社会影响;只有具备社会影响,才能拥有广泛受众;只有拥有广泛受众,才能占有市场份额;只有占有市场份额,才能吸引广告投资。而靠着越来越多的广告资金,报纸会进一步作大作强,靠着雄厚的经济实力,可以更深地介入政治,从而产生更大的影响力,拥有更多的读者,吸引更多的广告,获得更多的利润。随着大众媒体的崛起,现代资本主义剧场空间出现了一系列变化,其中之一就是在表演者空间和观众空间之外,又增加了媒体空间。由于剧场政治受民主主义的多数主义原则支配,因此表演者、媒体和观众三方,都努力把自己装点成是多数意见的代表者,因此三方之间在相互利用的过程中也通过多种战略展开竞争,吸引注意力、吸引大众眼球,是竞争的焦点。

随着电影、广播、电视等电子媒体的出现,社会的文化区隔进一步被消解,大众社会和大众文化加速发展。在追求利润的商业主义逻辑下,西方媒体经历了从自由竞争到走向垄断的过程。以美国为例,第二次世界大战以来的六十多年中,美国报业"大鱼吃小鱼",垄断现象不断发展,有影响的报纸日益集中到极少数大财团手中,90%以上的城市形成"一城一报"①的局面。具有强大形象话语权的电视媒体更是如此,美国广播公司(ABC)、全国广播公司(NBC)、哥伦比亚广播公司(CBS)、有线电视新闻网(CNN)

---

① "一城一报"是西方媒体学者形容报业垄断的形象性说法。美国大多数城市当然不可能仅有一份报纸,但即使有多种多样各种类型的报纸,它们也往往属于同一报系或同一报业集团,"一城一报"说的就是这种情况。——作者注。

和福克斯电视网(FOX),决定着美国人能看到什么和听到什么。
这些媒体巨头凭借雄厚的经济实力,按照他们自己的世界观剪辑
和编排政治,不管积极的、消极的,只要能吸引观众的眼球就为之
提供演出的舞台。其中一个重要的内容,就是大量刊播关于政治
家的煽情性新闻特别是丑闻,以此满足大众的好奇心,达到了商业
目的。

大众媒体的崛起,引发政治剧场空间不断出现新变化。原来
躲在幕后组织和选择表演者的政党,开始走上前台,投身于大众之
中,力图通过媒体唤起他们建立与自己政党共同的政治信仰,以激
发出人们对本党和本党政治家的认同。由此一来,政党在剧场政
治中的功能,就不再只是如何挑选演员,更重要的是支持本党政治
家在媒体上展示与众不同的演技,最终在选举中克敌制胜。媒体
也不再仅是政治家作为个体展演风采的舞台,而是政党实现政治
目标的主要载体。政党等有组织的演艺集团为了争夺媒体受众、
唤起大众共鸣,开始在展演手段、演出技巧上不断钻研精进,围绕
着诉诸理性的“被信仰的(Credenda)”和诉诸感情的“被赞赏的
(Miranda)”的各种因素展开争夺,政治成了大众媒体上多种演技
交错组合的华丽演出。

由于大众媒体成为现代剧场政治的焦点,政治舞台也从近代
资本主义初期剧场的“演员—议会—观众”的三维空间,变为“演
员—媒体—观众”新的三维空间,大众媒体走向政治的中心。相
应的,演出主体也不断改进提高剧场策略,形成了许多新的特点,
至少有两点非常突出:一是政党及其政治家为了使演出效果具有
可持续性,开始极力追求表演者空间与观众空间新的一体感,围绕
着媒体舞台进行的政治表演呈现出日常化的趋势,过去特定时段
(如大选期间)的华丽展演拓展为涓涓细流、水滴石穿式的日常演

出。尼克松为了问鼎白宫准备了十几年,克林顿、奥巴马虽以政坛黑马的形象当上总统,但也在他们州长、参议员任内为竞选总统做足了表演的功夫,通过媒体的放大效应获得了较高的知名度和认同,才得以在日后党内提名、初选、大选的一路厮杀中脱颖而出,可谓"台上三分钟、台下十年功"。二是政治剧场的幕后世界也进一步走向分工的细化和专业化。在发挥表演者组织作用的政党周围,聚集了一大批设计政治演技的智囊团、智库,指导表演者演技的政治顾问、选举顾问,渲染演技的政治传播设计师乃至广告、宣传等专职人员。随着组织化程度的提高,政治演技越来越争奇斗艳,形式也愈发华美,渐渐失去了政治演员表演的个性化特点。现代资本主义大众化政治剧场中的观众,在每天面对政治集团之间相互竞争、媒体与媒体之间相互竞争、政治集团与媒体之间相互竞争的政治表演的同时,他们所处的剧场情境正经历着政治演出日常化、政治剧场空间巨大化、演出组织分工化、政治演技专业化、演艺风格的非个人化等诸多巨大变迁。

　　现代资本主义大众社会与大众文化显著的特征就是标准化、商品化、通俗化和娱乐化,文化产品被认为与物质产品一样都由市场决定和选择,都可以在流水线上大量地生产和复制。这种情况下,政治剧场中组织化程度提高的过程,也就是标准化、商品化程度日益加深的过程,由于标准化,政治演艺风格不断失去个性;由于商品化,总统可以通过媒体进行推销"大甩卖"①。但另一方面,非个性化并不意味着"去魅力化",相反,魅力更加重要,但魅力的形成和发生机制已经大大不同,更多地不是来自个人的禀赋,而是来自大众媒介的包装。现代民主主义剧场因其所处媒体技术突飞

①　Joe McGinniss:*The Selling of the President*,Penguin,USA,1988.

猛进的时代,层出不穷的新兴媒体对政治的塑造力越来越大,对政治表演效果的影响程度越来越深,20世纪中期兴起的电视和至今方兴未艾的互联网、手机,都是个中翘楚。康托维茨所说的超越自然属性的"神体"或曰政治身体,在这些大众媒介建构的剧场装置被彻底揭去神秘的面纱,原来专属于"王"的魅力既可以"制造"也可以大量"仿制"、"批量生产",人人可以为尧舜,形成了马克斯·韦伯所说的法理型统治(legal-rational)与魅力型统治(charismatic)的新型组合。经过法理性程序掌握权力、走上统治地位的政治领袖,依然需要通过大众媒体展示其魅力,巩固自身的政治合法性和社会基础。正如后面章节中将要详细分析的那样,到了电子媒体时代,领袖人物若不具备符合社会审美要求的"魅力",就难以抵达法理统治的权力中心,取得了权力也无法有效地维持其统治,因此,制造和形成魅力,是成为现代领袖的必需条件。在特定时空环境中,政治人物甚至可以通过其魅力,超越法理统治或干脆将之弃置不顾,直接现身动员社会舆论谋取支持,如第二次世界大战时期的同盟国的斯大林、罗斯福、丘吉尔,轴心国的墨索里尼、希特勒等都是这样。即使在社会稳定的和平年代,在成熟的资本主义法理型体制中,有效的统治依然要有过人的魅力作为基础,小泉纯一郎的成功就是实例。但无论和平时期还是非常时刻,政治家魅力的展现都离不开大众媒介的加工和传播,而这种魅力加工又是按照大众的审美需求量身定制的,魅力传播则是按照大众文化设定的加工流程进行的。

特别需要指出,20世纪上半叶电视诞生后,视觉文化在大众文化中日益成为主流。电视这种视觉媒体,以其自身稍纵即逝的节奏和速率,把各种观念和符号形象化,在观众眼前一闪而过,它追求的是观众情绪化的反应,为此就要建构最具冲突性和戏剧化的叙事方式。所以,视觉媒体的传播效果几乎全部来自技巧,内容如何已无关紧要。政治家们敏锐地把握了这一特征,千方百计迎合大众感官刺激的需要,靠着追求直接的、同步的冲击和轰动效应来构建大众的"想象共同体"。这样一来,以电视为核心的政治剧场,又出现了与同为电子媒介的广播时代、电影时代极为不同的特征。收看电视的人们不像过去因为共同的兴趣聚首在电影院,而是在家庭这一私密空间中,在日常生活的环境中随心所欲地调换频道、选择节目。受众的情况千差万别、难以确定,使电视成了一种难以聚焦的媒体。与此同时,西方绝大多数的电视台都是商业性的,为了获得尽可能高的收视率,必须像电视广告推销商品一样,借助鲜明的形象和突出的特征反复播放,才能有效地吸引观众的视听。汤普逊指出,电视媒体一方面容易受到政治权力的借用,另一方面政治权力借用电视又有如走钢丝一样充满了风险。以电视为媒介的公共事件的传播,越来越依赖于由电视生产的"故事结构"[1],因为些微的疏忽、感情冲动和丑闻曝光都会被反复播放,对政治家造成致命影响。因此,即使在法理统治占据主流的现代,展示魅力的政治表演的重要性依然有增无减,借助日新月异的电子媒体展示魅力尤其重要。对于"电视总统"肯尼迪的成功,美国传播学者曾有这样的评价:"1960年,肯尼迪之所以赢得选举,不仅是因为他说得漂亮,更是因为他长得漂亮。"[2]尼尔·波茨曼在其著名的传媒著作《娱乐至死》中则提出这样一个有趣的观点:"塔夫脱,我们的第27任总统,体重300磅,满脸赘肉。我们难以

---

① [日]远藤薰:《间媒体社会与舆论形成》,东京电机大学出版社2007年版,第20页。

② [美]保罗·莱文森:《数字麦克卢汉——信息化新纪元指南》,何道宽译,社会科学文献出版社2001年版,第98页。

想象,任何一个有着这样外形的人在今天会被推上总统候选人的位置"①。可以说,因为已经有了电视,肯尼迪成功了;也因为当时没有电视,塔夫脱成功了。塔夫脱与肯尼迪之间的这种悖论,应该就是20世纪大众文化时代以大众媒体为核心的剧场政治,与19世纪精英政治时代以议会为核心的剧场政治的不同。

三、政治的媒体化与大众的去政治化

如上所述,政治家及其政党与大众媒体相结合,为政治剧场带来的最为显著的变化就是政治演技的媒体化,即政治家顺应所处时代主流媒体的传播要求,对演出内容进行反复编排加工并进行演练,以期引起观众最大限度的情绪反应和感官刺激,以达到从他们手里拿到选票的目的。在报纸是主流媒体的时代,政治演技强调的是给读者以思考和启发,所以调动大众认知的逻辑力量至关重要。在广播是主流媒体的时代,政治演技强调悦耳的声音和打动人心的语言。在电视成为主流媒体的时代,政治演技强调的则是视觉的表情、风度和形象。例如1960年的美国总统竞选,肯尼迪与尼克松举行历史性的电视辩论,肯尼迪显得神采奕奕、年富力强,论辩过程中也精神饱满、机智敏捷,而当时的尼克松病后初愈、面容憔悴,来参加辩论的路上,还被汽车门撞伤了腿,在荧屏上显得愁眉苦脸、精神不振。美国历史学家曾反复分析双方辩论的内容,认为尼克松的言论思维缜密、针对性强,内容中很有"含金量",但亿万美国观众此时根本不去留意两个竞选对手究竟讲了什么,他们在意的就是表演者的形象、气质和魅力等等。一仗下

---

① [美]尼尔·波茨曼:《娱乐至死》,章艳译,广西师范大学出版社2004年版,第8页。

来,无须投票,胜负已定。八年之后,尼克松卷土重来,再次问鼎白宫,并在1968年的大选中终于如愿以偿。他的胜利来自1960年败给肯尼迪的惨痛教训:失败是因为只重视内容不注重形式,而获胜则是因为完全的反其道而行之,追求形式的完美而将实质性的内容抛到九霄云外。历史记录下了这样的一幕①:1968年10月21日,星期一,为了制作一段供电视播放的五分钟的竞选短片,尼克松在清晨就来到摄影棚,一遍一遍地反复试镜,他的竞选顾问或更准确地说是竞选化妆师罗格尔·埃勒斯和弗兰克·莎士比亚,像调教学童一样摆布着尼克松,教他如何去掌握每一句话的抑扬顿挫,教他在每一个可能的场景下如何运用喜怒哀乐各种各样的表情,早在艾森豪威尔时代就贵为副总统、曾因与赫鲁晓夫进行"厨房辩论"名扬天下的尼克松,对此竟也虚怀若谷、言听计从,他对着自己面前的竞选化妆师,对着摄像镜头,如同笨拙的小学生似的一丝不苟地反复练习自己脸上每一块肌肉的运动……此时的尼克松唯一的目标就是提高自己的演技,因为弗兰克·莎士比亚的忠告已经成为他牢不可破的政治信条"唯有形象决定一切"②。结果,继"电视总统"肯尼迪之后,尼克松也靠着电视镜头上的魅力赢得了胜利,弗兰克·莎士比亚的逻辑再次得到了验证。虽然尼克松后来由于"水门事件"在羞辱中下台,但他积累的"甩卖总统"的经验却成了美国政治传承不绝的宝贵遗产,把政治家塑造成专业政治表演者,把政治变成商品来生产制作并不遗余力地加以推销,成为政治的不二法门。近半个世纪过去后,这种趋势有增无已、愈演愈烈,成功地包装了尼克松的罗格尔·埃勒斯后来又作过

---

①　Joe McGinniss:*The Selling of the President*,Penguin,USA,1988,pp. 1－7.

②　原话是"issues bore voters and image is what counts"。

乔治·布什的竞选顾问,并且带出了一大批门生高足。埃勒斯的人生道路成了剧场政治日益发扬光大的鲜活例证。

急速的工业化和现代化进程使电视机不再是奢侈品,而成为人人得而用之的大众用品。在美国,从肯尼迪时代一家人拥在客厅对候选人评头论足,发展到家庭主妇在厨房备餐时都会有电视音像陪伴的地步,不过用了短短的二十年。到20世纪80年代末,美国拥有的电视机数目已经超过两亿台,85%的美国公众关于政治的信息和印象是从电视上得来的[1],但是,此时电视带给美国观众的"政治"更多地是光怪陆离刺激感官的场景和戏剧化碎片。在电视建构的视觉时代,展示形象和魅力的表演从一开始就压过了严谨但枯燥的政治说教和理论推导,析事明理、逻辑缜密的演说迅速褪色,取而代之的是能够在短时间内打动人心、三言两语激发人们想象的隽言警句。肯尼迪至今被人记住的就是"不要问国家为你做了什么,而是要问你为国家做了什么";到了后来的克林顿、奥巴马时代,他们令选民赞叹的话语更加简约,只有一个词,叫做"变化"。因此,电视时代是一个靠魅力和激情点染的大众政治时代,只有靠着充斥时尚象征的华丽政治表演才能够产生强大的凝聚力,政治的形式远胜过政治严肃的实质性内容。政治家为求人气争相"触电",煞费苦心地按照媒体的传播路数,寻找和设计能够产生感染力和吸引力的焦点和热点,以至于许多重大国务活动,都像体育赛事一样要根据电视转播的最佳时间来设置议程。政治的剧场性由此不断登峰造极。

但物极必反,形式华丽的现代表演型政治也导致了社会的去

---

[1]　Stressen, N, *Press Law in the United States*, Article 19 Press Law and Practice reports, London, 1993, p. 192.

政治化现象,即大众对政治逐渐冷漠甚至厌恶的态度倾向。这主要是两方面原因造成的。一方面,政治表演成为人们习以为常、见惯不怪的家常戏码,久而久之形成"审美疲劳"。在封建王权时代,政治运作于密室之中,政治人物的一切包括其形象都具有极大的神秘性,一睹龙颜往往是社会大众毕生难以实现的梦想。但进入资本主义大众社会,借助大众媒介的传播,围绕着政治的神秘感逐渐消减,人们通过报刊可以了解当政者的思想,通过广播可以听到他们的声音,通过电视可以看到他们的形象。特别是借助电视这个大众媒体,政治展现在光天化日之下,政治活动瞬间传递到千家万户,其权威、神圣和庄严的色彩很快消退,政治家一出场就引来欢呼甚至狂热的动人场景也逐渐成为过去。政治人物活动的报道每天出现在电视上,通过电视,他们的举手投足、言谈话语都展示得细致入微,而且还能反复播放,为普通大众品评政治家提供了最直观的感性材料。人们有时为他们的政治表演感动,有时兴奋,但也有时感到失望甚至愤怒。总之,电视使往日高深莫测的政治和政治领袖走下神坛,逐渐融入人们琐碎的日常生活。

另一方面,政治表演越来越追求技巧的翻新斗奇,越来越回避长期的或当前的社会矛盾,大众在被培养成为政治戏剧的消费者后,越来越流于根据表面印象来做出政治判断,民主政治开始变成愚民政治,越来越多的公众对此感到由衷的失望甚至愤怒,开始厌恶政治、远离政治。资本主义在高歌猛进的过程中,深层次的社会矛盾逐渐显露,也恰在此时,它进入了大众政治、大众文化的时代,政治环境逐渐宽松但也日益涣散,五花八门的政治力量和千奇百怪的舆论声音使人莫衷一是,各种利益集团、利益群体竞相表演又相互牵制,决策效率每况愈下,在实质性的社会矛盾面前一筹莫展,特别是危机到来后更是捉襟见肘,政治在统合社会、形成共识方面的力量大为弱化,领袖人物往日振臂一呼、应者云集的盛况已成过眼云烟。政治人物们既然无法解决实质性的矛盾,能力不够只好用戏来凑,于是转而靠通过媒体作秀来吸引观众的眼球,但是长此以往,媒体空间就产生了剧场和政治的失范现象,即媒体醉心于表现政治家煽情的一面,同时又千方百计挖掘他们的隐私,政治家则尽情展示自己魅力的一面,并努力遮蔽任何可能曝光的丑闻。长此以往,观众发现政治人物与演艺界的明星大腕并没有什么两样,都是在构建虚幻的世界,并不能给解决现实问题一个满意的答案。如奥巴马之所以能够当选美国总统,就是因为他营造了"一场富有传奇色彩的总统竞选,其中包括妙语连珠的电视讲演、无处不在的 T 恤衫肖像以及两本畅销全球的自传性作品,奥巴马本人已经成为美国流行文化的明星"①。但明星总统对美国如何走出金融危机却束手无策,奥巴马就任总统半年后的 2009 年 8 月,在美国公布的主要经济指标中,失业率继续恶化,达到了 9.5%,为 26 年来最高水平。国际货币基金组织(IMF)同时期发表的报告,称美国失业率将在 2010 年达到 10% 的顶峰。西方一些经济学家甚至认为,2010 年美国的失业率很可能会突破 10%。就业是民生之本,失业率居高不下,必然进一步打击美国的消费,使其经济复苏更加缓慢和艰难。失望之余,观众纷纷起身退场,奥巴马的民意支持率随之持续下跌。

当然,明星总统肯定会推出新的明星演技,力争维持自己表演的"眼球率",民众也会在新的演出轮回中陷入新的失望。这种去

① 2009 年以来,美国出现反思社会文化与社会变革的思潮,以上观点来自美国著名作家柯特·安德森题为《奥巴马时代的流行文化》,转引自《美国社会文化面临剧变》,见《环球时报》2009 年 8 月 21 日第 23 版。

政治化的倾向,在欧美几乎同时同步出现于 20 世纪 60 年代。如在美国,那十年其内外矛盾都到了白热化的地步,在美国国内,肯尼迪总统遇刺,人权运动领袖马丁·路德·金遇刺,肯尼迪总统的弟弟、美国参议员、总统候选人罗伯特·肯尼迪遇刺……在国际上,美国深陷印度支那战场难以自拔。但台上台下的美国政治家们却只顾用政治秀来为自己捞取政治资本,关注的是如何通过更加高超的演技制造更加戏剧化的效果,取悦大众博得支持。尼克松就是在内忧外患的 1968 年,通过电视作秀投身于"总统大甩卖"的角逐之中。这种剧烈的反差导致大众对政治产生了深深的怀疑和失望,1969 年 8 月 15 日到 17 日,在美国小城伍德斯托克,几十万美国青年聚集在一起用全程摇滚的音乐狂欢,表达了他们对政治家荒诞表演的反叛,以此为标志,大众文化开始向大众政治发起了越来越多的挑战。当时席卷美国的民权运动、妇女解放、种族平等、反战运动和发端于法国并迅速蔓延全欧洲的"五月风暴",也多是以大众狂欢的形式表达的政治反抗。当时的人们特别是青年男女表达厌恶政治、厌恶战争、厌恶传统和权威的最常见方式,就是摇滚乐、脱衣舞、同性恋、酒精甚至毒品,身着喇叭裤、脚穿松糕鞋的"嬉皮士"形象成为时尚,由此形成了被打上纵欲主义、自由主义和享乐主义标签的"垮掉的一代"。虽然此后欧美借助国际格局中的"冷战红利"和对国内政策进行了一系列非实质性的微调,渡过了 20 世纪 60 年代的难关,但"垮掉的一代"积淀下来的去政治化的历史遗产,却渗透到了美国社会和大众生活的深层,不关心政治的现象越来越普遍,对政治表演玩世不恭乃至恶搞取笑成为潮流并屡屡风靡。进入 21 世纪,美国历次大选,居然都有超过一半的具有法定选举资格的选民根本不去投票站投票,一人一票的政治神话在这些人心中已经幻灭。政治借助大众媒体越来越剧场化,日常生活中的观众又越来越去政治化,这构成了现代资本主义剧场政治一个难以克服的悖论。

　　大众去政治化的态度也表现为对媒体的不满,但又无可奈何。剧场政治以大众媒体为舞台,政治家唯媒体马首是瞻,只顾表演作秀,对于实际问题总是口惠而实不至,大众也索性把政治表演当作生活里的肥皂剧,最后对政治产生漠然、疏离的情绪,而观众对媒体热播政治闹剧的倾向也日久生厌,但与日益形成垄断强势的媒体资本相比,分散的大众明显处于弱势,只能抱怨而于事无补。①1995 年美国曾经进行了一次大规模的公众对媒体态度的调查,结果发现,从政治问题到社会问题,从对具体政治事件的报道到对新闻媒体本身的印象,大部分接受调查的公众在几乎所有选项上对媒体都给予了消极否定的判断,"媒体已经产生了一个与大众格格不入的认知断层"。② 大众对政治人物的表演及为之表演提供舞台的媒体日益不满,现代资本主义剧场政治赖以存在的社会心理基础由此不断崩坏。这种情况,是当今西方"剧场政治"另一个普遍的两难③。当今剧场政治的表演者、观众、媒体等各方要素仍在剧烈变动之中,但上述悖论和两难总体上还在深化。

第四节　日本剧场政治的历史演变

一、近代之前的日本剧场政治

　　上文已述,西方主要语言中的"政治"均源自希腊语的城堡或

　　① Thompson, John B, *Political Scandal*: *POWER AND VISIBILITY IN THE MEDIA AGE*, Polity Press, Cambridge, UK, 2000.
　　② 美国《大西洋月刊》(*Atlantic Monthly*) 1995 年第 7 期。
　　③ 〔日〕谷藤悦史:《现代媒体与政治》,一艺社 2005 年版,第 76—85 页。

卫城,意指城邦公民参与统治、管理各种公共生活的社会行为,而中国古代典籍中也有"道洽政治,泽润生民"的表述。从词源上可以看出,在这些地区,政治与公众、与社会生活之间有着密切的关系。与之相比,日本的情况则有所不同。直到今日,日语中的"政"字还读作"maturigoto",与"祭"字发音完全相同。而"政治"一词则是近代以后对"politics"的翻译。由此可见,在近代之前的日本,"政"具有双关含义——政事即祭事,祭事即政事。在《尼加拉:十九世纪巴厘剧场国家》一书的结论中,格尔茨也曾捎带一句地提到过日本①,他认为在中东和亚洲的传统等级制国家中有三种主要的王权形式:埃及、中国或苏美尔型、印度型和巴厘型:

> 在巴厘,一如在东南亚大部分地区(同时,饶有趣味的是,在波利尼西亚更为发达的政体中,虽然有所不同,如日本),国王并不仅仅扮演牧师角色,他就是世界的超凡中心(numinous center),祭司则是他的神圣特性的征象、组成部分和效应物。

这里,国王显然是指天皇。直至今日,象征农业文明时代宇宙秩序的大尝祭,仍由日本皇室按部就班地进行着。那么,日本政治的"权力诗学"是怎样形成的? 其"神性"的内容究竟为何物? 这一内容如何被创造出来? 与西方、中国,乃至19世纪的尼加拉又有何不同? 所有这些问题无疑都通向对日本剧场政治的解读之道。

在考察日本政治及其剧场性之前,有必要首先对日本文明的历史阶段及各阶段在人类文明史中的位置予以确认。首先,在日本文明的历史阶段划分上,日本学者小泽一彦认为可将日本历史

---

① [美]克利福德·格尔茨:《尼加拉:十九世纪巴厘剧场国家》,赵丙祥译,上海人民出版社1999年版,第151—152页。

划分为三个时期:绳纹后期至江户时期的农业文明时代、明治时期至昭和时期的工业文明时代与及平成时期至今的信息文明时代①。

其次,在日本各阶段文明与人类文明史的关系上,简而言之,在至今为止的漫长历史中,日本绝大部分时间都是一个"后起社会",这种后起性早在"定居农耕文明的形成时期"就开始了②。纵观明治维新即近代以前的历史,日本一直处于中国文化的影响下,明治维新后,开始接受西方国家的影响。但与此同时,在"坚持使外来文化适应于本国固有的国情和文化遗产"的努力下,日本也走出了一条独特的发展道路。因此,在分析日本政治及其"权力诗学"时需要格外留意它的二元性,即本土政治实践与外来政治制度之间、样本与对样本的引进、消化和修正之间的关系。

近代以前,日本的政治体制大体经历了古代贵族制(从公元2世纪末的邪马台国,公元3世纪末至7世纪的大和政权时期③)、古代天皇制(公元7世纪的圣德太子改革,大化改新之后的平安时代)、中世纪封建制(镰仓和室町时代)、近世封建制(德川时代)等历史阶段。在本土与外来的关系上,古代天皇制属于外来,即仿效中国的中央集权帝制,其他三个阶段属于本土。在时间上,外来的复制短,改造却长。因此,近代之前日本"本国固有的国情和文化遗产"呈现何种特征,引进外来文化的目的何在,外来文化受本

① ［日］小泽一彦:《现代日本的政治结构》,世界知识出版社2003年版,第3页。
② ［日］富永健一:《日本的现代化与社会变迁》,李国庆、刘畅译,商务印书馆2004年版,第85页。
③ 因没有文字记录,围绕邪马台国的地理位置至今争论不休,大和政权的真实状况也不得而知。

土要素影响产生了何种变形等问题,都直接形成了日本"权力诗学"及政治剧场的基因。

虽然没有详细的史料,但从已有史书和考古发现来看,早在古代贵族制阶段,日本"本国固有的国情和文化遗产"就已基本展现了雏形。所谓贵族,实际是大的氏族。如邪马台国,就是一个由三十多个小国(氏族统治)组成的以邪马台国为中心的联合王国。"据中国史书《三国志·魏书·倭人传》的记载,公元2世纪末,日本列岛上本以男性为国王的倭国发生动乱,小国之间相互攻击,一年后共同推举邪马台国的女王卑弥呼为王。女王'事鬼道,能惑众',独身,深入简出,由其弟辅助治理国政。卑弥呼死后又立一男性国王,结果再次引发动乱,公元248年,与卑弥呼有血缘关系的13岁少女壹与成为国王后局势才稳定下来"①。

这段评述透露出古代日本贵族制政治的三个重要特点:第一,内部权力争斗不断,神巫型(magico-religious)人物成为不可或缺的统合象征。第二,权力(治理国政)与权威(统合象征)分离。第三,权威的"王"在生前,倾向于用隐藏式(深入简出)的方式制造神秘,而非尼加拉式的夸示。这些特点构成了日后日本政治生态特点的"古层"。

到了"大和政权"时期,其最高统治者称"大王"。"大王"虽在众多强势氏族中确立了"王"位,但另一方面,其他有势力的氏族也在其政权中逐渐世袭地占有了统治机构中的特定职务,虽然没有与"大王"分庭抗礼,但确实拥有强大的势力。例如在公元六世纪左右的大和政权中,在"大王"之外,还有另外两大氏族集团:"臣"和"连":臣氏族原本并非大王的臣子,拥有自己的土地,并不

---

① 　王新生:《日本简史》,北京大学出版社2005年版,第7页。

隶属于大王,只是后来才臣服;连氏族则世世代代是大王家族的臣下,被指派掌管宗教事务,制造宗教礼仪用品和承担防务责任,而他们的姓都是"大王"授予的。

由此可见,古代日本无论邪马台国,还是大和政权,在其初始的形成期都长时间地处于一种"权势分立均衡"的状态中,一直没能产生一个集权力与权威于一身、傲视群雄、横扫天下的绝对的"大王"。换言之,"大王"拥有祭祀、授姓、修建大坟①之类的权威,但在实际统治中,他也不得不授权,这与中国的秦始皇、古罗马的恺撒完全不同。因为不具备绝对权力,所以大王权威合法性的获得往往也必须要多上一个环节,即符合拥有优势权力者的意愿。而权力者的势均力敌,又决定了这种争夺优势的斗争无时不在。在上文论及西方政治部分时曾提到,所谓"庙堂",就是通过建立宗教等核心意识形态,造成对神的顶礼膜拜,而对神的崇拜归根结底是要服务于对君主的尊崇。因此,呈现权力与权威分立架构的古代日本,明争暗斗的"庙堂"之争在公元六世纪已势不可挡。这一"分"、"斗"的形势是其后他们学习大陆中央集权帝制,并在此基础上建立古代天皇制的最重要的背景因素。也就是说学习外来制度,是为了实现"统"、"和"。

当时,佛教、儒教和道教几乎同时从中国经由韩国传到日本。与此同时,大氏族在持续发展扩大了政治和经济的权势后,相互间的斗争也日趋激烈,其中势力最强的氏族是苏我氏和物部氏。他们之间的矛盾集中体现在宗教和皇位继承人两个方面,合起来就是

---

① 饶有意味的是,从公元3、4世纪开始至7世纪,规模较大的坟墓在日本列岛到处可见,其中最大的大山陵古坟"面积甚至超过埃及的金字塔或中国的秦始皇陵"。这些巨大的坟墓夸耀性的展现了"大王"的权威,延续了他们的神秘,也似乎弥补了他们生前与卑弥呼类似的"深入简出"的遗憾。

"庙堂"问题,即膜拜什么,又尊崇谁(和他背后的权力者)。在宗教,具体来说是佛教的问题上,苏我氏(此时已掌握了大和政权的财政权)在佛教问题上持尊崇态度,而物部氏则反对佛教,双方就此进行了半个世纪的抗争。加上皇位继承人问题,最终两个氏族之间爆发内战,以物部氏的失败告终,庙堂问题的决定权落到了苏我氏手中。

此时,虽然天皇家的势力因物部氏的败北而被削弱,但苏我氏也开始面临新的,来自外部世界的压力:此时大陆的隋政权和朝鲜半岛的新罗势力已对列岛的安全环境构成巨大压力,因此大和政权感到有必要实施加强中央集权以及充实国防的政策。这就是自推古朝开始的圣德太子改革(594 年开始)和大化改新(654 年)。经过长达一个多世纪的时间,终于在日本建立了一整套较为完善的、以天皇为最高统治者的中央集权政治体制。

公元 608 年,日本推古朝致隋的国书上出现"东天皇敬白西皇帝"的语句,标志着日本历史上首次出现了"天皇"的称号, 也标志着圣德太子等改革者对大陆文化的改造。如前所述,学习外来制度,目的就是要改变"分"、"斗"的局面,形成"统"、"和",通过加强皇权,建设较之以往更稳定的权力架构,建设可以抵挡外压的强有力的国家。而要在国内争斗不断的国情下做到这一点, 必须避免发生中国那样的易姓革命,因此也就需要在政治体制中"诗学"地把"大王"上升到神的地位——天皇不再是王, 而是"现人神", 与神等同。神与天皇之间不可能产生对立, 也就不允许有革命。这样皇位被赋予了神权, 确立在牢固的基础上①。另一方面, 天皇因为其神圣不可侵犯, 在实际

---

① 　[日]森岛通夫:《透视日本:"兴"与"衰"的怪圈》,天津编译中心译,中国财政经济出版社 2000 年版,第 27 页。

政治中又是无权的。与有野心的人物追逐拥有实权的地位相反，天皇处于政治权力斗争的舞台之外，野心家与其自己争皇位，不如侍奉天皇，至少不背叛天皇，在天皇之下成为有实权的统治者。这些对外来制度的本土改造，充分显露出邪马台国时代起的"古层"身影，而万世一系的天皇制也在之后的漫长岁月中，成为日本特有的文化遗产。

天皇的"庙堂"建立起来了，佛教的"庙堂"也建立起来了①，儒教的"庙堂"也建立起来了②，但中央集权政治体制的根基却远未夯实。由于从圣德太子到中大兄皇子都没有能力对氏族贵族拥有私有土地以及劳动者的生产关系进行改革，所以这种"本国固有的国情"使中央集权的官僚政府制度难以维系，从八世纪开始崩溃，变形：科举取士的方式没有得到实质性的采用，以班田收授为中心的"公地公民制"很快被私有制的庄园所取代，天皇在贵族统治中仅具有权威，武士阶层出现并夺取了国家政权③。这样，在古代型专制帝国形态的内部，产生出了与中国完全不同，而与西方的中世纪社会极为相似的封建社会④。

万世一系的天皇家拥有至高无上、不可替代的权威，承载政治

---

①　公元 594 年诏书宣布佛教为国教。圣德太子建寺天王寺、法隆寺，苏我马子建飞鸟寺，各大氏族也多建立自己的氏寺。在文化史上，6 世纪后半期到 7 世纪前半期以佛教文化为中心的这一段被称为"飞鸟文化"。壮观的寺院建筑遍布在全国各地。

②　轻视仁而重视忠，是日本儒教的特征。圣德太子于公元 604 年发布的十七条宪法，也没有像中国那样把仁作为首要的核心德目。参见［日］森岛通夫：《透视日本："兴"与"衰"的怪圈》，天津编译中心译，中国财政经济出版社 2000 年版，第 10 页。

③　王新生：《日本简史》，北京大学出版社 2005 年版，第 22 页。

④　［日］富永健一：《日本的现代化与社会变迁》，李国庆、刘畅译，商务印书馆 2004 年版，第 90 页。

象征,而拥有权力,特别是军事力量的政治势力掌握着国家的实际政权,他们相互之间明争暗斗甚至兵戎相见,胜利者们轮番登场:从藤原家族、平氏、源氏、北条氏、足利氏到德川氏①。对此,森岛通夫有过这样的论述②:

　　　　日本的历史,能够明确表述始于公元四世纪左右,从那时起直到1650年,天皇家一直是日本的君主。然而,天皇作为名副其实的日本君主,其时间不足此时期的三分之一。其他时期,摄政、关白、法皇、将军掌握实权,是实质上的统治者,天皇不过是装饰品。但对法皇、关白、将军等的任命权仍在天皇。所以,名义上天皇终究是日本的君主,也就是说,在日本历史上,有三分之二期间是"二重政府"乃至"三重政府"的时代。

由此可见,庙堂中神秘的万世一系,密室中势利的争斗不息,用庙堂的统合来弥补密室的分裂,这大致是近代之前日本的政治剧场模式。

二、近代时期:明治维新至第二次世界大战战败

如果说公元7世纪,日本学习中国,确立天皇家主权,实行律令制改革是出于内外压力的话,那么到19世纪中叶,内外双重压

---

①　藤原家族是天皇的外戚,在公元8世纪至10世纪实际统治日本。11世纪后武士阶层逐渐壮大,平氏是当时最高的权力者,能够控制皇室和藤原家族。1189年源氏打败平氏,消灭了藤原家族,建立了日本历史上第一个武家政权,即镰仓幕府(后被北条家族实际控制)。经过南北朝,14世纪足利氏建立了第二个武家政权,即室町幕府。经过战国,16世纪德川家族建立了第三个武家政权,即德川幕府。

②　[日]森岛通夫:《透视日本:"兴"与"衰"的怪圈》,天津编译中心译,中国财政经济出版社2000年版,第13—14页。

力的再次降临,使日本迫切感受到了不得不全面向外部(西欧各国)学习的必要①。于内,从幕府到武士,"士"的法理统治地位犹在,但"商"已崛起②,农民贫困至极。"从一般平民到幕府将军,每个阶级都欠商人和高利贷的债"③。于外,1853 年美国佩里司令官率领的"黑船"已经到达日本的海岸,并在 1858 年强迫日本与之签订《日美通商条约》。德川幕府在大炮的威逼下被迫打开国门,从而也揭开了明治维新的序幕。

大化改新中,臣氏族与连氏族的争斗围绕佛教问题和皇位继承人问题展开,最终臣氏族获胜,引进了中国的帝制和律令制。明治维新的路径也基本相同:处于中心江户的德川幕府与处于边界临海地区的长洲(本洲的西端)、长崎和萨摩(九州的西南岸)、土佐(四国的南岸),围绕攘夷还是开国以及公(皇家朝廷)武(将军幕府)关系的问题展开斗争,最终萨长土肥获胜,引进了欧洲,尤其是普鲁士的绝对王权体制,确立了天皇家主权,废藩置县,殖产兴业。

但正如圣德太子等改革者选择性、创造性地引进中国制度一样,明治改革者也在以日本传统为体、西方经验为用的"和魂洋服"的观念指导下,进行他们的改革。尽管在科学、技术、教育、经济、军队和政治等方面的形式外表上渐渐欧化,但精神方面却仍在极力维持着日本的文化、生活方式、家族结构和上下级关系的社会

①　日本并非直到明治维新前期才知道西欧的强大,早在 16 世纪,他们就从葡萄牙的商船上得到过火枪。正因为知道这种先进的技术会给国内统治带来的不定的危险因素,所以德川幕府才实行了锁国政策。而到了 19 世纪中叶,日本长期以来的学习榜样中国,已经经历了两次鸦片战争的失败。

②　这有赖于德川时代城下町的建立以及参觐交代制开辟的国内市场。

③　[美]:鲁思·本尼迪克特:《菊与刀》,吕万和译,商务印书馆 2007 年版,第 52 页。

等级秩序。森岛通夫认为,日本的明治维新是一场在大部分地区依然自在自为,广大民众茫然被动的情况下,由与西欧接触较多的西南各藩的少数精英阶层发动,并始终由精英阶层主导的一场自上而下的革命。维新的主题是"为建设与西欧并列的近代国家奠定基础",但实际上,日本从来没有经过欧美启蒙运动那样的思想洗礼,当时的日本民众对近代化毫无概念,在伴着统治者维新目标的鼓点翩然起舞时,大众想到的都是"富国"、"强兵"这些物质层面上的问题。这是日本近代化与西欧近代化最根本的区别。所以,在日本近代化的起始过程中,虽然出现过由德川幕府转向长州、萨摩等藩阀手中的政权更迭,但并没有出现过西欧那种对王权统治进行暴力革命的市民阶层,更没有出现英国光荣革命、法国大革命那样对君主的无情处决,相反,明治维新却把长期受冷落的天皇再次抬到国家权力象征的顶点,权威与权力分离的二元体制重新得以确立。这一点体现出日本现代化与古代的重合性,更反映了日本"本国固有国情和文化遗产"的强大规定力量:天皇还是天皇,贵族氏族变成了藩阀世族。

　　明治维新时,天皇发表了五条誓文,其中第一条称"广兴会议,万机决于公论"。但此时的"公论",只是各藩的会议即封建统治者的会议,而绝非代议制民主主义。富永健一评价道[1]:

　　　　明治维新时期日本政治变动不是现代化,而是古代化。而且日本作为非西方后起社会,政治现代化文化传播比经济现代化文化传播的可能性要低。(中略)明治专制政府在殖产兴业政策上是现代化派,但在政治的民主化方面却完全是

---

　　① 〔日〕富永健一:《日本的现代化与社会变迁》,李国庆、刘畅译,商务印书馆2004年版,第135页。

保守派。大久保利通、伊藤博文都是"自上而下产业化"的主导人物,但他们绝不是"自上而下民主化"的主导者。"自上而下民主化"本身从原理上讲也是不可能的。因此,在非西方后起社会中,同为现代化构成要素的产业化与民主化不可能由同一力量承担。原因是非西方后起社会的产业化只能是"自上而下产业化",即由政府主导进行的产业化,但政府无法成为民主化的主导力量。因此实现民主化的运动只能以"自下而上"的反政府运动的形式出现。

明治政府成立后面临的第一次反政府运动是自由民权运动。其基础能量来自被剥夺了武士身份的士族的不满情绪,初始主导者是非萨摩长洲各藩出身的士族,他们对萨长藩阀独占明治政府感到不满,其中分为征韩派(江藤新平、西乡隆盛)与民权派(板垣退助)。当主张征韩的反政府"武斗派"被新政府于1877年镇压后,核心主导者就只剩下了主张开设议会的"文斗派",核心力量也从不满士族转变为知识派富农。板垣退助在家乡高知先后组织了立志社、爱国社,并于1879年由爱国社上奏要求开设国会。在自由民权运动的压力下,藩阀政府不得不于1881年以天皇的名义,即以诏敕的形式,答应在1890年开设议会,并于1889年公布了大日本宪法。

主导宪法制定过程的,不消说是明治新政府中的"阁下"先生们,他们不但对西方各国宪法进行了研究批判,精心拟定日本的宪法,而且还"采取了一切预防步骤,以防止人民的干涉和舆论的侵扰"①,例如把负责起草宪法的制度取调局隶属于官内省,"诗学"

————————

① 金子坚太郎子爵语,此处的"舆论"特指自由民权运动中的舆论。——作者注。

地使其神圣不可冒犯。

此时,日本的欧美老师,也已与启蒙运动时期判若两人。在19世纪的欧洲,现代机器装备起来的大工业生产逐渐成为主流,资本的迅速增殖与工人的日益贫困形成了泾渭分明的两极分化,社会关系尤其是阶级关系的分野更加清晰,无产阶级和资产阶级的矛盾日益成为社会的主要矛盾并不时激化,为了转嫁国内危机、开拓海外市场,资本主义开始了瓜分世界的殖民狂潮。与此同时,资产阶级启蒙运动种种美丽动人的理念,在残酷的阶级斗争面前开始逐渐变得模糊和矛盾,"正义、人道、自由等等可以一千次地提出这种或那种要求,但是,如果某种事情无法实现,那它实际上就不会发生,因此,无论如何它只能是一种虚无缥缈的幻想"①。资本主义为对全球有限资源进行无节制的掠夺,形成了反民主的社会达尔文主义,并在19世纪末迅速盛行于欧美大陆。此时,自由、平等、人权、博爱这些口号,在欧美列强眼里非但不再是福音,反而成了束缚手脚的包袱,为了占据道义的制高点,他们不得不仍把这些神圣的符号置于庙堂之上,但现实中却以"强权即公理"的赤裸裸强盗逻辑,把人类社会的发展变成了弱肉强食的血腥竞逐,用这种"丛林法则"推动自由资本主义走向垄断、走向帝国主义。以洋为师的日本正是在这个时候来到欧陆诸国,日本人学到的近代化、工业化的"真经",也就直接跳过了资产阶级启蒙运动那重要的一页,而从野蛮血腥的帝国主义教义开始了。

---

① 《马克思恩格斯全集》第1版第6卷,人民出版社1972年版,第325页。

　　本尼迪克特在《菊与刀》中写到这样一个意味深长的细节[①]：1889年，明治政府的使节携日本宪法的英译本前往欧洲，征求各列强的意见。日本使节在英国时还会见了赫伯特·斯宾塞[②]，经过漫长的交谈，斯宾塞写下了致伊藤博文的详细意见。关于日本社会的等级制，斯宾塞写道，日本在其传统习俗中有一个无以伦比的国民福利的基础，对长辈无条件尊崇的传统，尤其是对天皇无条件崇信和服从的传统，是日本的一大优点，应当加以维护和进一步的培育。斯宾塞还说，日本将在天皇和社会的"长辈"领导下稳步前进，并可克服很多个人主义国家无法克服的种种困难。

　　斯宾塞作为社会达尔文主义理论的代表，此时正为英国面临的日益尖锐的内外矛盾忧心忡忡，一方面他为英国资产阶级依仗坚船利炮在世界上开疆拓土建立殖民地欢呼雀跃，另一方面却看到国内产业工人高举自由民主、人权、平等、博爱等旗帜，不断与资产阶级统治者进行斗争，对英国在世界上建构"日不落帝国"造成了巨大羁绊，这就是他眼中"个人主义国家的种种困难"。他痛感英国资产阶级对本国的产业工人过于仁慈和软弱，但又感到无可奈何，因为英国的工人阶级是与资产阶级形影不离地共同走上历史舞台的，"宪章运动"等工人斗争证明一味镇压只会导致玉石俱焚的可怕后果。当面对没有经历过资产阶级革命的日本，斯宾塞

---

　　① ［美］鲁思·本尼迪克特：《菊与刀》，吕万和译，商务印书馆2007年版，第59页。

　　② 赫伯特·斯宾塞（Herbert Spencer，1820—1903年），英国社会哲学家、近代社会学的主要奠基者。他将"生存竞争，优胜劣汰"的生物进化规律运用于社会，认为社会进化过程也是生存竞争，即物竞天择，适者生存，不适者淘汰。斯宾塞的理论在近代产生了巨大影响。在我国也曾引起启蒙思想家的重视，如章太炎就与他人合作翻译过斯宾塞的多部著作，对其运用进化论解释社会现象和人类历史进程的观点极为推崇。——作者注。

再也不愿对这个东方学生讲"自由、平等、博爱"等温情脉脉的启蒙教条了,他直截了当地说出了自己对现代资本主义国家的信念,"从大工业和世界市场建立的时候起,它在现代的代议制国家里夺得了独占的政治统治。现代的国家政权不过是管理整个资产阶级国家的共同事务的委员会罢了"。①　一句话,斯宾塞希望日本在政治上不要重走形成民主主义自我束缚的欧洲老路,而是要直接通过皇室和藩阀的强力建立垄断资本主义政权,参与到瓜分世界的博弈中去。

斯宾塞的回信与明治政治家们的信念不谋而合,他们本来就不想破坏日本等级制的社会秩序,只是企望日本在现代世界的竞争中尽快富强,又同时能够保持日本那种"适得其所"的"固有传统",保住自己的权力。所以,在此后的政治制度设计和建设上,他们也完全接受了斯宾塞的忠告,不但从没有引进自由、平等、博爱等欧洲启蒙理念,反而从一开始就尽力打压各种民主主义思潮。表面上对民权派表示让步,实际上却企图抽空民主化的实质②:

> 这一点可以从四个方面得到证明。第一,议会是立法机构,而宪法是国家最高法律,因此要实行民主主义,首先应当开设议会,明治宪法应由国民的代表在议会上审议。然而明治政府在 1890 年开设议会的前一年就已制定程序,将宪法作为"钦定宪法"公布,实际上是剥夺了议会的宪法审议权。第二,尽管自由民权运动发表了包括英国式立宪政治构想等各种宪法草案,明治政府仍以绝对王权的普鲁士宪法为蓝本,在

---

①　马克思、恩格斯:《共产党宣言》,见《马克思恩格斯选集》第一卷,人民出版社 1995 年第 2 版,第 274 页。

②　[日]富永健一:《日本的现代化与社会变迁》,李国庆、刘畅译,商务印书馆 2004 年版,第 137—138 页。

宪法第一条中写明主权在于天皇,从而否定了洛克所定义的人民主权理念这一西方民主主义的根本所在。第三,明治政府在1890年议会开设的同时颁布了教育敕语,以儒教的价值观念将宪法中主权在天皇的规定加以正当化。第四,尽管开设了议会,政府依然是一个没有以组成议会的各政党为基础的"超然内阁"。

因为上述原因,在1890年,也即明治政府诞生后第23年召开的首次议会,与同时期甚至一个世纪前欧美的资本主义议会在组织形式和功能上都极不相同。"英国政府和议会制度是王权和资产阶级妥协的产物,英国的资产阶级具有自我发展的活力;相比之下,日本的资产阶级不仅规模小,也不具备这种活力,明治时期许多资本家是靠政府的恩荫才成为资本家的,其后他们也经常寻求政府的保护,继续对政府保持忠诚与无条件的合作。"①因此,此时在日本议会上演的政治剧,是日本近代民主主义剧场的集中体现,它不是西欧式的资产阶级与封建王权或者资产阶级与工人阶级相互斗争的议会,而是同属精英阶层的藩阀势力与反藩阀势力权力斗争的舞台。

明治宪法的制定和议会的开设,正如大化改新时《十七条宪法》与律令制一样,标志着日本对外部制度引进的完成。之后,则要进入到基于"本国固有国情和文化遗产"的消化与改造阶段。从1890年时的山县有朋内阁到1898年的第三届伊藤博文内阁,明治政府经历了一个对议会政党内阁制的"消化不良"阶段,即在帝国议会中,始终由反政府的民党(立宪安自由党与立宪改进党)

---

① [日]森岛通夫:《透视日本:"兴"与"衰"的怪圈》,天津编译中心译,中国财政经济出版社2000年版,第89页。

占据多数议席,也就是说,明治政府在议会中是没有根基的"超然内阁"①。为解决这一问题,明治政治家又进行了一次又一次"诗学"的改造。伊藤博文的"诗学"比较文雅:1898 年时任藩阀政府首领的伊藤推荐昔日的自由民权派斗士,反政府的板垣退助和大隈重信担任了自己的继承人。1900 年伊藤重出江湖,接管了以原自由党为中心成立的立宪政友会,直到 1915 年,政友会一直是日本帝国议会的第一大党。相比之下,以陆军组织为后盾的山县有朋的"诗学"则显得蛮勇:1901 年在政友会占有半数以上席位的情况下,山县推举军人出身的桂太郎出任首相,也就是说完全不按议会政党内阁制的规则行事。1913 年以政友会为主导的,旨在打倒桂内阁的"宪政拥护"国民大会在东京召开,桂内阁被迫辞职。之后,桂太郎也开始转向"文雅的诗学",发起成立了政党,这就是日后的宪政党、民政党。在 1924 年到 1932 年之间,政友会和宪政党—民政党轮流组阁,成为两大政党制的一段时期。20 世纪的一二十年代适逢大正年代,所以这一段政治运动也被称为"大正民主运动"。大正民主运动使日本藩阀势力最终退出了政治舞台,日本政党政治初步建立,这在日本政治发展史上是一个重要里程碑。

除此之外,大正民主运动的另一个具有标志性意义的里程碑就是普通选举制的实现。1890 年 7 月日本举行了第一届众议院选举。这次选举当然是有限选举:只有每年缴纳 15 日元以上直接国税、年满 25 岁以上的男子才有选举权,缴纳同等直接国税、年满 30 岁以上的男子才有被选举权。因此,当时具有选举权的男性仅

---

① 〔日〕富永健一:《日本的现代化与社会变迁》,李国庆、刘畅译,商务印书馆 2004 年版,第 139 页。

占全日本人口的1%,被选举权可想而知则更低。经过三十余年的斗争,1925年,议会终于通过了普选法案,公布了普通选举法,取消了财产限制,25岁以上男子都享有了选举的权力。由于大量拥有选举权的平民加入,原先的近代精英主义剧场开始向现代大众民主主义剧场转变。

普选运动之所以能够取得成功,有一个大的时代背景和社会背景,就是随着19世纪末20世纪初日本产业化的加速,大量农村人口流向城市,孕育了一股新的政治力量,这股力量逐渐被吸入宪政党—民政党之内。如果说政友会(前身是原自由党)民党的"民"是分散在各地的、拥有土地和财产的富民,那么民政党的"民"则是集中在城市的、穷困甚至一无所有的平(贫)民。在这一过程中,日本出现了一批以都市大众为基盘的大众政治家,他们的行为方式与藩阀政治、地方富民阶层政治大异其趣甚至截然相反,其中一位就是当代日本剧场政治的主角小泉纯一郎的爷爷——小泉又次郎。又次郎1905年从神奈川军港出道,到1928年已经坐到立宪民政党干事长的位置。1929年出任滨口内阁邮政大臣时,他揣摩和顺应都市劳动者的心态,曾提出过削减官厅用车的改革计划,此举可谓开创了日本现代反利权民粹政治的先河。因为以反利权、争取大众政治权利为立身之本,所以这一派政治家大都与金钱保持距离,也就是说不以权力为牟利的工具。相反为了政治,他们或他们的支持者不少会散尽私财①。因此,从那时开始,日本

---

① 例如被称为日本宪政之神的尾崎行雄,在1890年第一次议会选举中,他就从三重县当选为众议员。尾崎的支持者是三重县的一些世家,为了支持尾崎的政治活动,他们中的很多人受到当局的打压,不少人家因此家道中落,穷得只剩下井户和围墙。再如,小泉纯一郎的父亲小泉纯也,战后纯也归属于藤山爱一郎派,而藤山本人为了政治运营,不断地变卖其父留下的资产。

现代大众民主主义剧场中两个流派的区别日趋明显:一派是以地方权贵、士绅为中心的政友会,其政治基于利权的组合,而另一派是以都市大众为中心的宪政会、民政党。正如以下各章还要详细论述的那样,当代日本剧场政治的一个非常重要的主题,就是非利权(有时是自我标榜)的政治人物,在大众舆论的支持下反对自民党主流的利权政治。这种民粹主义式的剧场政治,究其渊源可以上溯到大正民主时期①。

与此同时,日本的新闻媒体,也经历了几个重要的转变。第一,在经过了19世纪七八十年代短暂的政治性媒体阶段,即在明治初期激烈的政治斗争及自由民权运动中充当舆论阵地后,或因打压,或因招安收买②,报刊渐渐走上商业化道路。第二,在此过程中,日清、日俄两场战争加速了报纸商业化、通俗化的进程,也加速了政府对报纸进行控制和管理的进程,记者俱乐部制度的建立是一个重要的标志。第三,在20世纪20年代初《朝日新闻》的"白虹贯日"事件后,媒体正式宣布其"不偏不党"的姿态,超越政党或曰远离政党,而成为维护皇基的舆论机关。所以日本近代媒体在其诞生之后的半个世纪以内,以一种"政治中立"的商业操作模式,确定了其政治性的身份认同。

1929年,美国黑色星期四股市崩盘引发资本主义世界大萧条,全球性的经济危机和政治危机使各国垄断资产阶级如临深渊,纷纷不择手段寻找出路。1930年,日本滨口内阁实行黄金解禁,经济陷入紧缩困局,日本社会失去了平衡,都市平民和农村大众等

---

① 　[日]田中直毅:《小泉革命的源流》,《中央公论》2001年第7期。

② 　例如自由党的星亨,他曾经倾注私财创办报纸,为自由党的政治活动摇旗呐喊,但后来也被吸入明治体制中。

社会底层对体制的长期不满,终于到了忍无可忍的地步,愤怒的火山最终对准当政者汹涌迸发。此后,在滨口雄幸、井上准之助被刺杀后,日本建立了公开的法西斯专政,疯狂扩军备战,军部掌握了国家权力,议会体制、政党政治体制实际上宣告失败,日本进入大政翼赞体制,走上了对内残酷镇压、对外侵略扩张的军国主义道路。

没有经过资产阶级启蒙运动的日本近代化,"庙堂"上仍是万世一系的天皇,但始终如在云端,难睹真颜。"广场"中虽然有了议会,但那是精英权贵自上而下建构的自我表演的装置,产业化下无产阶级劳动者和贫困农民,成为他们新的道具、背景、观众。虽然也有近、现代报刊,但很快沦为被权力"管理"的工具。"密室"则由过去的幕府转移到政党后来又被军部控制。这种剧场可以说既脱胎于日本自身的传统,又嫁接了垄断资本主义和帝国主义的枝干,并最终因解决不了大众贫困等国内矛盾,使举国变成了战场。

三、现代时期:第二次世界大战后

战后民主改革后,日本确立了象征天皇制,并重新恢复了议会体制。1955 年后自民党一直是众议院第一大党,社会党等左翼政党虽然带有非常强烈的"人工点缀"色彩,但议会中"左""右"之争也始终没有停止过,显示日本无论如何,毕竟基本具备了现代议会民主制的框架。而且,在有关日本重新武装等重大政治议题上,左翼政党发挥了相当大的牵制性影响,其顶点是 1960 年的反对修改日美安保条约的"安保斗争"。之后,战前派政治家岸信介下台,自民党放弃了修宪的企图,开始将重点转向发展经济,这就是所谓的"政治时代"向"经济时代"的转变。

自 20 世纪 60 年代起,在经济高速增长和成功克服石油危机的背景下,自民党政治再一次推动政治转型,国家政治生活转向利益诱导型政治,即利权政治,包括社会党等在野党也被纳入这一体制中,这就是著名的国对政治,即表面上政治戏剧是议会中朝野政党之间的对立,但内地里却是两党进行利益交换的谈判机制。这种被称为五五体制、自民党政权体制的政治模式,时间上大致是从 20 世纪 60 年代持续到 80 年代末,第三章至第五章还会结合相关内容详细分析。在这种格局下,日本政治中真正的实力人物往往并不是首相、甚至也不是政党首领,而是由"天皇的官僚"转为"人民公仆"的高级官僚以及大派阀的长老。

权力多重结构的格局,对日本的政治文化造成了深远影响。如果说巴厘剧场国家的仪式是极尽辉煌的,政治人物通过公开的炫耀获得权威,那么日本正好相反,日本剧场国家的仪式是极尽神秘的,通过隐蔽获得权威[1]。例如,天皇是日本政治权力的最高象征,但天皇却很少出现在众人面前,而是在皇宫里过着隐居生活,甚至由天皇主持的祭祀仪式也是在非常神秘和隐蔽的状况下进行的。这种"借助神秘,酿造权威"的方式,一直是日本政界的主流文化。正因如此,日本有关"实力者"即握有实权的政治家的神话,以及人们对神话的热衷,至今仍绵延不断[2]。与西方正式协议、台前协议的"法理型统治"不同,日本的政治家们仍然习惯于源自其本国政治文化历史的非正式协议、幕后协议,对这种政治最

---

①　日本著名的能剧理论家世阿弥在十五世纪的著书《风姿花传》中写道:花之美在于秘,不秘则不为花。日本文化传统中以隐秘为美的价值观可见一斑。

②　如自民党政治中的田中神话、金丸神话、奥田机关等表述。在安倍政权、福田康夫政权支持率下降后,日本政界中有关小泉纯一郎东山再起的传言也可理解为同类神话。

形象贴切的概括就是"密室政治"。这种政治远离公开的、广泛的政策辩论，权力掌握在神秘的"政官财"铁三角的少数人手中，而当既得利益集团出现公共事业和各种补助金上利益分配的矛盾时，"和"的声音就会随之响起，利益集团转而又去进行桌面下的交易，靠"密室"之间的妥协继续维持原来权力架构的运转。

　　在经济增长、有肥可分的时代，这种"恩威并重"的密室政治运行良好，即使出现丑闻，实力派政治家依然可以在密室中操纵政治，在这方面，最具代表性的就是田中角荣。但是当内外环境发生巨大变化，各种社会问题积累到严重危机的地步时，旧有体制明显无法适应新的环境，但体制内的大部分人物仍然不愿改变，新的政治戏剧即当代日本剧场政治就开演了。上文已述，自 20 世纪 80 年代后半以来，日本剧场政治的"剧情"，几乎清一色是"改革者"向现存威权、现实秩序的代表者——"守旧派"、"抵抗势力"的挑战。在这种"善恶分明"剧情的软新闻剧场中，选民与观众、改革政治家与英雄实现了合体。因此，如果说 19 世纪巴厘和近现代日本上演的是塑造威权、塑造秩序的剧场政治，那么当代日本演出的则是解构威权、挑战旧有秩序的剧场政治。在向旧有秩序进行"没有圣域的改革"中，改革者成为新的政治剧场中的圣徒和领袖，这是当代日本政治剧场中的"权力的诗学"。

第三章　日本剧场政治的政经体制分析

　　2009 年 8 月 30 日，日本政治局势发生重大转折。当晚，日本第 45 届众院选举落下帷幕。结果既在人们意料之中又令人感到难以置信：民主党最终获得 308 个议席，远远超过单独过半数所需要的 241 席，长期被称为"自民党王国"的保守势力则全线崩溃，仅获得 119 个议席。这是自第二次世界大战后日本的在野党首次因在大选中获得过半数议席而赢得政权，也是自民党自 1955 年建党以来第一次失去众院第一大党的宝座，因此被日本社会称作"宪政史上首次政权更迭"①。

　　日本政坛的这次惊天逆转，引发的讨论和思考不绝如缕，见仁见智莫衷一是。但根本原因，还是来自日本的政治和经济结构的深刻变化。自从 54 年前进入"1955 体制"以来，自民党"得以维持政权的力量源泉在于，业界团体瓜分利益和官僚掌控行政体系这种牢固的统治结构"②。半个多世纪以来，自民党依赖这种超级稳定的政治经济结构，把握重大历史机遇，恢复经济、改善民生、缩小城乡差距，带领日本在战后崛起并一举成为世界第二大经济强

---

　　①　如《东京新闻》2009 年 8 月 31 日社论的标题就是：《宪政史上首次实现政权更迭的历史意义》。——作者注。

　　②　《是国民改变了日本》，2009 年 8 月 31 日《每日新闻》社论。

国,巨大成就举世瞩目,自民党大有要成为"永久执政党"的势头。但是冷战戛然落幕,日本的国内外环境开始发生巨大变化。自20世纪90年代开始,日本陷入经济严重停滞、财政赤字居高不下的"迷失的十年",各种矛盾不断积累深化。越来越失望的民众在经历了首相频繁更换、政党离合集散、政权不同搭伴之后,于21世纪初迎来了"小泉剧场"。小泉改革"肥相瘦党"①,自民党虽在小泉麾下取得了2005年大选的辉煌胜利,可小泉一卸任,该党便像一盘散沙一样再也无法凝聚,终在四年之后遭遇滑铁卢。民主党几乎用与小泉同样的戏剧性手法,靠着大批"选举刺客"一举上台,但这一次却打起了"从官僚手中夺回权力"的旗号。既然当代日本的一次次剧场政治都是以"1955体制"为背景演出和谢幕的,那么,对这种体制所赖以存在的经济结构及其与政治的互动关系进行系统分析,构成了深入研究其剧场政治内在机理的重要前提。

第一节　战后日本的政治经济结构
(1960—1993年)

　　1960—1993年,是"1955体制"风光无限的30年,这个时期日本的剧场政治与后来的"小泉剧场",尽管风格迥异,但历任首相政治表演的前因后果、成败得失,都能够从此时日本社会的政治经济结构发展演变中找到答案。

---

　　①　即小泉改革虽然巩固强化了首相的权力,但却大大削弱了自民党的执政基础。具体情况详见本书第六章。

一、日本式开发主义国家

第二次世界大战后，经过十多年的恢复，日本进入了经济持续增长的发展快车道。在 1960—1993 年长达三十余年的时间里，日本的社会特征可以简单地用两个词来概括：繁荣和安定。在平成时代之前，甚至直到 20 世纪 90 年代最初的几年，无论在亚洲还是欧美，日本都因其经济的高度繁荣与社会的持续稳定广受称羡。

（一）抓住机遇，形成独具特色的日本发展模式

20 世纪 80 年代，许多人都在研究战后日本的发展模式，探究日本是依靠什么样的秘诀推动经济发展取得了成功。一般认为，第二次世界大战后，尤其是东西方阵营的冷战全面开始后，日本从所处的现实环境出发，在发展道路上做出两点至关重要的选择①：第一，接受美式资本主义改造，进入以美国为首的西方阵营。在美国的前方展开战略及"和平宪法"的庇护下，国家将全部资源投入到经济复兴及经济发展中。第二，抓住重大历史机遇，从海外引进先进的产业技术，依靠全民总动员型的组织及廉价的劳动力和日本人的勤勉，实行对欧美资本主义经济的赶超战略。这两个方面的结合，形成了战后日本独具特色的发展模式，即"日本式开发主义"。

对于"日本式开发主义"的研究，较有代表性的日本学者有村上泰亮、后藤道夫、渡边浩、进藤兵等人②。其中，村上泰亮把资本

---

① ［日］小泽一彦：《现代日本的政治结构》，世界知识出版社 2003 年版，第 4 页。

② 这些学者有关开发主义国家的代表性著作或论文是：村上泰亮的《反古典的政治经济学》、后藤道夫的《收缩型日本大众社会》、《反构造改革》、渡边浩的《企业社会日本的变貌》、进藤兵的《革新自治体》、《地方分权改革与自治体运动》。

主义的工业化现代化道路分为两种类型,一种是古典型经济自由主义,一种是开发主义,开发主义的特点就是为了快速实现工业化和经济持续增长,国家对经济生活实行系统性的介入和干预。但因为概念界定的宽泛性,对于"开发主义国家"的内涵,至今存在很多争议①。本书之所以采用这一概念,主要基于两点:第一,20世纪90年代以后日本的改革触及了广泛的结构性、根本性问题,对这一时期的日本政治,包括剧场政治的理解,需要超越狭义政治学的范畴,采用一种系统性的、广义的理论框架进行解释,而"日本式开发主义"的概念正是这样一种涵盖了宏观、中观和微观不同层次的理论。第二,从时间上,开发主义政治与本文所要探讨的以改革为主题的日本剧场政治,构成有机的衔接。在开发主义国家论者的观点中,20世纪60年代至80年代是日本开发主义模式的确立期、成熟期,也是其走向衰微的变动期、转折期,蕴涵了自90年代后对开发主义国家模式颠覆性改革的先机。

第二次世界大战硝烟未尽,冷战随即拉开帷幕,西方资本主义国家面临着一个共同的问题,就是如何实现资本主义经济与民主主义政治的平衡,或者说如何调和大资本与大众二者之间的矛盾。经济上,大资本占主导地位,大多数劳动者处于被宰制的地位;政治上,劳动者因为人数上的多数占有表面上的优势,如何使占人口大多数的劳动者被纳入现存经济社会体制,成了西方政治的核心关切。在福利国家,这种调和或平衡通过按产业分类的工会组织

---

① 例如在国家对经济的系统介入上,既有战前日本天皇制国家的开发主义模式,也有战后韩国、新加坡、马来西亚等东南亚国家的开发主义模式,而社会主义国家的经济体制很显然也应纳入开发主义国家之列。当然,战后日本式开发主义国家模式与以上的独裁型开发主义和社会主义有明显的区别。

以及劳动者的组织化、代表劳动者利益的政党来实现。福利国家的统合有两大支柱:第一、福利国家在法律上承认强大的产业工会的存在,劳动者通过产业工会表达诉求,获得提高工资、保障福利等权益,扩大在企业内的参与机会。第二、劳动者通过产业工会无法获得的利益要求,如在医疗保障、失业救济、高龄化、教育等方面的诉求,会进一步通过为自己代言的政党采取政治行动来解决。这样的劳动者政党,大多数都是左翼政党,以强劲的产业工会运动为基础,以遵守议会制秩序和自由市场这两个游戏规则为前提,在政党格局中拥有一席之地,在竞争中也就有上台执掌政权的机会,掌权后即可大力推行福利国家体制,以斯堪的纳维亚国家为代表的"北欧模式"就是这种情况。解决这些问题的财政基础,是从企业征收法人税、对富人征收累进所得税,然后对这些税收进行再分配。此外,福利国家为保护劳动者和消费者权益、扶持弱小产业、维护生态环境等,还对大资本、大企业的活动实行严厉的限制和规范。

战后福利国家体制的产生和确立有多重原因,其中很重要的一点来自外部,那就是美国为了建立霸权和主导全球市场,分担了许多盟国包括这些福利国家的国防负担,使西欧、北欧等北约国家的军费开支普遍很低,从而可以拿出大笔的钱用于发展社会福利。此外,第二次世界大战后直到20世纪70年代初期,通过新技术的应用和产业升级,西方国家普遍进入了高速经济增长期,这也使福利国家有了稳定的可用于再分配的财源。此外,直到20世纪70年代前半期,资本主义的经济增长基本上采取了在一国框架之下大量生产、大量消费的福特主义体制,所以对于企业以及资本集团来说,所面对的支出负担及规制环境是相同的,即使资方向劳方让步,也只是自家人切割蛋糕的问题,通过谈判达成相对稳定的劳资关系,双方有得有失,总体上可以容忍。正如战后以英国为代表的"合意政治"(consensuspolitics)所表明的那样,政治以获得大众支持、博得多数选民选票为准绳,通过这种制度安排,福利国家把劳动者整合到资本主义民主体制中,虽有斗争但不至于你死我活、鱼死网破,基本上能够维持框架的稳定。

(二)政策体系和企业制度构成国家发展的两大支柱

再看日本,在实现国家现代化的过程中,它走了一条与福利国家不同的历史道路。战前天皇制国家时期的现代化,是在强大的国家官僚体制主导下推进的独裁型开发主义现代化,这份遗产所蕴涵的文化惯性,构成了战后日本开发主义国家的社会心理基石和行为范式。1960年岸信介内阁倒台后,继任首相池田勇人提出"所得倍增计划",将各种政治争议搁置一旁,力图把日本民众的注意力都集中到经济增长上来。

与福利国家相比,开发主义统合国家主要依靠两大支柱:第一,开发主义的国内政策体系,它又包含两个方面:1. 官僚和自民党为政治核心,强力推行为实现企业增长的系统性产业政策,即产业成长促进政策。日本实现经济高速增长的直接原因,在于政府长期实行低息政策与产业培育政策,具体来说,就是用放松银根的积极财政政策保证资金供给的充足,从而刺激企业具有旺盛的投资意愿和扩张冲动。同时,国家也积极制定政策保护国内市场,使他们免于外国企业竞争和兼并的压力。在各个产业领域,都鼓励由本土的大企业领头组成行业的巨无霸甚至垄断性的卡特尔,产业集聚和市场的分块切割,客观上抑制了过度竞争①。2. 在这种

---

① ［日］村上泰亮:《新中间大众时代:战后日本的解剖学》,中央公论社1985年版。

以工业产业拉动的经济高速增长过程中,形成了一些无法享受到经济成长成果的农村人口、都市自营业者等边缘社会群体。为此,自民党与政府通过导入高累进税,向弱势人群和地区发放各种补助金,并一再制定和实行全国综合开发计划,协调区域和人群之间的发展。实践证明,这种加大公共土木事业等基础设施投资的政策导向在当时是有效的,形成了日本特色的利益诱导型政治,客观上避免了农业部门与工业部门、地方与大都市的差距过大和对立,实现了国家和社会的统合发展。与此同时,日本的开发主义国家体制,在外交方面,长期实行在美国安全羽翼的庇护下的小国主义外交——安保政策,顺应了战后国民强烈的避免战争的意识,不仅有利于战后社会的稳定,也大大减少了国防开支,进一步推动了经济增长。

第二,以大企业为中心的强力社会统合体系。就是以一个个企业为框架,将劳动者封闭在其中,劳动者之间围绕升迁机会在企业部门内展开激烈竞争,形成了内部利益诱导的社会关系统合。具体而言,劳动者、工会组织以企业为单位,深深地依附于自己所属的企业,社会性质内向,在劳动权益等诉求方面不但与其他企业的劳动者和工会绝少来往,甚至往往相互之间形成一种竞争而非合作关系。企业社会统合以对劳动者的长期雇佣和年功薪金为基础,对福利国家由政府负责解决的失业、高龄化、教育等问题,在日本则是通过提高企业内工资和待遇给予满足。在这种体制下(见表3—1),劳动者的政治要求更倾向有利于保持企业稳定的保守政治①。

---

① 〔日〕渡边浩:《企业社会日本的变貌》,旬报社2004年版。

表 3—1：战后日本开发主义国家与战后欧美福利国家的主要区别

	战后欧美福利国家模式	战后日本开发主义国家模式
发展成熟期	20 世纪 30 年代至 70 年代	20 世纪 50 年代后半期至 80 年代末期
经济体制	国民经济框架内的福特主义体制、凯恩斯主义	国民经济框架内的重化学工业主导的高速经济增长（赶超型的资本主义经济）
政治体制	通过国家社会福利政策实现政治统合（包括社会民主主义模式和自由主义模式）、轮替执政	官僚政治以及自民党的长期一党执政
再分配方式	劳动者政党主导的福利政治	自民党、官僚政治主导的公共土木事业、利益诱导型政治
统合方式	福利国家大众统合	企业社会大众统合

（三）经济发展、社会稳定，使日本重新崛起为世界强国

经济上，到 1955 年，日本的人均国民收入已超过战前的最高水平，这一年的日本《经济白皮书》发出了"不再是战后"的著名宣言，表明日本已经翻过了战后恢复重建的一页，将进入高速增长的"起飞"阶段。整个 20 世纪 60 年代，日本经济以平均每年 10% 的高增长率连年递增，在当时被看作经济发展的奇迹。1973 年，第一次世界性的石油危机爆发，西方国家普遍陷入经济停滞，日本经济的高速增长也曾暂时告一段落，但日本很快克服了危机，继续在后来的十多年中保持了中等水平的持续增长，在资本主义阵营中"一枝独秀"，并且一举超过欧洲诸国，成为仅次于美国的第二大经济强国。自明治时代以来，日本始终有一个强烈的愿望，就是要在经济上赶超西方发达国家①。

---

① ［日］富永健一著：《日本的现代化与社会变迁》，李国庆、刘畅译，商务印书馆 2004 年版，第 167 页。

日本的这个夙愿,在 20 世纪 80 年代终于得以实现。

在经济持续增长的同时,日本的政治与社会也呈现出超乎寻常的稳定。国际政治方面,第二次世界大战后的几十年间,日本虽然身处西方资本主义阵营,却始终没有直接卷入和参加任何一场战争,发生在近邻的朝鲜战争和越南战争,不但对其毫发无损,反而还因来自美国的大批军事订单为它的经济高速增长注入了强大动力。国内政治方面,1955 年自由、民主两党合并成立自由民主党①,直到 1993 年,38 年间自民党始终占据政权宝座。这期间日本的社会发展也总体上国泰民安。宏观层面,从 1960 年爆发"反对修正日美安保条约抗议活动"②之后,三十年间日本社会再没有出现过大规模的、对抗性的社会运动。微观层面,1976 年以后,与其他西方国家相比,日本的犯罪率始终在较低水平。此外,低失业率、低离婚率也是日本社会稳定的重要指标。1979 年,美国学者傅高义出版了引起不小轰动的著作《日本第一》,书中几乎处处洋溢着对日本经济社会发展的惊叹和带着几分嫉妒的羡慕,颇能代表当时欧美对日本复杂的印象和情绪。

二、政治社会的结构特征

结合上述开发主义国家模式,我们可以把战后日本的政治社会结构概括为以下几点特征:

(一)是一种美国主导的政治社会结构

在第二次世界大战后日本的发展中,美国的作用无疑是主导性的,体现在两个方面:首先,把日本纳入西方资本主义阵营,将其

①　以下简称自民党。
②　以下简称 1960 年安保运动。

作为与社会主义阵营对峙的亚洲桥头堡。冷战开始后，美国也很想重新武装日本，但遭遇了来自日本国内和平势力、反战政治势力的抵制，也遭到了国际舆论特别是亚洲受害国家舆论的强烈反对。1960 年安保运动后，为了保住日本这一对抗苏联和遏制中国的战略要地，不使其中立化，甚至转向社会主义阵营，美国开始采取慎重态度，为让日本增加国防开支而持续施加压力的做法有所改变。美国重要的举措之一就是加紧支持自民党，因为如果自民党政权下台，日本很有可能中立化，这当然是美国要极力避免的；同时，美国从压日本重新武装，转而开始为其提供全方位的军事保护伞，使驻日美军成为在亚洲规模最大的军事力量存在。这种情况下，即使与其他发达资本主义国家相比，日本军事上的小国主义特征也非常突出。在 1954 年之后的二十余年中，日本防卫预算的比例除一年以外，始终保持下降水平，因此防卫费在 GNP 中的比例一直保持在 1% 的水平。此外明确宣布非核三原则、武器输出禁止三原则等做法，在西方国家中也是极为特殊的。

其次，美国帮助日本对外开放、发展经济和安排市场。对此，美国学者查马斯·约翰逊有这样精辟的分析①：

> 在冷战开始后的十年，美国单方面对日本不加任何限制地全面开放了市场，而且对于日本方面的贸易保护政策采取了容忍的态度。作为回报，日本允许美国在其境内驻军，并在基地经费上提供必要的支持，同时至少在口头上支持美国的外交政策。在冷战的前半期，即 1970 年之前，美国一手促成、

---

① ［美］查马斯·约翰逊：《美利坚帝国与日本：武力依存的构造》，集英社新书 2004 年版，第 25—26 页。查马斯·约翰逊：《对美利坚帝国的报复》，集英社新书 2000 年版，第 129—130 页。

推动了日本基于冷战背景的经济成功。推动日本经济成长，是美国为了不使其倒向共产主义、社会主义，也不采取中立主义的预防措施。为了日本的经济重建，美国向日本开放了市场，并慷慨地提供了经济重建所需的技术和基础设施支持。结果，很快在美国以及处于美国军事霸权下的东南亚市场，日本商品像洪水一样铺天盖地，到处都是"日本制造"。此外，处于美帝国支配下的中东还为日本提供廉价的石油，这也是日本经济成长的一个重要原动力。在能源结构上，日本从原来依赖煤炭、水力迅速转变为依靠石油，"像水一样便宜"的石油成为日本经济高速成长的秘密之一。

（二）是一种经济利益主导的政治社会结构

第二次世界大战后日本开发主义体制反映在国内政治层面，就是自民党的长期执政，通常被称为"1955 体制"或"自民党一党优位制"。1960 年后，自民党顺应国民的小国主义意识，放弃了岸信介、鸠山一郎等自民党内战前派的目标和意识形态，不再纠缠修改宪法九条、使日本重新武装等敏感问题，从池田勇人时代起，将政治的重心转到发展经济、分配经济利益上。如前所述，在这个过程中，自民党政治是一种抓两头的利益主导政治：一头是通过积极的产业政策，给大企业提供政策支持，以此带动大企业自身和整个国家经济的增长，也牢牢地把大企业和大财团控制在手中；一头是通过均衡的利益分配体制，照顾到在经济发展中处于劣势的农村和弱小业界，把处于经济增长边缘的农村和都市小企业主和劳动者（自营业层），整合到政治基盘中。此外，利用膨胀的公共投资和财政投融资，对国民实行利益返还和利益诱导。由此自民党在国民的各个阶层中获得了广泛的支持。自民党由代表部分人特殊利益的政党变身为代表一般民众利益的包容性政党。

　　自民党在美国支持下推行的这种利益主导型政治,对日本社会民主主义势力的发展带来很大的冲击。第二次世界大战后,社会民主主义抬头是发达资本主义国家政治的普遍现象,但日本却是个例外①。日本左翼社民势力虽然先天不足,但也并不是从一开始就羸弱不堪。1955年社会党左右翼合并后,在议会中的议席率达到三分之一,客观上形成了阻止修改宪法的议会力量。在1960年,日本社会党的国会议席占有率甚至超过德国社民党。但诡异的是,自20世纪60年代至80年代,随着劳动人口中工人比例的不断增高,社会党的议席和得票数却出现了负增长,不升反降。这种"日本特色",与自民党利益主导政治格局下形成的企业社会统合方式有直接的关系。

　　作为战后改革的一个重要方面,日本成立了许多劳动工会。但由于大企业终身雇佣制与年功序列制特有的封闭性,工会自然而然地变成了以企业发展为价值导向、唯企业利益马首是瞻的工会,成了企业和企业主的附庸。企业对劳动者,不但进行经济的、社会的统合,还进行意识形态的统合,最具代表性的就是"查定"制度,即检查、核定企业员工及其家属的政治参与状况,如是否有从事民众运动、左翼运动的情况,然后将之与劳动者的地位升迁、经济利益挂钩。这样一来,竞争力较强、经济收入较高、社会地位处于上层的大企业,不仅能够控制其员工甚至包括他们家属的价值取向,而且还可以在社会出现矛盾对立时有效地支配劳动者的行为。由此就出现了这样的情况,大企业的员工每逢社会运动,首先会坚定和鲜明地与作为自己衣食父母的企业站在一起,不但

① [日]高桥彦博:《现代政治与社会民主主义》,法政大学出版社1985年版。

"主动"放弃参与要求政治和社会权利的抗争,而且还会用各种形式拥护能够为自己企业带来利益优惠的自民党。自20世纪60年代中叶起,大企业工会纷纷脱离社会党,1987年6月工会的组织率降到有史以来最低点,仅为27.6%①。不断增加的第三产业从业者和短期打工者的无组织化也是一个重要原因。

　　由此可见,通过确立以增长为主题的经济成长主义,自民党找到了与国民之间的共同目标;通过确立小国主义、利益主导的政策取向,自民党找到了建立一党优位制的两大支点。在战后的欧洲,经济政策长期是政党之间纷争的分歧焦点,而日本的情况则相反,在国会中,朝野政党的博弈、保守革新势力的对立,都集中在外交、安全保障、宪法等问题上,这实际从侧面反映了战后日本,推动经济迅速恢复并转入高速增长是民心所向,自民党审时度势,以经济成长第一主义作为统合国家和国民的共同目标,确实把握住了时代的脉搏。20世纪70年代,自民党又积极吸收了在野党、住民运动等社会民主主义的主张,制定了相应的环境政策、福利政策,成为兼容并蓄的包括型政党,在当时也展现了很大的开放性。正因为自民党这种"创造性保守主义"的能力,日本自70年代后没有爆发大规模的社会运动、政治运动。

　　在自民党不断地扩大其社会基础,成为包括型政党的同时,社会党等在野党因为政策主张已被自民党吸纳整合,政治诉求显得

---

　　①　在20世纪60年代至80年代,日本民间大企业工会脱离社会党大致可分为三个阶段:第一阶段是60年代中期民间重化学产业劳动者对社会党支持的减少。第二阶段是70年代末至80年代前半期,钢铁工会为代表的力量对社会党支持的减少。第三阶段是80年代末期,在国铁、电报电话公司等公共部门改革过程中,劳动者对社会党支持的减少。有关"企业社会"结构及其对日本战后政治的影响,参见渡边浩编:《企业社会日本的变貌》,旬报社2004年版,第45—49页。

苍白无力,加之局限于"总评"、同盟等工会组织、创价学会等宗教组织的特殊利益,又没有实现自身主张的行政资源,社会支持不断流失、社会基础不断萎缩。由此自民党掌握了社会发展的话语主导权,在其政策引导下,国民关心的焦点集中于国内经济。随着日本经济的恢复和其后的"经济起飞",在国民利益分配问题上,自民党推行以大企业为核心的企业内部福利制度,解决了广大产业阶层的利益问题;对于那些经济增长过程中的农村、城郊和自营小业主等群体,又积极吸收了共产党、公明党等提出的关照边缘化阶层利益的主张,也兼顾了他们的利益。由于得到社会各阶层的支持和拥护,自民党政权有了稳定的社会基础,屡选屡胜,长期执政,官僚机构也得以用一贯性的政策持续推动日本的产业发展,与自民党一起打造了以自民党部会、主管官厅和业界对口的利益分配体制。这样一来,自20世纪60年代至80年代后期,整个日本的政治体制在自民党调和出的利益润滑剂的机制下运行良好①。社会党等在野党由于社会基础空洞化,已很难在具体社会发展问题上发挥作用。但在野党在国会始终也有三分之一左右的议席,与自民党的斗争就主要在国会展开,争议的焦点也都集中于外交、安全保障、宪法等问题。他们对自民党最大的牵制,就是使之不因经济形势的好转而急剧右倾,特别是在外交政策上不改变小国主义政策、不重新武装。在野党渐渐成为"议员政党"、意识形态政党。

（三）是一种民众政治意识消极、政党组织程度有限的政治社会结构

　　战后日本急剧的社会变迁,在广度和深度上远远超过了明治

---

　　①　[日]齐藤英之:《民粹主义与现代日本政治》,http://www.jrc.sopia.ac.jp/kiyou/ki23/saih.pdf。

维新,可以说前所未有。同一时期的欧美社会,出现了庞大的中产市民阶层,他们在国家的政治、经济和社会生活中总是强调权利与义务两方面的平衡,强调现代的市民身份。但战后的日本,虽然理想目标是个人能够作为自立的主体,从"封闭的社会"中解放出来,相互结成主体之间的平等关系,但这一理想却没能变成现实。由于从来没有经过资产阶级启蒙革命的洗礼,在经济增长压倒一切的开发主义政治的主导下,民众与其说是市民,不如说是大众甚或分散的乌合之众;社会与其说是市民社会,不如说是以经济利益和个人生活为支点的大众社会①。在这样的社会中,民众与政治、政党的联系非常有限。例如,战后日本长期执政的自民党,实际上仅有300万党员,社会党则更少,仅有12.5万名党员,可见朝野政党都是一种"干部政党"②。

　　日本由于战败,幸运地从战前的超集权主义体制直接转化为民主主义,又由于开发主义政策模式,成功地在维持经济增长的同时,扩大了政治参与。但是这种政治参与有着很大的时代性和局限性。即在经济增长时期,对于执政的自民党,农民、工商业者进行"积极的"政治参与,而城市劳动者则进行"消极的"政治参与。这种不均衡的政党支持结构对于保守政党支持基础的稳定做出了贡献。

　　自民党通过创设前述以企业为核心的社会统合方式,使大部分产业劳动者和都市其他阶层,在现实的经济利益面前,对政治参与采取了一种被动、消极的态度。国民提出政策诉求并不是为了

① ［日］谷藤悦史:《现代媒体与政治》,一艺社2005年版,第40—42页。
② 高增杰主编:《日本的社会思潮与国民情绪》,北京大学出版社2001年版,第24页。

发挥参政议政的主体作用,而是一种欲求满足型的政治参与,即为了满足自己生活和价值的要求而参与政治,这种参与往往显得消极被动,一旦成为政策恩惠的享受者就别无他求。而且,在政治参与过程中绝大部分的表达形式是"拜托",至于结果怎样,就全部交给政治家和官僚了。在民众对自民党经济成长第一主义政策的广泛支持下,日本建设了"富裕平等的社会",这种平等更多的是一种经济上的平等,平等的获得多是以让渡政治参与权力为代价的。① 日本民众的这种政治参与,被看作是一种"经济至上主义"和"私生活中心主义"的民主主义。有关日本民众政治意识与党派态度的形成与变化,将在本书第四章进一步详加分析论述。

在政党方面,首先,政党对于自民党这一战后日本保守政党的集大成者来说,它最大的支持基础在于地方和农村。不论在地方还是在农村,自民党的运作主要并不是靠党组织,而是依靠本党候选人的后援会。后援会的联系纽带是地缘、血缘这样的关系,靠的是大家一起来支持"咱们的先生"这样的共同体意识。人们由此形成政党忠诚和投票决定,再以个人后援会、地域集团、职业团体、工会等为媒介,最后汇集到政党的旗下②。大众传媒的影响虽然在不断增加,但政治建构的作用仍然有限。决定人们形成政治忠诚的重要政治信息,都是通过作为政党支撑力量的各种团体传播的。在这种格局中,与自民党相伴生的是业界(利益团体)、地域和个人后援会,与社会党相互依存的则是工会及其个人后援会。

----

① 相比较而言,现代美国权力之性质和结构,则是一种经济不平等、政治平等的模式,详见[美]安东尼·奥洛姆:《政治社会学导论》,上海世纪出版集团2006年版。

② [日]青木康容:《现代日本政治的社会学》,昭和堂1991年版,第80—104页。

相对于这些组织传播的主导作用,人们通过大众传播获得的信息,还是从属性的,是作为对上述组织传播的补充而发挥作用的。

但另一方面,这种以平衡各个小集团的利益为政治目标、以利益分配(或分赃分肥)为政治手段的政党模式,也是一种组织化程度低、缺少基础稳定性的体制。这不仅表现在社会党身上,自民党也面临同样的问题。1949年至20世纪50年代末,日本选举的投票率都在75%的高水准。进入60年代后则在70%上下游移。1960年大选,自民党的相对得票率首次跌破60%;1967年的大选,其绝对得票率首次跌破40%。20世纪60年代,正是日本人口不断流向城市的时期。这些新的人口在城市中没有共同体的束缚,没有"咱们的先生",无论投票给谁,都没有太大的区别。

以1976年为界,包括新自由俱乐部在内的自民党得票率出现回升,议席数也从1979年开始有所增加。在1986年的参众两院同日大选中,自民党势力达到巅峰。但即使自民党自身也意识到这种辉煌的根基并不牢稳,"因为在庞大的新支持阶层中有撤回支持的危险"①。所谓庞大的新支持阶层,就是没有特定支持政党的无党派层。自70年代前期开始,无党派层的比例一直紧逼自民党支持层,成为日本政党政治中的第二大势力。无党派的恒长化,反映了作为社会组织和社会动员核心力量的政党,其凝聚力逐渐消减的现实。自民党的支配地位虽然还在维持,但每次选举投票率都会动摇;每一次政治事件也会影响选举结果,不仅自民党的得票率在持续下降,而且本党能够动员的选民投票率也在下滑。这种每况愈下的态势,表明日本社会的政治参与以及对政党的支持都出现了碎片化的倾向。

----

① [日]自民党:《1986年同日选举的分析》。

第二节　全球化、体制矛盾与改革前奏

如上分析,从20世纪60年代至80年代末期,支撑日本政治的实际上是两大砥柱:一是外交上的小国主义,表现为宪法九条与日美同盟相结合的、不强调军事力量的外交安保政策;一是内政上的开发主义,表现为自民党一党优位制与官僚主导、业界集团相结合的利益诱导政治。但是这两点的存在都需要特定的条件,即在冷战东西方对峙的框架下,美国才会作为西方盟主对日本"小兄弟"予以扶持和支撑。20世纪80年代末,随着苏联的崩溃和冷战的终结,支撑自民党政治的国际体系发生了重大变化,国内矛盾也水落石出,日本政治进入非改不可但又积重难返的两难境地。

一、美英主导的全球化对日本政治和社会巨大的冲击

1960年的安保运动,使美国看到了日本社会中蕴涵的巨大反体制能量,担心日本可能由于自民党下台转向中立,甚至转向社会主义阵营,为了保住日本这个战略要地,从1960年以后,美国开始转为倾向于保住自民党政权,不再持续向日本施加要求其承担更多军事责任的压力,对于自民党采取的"重经济、轻军事"的现实主义政策,美国也就采取了宽容态度。这种冷战背景下的美国对日政策,使日本轻装上阵、全力以赴拼经济,推动企业的繁荣,形成了东方式后来居上的企业社会,成就了与小国主义、开发主义的"战后体制"相适应的政治社会结构。但是,随着冷战结束,两大阵营对峙的国际框架烟消云散,"战后体制"也随之而变。日本学者涩谷旺认为,战后"成功"的日本,本身就是冷战中美国为首的西方阵营精心营造的一个"景观",而冷战宣告终结,支撑这一景

观的舞台已不复存在①。

（一）小国主义政治难以为继

在整个冷战过程中，美国将日本置于军事力量的羽翼下，使其得以专注于经济的发展。但是，即使在冷战期间，当日本的经济发展到对美国和美国主导的西方经济体系形成威胁时，美国"老大哥"也非常不高兴，于是开始向日本施加压力，要求日本增加在军事上的负担。特别是卡特政府末期至里根政府期间，美国为了维护和扩大跨国企业在世界范围的活动，采取与社会主义阵营对决的姿态，重新开动机器，加强了军备竞赛。这个过程中，美国自然少不了对日本施加压力，要求其在西方阵营中承担更多的军事开支。另一方面，在20世纪70年代的经济危机中，日本企业通过"减量经营"不仅很快克服了危机，而且变本加厉地向欧美市场进行"洪水般的输出"，西方世界充满了"日本制造"的各种商品。到20世纪80年代初，日本与欧美的贸易摩擦日益频繁，几近白热，当时日美贸易谈判几乎成为争吵的代名词，美国对日本产品设置的贸易壁垒越来越多。为了维护企业出口导向型的发展模式，这时从日本财界内部不时传出要相应满足美国愿望的声音。此外，中曾根内阁急欲使日本成为与经济大国地位相称的政治大国，对美国的压力和要求也表现出了积极态度。中曾根执政期间，致力于突破防卫费占GNP比例1%的限制，修改武器输出三原则，解禁对美武器输出，以及试图制定国家秘密保护法、有事法制等，试图通过这些举措，使日本逐步变为"正常国家"。这些都是中曾根在改革小国主义外交方向上的具体行动。

---

① ［日］渋谷望:《总下流社会》,《论座》2007年1月号。

（二）开发主义政治难以维系

为了克服 20 世纪 70 年代的经济萧条，日本采取了"财政出动"的政策，实行宽松的货币政策，向企业投放大量的信贷，造就了一时的繁荣，渡过了当时的危机，但因此也埋下了资本泡沫的祸根，并且创下了史无前例的财政赤字。这种针对农业和地方产业发展不断加大投入的财政支出政策，使财界产生了未来可能会增加长期利率、提高法人税的担心，他们认为预防未来危机的办法是逐步提高消费税。因此在大平内阁时期，又试图用增加消费税的办法来填补财政赤字，结果遭到国民普遍的强烈反对。于是财界又喊出"没有增税的财政再建"，希望用减少开支来缓解矛盾，这就促成了中曾根时代的第二临调行政改革。这一改革的主要政策有两个方面：第一，削减财政支出，以控制日益扩大的财政赤字。第二，在"缓和规制"、"焕发民间活力"的口号下，解除许多经济管制，强化资本的竞争力。

（三）中曾根改革遭遇挫折

在 20 世纪 70 年代日本逐步确立、完善其开发主义国家体制时，欧美的福利国家却在 1973 年的石油危机后陷入经济衰退，面临深刻危机。因此，从 20 世纪 80 年代初起，在欧美开始了新自由主义改革，即英国的撒切尔式改革和美国的里根式改革。新自由主义改革有着两个强烈的特征：第一，为了刺激经济的发展，克服危机，大幅度减少社会福利开支，减轻企业的负担，同时解除对资本的各种监管和规制。很明显，新自由主义是对福利国家政策的一种反动。第二，建立全球自由市场，重要的举措就是打破二战后各国市场的区隔和界限，大力推动跨国公司的发展，谋求资本的全球性扩张。这就对开放市场、保障资本的自由流动提出了新的更高的要求，对传统的民族国家构成了剧烈的冲击。

当美英两个右翼政府所主导的新自由主义狂潮席卷资本主义世界时，日本也不可避免地受到了触动，20世纪80年代中曾根内阁提出的"战后政治总决算"，就是想通过对战后体制中的弊端进行改革，摆脱内外矛盾日益突出的困境。如同上节所述，美国一直是日本战后发展的主导力量，对于中曾根的改革而言，其策源地和直接的动力仍然来自美国，所以富永健一等日本学者称之为"战后第二次美国化"的改革①。但是，中曾根的改革，最终在现实中严重受挫。在小国主义政治的改革方面，虽然突破了防卫费占GNP比例1%的限制，但有事法制和国家秘密保护法的制定却以失败告终；中曾根本人于1985年正式参拜靖国神社的行为，也在中国、韩国的强烈反对下被迫表示下不为例；在两伊战争中，中曾根也试图向波斯湾派遣海上自卫队，但同样因遭遇反对无疾而终。在开发主义政治的改革方面，第二临调行政改革虽然高调缩减财政支出，但结果却是雷声大雨点小，真正实现缩减的仅限于国库负担、教育、福利等外围领域，对以公共事业投资为代表的开发主义政治的核心利益，根本未敢有任何实质性的触动。

中曾根改革之所以碰壁，主要的原因是日本企业当时尚未全面进入国际化、全球化阶段。在改变小国主义发展方向方面，虽然有一些出口导向型企业提出应该满足美国减少贸易壁垒、增加自由竞争的要求，但这种声音在日本整个产业界并非主流。在社会改革方面，当时日本仍处于经济繁荣时期，对实行美英式的新自由主义改革的要求同样不强烈。不顾日本国情，中曾根的改革难免

---

　　①　[日]富永健一:《日本的现代化与社会变迁》,李国庆、刘畅译,商务印书馆2004年版,第309页。

食洋不化、水土不服,结果,反而为日本埋下了长期难以消化的经济社会危机的伏笔①。同时,中曾根的遇挫,也预示着日本政治体制改革的前景将极其艰难。

二、冷战终结对日本的影响

苏联解体后,自由资本主义的市场由冷战期间的资本主义阵营内部市场迅速扩展到全世界,从10亿人的市场扩展到40亿人的全球市场。这种情况下,资本主义国家之间也进入了一个"大竞争的时代",日本面临的国际压力和内部矛盾骤然凸显。

(一)内外压力进一步加大

为主导并维持扩大了的全球自由市场,美国需要经常挟持盟国对热点地区和国家采取军事行动,投入局部战争和军事方面的费用也随之增加,因此美国开始动员北约其他成员国和日本增加各自的军事负担。在美国看来,受益者买单,这是天经地义的。因此,冷战虽然终结了,但美国对日本改变小国主义政治的压力反而更大了。其次,以前出于战略考虑,美国往往在经济摩擦问题上对日本采取退步和容忍的政策,随着冷战的终结,这种让步再没有必要了。所以有日本学者曾经感慨说,在苏联崩溃后,美国的竞争对手变成了日本和德国。再次,在里根政权期间,因为与苏联的军备竞赛,美国也创下了前所未有的财政赤字和国际收支赤字,所以冷战终结后,美国为了弥补亏空,对日本改革小国主义政治的压力,以及在开放以农产品为代表的市场改革的压力都相应增大了②。

---

① [日]渡边浩编:《企业社会日本的变貌》,旬报社2004年版。
② [日]渡边浩:《日本的军事大国化》,见渡边浩、后藤道夫编:《讲座 战争与现代1 新战争时代与日本》,大月书店2003年版。

再看日本的企业。日本企业之所以迟迟未全力投入国际化进程,是因为自恃日本特色的成功。这种日本特色,主要建立在长劳动时间、低工资、高劳动密度的基础之上,这是冷战时代日本企业社会统合的结果,也是大企业对中小企业在二元结构下挤压剥夺的结果,但确实在战后的二三十年极大地增强了日本企业的竞争力。因此,无论美国怎样施加压力,只要日本企业可以从这种企业模式中得到"好处",它就没有改革的动力。

但是,1985 年日美签订了"广场协议",此后日元持续升值。与此同时,面对日美贸易摩擦继续呈现白热化的现实压力,日本企业加快了走出去的步伐,特别是为了保持在美国市场的占有率,以丰田汽车为首的一些大企业开始了以美国为首要目标的国际化发展进程。从 20 世纪 80 年代后期开始,日本企业的全球化发展才正式揭开帷幕。从数字上看,1984 年日本的海外直接投资为 100 亿美元,1989 年这一数字增至 675 亿美元。也是在 1989 年,日本单年度的海外直接投资额超过了美国,居世界首位。

冷战时代,在相对比较优秀廉洁的官僚们的主导下,日本企业实现了成长并且提高了国际竞争力。但是由于市场全球化,企业超越国境不断地成长壮大,对于政府部门的保护和援助的依赖性大幅下降。世界范围内的企业合并与联合屡见不鲜,包括汽车、电信、银行、保险在内的所有产业的国际化程度不断加深。这些企业超越国境变身为世界企业后,受日本行政关照的意愿逐渐减少,甚至希望撤销限制,取消行政对经济活动的干涉,反对以往保守政治体制的呼声逐渐高涨①。

_____

①　[日]小泽一彦:《现代日本的政治结构》,世界知识出版社 2003 年版,第 35 页。

(二)改革政治体制的呼声再次出现

所以,当支撑日本战后政治体制的外部基础(美国冷战时期的对日政策)和内部基础(财界对自民党的支持和相互依附)都发生动摇时,曾经被预想为"永久政权"的自民党政治就不可避免地被卷入改革的大潮之中①。

对自民党政治发出"政治改革"的声音,最早出现在 1988 年。当年 5 月,日本社会经济国民会议公布《向议会政治的提言》,其中直接把矛头对准了战后体制中的"个别利益诱导"型的开发主义政治,认为个别利益诱导性政治迟滞了日本面向国际化的改革②:

> 目前我国的社会经济来到了一个转折时期,必须超越个别利益,创造出符合全体性、普遍性利益的新型观念体制。在这种局面中,我国政党所需面对的最大问题,也是在政策转换中最大的障碍,就是政党内部各位国会议员所沾染的个别利益,对此做出调整是极为困难的。迄今为止,党的组织化结构的核心是派阀,是议员的个人后援会。如果不改变这种组织结构,不但党内摩擦会加剧,而且会陷入到自束手脚的窘地。在过去的行政改革、财政再建和眼下的日美贸易谈判、税制改革中,国民经常听到国会议员们"总论赞成、个论反对"的大合唱,这不过是上述构造性弊端的一个反映。

由此可以看出,对于当时日本的出口企业和国际化企业来说,自民党的开发主义政治已经成为束缚他们进一步发展的桎梏。在

---

① 认可自民党政权永久性的代表性学者为佐藤诚三郎。见[日]佐藤诚三郎、松崎哲久:《自民党政权》,中央公论社 1986 年版,第 6 页。

② [日]社会经济国民会议:《面向议会政治的提言》。

这些企业看来,正是开发主义政治,使政治家执著于对地方的利益诱导,使欧美国家开放日本国内市场的要求得不到满足,从而造成了贸易摩擦,进而使欧美反制日本企业,使日本企业无法顺畅进军全球市场。

此外,该报告还提到了另一个焦点问题,直接把矛头对准了中选举区选举制度:

> 我国采取世界上独一无二的众议院中选举区单一计票制。这导致了同一政党候补者之间的内部竞争,使政党间的政策差异和争论点流于表面,淡化了政党间竞争的选举意义。而且助长了正规政党组织之外的派阀组织、以地缘和业界为中心的议员个人后援会的滋生和发展。结果导致了目前的选举及国家政治,已经不得不建立在这些非正式组织的基础上。这种组织阻碍了政党的现代化,这样的土壤进一步滋生了选举中以选票与具体利益相交换的利益诱导型政治。

在期许自民党是长期政权的政客眼中,中选举区制正是自民党赖以存在的制度基础。因此,改革选举制度,对自民党来说无疑是致命的冲击。在 20 世纪 90 年代,《向议会政治的提言》成为日本政治改革的大纲,自民党长期执政的法宝突然成为千夫所指的改革对象,对自民党造成的震撼之大之深可想而知。

三、体制矛盾、腐败问题与自民党下野

由上可以看出,日本 20 世纪 80 年代末出现的改革呼声,主要来自内外两股力量:一是美国,一是开始全球化进程的大企业为首的财界。但这两股力量毕竟处于政治的外围,倘若没有体制内和社会舆论的呼应,这种改革呼声也就仅能停留在压力和建言的程度而已。鉴于此,改革派所要做的,就是寻找合适的契机,掀起舆

论压力,迫使自民党进行壮士断腕式的革命性改革。

(一)自民党政治潜伏的危机

在大众层面,虽然经济成长第一主义是"民众"与"政、官、财"三极权力机构达成的合意政治,但在运行过程中也产生和积累了很多结构性的矛盾。

第一,城乡结构中对农村地区过于偏重。上文已述,自日本经济出现高速增长以来,大批农业人口涌向城市,城市化进程突飞猛进,形成了日本特色的大众社会。但在自民党的开发主义模式之下,为了保持在选举中的优势,再分配的重心长期放在农村地区。比如,被称为"9·6·4"、"10·5·3·1"的所得税负担差距格局就是这种政治模式的表现。城市大众看到自民党为了拉拢选民、保住票仓而源源不断地"抽走"高额税金去补贴农村,心中产生不满乃至愤怒是自然而然的,只不过在经济繁荣时,因为利益蛋糕仍在不断扩大,城市大众的这种不满还能隐而不发。城乡不均衡还体现在议员额定人数上,一票代表人口数的差别,在参议院最大达到4.8倍,差别超过2倍的选区有一半之多①,现有的代议体制无法有效吸纳城市民众的声音。

第二,后工业时代新的社会结构带来的潜在社会冲突。日本在经过二十多年的经济高速增长之后,社会结构、产业结构都发生巨大变化,从战后初期的制造业为产业主体,以工人、农民、白领阶层为利益主体的工业社会,转变为以服务行业、信息行业为中心、大众传媒发达的,以迅速富裕起来并且受过良好教育的人口为主体的后工业社会。在此过程中,出现了一个悖反的现象,即一方面

---

① 〔日〕小泽一彦:《现代日本的政治结构》,世界知识出版社2003年版,第38页。

利益呈现多元化,但另一方面,在一些特殊的领域出现了代表特殊利益集团、维持特殊既得利益的政治势力,最具代表性的就是"族议员"。对于政治家仅作为建筑业界、日本医师会、农业协同组合、地方后援会等团体的利益代表而存在的事实,疑问和反对的舆论越来越多。而且,以巨额公共事业费用为内容的公共部门激增的赤字和投资失败增加等问题不断涌现。拥有多样价值观的社会与代表团体利益及地方后援会利益的微观利益的"小政治"之间的不合拍越来越明显,因此,一旦普遍利益阶层出现不满的舆论波浪,那么,特殊利益势必要受到社会大众毫不留情的质疑和冲击。

第三,精英—大众结构失衡,权力过度向精英阶层集中。在大企业为中心的社会统合体制中,权力的集中且缺少监督,必然会带来官僚主义及腐败问题,而一旦爆发就会形成各种各样的社会危机,成为精英与大众、官与民之间难以跨越的心理鸿沟。尤其是在国家财政陷入困难,需要向"民"要钱,即提高消费税等税率时,矛盾会愈发激烈,引发社会对立。因此,对于素来把政治与"金钱"联系在一起的大众,对于"狗咬人不算新闻,人咬狗才算新闻"的媒体,揭露腐败丑闻无疑是点燃改革之火的最佳契机。

(二)1988 年利库路特丑闻曝光与 1989 年自民党输掉参院

1987 年 11 月,竹下登内阁诞生。当时人们普遍认为这是一个强势内阁。因为竹下派是自民党内最大的派阀,拥有 120 位议员,加上河本派 32 个议席的支持和配合,这种组合看上去固若磐石,所以竹下才敢于去触及大平、中曾根两任政权没有拿下的提高消费税问题。但是就在临时国会会议准备通过消费税法案的过程中,利库路特丑闻爆发了。本来,当时的自民党以为这只是一件普通的地方腐败,大家已习以为常,风波很快就可以止息。但是,随后的调查却越挖越深,政界、官界、财界、媒体界等各方头面人物先后都被卷了进去。政界中以中曾根为首,竹下登、安倍晋太郎、宫泽喜一等老一代政治家以及加藤纮一、森喜朗、藤波孝生、渡边美智雄等新一代政治家都上了名单,发展成一宗特大丑闻。

正因为如此,1988年7月19日,第113回临时国会一开始就陷入了空转状态。直到9月29日临时国会会期的最后一天,也没有进行任何有实质性内容的讨论,自民党单方决定将临时国会延长到11月24日。之后,利库路特丑闻也蔓延到在野党方面,社会党的上田卓三、公明党的池田克也都被曝光。11月10日,自民党就提高消费税议案单独强行裁决,11月16日在自民党与一部分无党派所属议员的赞成下,该法案在众议院大会获得通过。

在野党进行反击,要求就利库路特事件进行国会证人唤问。对此,自民党以避免伤害当事人人权为由,修改了议院证言法,禁止对证人唤问进行摄像,出现了证人作证只有声音没有画面的奇怪景象。同时,国会会期再次延迟,夏天开始的临时国会一直延长到12月28日。12月9日,大藏大臣宫泽喜一辞职,竹下登内阁的支持率从40%迅速滑落到29%,不支持率上升到47%。另一方面,被送到参议院的消费税法案再一次被自民党单独强行裁决。在参议院大会上,社会党、共产党两党采取彻底的牛步战术①,但经过两天的抗衡,法案终于在12月24日通过。当时,利库路特丑

---

　　①　在西方国家的议会,处于少数地位的在野党为阻止某项法案的表决,往往通过发表冗长的演说来干扰议事日程的进展,而"牛步战术"则是日本的独创。日本国会采用"牛步战术"是从战后开始的。1946年8月,当时在野的社会党和执政的自由党围绕新宪法问题发生对立,社会党为阻止法案的表决,向国会提出了不信任众议院议长的决议案。在对这一决议案进行记名投票表决时,社会党议员又以慢步行进的方式拖延时间,结果使众议院全体会议因越过午夜12点而失效。当时日本报纸曾用"比牛行走还慢"来形容投票情景,"牛步战术"由此得名。——作者注。

闻不断升温,自民党内反对竹中的派系乘机落井下石,几乎每天都
有新闻曝出。相比之下,由于自民党一手操弄,国会关于提高消费
税问题的讨论却很清淡。追究政治腐败问题固然重要,但是对于
关系民生、关系国家未来的提高消费税法案,国会却不进行严肃充
分的讨论,执政党也没有对国民进行很好的说明,避重就轻、转移
视线,政治的空洞化、形式化暴露在世人面前。

在财界方面,利库路特丑闻曝光后,"净化政界"进一步成为
财界的共识。1989年4月,经济同友会代表干事石原俊开始抨击
自民党,要求竹下登下台,实现政权更替。即使在竹下下台后,财
界也没有停止批判自民党。财界要求的核心,就是上述日本社会
经济国民会议《向议会政治的提言》报告的两点精神:第一,为了
消除自民党腐败、净化保守支配体制,要改革选举制度,采用小选
举区制,实现保守两大政党制。第二,改变维护保守利益的规制政
策,改革妨碍企业自由活动、滋生腐败的开发主义体制。

在民众方面,自民党也史无前例地成为众矢之的。当时,在利
库路特丑闻被《朝日新闻》曝光后,电视媒体迅速跟进,连续多日
到街头采访,把镜头和麦克风对准普通百姓,听到的是一片愤怒和
声讨:政治家一方面接受贿赂;一方面又在抬高消费税。这种不满
的声音一时间铺天盖地,批评自民党的声音如此连篇累牍地占据
电视新闻空间,以前还从来没有过。丑闻与提高消费税问题相互
交错,观众和市民一方面对政治感到不信任和愤怒;另一方面对生
计和前途感到不安,形成了日后政界局势翻转的社会心理基础。
同样值得注意的是,由于电视媒体对利库路特事件的深入报道,以
往被认为对政治不感兴趣的女性和年轻人开始关注政治。

在对政治不信任与反消费税的舆论浪潮中,当时在社会党中
主张进行市民派政治的土井多贺子成为政界的一丝希望和亮色,

日本社会刮起了土井旋风,终于使社会党在 1989 年参议院选举中取得了胜利,朝野两党势力在参议院的力量对比发生了逆转。

(三)金丸丑闻曝光与 1993 年自民党输掉众院

自 1988 年之后,财界的改革愿望渐渐反映到政府政策层面和国家战略层面。1990 年夏,通产省主管的产业构造审议会发表《90 年代的通产政策大纲》,提出了 20 世纪 90 年代的三大目标:第一,为国际贸易做出贡献,推进市场的自我改革。第二,帮助国民实现富足悠然的生活。第三,确保长期经济发展的基础,核心是改革“日本式资本主义”中的企业社会构造。1990 年秋,第三次行政改革推进审议会与经济审议会“2010 年委员会”同时成立。其中,第三次行政改革推进审议会由两个分会组成:“世界中的日本分会”和“富裕生活分会”,这显然沿袭了通产省产业构造审议会(以下简称“通产审”)的方针,只是在内容上较通产审更加充实。“世界中的日本分会”明确提出,要探讨自卫队参加联合国维和活动以及改进 ODA 体制;“富裕生活分会”则提出改革地方自治制度。“2010 年委员会”也在 1991 年 10 月发表《面向 2010 年的选择》报告,提出今后的社会目标是:(1)建设符合全球化时代的社会。为了实现这一目标,要改变迄今为止的社会习惯,一方面维持日本型体制的优点,一方面增加透明度,与国际接轨。(2)建设可以安心品味生活的社会。为了实现这个目标,要从以往只重视生产、以职场为中心的竞争或效率至上的思维定式中摆脱出来。此外,1991 年 5 月经团连在总会决议中发表《为新型国际和平与地球繁荣,成为果敢行动的国际国家》的建议报告,以“改变企业社会中心的弊端”为 1992 年核心活动方针[1]。作为以上三个纲领性

---

① ［日］加茂利男:《日本型政治系统》,有斐阁 1996 年版,第 3—8 页。

文件的集大成,1992年6月经济审议会发表《生活大国的五年计划》。日本各主要谘议智库的一连串方略的出台,显示在国家发展战略层面似乎要进行通盘改革了。

这一时期的美国压力有增无减。从1989年至1990年春,日美两国开始进行构造协议谈判。"构造协议"的提出,是因为美方认为要矫正美日间的经济不均衡,以往的政策调整有很大的局限性,必须改变日本人的长劳动时间、高储蓄率或企业统合体系等社会组织形态,即所谓的结构性问题,这在日语中被称为构造问题。构造谈判的核心同样是两点:第一,增加日本的国际贡献。第二,进行经济、社会结构调整,包括让民众过上真正的"富裕生活"(更多指精神上的富裕)。显然,美国关心日本人的生活只是幌子,真实用意在于压日本开放市场。

综上可以看出,在20世纪90年代初,日本政府特别是其通产省和财界已深刻认识到,在新的时代,已经无法再继续以往政治经济社会体制了,日本来到了一个巨大的关节点。改革方向也已明确,对外力争与美国一起成为新型世界秩序的创建者,在国际上发挥更大作用;在国内对"1955体制"及相应的社会结构进行改革,使之从企业、生产、效率本位的社会转变为重视个人、生活、休闲的社会。

但另一方面,改革虽然明确了方向和目标,但由谁去实现改革的目标却一片茫然。自民党积重难返、无力自我革命,而即使在1989年自民党输掉参院之后,日本政坛仍然没有一支可以与自民党并驾齐驱的政党,尚不具备实现政权更替的条件。因此在1989年8月海部政权诞生后,仅仅过了半年,自民党在1990年2月的众院选举中,又有惊无险地取得了胜利。"政治改革"的星星之火转瞬即逝。

　　再次点燃日本政治改革火焰的,是曾在海部内阁时期任自民党干事长的小泽一郎。小泽发起改革的动机,本来既不是要净化政界,也不是财界期望的开放市场、打破开发主义政治,而是要改变战后政治的另一支柱:小国主义的外交—安保政治。1990年第一次海湾战争爆发后,小泽强烈主张日本应该满足美国的要求,向伊拉克派遣自卫队,做出"国际贡献"。当年10月,小泽向国会提交了《国际和平合作法案》,但该法案在社会党和共产党的反对下成为废案。这次失败,使小泽认识到,要想改变日本的军事小国主义,必须先改变现行国会格局中社会党对自民党的体制约束,要么使社会党变质,要么干脆使之解体。同时小泽也认识到,要达到改变社会党的目的,首先要对自己所属的自民党进行改革,改革的突破口就是市场保护倾向的开发主义政策。小泽之所以从改革对外国策的本来目的出发,最后却瞄准了国内体制,只要看看他背后的智囊就很容易理解了。在1990年,担任小泽个人后援会会长的是日本经团连的会头平岩外四,小泽的主张无形中就是财界的政治要求①。

　　对于小泽来说,不论在对外对内政策方面,能够一箭双雕地实现自民党、社会党两党改革的,唯有推行小选举区制度。对社会党来说,如果实行小选区,其议席必将锐减,而若想防止这种滑坡,必须与其他政党联合,这样其政治主张就不可避免地要发生妥协和改变。而对自民党来说,实现小选举区制度后,可以改变自下而上的、组织松弛涣散的状态,因为小选举区制度下,每个政党只能推举一名候选人,这样党中央执行部的权力将会大大加强,派阀势力将被架空。

<hr />

　　①　[日]渡边浩编:《企业社会日本的变貌》,旬报社2004年版,第150页。

但令小泽始料未及的是，对政治改革强烈反对的力量，却来自自民党本身。时任首相海部俊树公然宣布，将以自己的政治生命为代价，抵制政治改革。在海部的阻挠下，政治改革法案果然未能在国会成立，结果海部本人也真的于1991年11月下台了。海部的继任者是宫泽喜一，他背后的支持者是当时自民党最大的派阀竹下派。宫泽内阁虽然通过了上届内阁未完成的一些重要法案，但在政治改革法案上，宫泽面对的党内反对改革的压力丝毫未减。

正在此时，金丸丑闻爆发，成为了政治改革的导火索。1992年夏，竹下派最大的实力人物、同时也是小泽一郎本人的庇护者金丸信，被曝光收取了东京佐川急便公司的五亿日元政治献金。在舆论哗然中，金丸辞去议员和派阀领袖职务，围绕继任人选的争夺，小泽一郎与小渊惠三发生激烈对抗。而在党内压力下，时任首相宫泽喜一于1993年6月明确表示放弃政治改革设想。面临双重挤压，小泽一郎、羽田孜率一班人联合在野党，对宫泽内阁提出不信任案，并获国会通过。随后宫泽宣布解散国会，举行众院选举。小泽顺势脱离自民党，成立新生党。而自民党内的另一派，即以武村正义为首的政界净化派也宣布脱党，成立先驱党。由于党内分裂，在1993年7月的众院选举中，自民党议席跌破半数，维系38年的自民党王朝出现第一次崩坏局面，八党派联合的细川政权成立。

第三节　1993年以来的改革

自1993年非自民党的细川政权诞生后，日本正式进入了"大变革"时代。如上所述，这场改革大剧的剧本和剧情设计，早在20

世纪80年代末就已大致定盘。其内容无外乎两点:于外,从外交上的小国主义改革为"做出更多国际贡献"的军事大国;于内,从内政上的开发主义政治改革为新自由主义政治。

　　日本学者渡边浩认为,20世纪80年代末90年代初以来日本的政治变动与整个社会结构变迁之间,是一种环形关系,可称之为"改革之环"①。具体来说,改革之环由政治体制、政治内容、官僚机构、企业构造四部分组成,演进路径是:政治体制的改变——政治内容的改变——官僚机构的改变——企业构造的改变——政治体制的再改变。简言之,在两次政治体制改变,即1993年自民党第一次下野到2009年自民党第二次下野的16年间,政官财三角已经历了一番势力格局的重组,企业社会也在其间呈现出前后不同的风貌。

　　具体到政治改革,在时期分野上可大致分为四个阶段:第一阶段是20世纪80年代后半至90年代初的改革准备期;第二阶段是1993年至1996年的政治改革启动和挫折期;第三阶段是1996年至2001年的实质改革和改革挫折期;第四阶段是2001年后的急进改革和保守两大政党制成型期。

一、1993年细川政权至1996年桥本政权

　　第一阶段的改革准备期,上节已经触及在此不再赘述。第二阶段即自民党分裂、下野后,媒体与日本社会一片兴奋,大呼"1955体制"的崩坏和政权更替型民主主义时代的到来。在读卖新闻社和产经新闻社当时的民意调查中,要求"实现清廉政治"和"推进各项经济改革"的呼声陡然上升到43%和50%。非自民党

---

① 　[日]渡边浩:《变貌的企业社会日本》,旬报社2004年版,第76—106页。

的细川护熙政权上台后,立刻开始大张旗鼓的政治改革①。1994年1月细川内阁通过了由《公职选举法修正法案》、《政治资金限制法修正案》、《政党助成法案》和《众议院议员选举区划分审议会设置法案》等一系列政治改革法案,其重要内容有两项,第一是废除了自1925年以来的已有70年历史的中选举区制度,采用小选举区·比例选区并立制,国会众院议席从512席压缩到500席,其中小选举区380席,比例代表区120席。第二是政治资金上开始实行对政党公费补助,即通称的政党助成金制度。这些改革不但对日后日本政治社会结构以及政治生态变迁带来重大影响,而且也标志着第二阶段的改革正式拉开了序幕。

　　选举制度改变后,政界出现重新洗牌的局面,这一阶段连立政权即联合执政的情况越来越常见,从1993年至1996年,先后出现了非自民党八党派连立的细川政权、羽田政权,自(民)社(会)先(驱)三党连立的村山政权。频繁的政权更换表明改革的进展并不顺利,主要原因在于改革派内部的矛盾和分裂。按照大岳秀夫的观点②,这一阶段的改革旗手可分为三类:第一类改革派是以小泽一郎为代表的新保守主义者与新自由主义者。这派人由于一直处于政治中枢地位,直接感受到了国际国内形势巨大的变化,主张洗刷第一次海湾战争中日本所受的"屈辱"③,成为军事上可以减少限制的"普通国家",主张小政府路线,改变对农业、流通业、建设业的特殊扶持和对金融界的保驾护航。

---

　　①　蒋立峰、高洪:《日本政府与政治》,台湾扬智文化事业股份有限公司2002年版,第113页。

　　②　[日]大岳秀夫:《日本型民粹主义》,中公新书2003年版,第6—26页。

　　③　指第一次海湾战争期间,日本出资130亿美元,但最后科威特政府的感谢名单中却没有出现日本的名字。

　　第二类改革派是集结在日本新党以及新党先驱周围的一批年轻议员,细川护熙是这一派的代表人物。在经济路线上,他们与小泽一派相同,反对自民党的既得利益拥护型路线方针,但他们并不主张进行新自由主义激进的放松规制和民营化改革,也没有提出经济和政治改革的具体路线。在政治上,他们相信市民的力量,不寄希望于政府能改得怎样好,只希望政府恪守少犯错误、避免贪腐的底线。所以也可算作一种"小政府"路线。

　　第三派是社会民主主义势力与公明党。在"1955 体制"中,社会党被称为万年野党,因此这一派迫切希望进行能够实现政权交替、在野党也有机会上台执政的政治改革。1989 年的参院选举中,自民党遭遇惨败,社会党与连合候补取得了胜利;1990 年大选中,社会党进一步实现了跃进,政治发展势头一时很被看好,成为日本政治中改革力量中不容忽视的组成部分。公明党当时奉行"弱者的朋友"路线,也想加入其中。

　　对于这三派改革力量来说,最大的问题是,他们必须在改变自民党长期执政这一共同目标之下,实现反自民党的团结阵线,以此获得国会中的多数。如果不能坚持团结,改革就毫无希望。所以 20 世纪 90 年代初日本政坛的现实是,改革势力的任何一派都不具备在未来单独执政的能力,而且只要三派中的任何一派脱离脆弱的团结阵线,转而与自民党联手,那么剩下的两派就根本没有扭转局势的能力。

　　在这三派与自民党的博弈中,最先跌跤受挫的是社民势力。在 1993 年的大选中,社会党遭遇了"历史性惨败",社民势力作为两大政党制中与自民党分庭抗礼一方的愿望落空了。随即社会党内出现内乱,在这种情况下,社民主导的政党再编已无可能。在与小泽派的关系上,社民势力因无法赞成小泽改变小国主义的"国际贡献论",最后选择了与他分道扬镳。

如果说社民势力与小泽的对立主要出于防卫等政策路线的分歧,那么新党、新党先驱与小泽的区别则来自对政权组织手法和功能的不同见解。小泽是一种中央集权型的、专家治国的思想,而新党、新党先驱则对官僚组织不信任,希望组成市民参加型政党,在新党和新党先驱议员看来,小泽的老板型支配就是自民党派阀政治的再现。但是当时新党先驱及日本新党所摸索的市民参与型政党,在实践中遇到了难以逾越的现实难题,就是难以招募到党员,同时也难以拥立本党候补。这样,他们就只有两条路可走,第一从别的政党挖人;第二与别的党搞联合。后来的自社先联合政权,很大程度上就是先驱党的武村正义、社会党联合自民党内的良心派、鸽派(以河野洋平为代表)而形成的,但这种联合,客观上分化了在野党、帮助了自民党。

因此,1993年非自民政权的诞生带来的喜悦很快烟消云散。1996年自民党复权,并不是日本民众恢复了对自民党的信任,而是别无选择。在选民看来,这三个改革派的构想都是两张皮,真正的意义在于政界再编时国会议员的重新组合,将自己的政党做大,最后还是为了一党私利和政治家的一己私利。广大选民尤其是作为改革中坚支持者的大都市的新中间层,主要关心的是消除政治腐败,实现干净的政治。现在虽然实现了选举制度改革,但政治腐败问题,政治与金钱的问题,依旧没有解决,民众更加失望。现实中由于没有可以与自民党对决的大政党,而复权后的自民党为了使其一党优位制重生,也加大拉拢其他政党的力度,因此,政治腐败问题、政官勾结问题就被放了下来。

二、1996年桥本政权至2000年森政权

从1996年至2000年,日本又先后经历了三个不同组合的不

同政权：自社先的桥本政权、自自公连立的小渊政权以及自公保连立的森政权。为争取日益扩大的无党派层的支持，1996 年接替村山富市就任首相的桥本龙太郎开始了新一阶段的改革。桥本改革主要有六项——财政构造改革、社会保障构造改革、教育改革、经济构造改革、金融改革和行政改革，其中前三项的目的在于减轻企业负担，因为如果削减财政和社会保障的支出，就可以减少企业在法人税和社会保险中的负担；后三项则属于放松规制的改革。因此，桥本六大改革是不折不扣的新自由主义改革，从脉络上延续了中曾根改革，又吸收了小泽的思想；而打倒官僚组织的行政改革，算是"盗用了"先驱党等市民派改革者的路线。

这些改革对于自民党来说可谓是一招不得不走，却又充满不确定性的险棋。第一，放松规制及民营化之类的财政构造改革，会触及农业、建筑业、流通业这些自民党的铁杆支持层，中小企业可能不再支持自民党。如果自民党走这条路线，党内的抵抗是不可避免的。但另一方面，这又是一种排除特定业界利益集团，面向国民，发挥执政党和首相领导能力的政策路线，如果桥本内阁想获得和维持一般选民的支持，这又是最有力的动员手段。

在六大改革中，桥本本人最着力的是行政改革，即省厅再编。因为当时舆论对于官僚机构的批判不绝于耳，且一浪高过一浪，如果能够借省厅再编实现行政机构的精简，无疑将获得更多选民的支持。因此，对于桥本来说，省厅再编与细川的政治改革一样，具有很强的象征意义。但是，真正决定桥本内阁命运的却不是省厅再编，而是财政构造改革。桥本一方面发起财政构造会议，顶住建设族反对削减公共事业的压力，提出到 2003 年使财政赤字对 GDP 的比例下降到 3% 的方针，并在国会通过了《财政构造改革法》，一方面导入增税政策，如废除特别减税，消费税提高 2%，提高医疗保险的国民负担等。也就是在紧缩财政的同时,实现了9兆日元的增税。由于当时国民已普遍意识到进入少子高龄化社会后必须增强社会保障,所以最初桥本改革的民意支持率还不算低。然而问题是,这种财政政策的转换,引发了战后日本最大的经济衰退,民众缩紧消费,又适逢亚洲金融危机,很快造成了严重的社会后果。1997年11月,三洋证券、山一证券和北海道拓殖银行相继倒闭,日本面临前所未有的经济危机。在这种处境下,自民党开始全面调整政策,从缩减财政支出一变为急增财政支出,之前刚在财政构造改革中被削减的公共事业,立马成为了最早被采用的景气刺激对策,可以说公共事业政治更大规模地复活了,这意味着桥本改革的全面后退。在1998年的参议院选举中,自民党失利,桥本引咎辞职。

桥本卸任后,同一派阀的小渊惠三接任相职。小渊政权继续这种重视景气恢复的路线,加大财政支出,小渊本人甚至自嘲自己是世界上借钱最多的人。小渊突然病倒后,自民党"公共事业推进五人组"在密室谋定由森喜朗出任首相。森本人的威权风格与密室政治的负面印象,使民众对政治的不信任进一步加剧。

三、2001年小泉政权至2009年民主党政权

森喜朗政权的窘境,鲜明地映照出20世纪90年代以来日本式开发主义国家体制改革的窘境。2000年众院大选后,财界发生了分裂,经团联还是继续支持自民党的渐进改革路线,而经济同友会则主张转向急进改革路线。此时自民党内的加藤纮一觉察到了财界的动向,准备在财界和民主党的支持下,一举推翻森政权,但最终未能成功(详情参见本章第四节)。加藤之乱反映了自民党内急进改革派势力的抬头,这股势力终于在2001年以小泉为代

表,取得"政变"成功,小泉内阁闪亮登场。

从20世纪80年代末以来的大背景看,小泉内阁的政治意义主要在于两点:第一,加速了战后日本式开发主义国家和社会模式的终结。小泉上台执政后,采取了急进的改革路线,无论小国主义政治的改革,还是开发主义改革,都较之以往有重大突破。在构造改革领域,桥本受挫的两大支柱改革——减轻企业负担和放松规制,均开足马力重新开始。为企业减轻负担,小泉内阁重启财政构造改革,在预算中加入最高限额框架,在医疗保险制度改革方面,也继桥本改革后尘,将健康保险中的个人负担提高了三成。在银行的不良债权处理方面,由国家出面强制进行,并对中小企业进行淘汰重组。在放松规制方面,成立规制改革会议,一举扩大了放松规制的范围。并压缩公共事业投资,对农村和都市自营业者这些昔日的自民党支持层无情抛弃。自20世纪90年代后期开始,日本已逐渐出现失业率上升,年轻人无法找到正式工作,少数富裕化阶层和多数贫困化阶层之间差距拉大、无家可归者、自杀者急增、儿童虐待、犯罪率上升,等以往并不常见的社会问题。小泉任内的新自由主义改革虽然使企业减轻了负担,但裁员、扩大非正式工范围等举措,进一步加速摧毁了企业社会的结构模式,给日本的社会统合带来了新的问题。

第二,加速了保守两大政党制的成型。正如前文所述,新自由主义改革进一步摧毁了自民党的支持基盘,在自民党出现权力中空的同时,保守的第一大在野党民主党羽翼渐趋丰满。2003年保守两大政党制已经初具雏形,这次大选中,自民党获239席,民主党获177席,两党合计议席占有率已达到了87%。虽然2005年大选小泉率自民党赢得了压倒性胜利,但自民党的根基在这次大选中进一步空化,并终于在2009年众院大选中彻底输给了民主党。

对于日本政治体制从自民党一党优位制转向保守两大政党制,渡边浩认为其中蕴涵统治阶层的三点考虑①:

第一,保守两党制是实行急进改革的杠杆。由于急进改革对于自民党来说是自毁城池,所以由自民党担任急进改革的急先锋难度很大。即便小泉政权,在选举前也不得不放慢和收敛。而如果民主党能够上台执政,就可以通过政权更替的方法使改革进行下去,这个党不行换那个党。第二,保守两大政党制是修改宪法的必要基础。只有两大政党都认可修改宪法,国会的修宪程序才有可能启动。第三,更加长期的作用是,保守两大政党制可以吸收、消解那些代表劳动者、周边阶层的小政党,如共产党、社民党、公明党等。民众对统治的不满被纳入两大政党体制中后,就可以创造出一个可以不再反映社会统合解体现状的政治体系,或者说,那些在两大政党制下失去了自己政治代表的阶层从此就会远离政治,这样,一个美国型的"选举多数派"支配模式就可以建立起来。

第四节　改革对政治社会结构的影响

本书第二章曾经简要提及,自20世纪60年代起,随着从"政治时代"向"经济时代"的转型,日本政治逐渐形成以政(自民党)官(官僚)财(财界)为主导的利益诱导型体制,其结构呈现出一些二元化甚至多元化的特点:第一,在政官关系上,自民党处于前台,官僚处于后台;第二,在朝野关系上,议会政治表面上是立场的对立,内里却是利益的交换;第三,在执政党内部,首相是党的总裁、

① 〔日〕渡边浩编:《企业社会日本的变貌》,旬报社2004年版,第176—177页。

领袖,但真正的实权却并不掌握在他手中,很多时候首相不过是一些大派阀的傀儡。那么,从20世纪80年代日本政治改革拉开序幕到21世纪之初小泉纯一郎高呼"没有圣域的改革"口号上台,十余年间,自民党的权力构造、日本的政治社会结构发生了怎样的变化,经历了怎样的转型,本节就拟对这一问题进行一番梳理。

上文已述,1993年细川护熙政权问世后,很快启动政治体制改革,而且涉及选举制度、政治资金等政党政治的根本。从结果上看,这些政治改革有三个方面的影响最为显著,且互相关联:一是选举开始以政党为中心,造成了派阀等中间集团的式微和政党的两极化分离倾向。二是以政党为中心的选举以及中间集团的式微,直接促成了政治营销在日本的兴起,其分界线是1996年众院选举,即日本实行新选举制度后的第一次国政选举。三是政党助成金制度的建立。它以每位日本国民每年250日元的税金形式征收,按国会政党议席数及得票数分配,此举使政党淡化了基层政治活动中的利权色彩,但也使政党以往长期培植的社会根基出现动摇和虚化倾向。

一、自民党派阀的弱化

(一)总体概述①

自民党作为战后日本长期一党执政的第一大党,派阀一直是其政治的中心。派阀的产生、发展和演化过程极其复杂,一言以蔽之,它所以能够发生而且长期存在,是因为中选举区制的制度环境。由于同一选区经常产生复数的自民党议员,因此仅有党本部的公认是不够的,候选人必须依靠派阀和后援会的力量,依靠在某

_____

① 参见金赢:《小泉强势从何而来》,《环球时报》2006年3月30日。

一政策领域调整利益的特长,才能顺利当选。所以,在中选区制时代,自民党属于分层型、分权型政党。众多的派阀作为中间层占有和瓜分党权"大饼",居于下层议员与上层本部中间,党内的决策模式自下而上。

1994年选举制度改革后,日本开始实行小选区·比例代表并立制(小选区制占主导)。选举制度改革对自民党的冲击,主要体现为中间层的派阀失去了存在的必要性与合理性,下层议员与上层本部之间产生直接关联和互动,权力向上层集中。改革前,派阀对下属议员的照顾,或曰影响力主要体现于三点:第一,选举提名;第二,政治资金;第三,职位安排。而改革后,派阀在前两点上的影响力迅速弱化。比如选举提名,由于小选区制是一个选区仅产生一位议员,所以成为党的唯一公认候补就变得格外重要。在提名上议员不再依赖派阀,转而直接与党中央执行部建立联系。此外,小选区制使当选议员不分资历深浅,成为选区的唯一代言人,所以在日常的政治活动中,年轻议员与资深议员渐趋平等,党内、派内论资排辈的序列结构走向崩溃。年轻议员发言权的加重,也直接推动了自民党权力构造的改变。

再如政治资金,以往派阀领袖基本按照党中央执行部、派阀、政治候选人各三分之一的比例,直接关照所属成员,但在《政治资金限制法修正案》、政党助成金制度以及长期经济低迷等因素的综合作用下,派阀领袖集资和分配资金的能力被大大削弱,在20世纪90年代中后期以后,派阀已基本不再向下属成员提供选举运动资金了①。到小泉政权时,分配下发到派阀层次的政党助成金被进一步削减,即不再采用以往分发到派阀的方法,而是通过自民

---

① 　[日]大岳秀夫:《日本型民粹主义》,中公新书2003年版,第64页。

党干事长,直接发到各位议员手中,年中和年末的补助都有增加,且均为直接发放①。派阀手中没有了资金大权,影响力骤然下降。

职位安排上,1996 年桥本行政改革的影响深远。桥本改革的重点在于强化首相的权限,为此采取了缩扩并行的举措。一方面,通过省厅再编,削减行政规模,将原有的 1 府(总理府)22 省厅改为 1 府(内阁府)12 省厅。另一方面,通过设立内阁府,扩大首相权限。按照日本现行《内阁法》规定,内阁府以内阁总理大臣为首,以内阁官房为中心,负责就"内阁重要的政策进行策划、立案及综合协调"。作为特别机构,内阁府还下设四个重要政策咨询会议,十位特命担当大臣。他们均可在各具体分管省厅之上,进行综合协调,以此强化内阁的综合战略机能。由此可以看出,经过体制改革,日本内阁已由原来的顶层行政机构转变为综合执政机构,首相也从原来执政党派系和省厅官僚的掣肘中解放出来,掌握主导。在首相统领内阁,内阁统领官僚的新型格局下,一种自上而下的决策模式正在成形。

综上可见,选举制度、政治资金和行政体制改革的核心都是倾向于集权。前者确立了政党系统中总裁的集权,后者确立了行政系统中首相的集权。从时间上看,前者实行于 1996 年 10 月,在先;后者实行于 2001 年 1 月,居后。从效果上看,两者相辅相成,前者具有先导作用,而后者的启动进一步激活了前者,在两项改革的综合作用下,首相成为集权核心。而派阀与个体议员的利益联系却被不断削弱,因此越来越不具有统合力和权威性。原来自民党每个派阀基本有六至七名专职工作人员,但到了 20 世纪 90 年

① [日]日本经济新闻政治部:《政治破坏——小泉改革是什么?》,日本经济新闻社 2001 年版,第 224 页。

代末,一般仅剩下三名左右①。办公室规模的衰减,也从另一个侧面反映了这些年来自民党派阀政治的萎缩。

(二)经世会的案例

要理解自民党派阀政治,理解平成时代以来日本的改革,理解其中的剧场政治,经世会无疑是最具代表性的案例。这个昔日自民党最大的派阀,不但是利益诱导政治、利益调整政治的中枢,而且其本身的兴衰也反映了自民党这些年来权力构造的变化。

经世会的创始人是竹下登,而竹下登的师傅是田中角荣;经世会的政治是利益调整政治,而利益调整政治的代表人物也是田中角荣。所以竹下登和经世会,可以说在"精神上"、"气质上"延续了田中角荣的政治,只不过不满于田中对他们的控制,不愿再当田中的傀儡,另立山头罢了。具体过程是这样的:1985年2月,以竹下登、金丸信为中心,挑起反田中旗帜,因为此时的田中虽然早已因金权丑闻离开自民党,但还作为派阀领袖发挥着重大影响。竹下、金丸对此不满,在田中派内成立创政会,竹下任首任会长。1987年7月,创政会率120名议员从田中派中正式独立出来,改名为经世会,竹下任首任会长。竹下派成为自民党内最大派阀。

1987年11月,竹下在中曾根康弘的裁定下出任自民党总裁和内阁总理大臣,金丸信接任经世会会长。利库路特丑闻曝光,竹下辞职后,经世会依然作为自民党最大派阀,从人事和金钱两个方面对日本政界进行实质性支配,被称为竹下派支配,这简直就是当年田中支配的翻版。

1992年佐川急便事件曝光后, 金丸辞去了党副总裁、经世会会长及众议员职务, 由此该派内部出现激烈的权力斗争。因为

---

① 　[日]大岳秀夫:《日本型民粹主义》,中公新书2003年版,第63页。

对竹下安排小渊惠三接班不满，小泽一郎、羽田孜等人仿效当年竹下、金丸的做法，也对经世会进行了一次下垂式分裂活动，即结成改革论坛21（也称羽田派），并于1992年12月离开了经世会。这次分裂使小渊派和羽田派分别跌落为党内第四和第五位派阀。1993年6月，在对宫泽喜一内阁不信任案投下赞成票，使该案获得通过后，羽田派脱离自民党，成立了新生党，党首为羽田孜。新生党参与建立了以细川护熙为首相的非自民党联合政权。

细川内阁、羽田内阁等非自民党政权在短时间内崩坏后，自民党借村山内阁又重新回到执政党阵营，经世会也开始渐渐地恢复了实力。1995年9月出身于该派的桥本龙太郎当选党总裁，1996年1月桥本又接替村山出任首相。此时由于党内的消解派阀运动以及经费问题，经世会改称为平成政治研究会，后又改称为平成研究会（简称"平成研"）。在1996年10月的第41回众院选举中该派重新成为自民党最大派阀。1998年7月参院选举失利后，平成研会长小渊惠三接任首相，会长一职由绵贯民辅担任。2000年4月小渊突然病倒后，桥本龙太郎接任派阀会长，但该派的实权则掌握在野中广务（时任自民党代理干事长）和青木干雄（时任内阁官房长官）手中。正是这二人，与另三位自民党派阀领袖一起主导了密室协议，推举森喜朗接替小渊出任首相。

由上可见，从1974年被三木内阁排除在权力核心之外的短暂时期外，可以说近四分之一世纪以来，田中派、经世会、平成研、桥本派一直处于自民党权力中心（参见表3—2）。但由利益诱导、利益调整带来的金权丑闻也一直是这个自民党最大派阀的原罪。

表3—2：田中内阁至森内阁的自民党派阀政治

首相	在任时期和任职时间	政权支撑及派阀特点
田中角荣	1972 年 7 月 7 日—1974 年 12 月 9 日：886 天	金钱及议员人数法则
三木武夫	1974 年 12 月 9 日至 1976 年 12 月 24 日：747 天	青天霹雳及椎名裁定
福田赳夫	1976 年 12 月 24 日至 1978 年 12 月 7 日：714 天	打倒三木到田中支配开始
大平正芳	1978 年 12 月 7 日至 1980 年 6 月 12 日：554 天	田中支配·数字法则
铃木善幸	1980 年 7 月 17 日至 1982 年 11 月 27 日：864 天	田中支配
中曾根康弘	1982 年 11 月 27 日至 1987 年 11 月 6 日：1806 天	从田中支配到部分独立
竹下登	1987 年 11 月 6 日至 1989 年 6 月 3 日：576 天	经世会支配·数字法则
宇野宗佑	1989 年 6 月 3 日至 1989 年 8 月 10 日：69 天	经世会木偶
海部俊树	1989 年 8 月 10 日至 1991 年 11 月 5 日：818 天	经世会木偶
宫泽喜一	1991 年 11 月 5 日至 1993 年 8 月 9 日：644 天	小泽一郎＋经世会木偶
细川护熙	1993 年 8 月 9 日至 1994 年 4 月 28 日：263 天	政权交替·小泽支配
羽田孜	1994 年 4 月 28 日至 1994 年 6 月 30 日：64 天	小泽支配
村山富市	1994 年 6 月 30 日至 1996 年 1 月 11 日：561 天	摆脱小泽支配到自民党木偶
桥本龙太郎	1996 年 1 月 11 日至 1998 年 7 月 30 日：932 天	自民党复归·数字法则
小渊惠三	1998 年 7 月 30 日至 2000 年 4 月 5 日：616 天	平成研支配

首相	在任时期和任职时间	政权支撑及派阀特点
森喜朗	2000年4月5日至2001年4月21日：387天	从临危受命的密室政权到桥本派（野中、青木）支配

在2001年4月自民党总裁选举中，桥本龙太郎大负小泉纯一郎，自此揭开了该派进一步衰败的大幕。自进入政界以来，小泉一直属于福田赳夫派系，当年的角福战争使他对田中派一直抱有怨气。小泉在竞选时不但明确地把这一派命名为"抵抗势力"，而且直到2003年9月之前始终将其（此时已改称桥本派）排除在党执行部权力体系外。2003年自民党总裁选举中，该派实力派人物青木干雄与野中广务之间的矛盾进一步激化，最后青木公开支持小泉，而反对小泉的野中则从政界引退。至于该派会长桥本龙太郎，2004年日本齿科联盟黑色献金事件浮现后，桥本因涉嫌接受一亿日元的献金，于当年7月引咎辞职，同时脱离桥本派，2005年众院解散后又从政界引退。

2005年9月众院选举（详情参见本书第六章）该派老议员绵贯民辅、保利耕辅因反对邮政民营化法案，没有被自民党公认，大选后其众院第一派阀地位被町村派（原森派）夺去。2007年参院选举，该派改选21人，仅3人当选（参院合计有23个议席），参院第一派阀地位也被町村派夺去。2009年众院选举后，该派从改选前的45个议席跌落为14个议席。昔日辉煌一时的"铁的联盟"、"团结一致便当箱"变成了"溶解的黄油"，派阀的全盛时代一去不复返。

（三）"加藤之乱"的案例

在20世纪90年代，日本的改革派中有一个颇引人注目的YKK组合：Y是山崎拓（Yamasaki）、K是加藤纮一（Kato）和小泉纯一郎（Koizumi），三人姓氏各取头一个字母，被简称为YKK。在海部政权时代,这三位都是中坚议员的代表,山崎来自渡边美智雄派,加藤纮一来自宫泽喜一派,小泉纯一郎来自三塚博派,三派的中坚议员以此三人为核心组成联合,共同反对竹下派即经世会(在1996年后为小渊派、桥本派)对自民党的支配。

加藤是自民党加藤派的领袖,在村山内阁中曾出任自民党政调会长,在桥本内阁中担任过自民党干事长。在政策主张上,加藤认为应该走一条小政府的财政再建之路,反对桥本政权后期以及小渊政权时期的财政扩张政策,呼吁紧缩财政开支,顶住压力,继续改革。1999年9月末,小渊第一届任期结束,自民党需要选出新总裁,这一次加藤纮一走上了前台。在1999年自民党总裁选举中,加藤面对的现实状况是,现任的小渊内阁获得的内阁支持率和党内支持都比较稳定,各方面反映良好,例如自民党党内,除小渊自身所属的小渊派之外,森派、江藤派、龟井派等派阀都支持小渊连任。而当时小渊派的实力人物野中广务曾经放话说,可以让加藤在下一任接替小渊,但即使这样,加藤纮一仍不惜惹怒野中,拒绝小渊派的许诺而执意出马,此举着实出乎很多人意料。

1999年自民党总裁选举方法是参众两院议员每人一票,党员和党友一万票算作一票①。小渊派在拥有300万党员、220万党友的行业支部内影响最大。行业支部党员的核心,是全国特定邮局局长会、医疗会(日本医师会)、日本护士联盟、世界救世主教四大团体,此外还有建设业协会支部联合会、JR联合会等,这些组织分别为小渊派、森派、龟井派参院议员把持。此次自民党总裁选举的结果是:小渊获国会议员票253张,外加党员票97张,共350票;

---

① 党员与党友只有年会费的金额区别,党员每年会费为四千日元,党友的年会费为两千日元。——作者注。

加藤获国会议员票85张,外加党员票28张,共113票;山崎拓获国会议员票33张,外加党员票18张,共51票。在这次选举中,小渊派从加藤派挖走10票国会议员票,而加藤派则从小渊派议员中挖走25票,可见派阀统率力的下降。此外党员的总体投票率也大为下降,仅有49%(投票总数为147万,计为147票),表明通过业界团体组织选民的动员难度增大①。

在1999年总裁选举中,加藤奔走于各地,通过演讲会以及其他方式与选民的直接接触,他切身感受到了社会对改革的期待和支持。加藤发现,听众非常关心他所讲的"日本的危机",如养老金问题、老年人的护理问题,相比之下,基础设施建设等公共事业却不太能吸引人们的关心。这与加藤固有的危机意识颇为一致,从而更加坚定了他的改革立场,并在2000年11月再次发起攻击,这就是后来被称为"加藤之乱"的倒阁运动。

"加藤之乱"是针对森喜朗政权的。与上一次奋起与小渊一搏相比,此次加藤的行动显得有些犹豫不决。2000年4月,在森喜朗"密室"政权诞生之初,加藤按兵未动。2000年6月,自民党在众院选举中失利,加藤也没有起来追究森的责任,而是默认了野中广务等党中央执行部负责人让森继任的决定。但是自当年夏季起,加藤派中的不少中坚议员开始与民主党议员组成学习会,引起了媒体的关注。

与此同时,自民党中一部分年轻议员却明确表示应追究森的败选责任,不过自民党执行部对此未予理睬。于是,石原伸晃、平泽胜荣、盐崎恭久、渡边喜美、田中真纪子等19名自民党国会议

---

① 〔日〕大岳秀夫:《日本型民粹主义》,中公新书2003年版,第41页。在这一次选举中,小渊获得了67.9%的党员票。

员,结成跨派阀的"创造自民党明天之会"(以下简称"创造会")。
该会不少成员出身世家,曾在1998年金融国会中崭露头角,被称
为"政策新人类",又频繁现身于电视,所以该会一经成立,立刻引
起了媒体的关注,一个月之内会员发展到45人。2000年7月28
日,创造会向时任自民党干事长野中广务提交《关于推进党改革
的十条建议》,其中包括党财政的透明化、废除年功序列和派阀中
心制人事体制、扩大总裁选举中地方代表的票数等建议。在舆论
传播上,创造会重视网络宣传,并在当年9月至10月开始进行全
国的巡回演讲,其中田中真纪子为提高创造会在媒体和民众中的
人气发挥了很大的作用。创造会的另一个重要特征,就是加藤派、
山崎派议员多,小渊派、森派议员少。因此自民党执行部对创造会
可能发起"政党政变"的戒心越来越重。

　　实际上,这个时期的森政权已经开始暗地里改变小渊政权时
期的财政扩张政策,但森喜朗内阁不善公关,与媒体的关系很糟,
而且森本人以及周边亲信的丑闻不断被曝光。2000年10月30
日《每日新闻》的舆论调查表明,森内阁的支持率已经下降到
15%,自民党内开始普遍担忧这一届自民党政权能否挺到2001年
的参院选举。

　　看到这种党内外的形势,2000年11月9日,在与新闻界的聚
会上,加藤纮一公开表明了造反意向。当时,新闻界人士问他将如
何应对12月森内阁的人事重组,加藤直言下一次人事将不会由森
主导,而是其自身主导。考虑到当时在野党正在酝酿对森内阁的
不信任案,加藤此言一出,立刻引起舆论哗然。加藤对媒体强调,
森内阁的民众支持率之低表明已失去了人气,因此没有理由再支
持70%以上国民都反对的森内阁。加藤一向重视网络宣传,他的
发言一时间引起万众瞩目,支持和声援的电邮蜂拥而至,最多时一

天达三千封,加藤个人网页的点击率一天更平均有 4 万次之多。截止到 11 月 20 日,加藤个人网页的总点击数超过了 14 万①。

加藤获得的社会支持,源自以下的社会背景。在 2000 年,日本已经从 1997、1998 年的金融危机中稍有缓苏。在金融危机的两年中,对于桥本放弃财政再建路线,舆论没有太多异议,同意将之作为应对危机的权宜之计,也赢得了代表中小企业声音的底层议员的支持。但到 2000 年时,经济的复苏使得大都市白领阶层,纷纷又转回到支持财政再建的路线上来了,因为他们认为大力向公共事业倾斜的财政分配是撒钱政治,是用财政投入换选票的利权政治,因此加藤对森内阁继续执行桥本、小渊经济政策的批判,赢得了舆论和社会大众的普遍支持。

加藤虽然在自民党党外赢得了民意支持,但却忽略了本派势力的团结和巩固。作为反制,自民党中央执行部立即使出威胁、诱迫手法,而此时加藤却没有能力阻止本派的分裂。在表明造反态度之后不久,加藤派首先分裂,有 15 位议员与加藤分道扬镳。由于加藤派、山崎派毫无胜算,因此在 2000 年 11 月 20 日不信任案表决当天,连加藤本人都选择了缺席的败阵路线,"加藤之乱"以失败告终。之后,加藤不但没有能够反弹,反倒身陷政治资金丑闻,被迫辞去了议员职务。日本社会对自民党政治的不信任以及对改革的新期待,在五个月之后以"小泉旋风"的形式再次爆发。就此而言,"加藤之乱"算是为小泉纯一郎充当了反面教材。

(四)派阀弱化后自民党的两极化倾向

综上可以看出,选举制度、政治资金等改革,明显削弱了派阀

① [日]读卖新闻政治部:《小泉革命》,中央公论新社 2001 年版,第 180—181 页。

这一自民党中间势力集团。与之相伴,自民党在组织结构上同时出现了个体化和中央集权化的两种倾向。所谓个体化,就是有两个议员群体开始越来越倾向于各自为战:一个群体是无党派选民居多的大都市选区议员,另一个是有铁杆支持层的地方议员特别是那些世袭议员。对这两个议员群体而言,自民党中央执行部的影响力非常有限,有时中央执行部的支持或干预甚至是一种累赘,一种负资产。例如,2000年众院选举中在东京都成功当选的森田健作、平泽胜荣,他们当初都没有得到自民党公认,于是就自己单干,结果反而胜选。田中真纪子更是有过之而无不及,她总是毫无顾忌地批判自民党,同样可以成功当选。

但是,对于大部分议员来说,情况则复杂很多,他们面对的是不断中央集权化了的自民党党中央。加藤之乱时,野中广务等中央执行部负责人之所以能够成功分化加藤派,使倒阁运动失败,就是因为在选举制度改革后,由于小选举区制每个选区仅有一个议席,所以候选人竞争更加激烈,面临的现实选举压力更大,在这种政治生存环境中,大部分议员对党部的最终依赖不是减少而是增强了。首先,得到自民党的公认,就意味着可获得公明党支持者的选票,这对于失去了业界、地方选票支持的自民党议员来说,往往像救命稻草一样的重要;其次,党中央掌握政治资金的分配大权。因此胡萝卜(资金)加大棒(威胁取消公认)的两面政策,在当时的日本政治社会结构中还是具有巨大的威慑作用和利诱效果。

二、政治营销的兴起
(一)总体概述

选举制度改革对日本政治结构、政党结构产生的影响是巨大的。如前文所述,在中选区制时代,自民党参加选举基本是以自下而上的方式展开的,其基础为候选人个人,平台为有派阀支持的个人后援会和业界后援会,最后的品牌是自民党。所以,有政治学者将中选区制下的自民党比作为"挂着同一块牌子,却各自经营的连锁店"①。实行小选区和比例选区并立制后,每个小选区只能在一个政党中选出一位议员,比例代表区也同样只能选一位政党议员,这样,选举就由过去候选人个人之间的竞争变成了政党之间的竞争,政治营销也在日本随之兴起。

政治营销是来源于美国的概念。富兰克林·罗斯福开"炉边谈话"之先河、频繁举行记者会、首次任命总统公关助理,约翰·肯尼迪的电视辩论会,演员出身、拥有近五百人的媒体班子、有专任公关助理辅佐的罗纳德·里根,都是政治营销的典范践行者。此后政治营销在美国成为潮流。1992 年克林顿之所以战胜老布什,就在于克林顿阵营在大选中创造性地运用了政治营销的战略,以往用来营销各种商品和服务的各种市场宣传工具,纷纷被用来营销比尔·克林顿,结果发挥了惊人的人气凝聚作用,这使他继1960 年肯尼迪与尼克松的巅峰对决之后,创造了美国总统竞选史上的又一个以弱胜强的经典案例。

营销与政治这两个貌似不相干的概念之所以能够融为一体,在于各自领域的内在规律性在当代条件下形成的契合。营销的本质在于两者之间不同价值的交换,交换不仅在商品的买方和卖方之间,也可以在选民与候选人之间,或者公众与政府之间发生。按照西方的市场理念而言,一个政治家或政府,靠政策主张或个人魅力调动和激发民意,最终赢得选票,就是政治家的能力与选民预期

---

① [日]山口二郎:《战后政治的崩坏》,岩波新书2003 年版,第14 页。

之间的交换,这个过程就是政治营销。① 根据这种理念,政治家、政府要想获得统治合法性的政治利润,就必须懂得如何向民众兜售其政治产品。

1996年众院选举,是日本实行小选区和比例选区并立制之后的第一次选举。这次选举是日本政治体制改革的一个重要转折点,也堪称日本政治营销的分水岭。小选区制度本来就是仿效英美选区制的舶来品,日本政党政治不仅借来了这个制度的"壳",也对其中的精神实质进行了创造性的吸收,不仅颇得英美政治的真传,还融合了很多本土社会文化元素,形成了具有日本特色的政治营销。

在1996年众院选举中,日本政党的主体性和组织性较之以往大为增强,体现在政治传播和营销方面,则是突出了政党广告的投放,政党逐渐成为新选举体制下的传播主体。1996年众院选举中日本各政党的广告激增,营销态度积极,很有典型意义。从表3—3中,可以清楚看出,与1993年相比,1996年日本政党已经非常注重自我营销了。

日本政党在报纸上刊登的广告,分为国费出资广告和政党出资广告。上表数字反映的全部是政党出资广告部分,其中不少是整版广告。政党主动出击为自己的政策和候选人营销,足见新选举制度带来的明显变化。

现代政党的政治营销当然不能错过电子媒体。据统计,在1996年选举期间,自民党在日本电视网、朝日电视网、东京电视网三大电视网络中共播放广告381条次,新进党共播放529条次,这

---

① Richard Viguerie & David Franke, *America's Right Turn*, Bonus Books, USA, 2004, p. 87.

表 3—3：1993 年、1996 年众院选举中主要政党
在《朝日新闻》的广告量①

1993 年			1996 年		
	公示前	公示后		公示前	公示后
自民党	0	5	自民党	15	15
社会党	0	0	新进党	15	75
新生党	0	0	民主党	15	12
公明党	0	0.75	共产党	0	2
民社党	0	0	社民党	0	18.5
共产党	0	5.5	先驱党	0	7.5
先驱党	0	0			
日本新党	2	0			

都是前所未有的。以往选举，虽也有政党电视广告，但都不突出，而 1996 年众院选举，政党电视广告成了众所瞩目的现象②。

　　此外还有一个值得注意的变化，就是过去在中选举区制度下，自民党会同时与一二十家大小规模不等的广告代理商建立业务关系，而到了小选区制度时代，政党与广告公司之间开始形成较为固定的业务关系，比如自民党与电通、新进党与电通 EYE、民主党与读卖广告社、共产党与大广、社民党与朝日广告、先驱与博报堂，等等③。这表明，由于选举竞争的加剧，政党不仅对广告公司有了更

---

　　①　资料来源：[日]稻叶哲郎的有关分析。见 http://inabalab. soc. hit-u. ac. jp/。表中单位为页，1 页相当于 15 段。

　　②　[日]村田欢吾：《政党选举中的新闻报道与政党广告》，《朝日总研报告》1996 年第 123 期，第 35—48 页。

　　③　[日]铃木美胜：《看得见的政治，看不见的政治》，文艺春秋 2001 年版，第 116 页。

高的专业要求,而且在保密性上也更加提高了防范意识,因为一旦广告创意事先泄露出去,就很有可能输掉印象战,进而输掉选举。

(二)案例分析

1. 自民党在 1996 年选举期间的政党广告

在 1996 年众院选举中,自民党选战广告的核心意念是"(满足选民)期待的政治"。桥本的自民党大量使用黄绿色与白色相间的宣传车,上面是"实在的改革,安定的政治"、"开启开放的政治"等标语口号,可以看出,桥本及自民党对政治的可视化特征已经相当重视。当时,自民党的电视广告有三个版本,分别为男少年版、女少年版、主妇版,对美国政治广告模仿的痕迹非常明显。例如,男少年版广告画面是:公园里有两个少年,其中一个向另一个说:"我将来想成为航天员"。对方回应道:"你说什么梦话呢?"画面切换至自民党总裁桥本龙太郎,说:"做梦难道有什么不对吗?让我们共同创建能够实现梦想的国家。"此外,该系列广告还有女孩篇、剑道篇,例如女孩篇中描述一个女孩子进大学,做 OL,然后结婚。此时桥本又一次出现,说:"日本令人感到像似没有了梦想,让我们共同创建能够实现梦想的国家"。这三组广告名为"日本的梦",以 30 秒或 15 秒的版本,在选举期间反复播放。

此外,在规定项目的"政见广告"中,各党也一改以往枯燥乏味走形式的方式,而是充分利用制度空间进行表演。1996 年选举允许各党加放自己拍的政见录像,每回时间为九分钟。自民党在各都道府县均用突出视觉效果的电视广告方式介绍自己的候选人,最后都会加上桥本的画面,同时出现画外音:"自民党就是这样,拥有各种各样的人才"。总而言之,在 1996 年众院选举中,自民党宣传的核心概念是,走向开放,面向未来。这种宣传,是针对小泽一郎及其新进党的密室政治手法而来的,意在将新进党定位为"看不见的政治",向选民突出自己是看得见的政治、开放的政治。

2. 1996 年选举期间新进党的负面广告

在 1996 年的众院选举中,小泽一郎领导的新进党是一个新生政党,动员对象以都市选民为主,由于党组织建设几乎为零,没有与选民、选区的固定联系,因此较之自民党更重视宣传战略,也就更具剧场色彩。以报纸广告为例,公示后自民党在《朝日新闻》的广告量保持不变,而新进党则增加了五倍。在电视广告方面,自民党共播放广告 381 条次,而新进党共播放 529 条次。又如,自民党在选战中制作了三种版本的电视广告,而新进党的电视广告则有六种版本之多。新进党广告的主要收视目标为家庭主妇、百姓阶层,手法是负面抹黑对手,攻击桥本政权提高消费税,增加国民负担的做法。其中一则版本的场景是一家饭店,一位顾客正在点菜。店员说:"欢迎欢迎,请问你们要点什么?"顾客犹豫。店员说:"现在有住专处理和官官接待的套餐"。顾客:"啊?!"店员说:"还有消费税提高到 5% 怎么样?"顾客更加吃惊,说:"哼! 我不要这些"。画外音:"停止 5% 消费税,新进党主张维持消费税不变!"最后为音乐。

3. 1996 年自民党对新进党的反击广告

针对小泽新进党的负面广告,自民党随后也制作了反击的报纸负面广告,这是自民党建党以来第一次使用负面广告①,内容如

---

①　[日]稻叶哲郎:前引文。但实际上 1993 年处于危机状况中的自民党,也曾经把八党派连立政权比拟为一把被多条椅子腿支撑的摇晃的椅子。但手法还是比较含蓄的,不及 1996 年的直白。

下图所示。

图3—1：自民党攻击在野党的报纸广告

这则整版广告的攻击对象是新进党的细川、小泽、羽田三位党首以往针对消费税的发言,直译过来就是:"细川说7%,小泽说10%,羽田说15%,新进党到底要的是百分之几?"细川的7%是指1994年2月,细川在记者见面会上提案的"国民福祉税构想";小泽的10%是指1995年,在新进党党首首选公约中小泽提出的增税计划;羽田的15%是指1996年夏,羽田在其著作《日本再生计划》一书中提出的增税设想。自民党这一负面广告,客观上是一次绝佳的反击,广告登出后新进党很快被选民批评为"自己要增的税更多,怎么可以还指责别人",因此而陷入被动,后来有关这一广告的争执,两党甚至发展到了诉讼的地步。

4. 1998年参院选举期间的政党广告

在1998年的参院选举中,桥本率领的自民党继续在营销宣传中强调民众利益,而新生的民主党则沿用1996年新进党的做法,突出使用负面广告,攻击桥本政权给民众带来的负担。此次选举中,小泽新进党也制作了一则名为"小泽被永田町讨厌的理由"的广告,突出永田町日本国会的政治家们固守既得利益,不愿改革,因此讨厌改革派、排挤改革派。此次选举的结果是自民党大败,桥本引咎辞职,他被负面政党广告抹黑的舆论效应不可低估。

5. 2000 年众院选举期间小泽的"耳光广告"

此次选举中,政党广告最成功的应属小泽一郎率领的自由党。其电视广告的内容特别异乎寻常:小泽走在街上,突然被人扇了耳光,但即使这样小泽依然前行,广告的画外音是"自由党小泽一郎有信念和理想。日本一新! 自由党。"耳光广告为自由党带来了超出预想的胜利。在选举之初,人们预测自由党能保住十个左右的议席就不错了,但结果却是从选前的 18 席上升到 22 席,其中最大的胜因在于,自由党从比例选区中获得了 650 万票,而比例选区的票多半是冲着小泽一郎的坚定姿态而投给他的。这则广告在当年的 CM 好感度调查中排名第 54 位,远远超过 1996 年桥本及其自民党第 150 位的最好排名,可以说效果超群。相比之下,自民党的广告黯然失色,以至于在民意调查中公众纷纷反映没留下什么印象。

(三)小结

在过去派阀政治、"密室"政治的时代,日本的政党和政治家表面上大都以和为贵,显得彬彬有礼,但政治营销的铁律却是要千方百计地抬高自己、贬低对手,于是政党广告在自我吹嘘的同时,也越来越多地开始用负面攻击的方式去贬低对手。这在西方早已司空见惯,大众在麻木之余,往往也不为所动,但在日本这种情况还是新生事物。所以,正面的自我营销从一开始就效果不错,负面的攻击对手的政党广告有时反而更加奏效,因为日本大众感到,温文尔雅的政治家直截了当撕破脸皮去抨击对手,足以说明被攻击者多么令人不能容忍。这种效果,在20世纪90年代中后期政党广告刚刚作为政治营销手段流行起来的时候,尤其明显。由此可见,政治营销的兴起势必潜移默化地影响和改变日本的政治文化氛围。

三、新制度下日本主要政党的脱社会化

自1993年政治改革拉开帷幕后,日本政党政治的一个明显发展方向就是从长期的自民党一党优位制转向能够出现政权更替的两党制。加上政治营销术的方兴未艾,政治在对决性、可视性和趣味性上,较之以往确实增添了不少戏剧化色彩。2009年8月,民主党在众院选举中大胜自民党,似乎经过16年的探索实践,日本的两党制终于成形。但从"1955体制"的发展来看,新型政党格局的社会基础还相当薄弱,出现回潮和反弹的可能性仍然存在。另一方面,在新的选区制度下,日本各主要政党正在出现一种脱社会化的倾向,剧场化政治既是这种脱社会化的表现形式,又进一步加剧了政党脱社会化的进程。

(一)政党助成金使议员成为"衣食无忧"、注重形象的政治贵族

在对今天日本政治生态产生重大影响的新制度中,除上述选举制度外,还有一项不太引人注意,但又非常重要的制度,就是政党助成金制度。政党助成金制度,一言以蔽之,就是国家养党,主要政党的政治家成了可以不用为政治资金发愁的政治贵族。

20世纪80年代末日本不断曝出权钱交易的金权丑闻,民众对此的愤怒日益增多,这是出台政党助成金制度的主要背景。1990年,第8次选举制度审议会在第二次答辩中明确提出,"为实

现民主政治的健全发展、消除政治腐败和强化政治活动的财政基础",决定采用公共助成制度。1992 年金丸丑闻曝光,政治家、政党接受企业和团体献金的问题再次成为社会焦点。虽然由此修改了政治资金法,但此后丑闻仍然未见减少,因此确立了政党交付金制度。1994 年 3 月制定的《政党助成法》规定,从婴儿到老人的每位国民,每年纳税 250 日元,总额约为 317.37 亿日元,一年之中固定在 4 月、7 月、10 月、12 月分四次分配给各政党,而对资金用途基本没有限制。分配方法以每年 1 月 1 日为基准,按照提出申请的政党议席及其在国政选举中的得票数,确定分配比例。目前在日本各主要政党中,唯有日本共产党认为"不顾政党的政治态度,而将国民税金分配给各党的助成制度,违反了思想和信仰的自由",因此一直拒领并主张废除该制度。但其他主要政党对此却越来越依赖,政党助成金成为政党政治活动的主要资金来源。从1994 年至 2006 年 12 年间,自民党得到政党助成金 1796 亿日元,民主党得到 842 亿日元,社民党得到 287 亿日元,公明党获 270 亿日元,其他政党获 565 亿日元[1]。具体到 2006 年一年,各党获政党助成金情况如下:自民党获 168.46 亿日元(比上一年增加14.27 亿),民主党获 104.78 亿日元(比上一年减少了 17.14 亿日元),公明党获 28.58 亿日元(比上一年减少了 1.13 亿日元),社民党获 10.06 亿日元(比上一年减少了 2200 万日元),国民新党获2.66 亿日元,新党日本获 1.6 亿日元。[2]

　　但这种以席位换钱、以票换钱的局面对于政党的可持续发展来说,未必是件好事。其消极作用主要表现为以下几个方面:第

---

① ［日］《赤旗》2006 年 12 月 30 日。
② 日本总务省 2006 年 1 月 18 日确定。

一,金钱诱惑下,政党将进一步以资金、以选战为重。选举胜利、议席增加,就能够多得政党助成金,给政党带来直接的现实经济利益。近十余年日本出现了十余个新生政党,但被称为"新党之父"的原民主党事务局长伊藤惇夫认为,很多新党之所以匆匆忙忙在每年年末前成立,很大程度上是冲着政党助成金去的①。自民党方面,2006 年 12 月,时任首相安倍晋三,出于其个人的政治考量,授意野田圣子、堀内光雄等在 2005 年被小泉开除的"造反议员"实现复党,由此 2007 年自民党的助成金增加了 2 亿 5 千万,总额超过 170 亿日元。再如 2005 年 9 月 1 日众院选举后,该年度自民、民主两党的助成金,自民党增加 3.75 亿日元,民主党减少了4.18 亿日元。选举结果直接决定政党收入,政党当然要力争每一场选战的胜利。

第二,政党组织结构出现进一步虚弱化和虚幻化的倾向。如上所述,在原来的中选举区制度下,自民党的政治社会结构具有自下而上形成合力、通过利益杠杆有效整合、多元分散等特征,而社会党则以工会为基础,与一部分劳动者保持着较为紧密的联系。从积极意义上来说,当时的政党与社会、与民众的联系还是紧密的。而到 21 世纪之初,自民党、民主党这两大主要政党,都面临着严重的共同问题,就是脱离民众、脱离社会,进一步加剧了"干部政党"、"精英政党"的倾向。

此外,在中选举区时代,自民党内的中层集团派阀、甚至是同龄人组合而成的代阀都相当有力。通过派阀,自民党可以自行产生竞争和矫正作用,很多政治学者、评论家无不惊奇于自民党的生命力,而这种生命力很大部分来自自民党内部派阀的多元性。例

---

① [日]伊藤惇夫:《政党崩坏》,新潮新书 2003 年版,第 132 页。

如20世纪70年代田中角荣弊案发生后,自民党可以很快产生三木武夫这样的后继者。但到了2000年前后,政治改革使自民党中坚力量大受打击,"反叛者"如加藤纮一,也因为缺乏实在的党内组织而无法实现政治愿望,只能中途而废。这种情况在小泉之后并没有改观,其组织状况可以说是上下两端都非常虚弱,上端组织如党中央执行部因矛盾重重而外强中干,下端组织如业界、地方联合等原有的支持基盘,在十余年来尤其是小泉五年多急进式构造改革下,又遭到严重破坏。

派阀式微、选区洗牌、利权失效,各党派议员特别是初涉政坛的年轻议员,面对重新组合的选民群体,都意识到印象战是决定选举胜负的最重要的因素,于是为了赢得选票、获得不菲的政党助成金和年费,他们开始前所未有地专注于自己的形象设计,而对宏观政策以及实质性的民生问题和社会矛盾无暇顾及。原来自民党内部渴望自新的反叛力量,会联合起来向党部施压,但现在年轻政治家已对党内政治心灰意冷,不再幻想出现什么奇迹,如果仍然发生高声论辩,他们的对手已经不再是党中央执行部,而是电视笑星①。

(二)对政治营销的倚重使政治进一步剧场化,并且滋生出新的利权。

由于选举对于政党资金至关重要,加上有政党助成金的支持,近十年来日本各政党在政治营销上的资金投入快速递增。1995年参院选举,小泽一郎的新进党用于购买电视广告花费是2亿日元,1996年众院选举该党的这项支出增至10亿日元②。而在

①　[日]田中良绍:《努力地读解奇妙的政治》,The Commons,2008年4月21日。
②　[日]铃木美胜:《看得见的政治,看不见的政治》,文艺春秋2001年版,第116页。

2001 年至 2005 年五年间,自民、民主两大政党的电视广告费用均超过了 100 亿日元①,自民党为 136.89 亿日元,民主党为 119.58 亿日元。

据日本共产党的一项统计,在 2003 年至 2006 年的自民党广告开支中,有 82 亿日元流入自民党所属的广告公司②。2007 年 6 月,日本共产党众院议员吉井英胜在《政党交付金用途报告书》中进一步指出,在政党广告和政府广告两项巨额费用中,电通、博报堂两大广告公司占有很大份额。政府广告方面,两家广告公司占到六成份额;政党宣传方面,在自民党五年领取的 764 亿日元政党助成金中,用于电视广告等的宣传事业费占 17.9%,总额达 136 亿 8900 万日元,其中支付电通为 26 亿 8000 万,约合 19.6%。民主党五年领取政党助成金 503.88 亿日元,用于电视广告等的宣传事业费占 23.7%,总额达 119.58 亿日元,其中大多支付给博报堂,为 73.35 亿,约合 61.3%。吉井英胜的报告书称,电通里有以内阁府经济社会综合研究所副主任为首的 12 名返聘官员,博报堂则有以该研究所综合政策研究官为首的五人返聘官员。政治改革轰轰烈烈进行了十余年,政治的可视性也在逐年提升,但日本"政官财媒的铁四角"结构未有任何本质改变,甚至有过之而无不及。从政府、政府广告、广告公司策划的政党市民听证会到平日阅看的报纸、电视,到处都有"看不见的手"在发挥着巨大现实影响力,通过上演"可视的政治"、"景观的政治",实现统治阶层的支配与统治。

(三)小选举区制竞争的激烈使世袭议员、泡沫议员增多

中选举区制下,获得百分之十几的选举人的支持即可当选,所

---

① 〔日〕《赤旗》2007 年 6 月 2 日。
② 〔日〕《赤旗》2008 年 1 月 1 日。

以有很多特定的利益团体、业界团体和宗教团体背景的候选人。再加上城市和地方之间一票代表人口数的差别的扩大,无法反映城市居民需要的情况越来越多。采用小选举区·比例选区并立制后,由于一个选区仅选出一位议员,因此与中选举区时代相比,竞争加剧,当选难度大大增大。此外,小选举制下得票率和议席率的不平衡,死票的增加,仍然难以如实反映民意。上文已述,新选举制使自民党的组织结构发生了中央集权化和个体化的两种倾向。所谓中央集权化就是从候选人提名、选举资金管理到选举区调整,都由政党中央执行部这样的小集团操作,可以说比中选举区制度更加脱离民意。

而个体化中的一类代表就是世袭议员。世袭议员,是指继承了亲属或长官的政治资产而当选的议员。他们所继承的政治资产包括选举地盘、后援会,以及在中央省厅和政党内部的人脉等,这些都是一笔无形但非常有效的社会关系资本。在激烈甚至残酷的选举竞争中,没有强大的外力借助,单单靠个人踏实努力的工作,当选议员几乎是不可能的。而在外力中,最自然的,也就是说最符合日本文化传统的,当属由血缘联系的世袭。

2009 年 8 月的日本众院的“历史性”大选,对决就是在两位“首相的孙子”之间进行,麻生太郎是前首相吉田茂的外孙,鸠山由纪夫的爷爷则是曾经与吉田茂共同创建自民党的日本前首相鸠山一郎。世袭三代的情况还有很多,如细川护熙的外祖父是三次担任首相的近卫文麿,安倍晋三的外祖父是岸信介。二代世袭就更为普遍,福田康夫与福田赳夫、田中真纪子与田中角荣、中曾根弘文与中曾根康弘、小渊优子与小渊惠三,等等。曾经将“改革”喊得响彻云霄的小泉纯一郎,2009 年 8 月众院选举时自己退选,让儿子小泉进次郎走上前台,为日本政治体制的“子承父业”、“家族延续"又做了一次生动的诠释。

世袭政治作为日本政治的痼疾,已经积重难返。目前日本的世袭议员究竟占多大比例,有两组数据可供参考。第一组是日本研究者小河达1997年整理的数据①。在日本参众两院的全体议员中,各政党内部的世袭议员比例分别是:自民党(41.8%)、新进党(20.4%)、民主党(25.0%)、共产党(3.8%)、社民党(0.0%)、太阳党(30.0%)、其他(37.5%)。第二组是上田哲2003年整理的数据②。在众院的议员中,各政党内部的世袭议员比例分别是:自民党(51.6%)、民主党(27.3%)、公明党(8.8%)、共产党(22.2%)、社民党(0.0%)、无所属(55.6%)。世袭议员的比例之高,一目了然。

在2008年的一次座谈中,"加藤之乱"的主人公加藤纮一明确指出,现在自民党的问题是包括他本人在内的世袭议员越来越多,二世、三世议员已经占到52%的比例,而民主党的人才来源,则主要是年轻官僚、松下政经塾毕业生及有海外留学经验并就职于外资企业的精英③。而另一位资深政治家的幕僚也直言,"现在的永田町都是些脱离民众感觉的政治家"④。他感慨以往的议员需要吃很多苦,跑很多基层,才能踏上国会红地毯,当选国会议员,而现在一些世家子弟只要在电视中露露脸,博得些许薄名,就可获得自民党的公认,甚至当选议员,而且一朝当选立刻可以获得巨额

①　参见小河达论文,兵库教育大学大学院硕士论文汇编。

②　http://nvc. haisnet. com/jhattori/rakusen/sesyuukenkyuu. html。http://www. notnet. jp/data01index. html。

③　[日]言论NPO:《福田政权百日座谈会》,http://seiji. yahoo. co. jp/column/article/detail/20080425－04－1001. html。

④　[日]本泽二郎:《永田町》,本泽二郎政治评论2008年3月14日。

经费,还有年终奖金,这些议员无论如何也难以理解年收入低于200万日元的百姓们艰辛的生活。

在世袭议员之外,近些年日本政坛中还有一类泡沫议员的比例也大大增加了。2003年,一本议员当选指南书在日本问世。该书的广告词是这样的:成为政治家出乎想象的容易!不需要任何资格,也可让你简单胜选!书中有这样的计算:"想成为电视主持人的几率是千分之一,想成为SONY员工的几率是千分之一,想成为人气杂志模特的几率是二千五百分之一。但是成为市议会会员的几率却是五分之四,特别是二三十岁的新人当选可能非常之高!"这些表述充分反映了当代日本政坛中的投机和泡沫倾向。

泡沫议员是指搭乘某次选举的顺风车成功当选的议员,一旦下次选举风向一变,这些人便会落选并就此离开政界。这些来也匆匆去也匆匆的政界过客,最典型的代表就是2005众院大选后的83位"小泉宝贝"。其中最年轻的议员杉村太藏当选后曾直白地对媒体表示,当议员可以赚很多钱,建立很多关系,言下之意是把从政当成了一种职业跳板①。日本政治学者御厨贵指出,这些议员中有很多人都非常清楚自己再选成功的可能微乎其微②。当年自民党派阀大佬大野半睦有句名言:"猴子从树上掉下来还是猴子,议员要是选掉了就什么都不是了"。但对于现在的泡沫议员来说,从政不过是,也只能是一种阶段性的职业。在2009年众院大选中,83位小泉宝贝有77位出马,但最后仅10人(小选举区4人、比例选区6人)当选。而与此同时,143位"小泽宝贝"又一举

① 这番大实话引起了一番争议,自民党党中央执行部为此还专门为新人宝贝议员进行培训,让他们在媒体面前谨慎发言。

② [日]御厨贵:《虚无主义的宰相小泉纯一郎》,PHP新书2006年版,第83页。

登上了政治舞台①。看来,把从政当成个人谋取功利的手段、把新
人议员当成权力工具的剧场政治,与当年的利权政治,不过是五十
步笑百步的关系罢了。

---

① 　[日]《每日新闻》2009 年 8 月 31 日。

第四章　日本剧场政治的社会心理分析

　　社会心理是指人们对社会现象的普遍感受和理解,表现于人们的生活情绪、态度、言论和习惯之中。人们的社会心理状况取决于社会生活实际,直接形成于种种现实生活迹象对人们的刺激和人们的理解与感受①。通过上一章的分析我们可以看到,在战后的日本政治史中,无论是1960年安保运动,还是池田内阁提出收入倍增计划,将日本从"政治时代"带入"经济时代",无论是自20世纪六七十年代开端,长达30年,以田中角荣、竹下登等为代表的密室政治、利益分配政治,还是始于20世纪八九十年代,以21世纪初小泉纯一郎为高潮的剧场政治,"不利益分配政治"②,都各有其社会心理基础的支持。社会心理虽是零乱的、自发的,但又能对社会风气,政治走向产生现实影响。因此,在从组织、制度层面对现当代日本政治进行一番梳理之后,有必要再从民众政治意识、情绪特征及其政治文化历史"继起"关系的角度,对当代日本剧场政治的社会心理机制做出进一步的分析。

---

　　①　参见百度百科词条。
　　②　语出日本学者高濑淳一,见[日]高濑淳一:《不利益分配社会》,CHIKU-MASHINSHO2006年版。

第一节　民众政治意识的变化

从 1973 年起,日本 NHK 放送文化研究所每隔五年进行一次有关"日本人的意识"的舆论调查。调查对象为 16 岁以上日本国民,调查内容既有生活目标、理想人格等基本价值,也涉及工作、宗教、家庭等经济社会领域,还包括政治活动、民族主义等内容。这项调查自 1973 年起至 2008 年已经进行了八次,由于使用相同的调查方法和相同的问卷,因此是一份非常珍贵的社会研究资料。本节将主要围绕社会政治意识与政治行动的主题,对共计八次、历时 35 年的舆论调查结果进行简要的分析,以期从草根深处解读日本政治的社会心理的变迁①。

一、最重要的政治课题:经济和福祉

该项调查旨在摸清日本民众心目中最重要政治课题的具体内容。调查共设七个选项,分别为维持国内的治安和秩序(秩序的维持,简称秩序)、发展日本的经济(经济的发展,简称经济)、提高国民的福祉(福祉的提高,简称福祉)、守护国民的权利(权利的维持,简称权利)、提高国民的文化水平(文化的提高,简称文化)、增加国民参政的机会(参政的增加,简称政治参加)、深化与外国的友好(友好的促进,简称外部友好)。

---

① ［日］NHK 放送文化研究所:《现代日本人的意识构造》第 6 版,NHK-BOOKS2004 年版,第 72—114 页。

表4—1：当下最重要的政治课题选项比例

	经济	福祉	秩序	权利	文化	政治参加	外部友好	无回答
1973 年	11	49	13	12	1	6	3	6
1978 年	21	32	17	9	2	7	5	7
1983 年	19	27	19	11	1	10	8	4
1988 年	12	37	13	13	2	9	9	5
1993 年	21	37	12	9	1	11	5	4
1998 年	48	18	11	7	1	9	2	3
2003 年	48	14	17	8	2	6	1	4

　　从上表可以看出，作为最重要的政治课题，经济的发展和福祉的向上，始终是三十余年中日本国民不变的最高选择、最为期待和关心的政治课题，这也验证了上文所述的战后日本"经济发展至上主义"和"改善个人生活至上主义"的结构特征。

　　而且可以看出，经济与福祉二者之间呈现出此消彼长的关系趋势。1973 年至 1993 年，福祉居于首位，这是因为在战后日本开发主义国家模式下，社会统合以企业为基础，在西方福利国家由政府负责解决的失业、高龄化、教育等问题，被下放到企业层次，通过提高企业内工资和待遇给予满足。在这种特殊主义，即全国没有形成统一福利制度保障的体制中，人们对于福利自然抱有关心甚至是潜在的担心。1973 年是日本高速经济增长的最后一年，经济不成问题，所以选择经济发展的比例最少。而两次石油危机给经济带来了一些混乱，在 1978 年的调查中，选择经济发展的比例增长到 21%。至 1988 年，经济选项再次滑落到三选项中最低（1973 年也是如此），因为自 1987 年起，在日元升值等各项因素的综合作用下，日本进入了"超好景气期"。而 1993 年泡沫经济破裂后，对经济发展的期待再次上升，至"平成大不况"经济严重衰退的 1998

年,选择经济发展的比例上升了两倍,达48%,这一比例在2003
年保持不变,比下两个选项高出近三倍。

那么,在2003年什么年龄层次的人选择了经济发展呢?和
1993年相比,各个年龄层次的比例都有所增加,但尤以年轻人(16—
19岁、20岁前半)和老人(60岁以上)为突出。2001年至2003年,
日本对前一年的名义经济成长率为负增长。此外小泉内阁的急速
新自由主义改革,使企业裁员和新人不雇用比率均呈上升趋势,
2002年、2003年的完全失业率均在5%以上,为1953年以来五十年
间最低。2003年日本大学生的就业率仅为55.1%,也创下历年来最
低。年轻人选择经济发展,表明他们对增加工作、就业机会的期待。
而老年人因为靠养老金生活,在人口老龄化、财政赤字等问题下,唯
有发展经济才可以使养老金有源头活水。另外,在2003年的调查
中,对秩序,即治安的期待升至第二位,这是1993年以来的首次变
化,也从另一个侧面表明了新自由主义改革下日本社会的失范。

与经济、福利、秩序、权利相比,政治参加在八次调查中都持续
走低,这说明对于日本民众来说,虽然身处民主体制中,但能够采
取积极行动的仅仅是少数派,多数人与其自己主动争取,还是选择
被动地等待,表现出一种依赖心理。此外,这八次30年的政治参
加数字曲线呈现两头低、中间高的趋势,其中蕴涵的意义值得思
考。例如,1973年是田中政权时期,2003年是小泉政权时期,这两
个人物分别代表两种政策走向、政治风格,但是民众的政治参加都
是很低的。换言之,无论是密室政治,还是剧场政治,政治都是政
治家的事,与民众少有关系。

二、没有感觉的民主:对政治有效性的评价持续走低

虽然很多的国民选择经济、福祉,包括秩序、权利等作为当下

最重要的政治课题,但这种意见在多大程度上影响到现实政治,仍需要进一步测量。因此,该调查特别设立了"政治有效性",即"如果自己想对政治有所作用,能否有效"的问题,并将有效性的强弱以"舆论"、"参加游行、陈情、请愿"和"在选举中投票"三项具体指标给以标示。首先来看舆论政治有效性的情况(表4—2)。

表4—2:政治的有效性感觉(舆论)

	强	较强	较弱	弱	不知道或无回答
1973 年	4%	18	52	19	7
1978 年	4	18	56	16	7
1983 年	3	16	59	18	5
1988 年	3	14	60	18	5
1993 年	3	13	59	19	6
1998 年	2	9	53	33	4
2003 年	2	8	57	29	4

　　从上表可以看出,在三十年间,舆论对政治的民意反映程度基本是否定性的意见,即"弱"与"较弱"的选择合计远远大于"强"与"较强"选择的合计,例如1973年,"弱"(包括"较弱")的选择比例为71%,"强"的选择比例为22%。之后,"弱"的选择比例不断稳步上升,1983年为77%,1993年为78%,至1998年急升至86%,2003年也保持在相同水平。与1973年相比,2003年民众对舆论政治有效性选择"弱"的比例增加了一成半。尤其值得注意的是,其中认为"根本不反映"的比例在1998年以后一直保持在30%上下。由此可见,本来应该反映民意,受到民意支持的舆论,现实中却是与民意的疏离。

　　那么,对舆论政治有效性选择"弱"的民众构成是怎样的呢?

男性中,1973年,比例最高的是年轻人(20—25岁),比例最低的是社会中坚(40—55岁)。但到了2003年,这种年龄差异基本消失,年轻人对舆论政治有效性选择"弱"的比例继续增多,而社会中坚做这一选择的比例增加最多。女性中,2003年,30—35岁对舆论政治有效性选择"弱"的数字最高,达到一半。

在地区分布上,1973年在大城市,即政令指定城市,对舆论政治有效性选择"弱"的人多;而在小城市,即町村,对舆论政治有效性选择"弱"的人少。但到了2003年,町村地区选择"弱"的人大幅上升,与大城市两者之间在这一选项上的差距拉平。在职业分布上,农林渔业者、经营管理者对舆论政治有效性选择"弱"的人数字攀升,销售业和服务业的群体,由于受经济不景气的影响较大,对舆论政治有效性选择"弱"的人也在增多。这表明,近年来,自民党昔日的支持层正越来越失去话语权。

再看参加游行、陈情、请愿等参与型政治的有效性感觉情况。

表4—3:政治的有效性感觉(参加游行、陈情、请愿等)

	强	较强	较弱	弱	不知道或无回答
1973年	14%	33	40	6	7
1978年	13	30	44	7	6
1983年	8	24	54	9	6
1988年	7	24	54	10	6
1993年	7	22	54	11	7
1998年	5	17	57	15	5
2003年	5	18	60	13	5

(注:强为自己的参加对政治有非常大的影响;较强为比较有影响;较弱为稍有影响;弱为根本不影响)

　　从上表可以看出,三十年间日本民众对参与型政治的现实影响力,出现了很大的认知变化。在 20 世纪 70 年代的两次调查中,"弱"(包括"较弱")的选择比例分别为 46% 和 51%,而"强"(包括"较强")的选择比例分别为 47% 和 43%,民众对游行等政治参与有效性的看法,基本是正反持平的。但是经过 1975 年争取罢工权斗争的劳方失利和 1975 年越南战争的终结,民众对通过自己表达政治态度的游行政治的热情开始走衰。加之,此时的自民党又积极吸收在野党、住民运动等社会民主主义的主张,制定了相应的环境政策、福利政策,成为兼容并蓄的包括型政党,所以,1983 年选择"强"的比例降至 8%,与 1973 年相比几乎下降一半。较强比例在 1983 年调查中跌破三成,到 1998 年更跌破二成。至 2003 年,选择"强"的比例降至 5%,仅相当于 1973 年的三分之一,选择"较强"即认为比较有影响的也降到 1973 年的一半左右。这说明"参加游行、陈情、请愿"等日常性的、直接的政治参与方式,在民众评价中已经大大丧失了其有效性。

　　接下来看选举政治的有效性感觉情况。

表 4—4：政治的有效性感觉(选举)

	强	较强	较弱	弱	不知道或无回答
1973 年	40%	26	23	5	6
1978 年	35	26	28	6	5
1983 年	28	26	35	7	4
1988 年	23	27	37	8	5
1993 年	24	26	37	9	5
1998 年	19	21	41	14	4
2003 年	18	23	42	13	5

(注:强为自己的选票对政治有非常大的影响;较强为比较有影响;较弱为稍有影响;弱为根本不影响)

从上表可以看出,日本民众在通过选举投票对政治施加影响的有效性感觉上,三十年间也出现了很大的变化。在 1973 年,感觉有效的"强"(包括"较强")的选择比例在 66%,而"弱"(包括"较弱")的选择比例仅为 28%,说明当时多数民众认为选举是可以反映自己的政治态度的。到了 1988 年,这种强弱之差大大缩小,"强"为 50% 而"弱"为 45%,肯定意见与否定意见基本持平。到了 1998 年,强弱之差进一步发生偏转,"强"降为 40% 而"弱"升至 55%,对选举效果持否定性意见的民众超过了持肯定性意见的民众,2003 年,这一比例态势几乎保持不变。

上文已述,1996 年 10 月日本第 41 届众议院选举开始启用政治改革后的新制度,即小选区·比例选区并立制。在这种新制度下,同一政党仅推举一位候补,还有不少原来的候补在新的选区划定中被划到了别的选区,因此"候补与选民之间的关系急速淡薄"①。中选区时代,由于一个政党会有多名候补(候选人),为了赢选,候补与选民的关系就非常重要。小选举区制由于"弱化了选民与候选人的联系",选民感到与候选人之间的距离感越来越大,所以对选举政治有效性持否定性意见的民众不断增多,且超过持肯定意见的一成之多。

综合以上三个方面,在 2003 年,如果将人们对政治活动的有效性感觉予以排列的话,可以看到,选举最强(41%),游行、陈情、请愿次之(23%),舆论最末(10%)。选举成为民众表达政治诉求的最有效的手段(虽然有五成以上并不认同),但是考虑到选举的非日常性和非群体性(人们通常各自去选票点投票),可以说当代

① 《现代日本人的意识构造》第 6 版,NHK 放送文化研究所 2004 年版,第 85 页。

日本的民众,实际上拥有的是一种找不到感觉的民主。而且按照NHK放送文化研究所的进一步细化分析,越是年轻的一代,这种有效性感觉越差。

三、权利意识渐趋低下

如果说政治有效性感觉是一种意识,那么,形成人们政治意识的信息基础是怎样的呢?如日本民众究竟对自己享有的宪法权利知道多少,了解多少,维护自身宪法权利的意识如何?对此,该调查也就人们的权利知晓度(日文中称为"权利知识")进行了摸底,让受调查者在六项选项中选出自己认为的"宪法所规定的权利",这六项选项分别是"1. 表现的自由","2. 纳税的义务","3. 顺从上级","4. 右侧通行","5. 生存权(过人一样的生活)","6. 团结权(组织工会)"。显然,其中只有三项(1、5、6)为正确选项,但问卷显示的答案却令人深思(见4—5)。

表4—5:权利知识回答率

	1. 表现自由	2. 纳税义务	3. 顺从上级	4. 右侧通行	5. 生存权	6. 团结权
1973 年	49%	34	6	20	70	39
1978 年	46	36	6	19	70	36
1983 年	44	40	8	19	77	29
1988 年	43	37	8	17	76	27
1993 年	39	40	7	15	75	26
1998 年	37	42	7	16	76	23
2003 年	36	42	7	15	76	20

从结果看,在表现自由、生存权、团结权三个正确选项中,选择

率最多的是生存权,从 1973 年的 70% 到 2003 年的 76%,呈上升趋势。表现自由从 1973 年的 49% 到 2003 年的 36%,呈下降趋势。团结权从 1973 年的 39% 到 2003 年的 20%,呈下降趋势。该调查又将选择正误的情况予以分值量化,即选择一项正确答案得 1 分,选择一项错误答案则扣 1 分,最高分为 3 分。得 3 分者加上得二分者,被看作是权利知晓状况(权利知识)高的人。1973 年权利知晓状况高的比例为 40%,已经跌破一半。之后这一比例仍持续缓慢下降,到 2003 年高的比例仅为 27%。可以想象,连明确的权利意识都不具备,何谈自觉行使和维护自己的权利? 正因如此,在最重要的政治课题中,政治参加选项的低势也就在情理之中了,因为只有具有自觉的意识,才会有成熟的政治参与行为。

四、参与政治活动的愿望持续下降

在政治有效性感觉、权利知晓度之外,参与政治活动的愿望(日文中称为"活动意欲"),也是把握日本民众政治参加状况的重要指标。所谓活动,是指通过结社、示威、集会等法律许可的行为,维护个人权利的政治行动方式。战后的日本宪法保障人们结社的自由,因此从法理上来说,通过市民运动、工会运动等方式维护个人权利属于正常的政治活动。为此,该调查分设政治、职场、地域三类领域,以"静观"(非结社)、"活动"(结社)和"依赖"(向民意代表陈情)三个指标予以测量。其中,"静观"是指通过选举选出中意的政治家,希望他作为自己的代表开展政治活动;"依赖"是指发生问题时,与自己所支持的政治家沟通,使自己的意见反映到政治活动中;而"活动"是指直接参与到某政党或团体中进行政治活动,谋求自己意向的实现。

表 4—6：结社、斗争性

	静观	依赖	活动	其他	无回答
1973 年	62.6%	11.5	17.0	0.1	8.8
1978 年	61.0	14.6	16.6	0.1	7.6
1983 年	60.5	14.6	18.0	0.1	6.7
1988 年	60.4	16.9	15.4	0.1	7.2
1993 年	61.1	15.5	14.9	0.4	8.2
1998 年	59.6	18.0	14.7	0.3	7.3
2003 年	59.7	18.5	12.7	0.5	8.6

　　具体来看政治领域的情况。从下表（表 4—6）可以看出，三十年来，"静观"始终居于压倒性多数，"依赖"的比例也在不断增加，而"活动"始终比例最低。从年龄层次上看，不满 40 岁的中青阶层，"依赖"增多，与"静观"的比例差异趋小。

　　日本民众的政治参与意愿呈现出的特殊性也颇能说明问题。从政治、职场、地域三个领域的比较来看，在"活动"（结社）方面，"政治"领域的结社始终保持低位，变化不大，1973 年为 17%，2003 年为 12%；在"地域"这一领域，在针对环境、消费、性差别等问题上，"活动"选项则相对处于高位，1973 年为 36%，2003 年为 26%，说明各地居民开展的与自己切身利益相关的日常性政治活动还比较多一些；在"职场"这一领域，"活动"选项比例的变化最为剧烈，1973 年为 32%，2003 年为 18%，转折点发生在 20 世纪 80 年代，这表明此期间一方面企业社会结构趋于稳定、成熟，另一方面，第三产业从业者和短期打工者的增多，使劳动者处于无组织化的状态中。到 2003 年，三个领域中结社、斗争的"活动"强弱排序是政治最低、职场居中，地域最高。

　　此外，针对"一年之内的具体政治参与活动"，该调查也有所涉及(见表4—7)。

表4—7:一年之内有关政治问题参加过的政治活动

	游行	署名	投书	陈情	献金	出席集会	阅读机关报	党员活动	没有	其他	无回答
1973年	4.0	24.4	0.8	4.5	14.2	12.6	11.0	3.1	60.1	0.0	2.1
1978年	3.5	25.1	0.7	4.4	13.4	12.2	8.8	2.6	60.6	0.1	2.3
1983年	2.4	29.6	0.7	14.5	14.2	17.2	9.9	4.4	55.5	0.1	1.2
1988年	1.8	32.0	0.6	3.8	12.8	13.7	7.6	2.9	54.9	0.1	2.3
1993年	0.7	21.2	0.4	2.4	9.0	12.1	6.0	2.5	63.7	0.2	2.9
1998年	0.9	24.5	0.6	2.1	9.3	9.5	5.5	1.9	64.6	0.1	1.9
2003年	0.7	21.6	0.5	2.2	7.4	11.4	4.7	2.2	65.4	0.2	2.2

从中可以看出,比例最多的是"什么都没做":20世纪70年代这一数字基本上在60%左右,80年代保持在50%上下,经过1993年的政权更迭,即自民党下野、"1955体制"崩坏,该数字又上升了近10个百分点,重新回到60%以上。从政治活动的内容上看,2003年,"署名"(签署呼吁书等)最高为21.6%;接下来是"集会出席"(参加集会)为11.4%;"献金"(政治捐款)为7.4%;"机关报阅读"为4.7%,总体上呈现出消极、被动的特点。而在单项"活动"的三十年演变趋势上,"陈情"和"献金"变化最大:1973年"陈情"为4.5%,2003年为2.2%;"献金"在1973年为14.2%,2003年为7.4%,均下降一半,显然与利益诱导政治、派阀政治的式微有直接关系。

五、无党派倾向的群体持续增加

对"你平时支持什么政党"的问题,调查方不提供政党名称，由受调查者任意写出一个答案（调查结果见表4—8）。由于调查工作在10月份进行，因此1993年调查时，自民党已经下野。所以，1973年至1988年的数据是"1955体制"下的政党支持数字，其中自民党与社会党的支持率都在两位数，自民党的支持率在1983年达到顶峰。而社会党则一路下降。值得注意的是，自1973年始，日本"没有特定支持政党"的民众比例就一直处于高值，逼近自民党的党派支持比例，远远高出社会党的党派支持比例。在1988年的调查中，无党派倾向的群体比例为37.8%，社会党仅为10.9%，差值近四倍。1993年8月，细川护熙领导的非自民党政权诞生，自民党的支持率跌落至28.4%，比1988年下降了一成。而无党派倾向的群体比例也首次突破40%，成为日本选民中最大的集团。这一扩大趋势在1993年之后多个政党离合集散的政治混乱中进一步加剧，到1998年升至52.3%，为自民党支持率24.0%的两倍。即使到2003年小泉纯一郎领率自民党反弹期间，无党派倾向的群体比例仍在上升为56.9%，而自民党仅为25%。可以说，无党派倾向的群体是当代日本最大的政治势力，对无党派倾向的群体的争夺，成为自民、民主两大政党的首要目标。

表4—8：平时支持的政党

	1973年	1978年	1983年	1988年	1993年	1998年	2003年
自民党	34.3%	38.2	40.6	38.7	28.4	24.0	25.0
民主党	—	—	—	—	—	8.2	4.9
公明党	3.5	4.4	4.2	3.7	2.9	2.3	3.7
自由党	—	—	—	—	—	2.0	1.4
共产党	4.2	2.1	2.6	2.2	1.9	3.4	1.3

	1973 年	1978 年	1983 年	1988 年	1993 年	1998 年	2003 年
社民（社会）党	19.8	14.1	12.5	10.9	8.3	3.5	1.8
保守新党	—	—	—	—	—	--	0.1
无所属之会	—	—	—	—	—	—	0.8
自由连合	—	—	—	—	—	—	0.1
新生党					4.9	—	—
日本新党					5.7		
民社党	2.9	3.0	3.9	2.4	1.4	—	—
其他政治团体	0.1	1.6	1.7	0.4	1.5	0.7	0.4
没有特别支持的政党	31.6	33.8	32.2	37.8	40.7	52.3	56.9
无回答	3.5	2.9	2.5	3.8	4.4	3.4	3.7

（注：公明党1998年数字为公明党提供结果，社民党从1973年至1993年为社会党提供
　　结果。保守新党2002年结成，无所属之会1999年结成，自由连合1995年结成。）

　　那么，与政党支持层群体相比，无党派倾向的群体具有哪些特征呢？对此，根据对该调查结果的细化分析，可以发现，在沟通交流工具上，无党派倾向群体对电视、报纸等老媒体的使用率低于全国平均数字，而对手机、互联网等新媒体的使用率则高出全国平均数字。在对待性别问题、天皇、老龄化生活等问题上，无党派倾向群体呈现出现代特点，即具有平等、独立的精神，有别于日本的传统意识。而在对政治有效性感觉方面，无论是舆论、游行还是选举，无党派倾向群体对政治有效性感觉比例均低于全国平均数字。但是在政治权利知晓度方面，他们又高于全国平均数字，特别是对"表现自由"的知晓比例上，远远高于平均值。在实际政治参与的"活动"方面，一年内"什么都没做过的比例"超过七成。

　　总体上看，无党派倾向群体的特点可以概括为：意识上和行为

上倾向于脱离传统政治,在政治态度上倾向于对政治不信任和感到疏离,对既有的政治参与方式持怀疑甚至唾弃态度。在当代日本的政治生态中,这个最大的社会群体具有浓厚的局外人、"看客"等特征。而且,从对新兴媒体的使用程度上可以看出,这个群体集团对于政治人物的表现、表达和表演能力非常重视。这些无疑都是当今日本剧场政治最重要的社会基础。

另一方面,无党派层又显示出在超出小我的政治领域中积极参与的意愿,如有超过六成的无党派倾向的群体愿意"为日本做出贡献",有超过七成的人愿意"帮助贫困国家的人们"。也就是说,他们虽然对日本的现有政党、官僚政治普遍表现出失望甚至反感,但对于社会和政治还是关心的,只不过关注的内容,包括参与的方式与过去相比都发生了很大的变化,呈现出较强的现代性、后现代性特点。

第二节　当代日本的民粹主义

本书绪论已言及,日本自 1989 年起政局动荡,首相走马灯似地换个不停,但在政权短命、政治低迷的另一面,却也出现了一批颇受瞩目的政治明星、偶像政治家。对于这些现象,评论界包括政界出现了一种用民粹主义观点来加以解释的思潮。例如山内昌之在 2001 年 7 月 5 日《每日新闻》中撰文称:

> 在当今的大臣和知事中好像有一些这样的人物,他们认为,只要能通过电视等大众媒体,获得市民的狂热支持,就可以把谈话或政策是否得当的事置之不顾,觉得不管出现怎样的批判,自己都可以免疫。

在这些评论中,日本很多论者把这种迎合大众的民粹主义与

20 世纪 30 年代的法西斯联系在一起,对日本当代的民主主义危机忧心忡忡,并发出了警惕"法西斯重回"的警告。那么,日本当代的民粹主义究竟是一种什么性质?是一种特殊的现象,还是具有国际上的普遍性?为什么日本的民粹主义会出现大岳秀夫所说的"通奏低音中的间歇高音"现象,为什么这些民粹主义政治家与政治改革之间往往陷入不信—期待—不信—挫折的怪圈?本节中笔者将结合上述各节论述过的要点,对民粹主义这一当代日本剧场政治的情绪特征进行把握。

一、民粹主义的内涵与基本特征

民粹主义是一种在历史上重复出现过的、具有周期性和共时性的社会现象①。自 19 世纪下半叶至今,民粹主义在世界范围内出现过三次高潮。第一次是在 19 世纪末,几乎在北美和东欧同时兴起。当时美国的南部和西部出现了以农民为主要支持基础的人民党(Populist Party),在城市与农村、富人与穷人的对立中代表后者,提出了引入累进所得税、实现铁道和电信电话的国有化、设置总统任期、直接选举参院议员等主张。而俄国知识分子和东欧农民则对平均地权提出了强烈要求,这被认为是第一波民粹主义。20 世纪六七十年代,民粹主义的旋风差不多刮遍了世界五大洲,它成了一个游荡世界的幽灵,从西欧到南美,从西亚到北非,此起彼伏,不绝如缕。其中,阿根廷的庇隆和智利的阿连德等拉丁美洲领导人推动的民族复兴运动,则被视为第二波民粹主义复兴的象

---

①　俞可平:《现代化进程中的民粹主义》,见《思想学术》2008 年 4 月。此节关于民粹主义的分析,主要引述和吸收了俞文的观点,特此说明并向俞可平先生表示感谢。——作者注。

征。20世纪80年代和90年代以来,民粹主义再度在东西两半球,尤其在东欧和北美,成为人们关注的热点,从而形成民粹主义的第三波。

结合现代化的角度,我们可以把第一波与第二波民粹主义看作是第一次现代化,即由农业社会向工业社会转变过程中出现的现象。这一阶段民粹主义的主体是在资本主义工业化、全球化过程中被剥夺的农民大众或前殖民地国家人民。而第三波民粹主义的情况既与前两波不同,其内部,如东欧前社会主义国家与欧美,包括日本在内的资本主义国家,也各有特点。具体而言,欧美资本主义国家20世纪八九十年代的民粹主义,可以看作是第二次现代化,即由工业社会向后工业社会转变过程中出现的现象。它的主体是第二次世界大战后在西方资本主义的迅猛发展中享受到了较高教育、富裕生活、民主权利的中产大众。社会型态转变带来大规模的社会结构变迁,这是第三波民粹主义的共同性。

中国作家阿城曾经指出,第二次现代化,即后现代,实质上是针对第一次现代化,也就是解决了政治极权的工业现代化之后的批判,它大致要解决的是没有政治极权的现代化社会中的各种权力的问题,以前的二级权力现在成了一级权力,商业化、媒体的权力,话语权等等①。阿城说他记得80年代初北大曾邀请美国的詹明信前来演讲,当时詹明信就批判电视媒体的权力控制。

再回到民粹主义的问题上。俞可平认为,民粹主义既是一种政治思潮,又是一种社会运动,还是一种政治策略。作为一种社会思潮,民粹主义的基本含义是它的极端平民化倾向,极其强调平民

---

① 阿城、北岛、李陀编:《七十年代》,三联书店2009年版。

群众的价值和理想,把平民化和大众化作为所有政治运动和政治制度合法性的最终来源,以此来评判社会历史的发展。平民化是民粹主义政治运动的本质特征。它反对精英主义,忽视甚至否定政治精英在社会历史发展中的重要作用。作为一种政治运动,民粹主义主张依靠平民大众对社会进行激进改革,并把普通群众当作政治改革的唯一决定性力量,而从根本上否定政治精英在社会政治变迁中的重要作用。民粹主义也是一种政治统治的策略,是动员平民大众参与政治进程的重要方式。这种政治策略的主要特征是通过强调诸如平民的团结、全民公决、人民的创制权等民粹主义价值,而对平民大众从整体上实施有效的控制和操纵。

就民粹主义与民主主义、权威主义的关系而言,民粹主义与民主主义从差不多同一前提出发,却最终走向了不同的甚至截然相反的归宿,它们的根本分歧在于是实行间接民主还是直接民主这个关键点上。民主主义认为,在现代国家,人民主权的现实机制是代议政治,即通过普选制选出民意代表,由民意代表组成权力机关,代替普通群众行使对国家的政治统治。与此相反,民粹主义把主权在民的理想直接地诉诸全体人民,它反对在社会政治生活中存在执政者和非执政者两大阶层,反对把普通群众排除在政治决策过程之外。因此,民粹主义反对建立在间接民主基础上的代议民主。对于民粹主义政治家来说,必须超越代议民主机构以便重新确立统治者与被统治者之间的直接联系和一体化。在他们看来,若全体普通群众不能直接参与政治过程,那么这种民主政治便是腐败、无效和无用的。所以有人把民粹主义的这种民主逻辑称为"民主的极端主义"或"超民主主义"。

但"民粹主义把民主的理想绝对化,把民主主义推向极端,最终的结果不但可能背离了民主政治的初衷,而且可能走到民主主义的对立面,成为一种反民主主义,而与权威主义的独裁政治相联系"①。由于民粹主义诉诸直接民主,强调全体群众的普遍参与,但这一前提条件的实现过程却是一个十分危险的过程,稍有不慎,民粹主义就会流变为权威主义(权威主义,此处指介于民主政治与极权政治之间的一种过渡政治形态。它不放弃民主,但想方设法限制民主)。其一,长时间的全民总动员在正常制度框架内往往很难做到,而必须借助于某些非常的手段,如蛊惑人心的宣传鼓动,强制性的舆论一律等,这些非常手段极可能是非民主甚至反民主的;其二,普通大众在特定的情况下通常会形成某种非理性的、情绪性的共识,盲目顺从这种非理性的大众意识,不仅可能有损其长远利益,而且可能会被某些别有用心的政客利用,使大众被这些政客所操纵。

二、日本当代民粹主义产生的背景②

结合上述分析以及本章之前的论述,我们再来看平成时代日本的民粹主义。在时代节点上,当代日本的民粹主义应归于第三波,即20世纪八九十年代以来在西方国家兴起的民粹主义。在出现背景上,日本同西欧国家具有很大的相似性,即第二次世界大战之后形成的合意政治、战后体制在新的时代背景下趋于崩坏,但新的体制又尚未有效地建立起来。保罗·塔尔戈特指出,在20世纪80年代至90年代的西欧,出现了一批"新民粹主义政党"③,如奥地利的自由党、丹麦的进步党、芬兰的地方党、法国的国民战线、德

---

① 俞可平:《现代化进程中的民粹主义》,《思想学术》2008年4月。

② 参见[日]齐藤英之:《民粹主义与现代日本政治》,http://www.jrc.sopia.ac.jp/kiyou/ki23/saih.pdf。

③ Paul A Taggardt, The New Populism and the New Politics: New Protest Parties in Sweden in a Comparative Perspective, London: Macmillan, 1996。

国的共和党、意大利的北部同盟、挪威的进步党、瑞典的新民主党、瑞士的汽车党。所谓"新",是指这些新型社会运动、政治运动,出现在西欧战后合意政治、战后体制崩坏之后。在特征上,这些"新民粹主义政党"具有以下特点:1. 在意识形态上趋右;2. 标榜反体制,自称代表社会"主流",排斥传统的政治家、官僚和知识分子,对社会福利政策受益者和移民也持拒斥态度;3. 在组织形态上,由具有个人魅力的领袖主导,高度中央集权;4. 选举中得到政治意愿多样多元的特别是在非政府组织工作的年轻男性的支持①。可以说,对传统政治的否定和政治意愿的极其广泛甚至芜杂,是这些新民粹主义政党的最大共同点。

综观日本,可以说其当代民粹主义的出现,是战后开发主义政治、"1955 体制"出现"制度疲劳"、"功能不全"的伴生物。首先,经济追赶欧美的任务已经达成,国民普遍富裕满足后,以经济成长作为政治社会统合引擎的做法渐渐失灵,传统政治的合法性开始动摇。1980 年,日本的汽车生产数量、1985 年对外投资额和工业产品输出额、1987 年外汇储备和国民所得,相继达到世界第一。与美国、欧洲还挣扎于第二次石油危机以来的衰退相反,20 世纪80 年代是日本作为经济大国最为辉煌的时期。如果说80 年代前,经济成长至上主义是日本举国的"战后合意",但是到了80 年代,社会已经由以工业、农业为主的传统产业社会转变为以服务业、信息业为主的后工业社会。换言之,日本在20 世纪80 年代后已经由现代社会进入后现代社会,日本国民普遍意识到自己的国

---

① Hans-Georg Betz and Stefan Immerfall, The New Politics of the Right: Neo-Populist Parties and Movements in Established Democracies, NY: St. Martin's Press, 1998 等。转引自齐藤英之:《民粹主义与现代日本政治》,http://www.jrc.sopia.ac.jp/kiyou/ki23/saih.pdf。

家已经成为经济大国,这也是他们对自己的生活最为满足的时期,到1984年,有80%以上的日本民众认为自己的生活程度处于"中流"(即中产阶级)。在这种情况下,人们对经济社会发展的关注,很自然地开始从增长转向分配,并开始对分配中的特殊利益体系发出日渐强烈的质疑。

其次,在20世纪六七十年代政党特殊利益和腐败问题不断暴露后,人们又越来越意识到官僚政治也难脱腐败。利库路特丑闻使日本民众看清,不但政党,政府机构也可以成为被企业收买和控制的对象,这打破了人们长期以来对官僚的信赖。在日本,自明治时代开始沿用西方政党体制以来,政党政治家的丑闻就没有消停过,不过即使政治家丑闻不断,民众对另一政治精英阶层即官僚的能力和清廉一直少有怀疑。但自20世纪80年代末,官僚丑闻也相继爆发。从公务员犯罪数量上看,1990年受惩戒处分的1211人中有115人被免职,1995年受惩戒处分的1410人中有140人被免职,2000年受惩戒处分的2289人中有193人被免职①。官僚贪腐不断增多,程度日趋严重。

官僚体制最大的问题,一是形成特殊利益和腐败,二是渎职。在特殊利益和腐败问题上,最具代表性的就是特殊法人制度和官僚的"下凡"制度,即官僚在退休之后,可以转身到特殊法人中担任要职,领取高额薪水。1995年村山政权诞生后,很快决定于1997年4月提高消费税,考虑到平衡抵消必然出现的民怨,当时开出的条件就是同时对特殊法人制度进行改革。但结果遭到官僚集团的激烈抵抗,这个改革雷声大雨点小,最终不了了之。到第二

① 日本人事院年度报告书。转引自齐藤英之:《民粹主义与现代日本政治》,http://www.jrc.sopia.ac.jp/kiyou/ki23/saih.pdf。

次桥本内阁时期,桥本着力进行的六大改革(行政改革、财政构造改革、经济构造改革、金融系统改革、社会保障改革、教育改革)中,难度最大的就是行政改革。为此,桥本称为"火球与火人"的改革,即碰到最烫手的地方,难免要惹火上身。"火"无疑就是来自官僚和省厅的抵抗。

在渎职方面,这些年来最著名也是最令日本民众气愤的莫过于"感染爱滋事件",即血友病患者因输血导致艾滋病。该事件的性质是制药公司、一部分学者与厚生省,为了保全自身利益,对血友病患者的感染危险"不作为",而且从早期开始就隐瞒了证明危险性的内部资料。在自社先连立的第一次桥本内阁时期,桥本任命新党先驱、众议员菅直人出任厚生大臣。任职后菅直人要求属下的官僚提供有关感染爱滋事件的数据资料,但是官僚们根本看不起这个初来乍到的大臣,采取消极应对态度。最后菅在媒体舆论和民意的支持下,采取强硬手段,算是教训了一次厚生省桀骜不驯的官僚们,并于1996年2月以大臣的身份承认厚生省责任,公开谢罪,由此达成了政府与受害人的双方和解。经此一役,菅直人成了当时最耀眼的政治明星。1996年秋,厚生省再出问题,其前事务次官(相当于常务副部长)因老人公寓补助金受贿被捕。

震动全社会的官僚腐败与渎职丑闻一再爆发,使得批判官僚的舆论越来越强烈,以出版物为例,继1993年屋山太郎的《官僚亡国论》后,1997年又相继有大前研一《平成官僚论》、加藤宽《官僚主导国家的失败》等一批批判官僚的著作问世,在舆论中成为热议对象。如果说明治维新和第二次世界大战后,日本在以官僚体制为核心的政官财集权体制下完成了第一次现代化,那么到20世纪90年代,针对这种极权体制的批判已经开始,并一发不可收。

2009年8月,民主党以绝对优势赢得大选,改写了自民党长期一党执政的历史。其中有一个现象很值得注意,那就是在两党对决的过程中,民主党的竞选口号似乎与自民党并无关系,而是"终结官僚主导的政治"。具体了解日本政治的内部结构后,就会发现这个口号的提出并非剑走偏锋,而是一剑封喉,直指问题的症结。自民党政治是官僚主导、官政共利的政治,小泉提出"摧毁自民党";当自民党大势已去、溃不成军时,民主党提出"终结官僚主导"。二者实际上异曲同工,都是在日本第二次现代化,即由工业社会向后工业社会转变过程中出现的权力争夺与转移。

除了世界上第三波民粹主义的普遍性因素之外,当代日本的民粹主义的发生也有其特殊性,就是20世纪90年代后日本经济社会发生的急剧变化和日益增大的国内外压力。

20世纪80年代至90年代,日本经济可以说像过山车一样,经历了从巅峰到谷底的巨大波折。1985年被迫与美国签订"广场协议"后,日元大幅升值。到1987年,日本的外汇储备和国民所得均达到世界第一,这一年被称为"超好景气",1987—1990年日本的年均经济增长率达到了5.45%。但好景不长,在1991年至1992年间,日本的"超好景气"突然急转直下,迅速蒸发,人们终于发现,从1986年11月至1991年4月的好日子不过是一场泡沫,现在"泡沫崩坏"了。随之而来的,是股价、地价暴跌,企业倒闭或陷入业绩低迷。美国方面要求日方削减贸易顺差和扩大内需的压力不断增大,日元的不断升值使出口企业的收益恶化,景气低迷带来个人消费的衰退。经济状况的恶化不堪言表。

宏观经济泡沫的破裂,即使没有立刻影响到国民的日常生活,但日本民众也已经开始感到深深的不安。1993年的调查显示,当时有74%的人还对自己的生活感到满足,但在这破纪录的"满足"之后,仅仅两三年,即到了90年代后半期,黎民百姓对经济低迷的效应就有了切实的感受。1996 年,有 55.5% 的民众认为"日本在朝坏的方向发展",1997 年进一步上升到 72.2%。在 1987—1990 年的泡沫经济时期,日本的年均经济成长率是 5.45%,而 1991—2000 年度年均经济增长率跌到了 1.23%。1991 年,也就是泡沫经济的最后一年,日本的完全失业率是 2.1%,但到了 2001 年,这个数字已上升到 5.5%。此外,少子化问题、社会保障问题等,都令日本民众日益感到不安。

此外,1993 年虽然日本民众对自己生活满意的比例创纪录地达到 74%,但同时对政治不满的人也达到了 71%。如果说 1993 年细川非自民党政权的诞生及短命,令民众一时充满了期望但很快又昙花一现,那么之后的日本政治,则是令人更加失望。从 1993 年 7 月大选以后约三年的时间里,相继出现了宫泽、细川、羽田、村山、桥本五任内阁。政权连立的不同组合、政党的离合集散、议员们的各处投窜①,如此这般的政治变幻,让民众感到如坠云里雾中,搞不清未来的方向,搞不清东南西北。在这种背景下,无党派倾向的社会群体迅速增加。据上节述及的 NHK 放送文化研究所的调查数据,1993 年至 1998 年是无党派倾向社会群体增幅最快的五年。永田町与国民之间的疏离成为坊间百姓每天抱怨的话题,对政治精英的不信任达到了前所未有的程度。

日本中央调查社关于 2000 年的政治信赖度调查显示②,民众对国会议员和官僚的信任度最低,仅为 2.2(最高指数为 5,下

---

①　如 1995 年当选、2001 年改选的 140 名参议员有 62 名(超过 40%)的议员改变了所属政党,据读卖新闻 2001 年 7 月 4 日的报道。——作者注。

②　日本中央调查社 2000 年 4 月《议员、官僚、大企业、警察等信任度调查》。前问的设置是 1 为"根本不信任",5 为"非常信任";后问的设置是 1 为"变得不再信任",5 为"变得令人信任"。转引自齐藤英之:《民粹主义与现代日本政治》,http://www.jrc.sopia.ac.jp/kiyou/ki23/saih.pdf。

同），大众传媒为 2.6，银行为 2，大企业为 2.8。与 1990 年相比，民众信赖比例流失最多的是官僚，达到了 2.2，政治家和银行为2.3、大众传媒和大企业为 2.5。分析受访者反馈意见可以发现，民众对政治精英失去信赖的原因有三：第一，日本的政治精英只关心特殊利益和个人小集团利益，"永田町政治"与国民距离甚远。第二，腐败、渎职事件不断。第三，应对经济衰退的政策失效，巨额的财政赤字使国民感到巨大压力。2000 年，小渊政权发行了 65兆日元的赤字国债，国家与地方债务存额对 GDP 之比，在 2000 年度是发达国家中最糟糕的，为 129.3%，总额达 645 兆日元。据调查，在超过 100 兆日元的财政投入中，70% 都与公共事业相关，因此，从 1995 年起，公共事业的浪费成为民众和舆论热议的话题，大家都在问，为什么越改革越后退。此外，不良债权问题不但没有得到处理，反倒因衰退而大幅增加了，更加让民众感到改革不过都是"伪改革"的游戏和闹剧。

三、小泉政治与田中政治的不同类型

在这种充满"闭塞感"的时代，小泉首相应运而生了。卡诺万指出，民粹主义政治家口中的"人民"（People）有三层含义：第一，是与国家的政党、派阀用权力分割出的"小国民"、"小群体"圈子相对立的"统合的国民"、"全体国民"。他们厌恶党派对立，渴望代表全体国民利益的、有魅力的领导人（leadership）。第二，由于强调统合，重视血脉联系的"我们国民"，这使得民粹主义在有些国家表现为排斥外国人移民的倾向，因而受到批判。但是，也并不能将民粹主义简单等同于右翼，否则就忽视了其第三个含义，即强调平等主义的倾向。民粹主义政治家动员的是普通的庶民，代表的是被傲慢的精英、腐败的政治家和少数派侵害的"沉默的大多数"的利

益。由于传统政治家的逃避责任、官僚的傲慢无礼,国民对政治不信任,在这种背景下,民粹主义政治家不仅要以其简洁明快的语言直截了当地诉诸于民众,而且还要提供简单的、直接的解决办法①。

　　与之对应,可以看到小泉政治在上述三个层面均有民粹主义表现:第一,批判以浪费的公共事业为代表的利益政治,在自民党决策程序上,没有沿袭以往族议员活跃的总务会统合方式,而是从上而下,并不避嫌地向野党示好,明确表示不拒绝与支持自己的野党力量联合,同时标榜领袖能力,主张推行首相公选。这是第一个层面。第二个层面,由于和欧美比起来,日本是一个与他民族融合度较低的国家,所以民族主义的、排外的倾向体现在对靖国神社的坚持参拜上。参拜靖国神社、推进承认集体自卫权以及制定有事法制,体现了小泉身上以往自民党右派、保守派意识形态的一面。第三个层面,是小泉脱离了永田町逻辑,直接与国民对话,使国民有一种亲近感。2001 年 5 月 1 日日本朝日新闻社的调查显示,71% 的受调查者表示小泉接近国民感觉。特别是 5 月的麻风病诉讼,小泉与厚生劳动省、法务省的意向背道而驰,用"自己的决断"的方式决定不再上诉。这一划时代性的果敢的决断受到了国民的欢迎。对解决日本的问题,小泉使用了"没有圣域的改革"、"打破既得权益"、"没有构造改革就没有景气恢复"等单纯明快的口号,并用"抵抗势力"一词把固执于旧有政治体制的政治家、官僚定位于自己的敌人,也即国民的敌人。

　　从 1993 年日本新党在众院大选中跃进,其党首细川护熙出任

---

　　①　Margaret Canovan, 'Trust the People! Populism and the Two Faces of Democracy', Political Studies, 47:2 – 16, 1999. 转引自齐藤英之:《民粹主义与现代日本政治》,http://www.jrc.sopia.ac.jp/kiyou/ki23/saih.pdf。

首相,到2001年小泉上台,日本的改革者经历了从体制内与体制外、政党内与政党外的一番苦苦撕扯。1992年5月结党的日本新党虽然在1993年12月解散,其党首细川护熙也仅仅当了263天的首相,但由他们开创的不满性的、否定性的民粹主义政治模式,却在之后的日本政坛扎根发芽,为各派政治人物所仿效,即便是作为执政党的自民党也不例外。

表4—9:小泉政治与田中政治的基本特征对比

	田中政治(利益调整型)	小泉政治(情绪动员型)
时期	20世纪70年代至2000年	2001—2005年
权力基础	本党本派的议员数量	国民支持率
国家功能	扩大(公共事业、特殊法人)	缩小(减少管制)
财政政策	积极财政(增加公共投资)	财政再建(抑制公共投资)
政治手段	预算政治(利益分配)	情绪政治(支持动员)
民众满足	实体的、金钱性的	象征的、精神性的

各政党采取民粹主义的政治手法和策略,很大程度上是为了谋求民众的好感和支持,借此弥补在政党组织上的虚空状态,并且更为重要的是,使民众愿意承受新自由主义改革的代价,正因如此,小泉才会号召人们忍受"改革之痛"。为了降低痛感、转移痛感,这些民粹主义无一例外以"普通人"与"精英"、"好人"与"坏人"、"伙伴"与"敌人"的二元论为前提,政治领袖以"普通人"的一员自居,站在"普通人"一方,并领导他们与"敌人"战斗。这种英雄主义式的政治运动,并不组织实际的社会运动,而是通过大众媒体,借助舆论支持来谋取政治目的的实现,是典型的剧场政治。

三十年河东,三十年河西。2003年,野中广务的引退和桥本派的衰微，"代表 1955 体制的政治家们，纷纷退出政治前台，标志着作为一个时代的战后政治已告终结"①。让我们以小泉政治与田中政治的特点对比，来结束这一节的分析。

第三节 丸山真男的论点及启示

1961 年，即安保运动退潮后，"现代日本具有代表性的知识分子"丸山真男将其四篇著于 50 年代后半期的作品，以《日本的思想》为名结集出版②。在跋中，丸山称这部作品"不过是一件名副其实的草图，试图在整体上把握直接影响到我们现在的日本帝国思想史结构，揭示现在我们面临的各种问题——知识分子与大众、世代、思想的和平共存、传统与现代、转向、组织与人、叛逆与抵抗的诸形态、责任意识、社会科学的思考与文学的思考等等——影响其孕育发展的程序，以及这些问题与'传统'的搭配关系"。

20 世纪 50 年代后半期，是"战败已经过去 15 年，经济复兴进展、刚刚战败之后的流动状况可见收敛"的时代③。置身其中的丸山显然看到了"传统的"、"帝国的"的东西正卷土重来，与"现代的"、"民主的"搭配在一起，浑人耳目，于是他要找出这个"执拗地不断重复的思想存续方式"，将其作为一种"病理现象"来进行解剖、分析和批判④。如今，距离丸山著述的年代又已过去了半个世

---

① ［日］山口二郎：《战后政治的崩坏》，岩波新书 2004 年版，第 3 页。

② ［日］丸山真男：《日本的思想》，岩波书店 1961 年版。目前该书中文版有两个版本：吉林人民出版社 1996 年版，宋益民、吴晓林译；三联书店 2009 年版，区建英、刘岳兵译；本书引文如无注明，均引自吉林出版社译本。

③ ［日］平石直昭：《日本的思想》，三联书店 2009 年版，"序文"。

④ 区建英：《日本的思想》，三联书店 2009 年版，"跋"。

纪,从时代表象上看,当下的日本与 50 年前相比,甚至呈现出了一些相反的趋势:经济持续衰退,中流社会崩坏,社会流动加速。但正是在这样一个再次转型的时刻,重新体味丸山的思想和方法论,将有助于我们从历史的"继起"关系角度,把握日本眼前的变局。

一、前近代社会与近代社会的不同价值观①

在《日本的思想》的第四节中,丸山提出了区分前近代与近代社会价值观的一对概念:"是"与"做"。以日本为例,德川时代是典型的"是"的、前近代的社会,而从明治时代起,日本向近代社会转变,"做"的价值开始快速渗透。在"是"的社会里,出身、门第、年龄等人们以现实的行动所无法改变的因素,在社会关系中起着决定性作用。

> 一般来说,大名和武士认为他们对百姓和町人拥有统治权,不是因为他们对百姓和町人做了某种服务,而是因为他们是大名或武士,这种身份上的"属性"使他们理所当然地——先天地——进行统治,这是一个原则。(中略)
>
> 在此,人们的行为方式和交际方式,是从"他是何等人"这个判断中自然而然地"流出来"的。武士要像个武士,町人要像个町人,这是基本道德。不是"为争取权利而斗争",而是每个人都要安于被指定的"份"上。对维持这种社会的秩序来说,这是性命交关的要求。(中略)
>
> 与"各得其所,各安其分"的"是"的社会相比,在"做"的社会里,"人们冲破等级社会制度,让一切教义过一过试验的

---

① "近代"为日语中"现代"的表述。因此,在此处近代与现代作为互换概念使用。——作者注。

筛子,向在政治、经济、文化等各个领域里'先天'的通用权威'诘问'其现实机能与效用"。明治维新时期,正是这样一个从"是"的价值向"做"的价值转变的变迁时代。但是,在转变过程中,日本也经历了一种"命中注定"的混乱,即一方面"做"的价值以迅猛之势渗透,另一方面"是"的价值顽固地盘根错节。而且,以"做"的原理为前提的组织往往被"是"的社会伦理所板结。

相继建立起来的近代组织和制度分别形成为或多或少是封闭的"部落",在内部"家族"成员意识和"家庭氛围"的伦理大显其手,畅行无阻。但是,只要向"外"走出一步,武士、町人等"是"的社会的做法已经行不通了,等待他们的便是和素昧平生的人们打交道。人们同那些大小不等的"家族"式的集团交往,但因各个集团在"做"的价值浸润程度不同,因此每个人就必须根据不同场合采取不同的行为方式。我们日本人在"是"的行为方式与"做"的行为方式交叉混用中多多少少都患上神经衰弱症。

丸山认为,造成这样两种价值交织矛盾的原因,在于日本急速的近代化。众所周知,日本的近代化由于其后发性,走的是一条"经济现代化领先、政治、社会、文化现代化相对落后"的发展道路。这与文艺复兴、科学革命以来,"以文化现代化带动社会变迁"的西方现代化进程形成了鲜明对照(富永健一)。经济现代化了,但政治、社会、文化的现代化却相对滞后;传统的"等级"、"是"的价值在外力下被强行瓦解了,但自发的结社与自主交流的发展却受到阻力,集会和共议的社会基础还没有成熟,"做"的价值远未普及渗透。在此背景下,伴随着近代化的发展,"功能集团取代封建时代的传统的行会、讲、寄合等发展起来",然而,由于缺乏在其他不同范围、不同层次交流沟通的渠道、平台,这些近代组织及组织里的人,客观上被局限在、禁锢在各自的组织之中。置身于这种缺少对外流动性的组织中,人们势必又要把"是"的社会伦理,拿到本应是以"做"的原理为前提的组织中,这就是丸山所谓的"板结"。

二、现代"罐子型"社会

"板结"的近代组织时间长了,就会形成坚硬的壁垒,发展成"罐子",由这样的"罐子"组成的社会,就是"罐子型"社会。这里,丸山又提出了一对区分日本社会与欧美社会文化类型的概念:"罐子型"社会与"竹刷型"社会。所谓"罐子型",就是一个个罐子并排,互相没有联系,其特点是各自封闭、彼此孤立、缺乏流动性。而"竹刷型",就是一根根刷丝分离,但却有一个刷把将各条刷丝连在一起,其特点是各自独立、彼此相连、具有流动性。丸山认为,在欧美社会,教会、俱乐部、沙龙等传统上拥有很大力量的组织,充当了将不同职业的人联系在一起,彼此交流的"刷把"。相比之下,日本就鲜有这种能起到教会、沙龙功能作用的组织,民间自发的交流渠道极其狭窄。即使明治以后,官厅、教育机关、产业工会等近代组织体发展起来了,也还是没能从"罐子"变成"竹刷"。结果,组织体虽然大了,但其内部"像过去的藩一样分化割据"。丸山认为"这实际上是近代与前近代的结合"。

"罐子型"社会具有几个特点。第一,内外区分。

　　各集团将成员牢牢圈住的结果,必然形成组织的内部与外部即圈内圈外的划分。由于罐子中间有可以形成罐子,无限地分化,内圈与外圈也无限地层层细化。例如,学术界与新闻界就变成了两个罐子相互对立,彼此很难沟通语言。日本所有的集团、共同体或近代的集团，都孤立封闭化了。比如，就政治问题来说，进步阵营经常讨论组织的问题，认为必须加强组织的力量。在现代仅有组织的形式，没有对力量的组合，作为组织是没有战斗力的。

第二，易于向内无限分化，却难以向外积极扩展。

在极端的情况下，甚至出现这样的结局：该组织的力量或组织的进步性质，虽然丝毫没有受到损害，但与四周的联系完全被切断了，如同沧海中的一叶孤岛，飘浮在表面。如果这些组织的人安心于依赖自己的印象，依赖内部约定俗成的通行语言，很难说有一天，当他从沉睡中醒来时，四周的环境还会与原来一样。

第三，容易产生对立感、受害意识。

丸山认为，随着社会向巨型化发展，一些集团可能实际上已具有很强大的势力，但是由于缺乏形成"他我"认知的渠道，这些集团会"自我"地认为自己不行，低估了自身的影响和势力。

比如，虽然官僚在日本掌握巨大的权力，然而，这些官僚的统治者、当权者意识，并不像人们所想象的那样强烈。相反，认为所谓官僚总是处在受人攻击的地位，有的政党干部在背后捣鬼，又被报纸视为眼中钉肉中刺而经常挨骂，实在是费力不讨好的苦差事。在这些官僚看来，大报纸的"舆论"处处与自己作对，由此他们有一种强烈的焦躁感、孤独感和愤懑的心情，有一种自己的处境和观点不被人理解的孤独感。在这种气氛下，就出现了各个小团体都认为自己是少数派的现象，极言之就是强迫观念——自己被某种与自己敌对的强大的势力所包围着。如此一来，出现了全国上下只有受害者，没有一个加害者的结果。

前文提到,丸山认为日本传统上就很少有能起到教会、沙龙功能作用的组织。战前的日本,通过天皇制和"臣民"意识,确保了国民意识的统一,维系了日本这个大罐子。战后,这种黏合作用失去了。作为形成共同语言、共同文化的要素,大众传播媒介无疑具有压倒一切的力量:各集团越是严重地罐子化,相互之间的交流就越是困难,能联系封闭体的唯一的交流工具就是大众传播。但遗憾的是,战后日本的大众传播媒介却只是一个维系的媒介,而非交流的媒介:

> 我认为,日本的大众传播机构是一种大众传播的核内部分的非交流——没有交流的反常机构。所谓大众传播,一方面发挥着巨大的影响力,另一方面各个集合体又有各自的语言,非常缺乏相互间自主的交流,这种非交流与大众传播本身并不矛盾。结果双方高度发达,互为因果。大众传播媒介联系着各个封闭体,其实它仅限于字面意义上的在封闭体间起维系作用,没有渗透在封闭体内部,打破他们之间语言封闭性的作用。所谓大众传播媒介本来是以孤立的个人、行为被动的个人为对象的,原本就缺乏破除组织体与组织体之间语言不通的现象的能力。

> 在这种情况下,一方面人们纷纷强调要消除语言障碍,建设共同的交际广场,另一方面大众传播带来的令人惊异的思想、情感的单一化、均衡化却在迅速发展。虽然出现了几家民间广播电台,然而每一家播放的内容大致相同,在某一时间扭开电视机开关,所有的电台不是在播放歌曲,便是浪花节。在广播、报道缺乏个性这一点上,日本比起典型的大众社会美国来,有过之而无不及。在广播、新闻高度垄断的日本,阻止单一化的因素极少。因此,组织内部各自的非公开的隐语得以

与新闻媒介的"公开语"在社会上广泛地并存和通行。

此外,值得注意的是,大众传播媒介非但没能打破罐子的壁垒,反倒自己也罐子化了:

> 光从新闻界来看,这里大报、周刊杂志、综合杂志等又是不同的罐子,中央级大报中,各报社又有一种非常封闭的团体精神似的东西。明治大正时代,新闻记者由一家报社转到另一家报社很简单就能办到。新闻组织越是近代化、巨型化,反而越是将人捆得更紧,变得缺乏社会流动性,这深刻地反映了日本近代的特质。记者先生经常说,"咱们家这样处理新闻",所谓的"咱们家"就是一个很好的象征。

三、市民生活与政治

在该书中,丸山反复提到一句名言——梨子的味道只有亲口尝一尝才会知道,因为他认为,梨子的味道是作为其"属性"存在于其内部,还是通过亲口尝的实际行为,验证其味道之甘美与否,是判断社会组织、人际关系和制度价值时构成两极的两种思维方法。也就是他所说的"是"与"做"。这两种思维,对待民主也是同样的:

> 日本国宪法第十二条写道:受本宪法保障的国民的自由与权利,国民必须以不断的努力保持之。这一条文与宪法第九十七条关于基本人权"是人类为争取自由经过多年努力的结果"的宣言相对应的,可以说这是将争取自由的过程一直延伸到未来的。如果把宪法上的这一规定换一个说法,就会变成这样的警告:"国民现在已成为主权者了,但是,如果你只满足于现在是主权者的地位而懒得行使权利,那么当你有朝一日醒来时就会看到,已发生了你不再是主权者的事态。"

这既不是危言耸听，也不是教科书式的空泛说教。这无非是从拿破仑三世的宫廷政变到希特勒篡权的近百年来西欧民主的血迹斑斑的历程告诫人们的历史教训。（中略）

与自由一样，民主也需要"人民不断地警惕制度本身转化为目的——偶像化"，只有对制度的现实运转方式采取不断监视和批判的态度时，民主才能变成活的东西。换言之，只有依靠不断地民主化，才能成为民主。

丸山之所以强调在对待自由、民主问题上，要去"亲口尝梨子"，要去"做"，是因为他看到了在20世纪50年代末的日本，社会上已经开始有了觉得去"做"不合适、懒得去"做"或不愿去"做"的苗头。为此，他专门提到了关于政治行为的思维方法，即对于经历了战后民主化改革的日本人来说，究竟是沿袭"是"的思维，把政治归于政治家的事，还是采用"做"的思维，自己去"做"政治。

在"是"的思维和"相符"的伦理盛行的社会里，总是认为那种"职能"上的区别都来自特定的人和集团的区别。就是说，文化活动归于文化团体和文化人，政治活动归于政治团体和政治家，各得其所，因而往往以为文化团体就不应从事政治活动，教育工作者就应像个教育工作者，不应在政治问题上发言，等等。

如果这种倾向得到发展，政治活动就被职业政治家集团即"政界"所垄断，把政治封锁在国会内部。因此，在国会之外广大的社会舞台上，由非职业政治家所开展的政治活动，就会被视为超越名分的行为或暴力。然而，毋庸讳言，民主本来就是作为把政治从特定等级的垄断下解放出来，交给广大市民的运动而得到发展的。但肩负民主使命的多数市民，平时都从事着非政治的职业。因此,用略微反论式说法来说,民主只有依靠非政治的市民的政治热情以及从"政界"外领域的政治言论和行动,才能得到支持。

因此,只有非政治的市民抱有政治热情,只有"政界"以外的领域也能产生政治言论和行动,市民生活才真正民主化了,而民主也才真正市民化了。但是,现实中丸山看到的仍是"文化归于文化团体和文化人,政治归于政治团体和政治家"的各得其所的思维,这种思维不用说还是前近代的"是"的思维、不愿自己亲口尝梨子的思维。

毫无疑问,这是把政治视为政治家领地的"是"的政治观。只要不打破这种政治观,一旦闯入政治世界的人,其行住坐卧等一切活动和思想的方法都会变成"政治"的了。与之相反,身居这个世界之外的人,就会变成与政治全然无缘的芸芸众生。这种"非此即彼"的态度,缠绵于个人以及国民的历史中,或无法避免从极端的"政治主义"突变为一概不问政治、事不关己的态度,接着又来个彻底的政治主义,如此反复无常的循环。

也就是说,如果到现代社会,人们还延续前近代的政治行为思维方法,不但民主无法变成活的东西,人们无法亲自感受梨子的甘美,而且很有可能让梨子搁在一边烂掉,或者因为上面的一点腐斑,认为它不再甘美,干脆把它扔掉。所谓的极端的"政治主义",也许就是大家因为梨子长有霉斑,一起抛弃梨子(或其他),而所谓一概不问政治、事不关己,也许就是大家把梨子摆在一边,不吃甚至也不看,只知道有个梨子在,时间一久梨子难免会生霉斑,而看到霉斑后,大家就又开始扔梨子。这种扔掉—拿来—扔掉的"反复无常的循环",可能是丸山最为担心的地方,因为如果一任这样的循环发展,那么梨子永远无法被尝到甘美,也永远无法被消化。

至于为何会出现这种循环,丸山认为原因在于"日本国民缺乏在自己的生活和实践中建立制度的经验。"

> 从历史上看,大部分现代化的制度都是引进现成的,并按照其框框把我们的生活规范化了。因此,它很自然地给人们以一种强烈的实感,即先有法律和制度的原则,然后它降临生活之中。

也就是说,梨子是外来的,觉得它好,把它拿过来。但又不去吃它,只是把它像贡品一样放在那里,等到梨子长霉斑了,又以"好梨子不应该这样"的思维去处决它。显然,一切循环的根结,就在于"把理想状态神圣化",认为既是美味的梨子,就该永远美味。

四、政治中的非理性

在该书中,丸山还谈到了政治过程中非理性因素的不可避免。究其原因,在于两点:第一,因为一切政治都是对人行为的组织化,必然不断地激发人性中的情绪性因素,而且,猜疑、恐怖、憎恶、嫉妒等人的感情在政治过程中不可避免地被利用。第二,政治过程是由人们无数大小不同的决断行为构成的。

> 在日常的复杂的政治状况中,每一个行为尝试都离不开决断的因素。并且,在人们"动手去做"的瞬间,行为即变成了形势状况中的一部分,它与"动手去做"以前的形势状况已不同了。不亲口尝尝,就不会知道梨子的味道。这句话包含的政治上的真实,正在于它简洁地表达了上述个别的决断与法则认识之间不断演化的密切关系。在规则概括不了的非理

性的问题上孤注一掷,这种赌博行为实际上是以自己的责任为赌注的。

丸山还比较了法西斯国家与法治官僚国家在政治"理性"与"非理性"关系上的不同:

> 法西斯政治是将上述政治中的"直观"与"赌博"的要素绝对化,自我目的化的产物。它的逻辑就是将"例外状态中的决断"优先置于规范和一般逻辑之上。这是法西斯主义在原理上成为政治至上主义的缘故。与此相反,法治官僚国家"理性主义"典型的思考方法,在于认为一切行为都应是规则的演绎,个人决断的因素绝对应该从人们的视野中加以排除。

丸山认为在无政府工团主义传统强大的地方,非理性的突变的要素占据重要位置,在自由主义传统强大的地方,理性主义协商的乐观论占据重要位置。在一个国家的文化或者政治传统作用下,只会出现思维方式向着一个斜面倾斜。至于日本,他认为"与其说它是资产阶级唯理主义性质的,不如说是更接近于官僚制理性主义"。

明了一国的政治特征,应不仅局限于政治经济上的分析,还应该从历史的角度抓住政治文化(正统性)的特征加以分析研究,丸山的论述恰恰提供了这一视角,给予我们诸多启示。结合本章前两节的分析可以看到,正因为"是"的价值传统,战后日本社会才会在政党、工会、大众媒体等现代功能组织进一步发展成熟的同时,继续呈现前近代社会的"罐子"化特征。民众虽然是民主社会的主权者,但一方面被局限在各种"罐子"中难以联合;另一方面沿袭旧思维,把政治归于政治家:农村、特殊业界等组织度高的地方,政治是拜托,是陈情,是支持我们的先生;大城市、服务业等组织度低的地方,政治则是不关心、无党派。总之,只要是政界外的人，便是和政治全然无缘的芸芸众生。长此以往，民主的"梨子"究竟是何味道，民众究竟拥有哪些政治权利，知道的人、行动的人越来越少，民主越来越没有感觉。

不但如此，当内外环境发生变化、体制运转出现问题时，每一个"罐子"及其里面的人都会被强烈的受害意识包围，情绪性地把责任、过失推脱到别的"罐子"上，抓住对方的丑闻，证明自己的清白。而如果丑闻蔓延，"梨子"上处处斑点，就开始用理想状态神圣化的思维，来上一次极端的"政治主义"。在这种极端状况下，政治家往往会利用民众的情绪，进行"例外状态中的决断"，并将这种"决断"优先置于规范和一般逻辑之上，政治呈现非理性的突变色彩。20世纪90年代以来日本的民粹主义情绪及剧场政治，大体就是上述受害意识、决断与非理性突变之间的不断循环。

第五章　日本剧场政治的
媒体环境分析

　　当代社会,大众媒体已经成为政治表演最重要的舞台。考察日本的剧场政治,当然离不开对媒体及其与政治关系的研究。与西方国家相比,战后日本大众媒体最大的特点在于封闭的、等级森严的组织形态,即上章提及的丸山真男所说的"罐子"化。在这种媒体组织结构中,日本的传统主义和西方的现代主义结合在一起,形成了独具特色的媒体文化和媒体环境,并在历史发展演变的各个阶段,对日本政治产生巨大影响。1955 体制下,以全国大报为首的新闻媒体虽在论调、意识形态上有左右之分,但在经营上却无一例外地作为资本主义企业,被纳入到自民党利益诱导体系中。表面监督、批判自民党及政府,实际又接受、享用各种利权,并卷入政党派系之间的权力斗争。20 世纪 80 年代中期以后,在新自由主义浪潮的冲击下,自民党利权政治逐渐丧失合法性,政治局势不断动荡。作为新一轮全球化主导力量之一的信息产业、媒体,尤其是电视媒体,越来越在舆论导向上倾向于推进改革,也因此与自民党主流派,即日中派、经世会势力产生越来越大的距离,成为改革者竞相登场,争取支持,以打破密室的政治剧场。因此,深入把握日本媒体的组织结构及其与经济、政治、社会、文化等因素互动形成的媒体环境,是全面理解当代日本剧场政治的内在机理和外部发生机制的一个关键环节。

第一节　战后日本政治与媒体的
关系(1960—1993 年)

对于日本政治与媒体的关系,可从政治化的媒体和媒体化的政治两个方面作为线索进行考察。政治化的媒体(politicizedmedia),或曰媒体的政治化,研究中需要回答的问题有这样几个层次:第一,在政治的发展中,媒体发挥了怎样的作用? 换言之,在整个政治体制中,媒体充当何种角色? 第二,在媒体的发展中,政治对其发挥了怎样的影响? 政治是关于重要公共利益的决策和分配活动,那么,在信息资源、社会关系资源、物质资源等方面,政治是通过怎样的制度安排和利益分配来影响媒体的? 第三,具体到各个媒体组织,他们的政治党派倾向如何,代表谁的利益,媒体所谓的"政治中立观"在实践当中表现如何?

媒体化的政治(mediated politics),或曰政治的媒体化,则是指政治通过媒体设置议题、引导舆论、抢占话语权、赢得制高点的过程,研究中也将围绕几个层次的问题展开:第一,哪些媒体在报道政治方面具有代表性? 各类媒体政治报道的重点和特色是什么? 第二,真实的政治与经过媒体过滤的政治之间的距离有多大? 如果说"新闻是政治的幻象"[1],那么这种幻象对现实政治的影响是什么? 第三,政治的媒体化是政治社会化的一个重要途径,媒体的政治报道对人们的政治态度、政治行为有多大的影响?

第三章已述,第二次世界大战后,日本的政治经济结构可以

---

① 〔美〕W.兰斯·班尼特:《新闻:政治的幻象》,杨晓红、王家全译,当代中国出版社 2005 年版。

1960 年安保运动和 1993 年自民党下野两个年份为节点,划分为三个阶段。政治与媒体的关系也大致与此对应,可分为 1945—1960年、1960—1993 年及 1993 年之后三个时期。本节主要以第二阶段为重点,以媒体的内部组织结构及其形成过程中的政治因素为着眼点,对现当代日本政治与媒体的关系进行一个简要的梳理。

一、政治化的媒体

日本媒体的政治化,其表现形式有三组最为关键的组织形态:记者俱乐部、报纸—电视系列和新闻协会。以下将主要对记者俱乐部及媒体系列的组织结构进行深入分析。

(一)记者俱乐部的功能及其作用发生机制

根据结构功能主义理论的观点,新闻媒体在资本主义民主国家中的地位至关重要。按照理想模式,新闻媒体在政治生活中是一个"意见的自由市场",是联系政治与公众、政治与社会的中介。

新闻媒体的功能主要取决于其组织结构。按照社会学的定义,社会组织是人们有意识地建构起来旨在达成特定目标的社会单元。任何一个组织,无论规模大小,结构繁简,职能异同,其构成要素必不可少地包括五个因素:(1)一定数量的组织成员;(2)特定的活动目标;(3)明确的行动规范;(4)严谨的权力结构;(5)一定的技术设施。以下将用上述要素为参照对日本记者俱乐部的性质进行分析。

1. 组织成员

在社会组织中,一定数量的成员是组织生存的先决条件,但并非任一社会个体都可随意取得某一特定组织的成员资格。社会个体首先必须具备一定的条件、履行一定的手续才能跨越特定组织的边界,在其中获取某一角色地位。所以,组织成员资格的获取与组织的边界直接相关。社会个体要获得记者俱乐部成员资格，就有两个相应的"边界跨越"问题：第一，需要具备哪些条件？第二，需要履行哪些手续？

欧美国家的记者俱乐部大致分为两种类型：一种为沙龙性俱乐部，比如英国的会员制记者俱乐部。在这种记者俱乐部中，俱乐部活动与成员的日常工作没有直接的关联，对加盟媒体及其从业人员没有限制。另一种为业务性俱乐部，比如美国的白宫记者俱乐部。白宫记者俱乐部定期举办包括美国总统会见在内的记者招待会。对于欧美上述两种记者俱乐部来说，成员资格获取主要基于两点：第一，职业性。只要是从事新闻工作的记者，原则上都有获得记者俱乐部成员资格的权利。第二，个人性。虽然在欧美参加记者俱乐部尤其是那种沙龙性的会员制记者俱乐部时，社会个体的供职经历是其获取成员资格的一个条件，但个体与其供职的媒体组织之间更多的是一种背景关系，而非身份关系，即供职于哪个媒体只是说明有做新闻工作的职业背景，而不是说明与所供职的媒体具有身份上的依附关系，与所供职的媒体政治立场上的左与右、媒体规模和影响力的大与小等也没有关系。媒体组织的规模和影响力并不必然决定记者俱乐部的成员资格。

而日本的情况则大不相同。根据2006年3月的《日本新闻协会编辑委员会有关记者俱乐部的见解》，日本的记者俱乐部由作为日本新闻协会加盟社的报社、通讯社、电视台、电台以及相当于上述加盟社的报道机构的派遣记者构成。截止到2007年9月，日本新闻协会共有140家加盟社，其中报社109家，通讯社4家，电视台、电台①27家（包括17家独营电视台、4家独营电台和6家兼

---

① 电视台和电台在日本通称为放送。——作者注。

营电视台及电台）。这就意味着：只有140家新闻协会加盟社的所属记者才有权利加入记者俱乐部，周刊、月刊杂志记者，政党报、宗教报记者，市镇报、社区报记者，自由撰稿人等，因不属于新闻协会，均无权加入记者俱乐部。

限制还不止于此。现实中，新闻协会加盟社的资格还仅仅只是加入记者俱乐部的必要条件，而非充分条件，也就是说，有些新闻机构虽隶属于新闻协会，但仍然无法加入某些记者俱乐部，或者即使准许加入，也位于记者俱乐部的底端而无权参与俱乐部的运营和决策①。这是记者俱乐部成员资格的"高低"之分。在新闻协会的加盟社内，级别的高低表现于两点：一是全国高于地方，二是综合高于专业。以报纸为例，前一点是指全国发行的报纸地位要高于地方报纸，后一点是指综合性报纸地位要高于专业性报纸，如读卖、朝日、每日这三大全国报，其地位既高于《北海道新闻》、《长野日报》等地方报纸，也高于工业报、水产报等专业报纸。据此将一百多家加盟社进行排队后，大约16家左右的新闻媒体被列入了第一方队，他们包括：五家全国报（《读卖新闻》、《朝日新闻》、《每日新闻》、《日经新闻》、《产经新闻》），三家地区报（《北海道新闻》、《西日本新闻》、《中日新闻》），两家通讯社（时事通讯社、共同通讯社）和六家广播电视台（NHK、日本电视、电视朝日、TBS、富士电视、电视东京）。这些新闻媒体是日本主流媒体中的主流，它们不仅可以根据自己的需要参加任何一个俱乐部，在国会记者俱乐部（约5000名记者）、内阁记者俱乐部（约500名记者）等大俱

---

① 由于记者俱乐部是所谓的自主性组织，所以新成员申请加入时，必须得到老成员的一致同意，而老成员为了保护自己的既得利益，几乎不会同意任何新成员的加入。

乐部中还作为"常驻社","俱乐部总会干事社",负责制定规范,维持俱乐部的日常运营,这种待遇其他媒体则无权享有。

此外,《日本新闻协会编辑委员会有关记者俱乐部的见解》中还提到了"相当于上述加盟社的报道机构",这主要是在外部压力、即针对记者俱乐部封闭性的批评意见下所做出的有限妥协。借此,外国新闻媒体终于可以参加记者俱乐部举办的记者见面会了。但无论国内国外,从上述实际上是加盟条件指针的"见解"中可以看出,获取日本记者俱乐部的成员资格主要基于两点:第一,职位性。社会个体只有在新闻协会加盟社的媒体中获得职位,才原则上具有加入资格。第二,组织性。与欧美记者俱乐部的成员资格的个人性不同,在日本,社会个体的供职现状,即组织附属是其获取记者俱乐部成员资格的必要条件。个体与其供职的媒体组织之间是一种身份关系,因为新闻协会的见解清楚地表明,作为记者俱乐部成员的社会个体,是被加盟社派遣而来的,媒体组织的成员身份直接决定了记者俱乐部的成员资格。

2. 组织的目标

任何社会组织的活动都带有明确的目标性。特定的目标既是组织存在的依据,同时也决定了组织的功能和性质。说起记者俱乐部,人们通常容易被"俱乐部"三个字的社交色彩所迷惑,以为似乎"联谊、俱乐"是其组织目标,但无论战前、战中还是战后,日本的记者俱乐部从来都是以"采访和报道"为目标的职业组织。

如在1997年的见解中,记者俱乐部被明确定义成"为进行采访而存在的组织"。在2002年及2006年,日本新闻协会又针对国内外的意见修改了见解。2002年1月的"新见解"中,记者俱乐部第一次被进一步定义为"由连续采访、报道公共机构的记者所组成的,以采访、报道为目的之自主性组织。"2006年版的见解表述也重复这一定义,即记者俱乐部是"进行采访、报道的自主性组织"。从这一表述可以看出,日本的记者俱乐部虽名为俱乐部,但实际上却是记者从事新闻采访和报道活动的工作组织。这种工作组织的性质使日本的记者俱乐部与欧美国家中常见的社交性质的记者俱乐部之间产生了本质的区别。

此外,从记者俱乐部的地点分布上,也可看出日本新闻媒体的新闻价值取向,即他们认为从哪里可以得到新闻。目前,日本约有800个左右的记者俱乐部[①],如同网络一般。若将其中重要的网点进行勾连,就会发现其分布结构基本上与政、官、企"铁三角"重合,即议会、政党机关(政),政府机构(官)和重要的经济团体、企业内部都无一例外地设有记者俱乐部[②]。这种三角形架构的分布重点,使记者俱乐部大致分为了三类:政治记者俱乐部,社会记者俱乐部和经济记者俱乐部。政治记者俱乐部采写政治新闻,包括内阁记者俱乐部(首相官邸内),自民党记者俱乐部(自民党党部内),霞关记者俱乐部(外务省内),等等;社会记者俱乐部采写社会新闻,包括警察厅记者俱乐部(警察厅内),厚生记者俱乐部(厚生省内),等等;经济记者俱乐部采写经济新闻,如财政研究会(大藏省内),金融记者俱乐部(日本银行内),等等。由此可见,日本的记者俱乐部,具有针对性明确的组织目标,就是从政、官、财的国家权力组织中获得和报道信息。

3. 组织的行为规范

日本记者俱乐部在实现"进行采访和报道"这一组织目标的

①　1996年由日本全国大报所做的统计数字为781个,参见《现代用语的基础知识2002》。

②　经济团体,如日本银行、经团连、贸促会、东京商会等都有记者俱乐部;企业如JR、NTT内有记者俱乐部,但私营大公司基本上没有长驻记者俱乐部。

过程中,行为主体即第一部分所言的日本新闻协会加盟社的报社、通讯社、电视台、电台以及相当于上述加盟社的报道机构的派遣记者,要遵循明确的行为规范。在日常的采访与报道行为中,上述组织主体的行为涉及三种关系:一、作为集体采访报道的记者俱乐部与消息源之间的关系。二、作为各新闻机构、媒体组织派驻代表的俱乐部成员之间的关系。三、作为新闻机构、媒体组织派遣代表的记者俱乐部成员与其所属的新闻机构、媒体组织之间的关系。

第一种与第二种关系,可通过以下的案例进行说明。案例来自于美国学者弗里曼《行会——日本的信息卡特尔与大众媒体》一书中的研究①。

在1990年5月韩国总统卢泰愚访日前的几个星期,日本媒体争相预测皇宫招待宴上天皇的致词内容。由于外务省、自民党、宫内厅三方意见不统一,所以相互矛盾的报道很多。5月15日,也即卢泰愚访日前的十天,日本各大报均在头条显著位置报道了自民党首脑的"下跪发言"。发言的大意是,日本不应该再卑躬屈膝像下跪一样外交了。有关"自民党首脑"的含义,涉及日本媒体政治话语的隐语体系,暗指三个人:首相、自民党干事长、官房长官。日本媒体按照约定俗成的规定,没有明确报道发言者的名字。但韩国媒体很快曝出发言者是时任自民党干事长的小泽一郎。第二天,小泽在与自民党干部和政府官员会面时,就这一发言引发的问题进行了道歉。同一天,小泽还在会见韩国驻日大使时直接道歉。但有关这两次道歉,日本媒体的报道都没有指明一个关键问题:究竟是小泽对其个人发言的道歉,还是以干事长身份对"自民党首

---

① 　Freeman, Laurie Anne, *Closing the Shop: Information Cartels and Japan's Mass Media*, Princeton: Princeton University Press, 2000.

脑"不慎发言的道歉。5月16日晚,《朝日新闻》打破记者俱乐部的规范,曝出小泽本人就是"下跪外交"的发言者。结果,《朝日新闻》受到记者俱乐部其他成员的一致指责。第一、《朝日新闻》违反规定抢独家,惹恼了同为俱乐部成员的其他报社及记者。第二、小泽在几天之内拒绝接受俱乐部的集体采访,使成员被"集体惩罚",没有享受到抢发新闻利益却要承担责任的其他俱乐部成员对《朝日新闻》更加感到愤怒。在这种情况下,记者俱乐部召开总会,要求《朝日新闻》记者作出解释,在该记者离开后,其他俱乐部成员作出了对《朝日新闻》的处分决定。决定一方面对该记者留任观察、以观后效,另一方面要求《朝日新闻》政治部相应的干部向记者俱乐部道歉,同时要求《朝日新闻》派出合适人选向小泽本人道歉。最后,俱乐部还要求《朝日新闻》集团所属的所有出版物不得在报道中再次出现指称小泽一郎为下跪发言者的情况。《朝日新闻》及其系列出版机构遵守了记者俱乐部的决定,向记者俱乐部及小泽本人道歉。几周后《朝日新闻》的这位派遣记者被调往劳动省记者俱乐部。

通过上述案例可以看出,记者、新闻媒体与消息源的第一种关系,与记者和其他媒体同行之间的第二种关系不是各自孤立的,而是相互纠缠共生的。在正常状况下,记者、新闻媒体与消息源之间是一种建立在授受关系上的共生共荣,相对于记者俱乐部之外的新闻媒体和新闻记者,他们是利益攸关方。消息源作为授方,向被遴选出的记者俱乐部成员、新闻媒体同步无差别地提供消息,协助其完成采访,使其垄断性地占有信息。而作为接受方的记者和媒体,则必须遵守组织行为规范。这包括两个层次的行为规范,第一,在与消息源的关系方面,必须遵守消息源提出的约定条件,即哪些可以报道哪些不可以报道、哪些可以指名道姓地报道哪些不可以指名报道。上述案例中的非指名性报道规定,就显然出自消息源,即小泽一郎或自民党总部。第二,在与同行的关系方面,必须遵守记者俱乐部的协定,即一条消息如何报道、何时报道的规定。如有俱乐部成员不遵守行为规范,消息源与其他遵守了行为规范的新闻媒体就成为利益攸关方,要联手处罚违规者,上述案例中,《朝日新闻》及其记者就是这样的"犯规者",最终受到了记者俱乐部的处罚。

对于第三层关系,即记者俱乐部成员与其所属的新闻机构、媒体组织之间的关系,通过上述案例可以清楚看出,记者个人在媒体组织和记者俱乐部组织中的从属性和被动性。

4. 组织的权力结构

近年来,日本新闻协会在有关记者俱乐部的见解中,始终强调记者俱乐部的自主性。一是组织的自主,二是组织成员的自主。但通过上述案例可以看出,在现实中这两种自主性都很难成立。在记者俱乐部的组织结构中,消息源显然拥有主导权和主动权,记者俱乐部并不能"自主"地握有组织的权力。如小泽一郎可以在几天之内拒绝接受俱乐部的采访,而记者俱乐部却无可奈何,只能以处罚其中的违规者来求得小泽的原谅。而在组织成员的自主上,《朝日新闻》及其记者的境遇生动地表明了这种自主的局限乃至虚幻。

综观记者俱乐部成员资格的规定,其组织机构的自主性实际上是一种授权性自主,体现在三个方面:第一,在准入资格上,记者俱乐部本身无法决定其成员构成,而必须经由日本新闻协会的授权(体现为加盟社)。第二,在信息资源获得的途径上,消息源通过集体性的同步新闻发布,各俱乐部成员具有授权发布的自主,我给你供料了,用不用由你。第三,在信息资源的分配方式上,记者俱乐部必须遵守消息源的规定,而成员又要进一步遵守俱乐部制定的内部规定,经此双重授权后,方可以自主。显然,这种"授权性自主"是一种限制性极强的自主。

但是,记者俱乐部也拥有独特的权力,那就是记者会见的主办权,即公共机构首脑及官员与记者的见面、新闻发布会的举办等活动,不是由政党或政府机构自身,而是由设在其内部的记者俱乐部主办。这种情况在世界上绝无仅有,但正是这种奇特的主办权方式赋予了记者俱乐部及其成员垄断信息的特权:既然记者会见与新闻发布会均由记者俱乐部主办,那么"圈外"的媒体自然无权参加这些活动。与此同时,公共机构在面对非记者俱乐部成员媒体的责难时,也可以用"新闻发布会由记者俱乐部主办"的理由为自己开脱。新闻媒体与政府这样一唱一和的默契,使记者俱乐部成员独占了获取消息的一切渠道,独占了与消息人士接触的一切机会,从而成为寄生在政治体制之中不折不扣的特殊利益集团。日本宪法中规定的言论自由和新闻自由因此变成了一纸空文:获取信息和采访、报道的权利变成了仅属于少数记者俱乐部成员的特权,非成员连接触信息的机会都没有,没有知情权,何谈新闻自由。

5. 组织的技术设施

除垄断信息和信息传播渠道之外,记者俱乐部成员还享有一项特权,即以无偿或象征性的极低价,使用公共机构内部的记者室和其他服务。在关于记者俱乐部的长期争论中,最常受到攻击的就是被称为"官报接待"的记者俱乐部组织的硬件技术设施。记者俱乐部常设在各官厅、公共机构之内,媒体及成员不仅无偿使用记者室和各种设备,而且时常成为消息源的座上宾。为了拉拢和借助媒体,官厅机构经常招待记者们,并赠送土特产。而费用全由这些机构负担。官厅的运作完全依靠国民的税金,所以记者俱乐部享用设施和招待的费用,就被称为"官报接待"。这种特权引起的争议此起彼伏。例如,1992年,京都府伏见区市民藤田孝夫起诉市政府,理由是驻京都市政厅的记者俱乐部所用电话费和恳谈会费由市政府负担,属于政府向特定企业提供方便的违法行为,而"自由的采访绝不允许(与政府)的粘连和勾结"。藤田因此要求记者俱乐部把从1991年4月至1992年2月间由市府代为支付的共计290万日元的款项"返还于民"。一审中,京都地方法院认为,电话费为"采访活动所必需的支出",恳谈费用"未超出社会通行的理念和礼仪的范围",判决原告败诉。原告不服,提出上诉,直至1996年终审败诉。

2002年,时任长野县知事田中康夫发表了著名的《脱记者俱乐部宣言》。其中,田中康夫有如此描述:"在长野县,县政记者俱乐部、县政专业报纸记者俱乐部和县政记者会长期无偿占用县政府官舍内的三间办公室,总计面积263.49平方米;除无偿使用办公室和停车场外,水电费、煤气费、清扫费,包括为俱乐部配备的工作人员的工资,也全部由县民缴纳的税金支付,每年达1500万日元。"记者俱乐部"白用白占",虽不是田中康夫"脱记者俱乐部"的主要原因(对此本章后面还将进一步分析),但也是令其深恶痛绝之处。无偿使用者如长野县的这些记者俱乐部,如果上述个别情况外,那么一些所谓缴纳会费的记者俱乐部,成员每月缴纳的会费也仅为500日元左右,这种象征性的"会费"与实际开销有天壤之别。经日本媒体研究者岩濑达哉精心计算,如果将记者室使用费、办公用品消耗、电话传真费用支出及服务人员工资合计,记者俱乐部的实际开销总额至少为110.776亿日元,分摊到各新闻机构头上,《读卖新闻》《朝日新闻》《每日新闻》等平均要为其记者在记者俱乐部的开销支付 5.3 亿日元。① 一面以独立的"第四权力",一面又享有被监督者给予的如此之多的特权,日本主流新闻媒体在形成特殊、获取特殊的利益上,与政界中的"水库族"、"道路族"等利益集团,已毫无殊异,而记者俱乐部就是使他们甘之如饴的核心组织架构。

6. 巧妙的"新闻记者去势术"

1911 年,日本《新公论》杂志发表了一篇题为《新闻记者去势术》的文章,笔名为铁如意公禅的作者用嬉笑怒骂的笔触,将明治后期桂太郎政府收买记者的手段刻画得淋漓尽致:"古往今来,一般男子都很难抵御金钱、美酒和女人的诱惑……政府挖空心思运用这三种魔力来麻痹当今新闻记者的良心……结果对政府不利的消息消失得无影无踪。""去势"二字颇为刺激,但要形容当时日本政府对报纸及新闻记者的利用与控制,恐怕再难找出比它更合适的字眼。令人感慨的是,近一百年过去了,这种"新闻记者去势术"在日本还依然普遍,而记者俱乐部就是今天为新闻媒体"去势"最有效的手段。

日本是信息业高度发达的国家,世界上发行量排名前十位的报纸,日本几乎占了一半。如《读卖新闻》就是世界上发行量最大的报纸,年发行在 1000 万份以上,每天的版面也多达三四十页。对于这样的新闻媒体来说,如何去填充庞大的版面是一个每天都要面对的问题。与此同时,政府也费尽心思让社会影响力巨大的新闻媒体宣传自己的政策、减少对自己的批判,而记者俱乐部恰恰就能使其各取所需、两全其美。在政府为记者俱乐部精心准备的记者室内,记者们除了无偿使用一切设施外,还有一种服务在等待

---

① ［日］岩濑达哉:《新闻没劲的理由》,文库 2001 年版,第 92 页。

着他们,这就是"发表洪水"。"发表"即新闻发布,分为两类:书面发表和口头发表。书面发表是指由政府宣传部门发布给俱乐部记者的书面材料,主要介绍政府的政策动向和施政成果,每天由工作人员送至记者室内。这些材料事关公共事务新闻的发稿量,当然是记者们渴望得到的写稿素材。更为难得的是,政府宣传部门的工作人员都是精挑细选的"笔杆子",他们提供的材料基本上不用改动,就可直接用作报纸的新闻稿,如此"周到"的服务,使记者们可以不必再为写稿苦思冥想。所以,一位政府高官曾经放言:记者们只要呆在记者室就行了,他们需要的东西由我们送去①。"发表"被称为洪水,可见数量之巨大。以东京都政府为例,书面发表材料每年高达4000份以上,如果按工作日计算,平均每天要有十多份材料恭候着俱乐部记者。

"口头发表"即政府官员向记者的口头发布,一般通过正式的记者会见、恳谈(非正式会见)及背景说明会等形式进行。这个内容也被政府安排得满满当当,平均每天都有两三场②。十多份书面材料加上两三场记者会见,日复一日的"发表洪水"使绝大部分记者沉溺其中不能自拔。日本新闻协会的调查显示:记者俱乐部中41.6%的记者认为自己没有足够的时间进行深度调查采访,76.9%的记者表示同意或基本同意这种感受③。记者把稍加改写的政府新闻发布材料作为新闻稿,发送到社内编辑部,填充版面的问题就解决了。但随之而来的,却是各报大同小异的报道和风格近似的笔调。很多日本人因此抱怨说,若将报纸的报头遮住,很难

---

① 〔日〕西山武典:《泄露消息:新闻报道的表里》,讲谈社2002年版。
② 〔日〕岩瀬达哉:《新闻没劲的理由》,文库2001年版,第49页。
③ 1994年版《日本新闻协会研究所年报》。

分清各报之间的区别。当这种"发表新闻"占据了新闻报道的大半,成为新闻媒体的主要食粮时,纵然再怎样标榜自己的独立思考和舆论监督,媒体都已经在充当政府的传声筒和转播工具了,记者俱乐部也由此成为政府操控媒体及舆论的重要着力点。

俱乐部记者处理"书面发表"材料、参加记者会见等,虽也耗时不少,但却不用花费太多的心思。因为既有政府宣传人员精心炮制的书面材料作底稿,又有同行可以互相商量,写稿根本不难。而记者会见由记者俱乐部干事负责组织,只要按照预先写在黑板上的时间安排准时参加就行,即使偶尔缺席,也可以从其他同行那里得到消息。总之,各家媒体的记者得到同样的材料,参加共同的记者会见,工作上彼此关照,写作上互相参照,最后按照约定的时间统一发稿,记者俱乐部里的气氛一片祥和。一位记者对此吐露过真情:没有独家报道是俱乐部中每个记者的幸福,写相似的稿件是皆大欢喜的好事,独树一帜就要受到大家的孤立和打压。一句话,日本记者俱乐部内部强调的是统一步调,竞争和个性是最不被欢迎的字眼。

但竞争意识却被记者用到了另一件事上:处心积虑地与政治家搞好关系,博取他们的信任。在日本,"信赖"是最被看重的人际关系,没有信任,一切都无从谈起。对于大型新闻媒体的记者来说,被上司认可和赞赏的标准并不在于能否写一手漂亮的文章,而是能否通过记者俱乐部与政治家搞好关系,彼此建立"信赖关系"。建立信赖关系的好处当然很多,从小处看,因为政府对俱乐部的"发表"只能为记者提供大锅饭,而获得了政治家的信任,就有机会比别人多得到一些独家内幕。从大处看,与政治家尤其是手中握有重权的政治家搞好关系,就可能为公司谋取巨大的利益。以《读卖新闻》为例,当年为搞到价格低廉的土地,建设报社总部大楼,《读卖新闻》派出了与政界大老最为熟稔的记者渡边恒雄与氏家齐一郎进行公关,最后成功地达到了目的,之后渡边恒雄为此升任《读卖新闻》社社长,氏家齐一郎升任《读卖新闻》下属的日本电视广播网 CEO 兼会长①。搞好关系一旦成为考核记者的标准和记者出人头地的盼头,记者就成了政治家们手中的提线木偶,利益为饵,收放自如。

为了与政治家建立信任关系,博取他们的信任,记者需要做到的最根本的一条就是投其所好、讨其欢心,至少要做到不得罪政治家。否则,若是招惹了政客大老生气,不但独家内幕消息无从谈起,还可能被以种种理由扫地出门,小泽一郎、石原慎太郎都曾把不如自己意愿的记者驱逐出记者俱乐部。为了不让政治家厌恶,不开罪他们,记者首先要做到听话:什么能写什么不能写,一切要听政治家的指挥,否则后果自负。记者对政治家的一片忠心不但要从稿件中反映出来,也需要相当注意日常的行为举止。1990年,美国加州大学桑塔巴巴拉分校新闻学副教授弗里曼曾经作为特别观察员参加过内阁记者俱乐部的"恳谈会",她这样描写道②:

在 20 分钟的恳谈里,政治记者们满怀恭敬地围坐在自民党干事长小泽一郎的周围。他们谈论着小泽的暑期度假,评论着他的妻子,但所有的提问和回答都非常正式。小泽一郎与记者们与其说是平等或对称的关系,不如说更像是老板与下属。毫无疑问,小泽自始至终控制着整个会见。

为了讨取政治家的欢心,记者们不仅要在与他们接触的过程

---

① [日]鱼住昭:《渡边恒雄——媒体与权力》,文库 2003 年版。

② Freeman, Laurie Anne, *Closing the Shop: Information Cartels and Japan's Mass Media*, Princeton: Princeton University Press, 2000. p. 126。

中恭恭敬敬,还要煞费苦心地大搞"家人外交",以期建立更加亲密的关系。《每日新闻》发给新入社记者的培训材料中,就有这样的"指导"①:

　　　　你需要做到的最重要的一件事,就是确保警察官们的家属,如他们的妻子或女儿不讨厌你。你必须与这些家属们建立良好的关系。有很多方法可以奏效。一些记者担当家庭教师,而在一些重要日子,如夫妇俩的结婚纪念日、夫人的生日或孩子升入重点学校时,送上你由衷的祝福和礼物,是最能让他们高兴的方法。

日本的新闻记者就是在这样的培训中开始职业生涯的,在其后的工作中,更是身体力行,八仙过海,各显神通,努力建立与政治家之间的信赖关系。一些记者要真正成为被政治家信任的心腹,上述听话、送礼等方式尚属初级阶段,还必须奋不顾身地去充当他们的情报员、智囊甚至是政治斗争的先锋。

(二)在并存与系列中构建的日本电视体制

理解日本电视体制有两个关键词:并存与系列。并存指公共电视与商业电视的并存体制。系列包含两重含义:第一,报社—电视系列,指五大商业电视网分别归属于五大报社,二、东京—地方系列,指在五大商业电视网中,东京核心台处于支配地位,地方台处于从属地位。

1. 公共电视与商业电视的并存体制

日本是世界上最早采取公共电视和商业电视并存体制的国家,但这种二元体制是外力,即以美国为首的联合国军最高司令部

---

①　日本新记者入社后先被分配到警察局俱乐部,在那里锻炼一两年后,才又被分配到其他俱乐部。

(GHQ)战后对日本进行民主化改造的结果①。战前日本没有商业广播,有的只是国家垄断的日本广播协会,简称 NHK,其前身是1925 年开播的社团法人东京广播电台。形式上,当时的东京广播电台是一个各界社会团体出资的广播电台,但实际却处于政府的严格掌控下。在 1915 年至 1923 年间,日本政府对广播这一新媒体的管理方式一度举棋不定:先是在 1915 年颁布了《无线电信法》,规定无线电信及无线电话由政府掌管。其后以商业报社为创办主体的实验广播形成热潮,1923 年日本政府又颁布《广播用私设无线电话规则》,规定了广播内容事先送审、收音机标准检定等制度。再往后,日本政府采用一种折中的、半官半民的公益社团法人形式发展广播事业。公益法人需要服从政府主管部门的管理,所以即使商业报社参与其中,也不可能完全按照商业逻辑经营。日本第 29 任首相犬养毅②在推进广播的公益法人化过程中,虽然同意让报社出资,但却又指示把广播设计成无法营利的体制,这样追逐利益的商业报社就会自动后退③。从 1934 年到第二次世界大战结束,NHK 在政府的强力指导和推动下,不断进行体制改造,逐步变为战争宣传工具和侵略战争的帮凶。

　　以美国为首的联合国军最高司令部进驻日本后,为推动民主化进程,对广播事业进行了一系列重要改革。1950 年 4 月,被通称为电波三法的《电波法》、《广播法》及《电波监管委员会法》在国会确立。电波三法的特征,可以归纳为三条:第一,为从制度上保障广播管理独立于政府,仿效美国的联邦通讯委员会制度,导入

---

　　①　1953 年 8 月,商业电视台日本电视台的成立,标志日本并存体制的确立。采取同样体制的英国是在 1954 年丘吉尔执政时期确立的。

　　②　1931 年 12 月就任,1932 年 5 月 15 日遇刺身亡。——作者注。

　　③　[日]武田徹:《NHK 问题》,CHIKUMA BOOKS2006 年版,第 20—24 页。

独立行政委员会制度,该委员会向国会负责,不是政府的一个部门。第二,开设商业广播,引入多元化和竞争,由此打破了原来NHK的垄断体制,形成了以收视费为财源的公共广播事业与以广告为财源的商业广播的并存竞争格局。第三,解散社团法人日本广播协会,成立基于《广播法》的,继承原协会财产、组织、人员的特殊法人日本广播协会。电波三法,最核心的意义在于一点,即由战前的"电波在国"变为"电波在民",国营变民营,促使广播独立于政府,成为"市民社会的公共广播"。1953 年 2 月 NHK 综合电视台成立,同年 8 月,日本电视台成立,日本公共电视与商业电视的并存体制成为现实。

2. 报社—电视系列与东京核心台—地方台系列

如果说公共电视与商业电视并存体制是外力改革的结果,那么报社—电视系列以及东京核心台—地方台系列体制,则是日本在战后恢复经济社会发展,不断对外部经验进行本土化改造的结果,是日本特有的现象。这一本土化改造起始于 20 世纪 50 年代,完成于 70 年代。从下面的列表可以看出这个基本格局的情况。

(1)日本五大商业广播电视网分别是五家最大报业资本旗下的媒体系列,具体隶属关系见表5—1:

表5—1:报社—电视系列

每日新闻社	JNN(Japan News Network)、TBS 系列
读卖新闻社	NNN(Nippon News Network)、日本电视系列
产经新闻社	FNN(Fuji News Network)、富士电视系列
朝日新闻社	ANN(All-Nippon News Network)、电视朝日系列
日本经济新闻社	TXN,电视东京系列

(2)东京核心台与地方台的隶属系列关系,具体见表 5—2、表

5—3：

表 5—2：日本五大商业电视网系列

	日本电视系列	TBS 系列	富士电视系列	电视朝日系列	电视东京系列	独立 U 局
	28 + 2 局	28 局	26 + 2 局	24 + 2 局	6 局	13 局
北海道	札幌电视放送	北海道放送	北海道文化放送	北海道电视	电视北海道	
青森	青森放送	青森电视		青森朝日放送		
岩手	电视岩手	アイビーシー岩手放送	岩手めんこい电视	岩手朝日电视		
宫城	宫城电视	东北放送	仙台放送	东日本放送		
秋田	秋田放送		秋田电视	秋田朝日放送		
山形	山形放送	电视山形	さくらんぼ电视	山形电视		
福岛	福岛中央电视	电视福岛	福岛电视	福岛放送		
东京	日本电视	东京放送	富士电视	电视朝日	电视东京	东京 MX 电视
群马	日本电视	东京放送	富士电视	电视朝日	电视东京	群马电视
栃木	日本电视	东京放送	富士电视	电视朝日	电视东京	とちぎ电视
茨城	日本电视	东京放送	富士电视	电视朝日	电视东京	
埼玉	日本电视	东京放送	富士电视	电视朝日	电视东京	电视埼玉
千叶	日本电视	东京放送	富士电视	电视朝日	电视东京	千叶电视放送

	日本电视系列	TBS 系列	富士电视系列	电视朝日系列	电视东京系列	独立 U 局
神奈川	日本电视	东京放送	富士电视	电视朝日	电视东京	电视神奈川
新泻	电视新泻	新泻放送	新泻综合电视	新泻电视21		
长野	电视信州	信越放送	长野放送	长野朝日放送		
山梨	山梨放送	电视山梨				
静冈	静冈第一放送	静冈放送	电视静冈	静冈朝日放送		
富山	北日本放送	チューリップ电视	富山电视			
石川	电视金泽	北陆放送	石川电视	北陆朝日放送		
福井	福井放送*		福井电视	福井放送*		
爱知	中京电视	中部日本放送	东海电视	名古屋电视放送	电视爱知	
岐阜	中京电视	中部日本放送	东海电视	名古屋电视放送		岐阜放送
三重	中京电视	中部日本放送	东海电视	名古屋电视放送		三重电视放送
大阪	读卖电视	每日放送	关西电视	朝日放送	电视大阪	
滋贺	读卖电视	每日放送	关西电视	朝日放送		琵琶湖放送
京都	读卖电视	每日放送	关西电视	朝日放送		京都放送
奈良	读卖电视	每日放送	关西电视	朝日放送		奈良电视放送
兵库	读卖电视	每日放送	关西电视	朝日放送		太阳电视

	日本电视系列	TBS 系列	富士电视系列	电视朝日系列	电视东京系列	独立 U 局
和歌山	读卖电视	每日放送	关西电视	朝日放送		电视和歌山
鸟取	日本海电视	山阴放送	山阴中央电视			
岛根	日本海电视	山阴放送	山阴中央电视			
冈山	西日本放送	山阳放送	冈山放送	濑户内海放送	电视濑户内	
香川	西日本放送	山阳放送	冈山放送	濑户内海放送	电视濑户内	
德岛	四国放送					
爱媛	南海放送	あい电视	电视爱媛	爱媛朝日电视		
高知	高知放送	电视高知	高知さんさん电视			
广岛	广岛电视	中国放送	电视新广岛	广岛ホーム电视		
山口	山口放送	电视山口		山口朝日放送		
福冈	福冈放送	RKB 每日放送	电视西日本	九州朝日放送	电视九州	
佐贺			佐贺电视			
长崎	长崎国际电视	长崎放送	电视长崎	长崎文化放送		
熊本	熊本县民电视	熊本放送	电视熊本	熊本朝日放送		
大分	电视大分*	大分放送	电视大分	大分朝日放送*		
宫崎	电视宫崎*	宫崎放送	电视宫崎*	电视宫崎*		

	日本电视系列	TBS系列	富士电视系列	电视朝日系列	电视东京系列	独立U局
鹿儿岛	鹿儿岛读卖电视	南日本放送	鹿儿岛电视	鹿儿岛放送		
冲绳		琉球放送	冲绳电视	冲绳朝日放送		

（数据来源：［日］星浩、逢坂严：《电视政治》，朝日新闻社2006年版，第157页。
＊为共享局，汉译名不便译出者均保留原日文表示）

表5—3：各电视台覆盖对象区域及户别数 （单位：万户）

	核心局		地方准核心局		地方中京局		地方其他		合计		合计
	社数	户数	社数	户数	社数	户数	社数	户数	社数	户数	覆盖率
JNN	1	1708	1	837	1	407	25	1958	28	4910	97.5%
NNN	1	1708	1	837	1	407	27	2005	30	4957	98.4%
FNN	1	1708	1	837	1	407	25	1905	28	4857	96.4%
ANN	1	1708	1	837	1	407	23	1874	26	4778	94.8%
TXN	1	1708					5	1209	6	2917	57.9%
电视网整体	5	1708	4	837	4	407	101	2083	114	5035	100%

（数据来源：［日］星浩、逢坂严：《电视政治》，朝日新闻社2006年版，第156页。）

以上三表的数据可以反映出当今日本广播电视体制的概貌。在广播电视网络覆盖上，JNN（TBS系列）、NNN（日本电视系列）、FNN（富士电视系列）、ANN（电视朝日系列）四大电视网的四个核心局，各自拥有25—29家系列地方局，覆盖率均超过95%。它们再加上电视东京系列（TXN），构成了日本的五大商业网。通过五大商业电视网的地方台及NHK的各地转播台，核心局的信息具有瞬间抵达全国各地的通路，可谓覆盖广、影响大、无死角。内容上，根据《日本商业广播年鉴》各年版数据,地方台对东京核心台的节目高度依赖,依赖度最高的地方台超过85%的节目来源于东京核心台,依赖度最小的也超过40%,多数在50%—60%之间①。可以说,日本电视体制是一种金字塔式结构,东京处于塔尖,人财物和节目资源高度集中于处在中央位置的核心台。

3. 政治庇护下的"电波利权卡特尔"及其特征

前已述及,报社—电视系列及东京—地方系列体制的形成,是日本对外部经验进行本土化改造的结果。在1952年从美国占领下独立后,日本政府首先解散了电波监理委员会,将电波行政权重新揽入手中。而在20世纪50年代至70年代的二十余年中,又在政界、官界、业界的三方合力下,打造了一个以电波利权为支点的电视卡特尔,形成了政官财高度一体化的电视传播利益垄断体制。结果美国式改造的两大重点,独立于政府和反垄断②,都成为一纸空文。在日本式电视体制形成过程中,影响最大的政治家是田中角荣,可以说,电波利权卡特尔的形成,是田中型利权政治在媒体产业中的典型缩影。

田中对电视体制的改造分为两个阶段,第一个阶段是20世纪50年代任岸信介内阁邮政大臣时代。日本的电视执照始发于1952年,正式开播为1953年。当时播放区域仅限于东京周边,商业台(日本称电视局)仅有五家:东京两家、大阪、名古屋、札幌各一家。1957年5月,邮政省颁布了第一次电视频道计划,主要目标是在NHK之外,各县(相当于我国的省)均设立一家商业电视

---

① 龙一春:《日本传媒体制创新》,南方日报出版社2006年版,第145页。

② 2005年3月,日本总务省(包括原邮政省)"警告"了全日本39家违反禁止媒体垄断的行为,充分暴露了反垄断政策的流于空文。此事发端于2004年11月日本电视网被东京证券交易所列入整理、监查名单一事。

局。时年 39 岁的田中在这一年七月就任邮政大臣,他的"第一板斧"就是发挥"行政责任",完成电视的全国推广计划。在这一过程中,田中不但从日本银行和大藏省争取来 50 亿日元的电视台建设资金,而且出色地"调整"了各方申请者之间的关系,最终一举颁发了 NHK7 局、商业电视 34 社 36 局的营业执照。

值得注意的是,日本电视执照的下发,不是通过对申请者的资格进行客观、公平审查,而是通过"行政指导",通过"调整"各方利益的形式完成的。这一做法实际违背了电波三法的精神,"电波在民"再一次回归到战前"电波在官"的老路上去了。而且,以邮政省或邮政大臣为主体进行的行政指导,并无明确的法律依据,而是基于邮政大臣手中巨大的行政裁量权,凭着感觉作出的,也就是说,这种做法不是法治,而是人治。但无论如何,田中角荣在这一过程中给很多方面,尤其是报社施了很多恩惠,"讨好电视台以及电视台背后的报社,与新闻界结成朋友,为自己日后成为总理大臣准备了最强有力的武器。"①

在成为自民党干事长和首相,甚至因洛克希德丑闻下台后,田中角荣继续致力于"调整"报社和电视台的资本关系。在他的大力支持下,读卖、朝日、每日、产经和日经五大报社在全国范围内对以报业资本为基础的电视网一再进行重组。以下是曾经近距离接触田中角荣的日本政治记者田中良绍的描述,从中可以看出田中角荣非凡的利益"调整力"和对媒体界的影响力②:

　　田中成为总理大臣后,当时《读卖新闻》已将日本电视纳

---

① ［日］大下英治:《田中军团》,彭广陆等译,华夏出版社 2002 年版,第 83—84 页。

② ［日］田中良绍:《媒体的幕后支配》,讲谈社 2004 年版,第 20 页。

入了自己的系列中,而《朝日新闻》也希望像《读卖新闻》一样拥有一个在全国播出的电视局。田中受《朝日新闻》的恩请,将日本教育电视台(NET)变成了《朝日新闻》系列下的综合电视台。这样不属于任何报社系列的TBS也被运作为《每日新闻》的系列电视台。TBS原是以电通为中心,由朝日、每日、读卖三家均等出资,作为不属于任何报社系列的电视台被发放执照的。在大阪地区,TBS与朝日放送组成网络。但是由于被纳入了《每日新闻》系列,为了消解"肠扭结",1975年4月1日,在TBS的播放网中,大阪朝日放送与每日放送一夜之间完成了替换。之后,12频道成为日本经济新闻的系列电视台,这也是田中角荣的斡旋。再加上《产经新闻》与富士电视台的系列,至此日本所有的商业放送都与报社结成了隶属的系列关系。

此外,在出任首相期间,田中角荣还把自己的爱将、实施第一次电视频道计划时的邮政省事务次官(即副部长)小野吉郎安排为NHK会长。自此,不仅商业电视,连公共电视的NHK也成为了田中派的势力范围。

田中的"密室政治"在当时及田中下台后的很长时间,之所以能够牢牢地主导日本政坛,归根结底是因为他的利权政治满足了各方面的资本利益,大企业、大财团、大媒体、地方势力都能在迅速膨胀的日本"经济蛋糕"中获得一块自己想要的利益,分赃分肥之余皆大欢喜,田中的利权政治因之受到了资本集团普遍的欢迎,自民党因此也信心满满要做"万年政权"了。

综上所述,可将日本电视体制的特征进一步归纳如下:一、表面上,日本电视体制采取公共电视、商业电视的并存体制。二、但本质上,二者都被逐渐纳入"电波利权卡特尔"之中,这个卡特尔是自民党利权政治格局的一个重要组成部分。三、为了维护既得利益和不断争取更大的利益,为了维护已经取得的垄断特权并不断巩固扩大这种特权,日本电视及其上级老板——五大报社,都心甘情愿地将自己置于对政治的依附和从属地位中,不断以自己监督政府的话语权作为交换条件,与政府合谋取得更多更大的垄断暴利,因此,媒体长期对政界金权腐败视而不见,或碍于自身利益纠葛难以展开批判,这种格局,在很大程度上恶化了日本的媒体环境,进而与其他因素一起,导致了整个日本政治的堕落。

二、媒体化的政治

通过上述对媒体政治化过程的分析,把握了政治在媒体发展中的作用和发挥影响的路径,也就不难想象日本媒体化的政治是何等状态了。

(一)日本媒体脆弱的"正论"传统

在第二章中曾经简略分析过"政治"一词的西方语境。在西方政治结构中,媒体和政治之间的关系大致经历了三个发展阶段①:(1)近代报刊时期。在资产阶级革命过程中和革命后国家政治生活的政党较量中,媒体作为政治宣传的工具,始终依附于政治,报道的内容和形式具有鲜明的政治倾向。(2)媒体大众化初期,即西方现代新闻事业时期。这一时期,媒体摆脱了因经济依附而形成的政治依附,走向相对独立,在新闻报道上标榜"客观"、"公正",媒体与政治尤其是执政党相对独立,"事实上的反对党"虽是极端口号但也经常被媒体津津乐道。(3)近二三十年大众传媒的快速私有化、跨国化发展时期。媒体在经济全球化和新自由

①　唐海江、吴高福:《西方政治媒体化评析》,《国际新闻界》2003年第2期。

主义商业化、私有化的背景下，不断打破制度和政策上的诸多规制，经济实力上迅速做大做强，政治上也获得了更大的自主性，特别是伴随互联网、手机等新兴媒体的普遍应用，对政治系统诸多方面的发展产生了深远影响。

回视日本，自明治维新之初的1871年第一家近代报纸《横滨每日新闻》诞生以来，日本的大众媒体迄今已有约140年的历史，其中1945年8月15日构成了一条"泾渭分明的分界线"①。但正如政治制度一样，在这近一个半世纪期间，日本媒体一方面不断学习、模仿西方，甚至是被直接改造，但另一方面他们也坚持有所选择和保留。因此，在考察日本政治与媒体的关系时，不仅要看到其西方化的因素，还要看其本土化的因素；不仅要看其第二次世界大战前后的断裂与区别，还要看到战前战后的联系与相似。

近代以降，日本政治体制改造的最大特点，就是在传统的村落共同体秩序上，嫁接了西欧的议会制、政党制、官僚制等制度。握有实际权力的官僚和保守政治家，将内外两种制度融通无碍地糅和在一起，塑造了一种"正论——俗论"、"表面现象——真实情况"的二重政治秩序结构。日本政治学者京极纯一在《日本政治》一书中特别提到了媒体在这种二重构造中的位置：首先，媒体尤其是大报纸在政治体制中占有重要地位，对政治发展有重要影响。京极甚至把报纸看作是与政党、官僚并列的第三方政治势力。其次，在"正论—俗论"的二重政治秩序构造中，官僚和保守政治家等实际拥有权力的势力处于"俗论"一方，而在野党、报纸等媒体则处于"正论"一方，且这种秩序格局固定化。媒体传统上的在野党取向，决定了主流媒体——报纸的基调应是批判性的"正论"。

---

① 张国良：《现代日本大众传播史》，学林出版社1992年版，第1页。

但作为"正论"的发言机关,报纸绝不是政治中的无力者,而是影响政治走向的舆论载体和策源地,特别是长期一党执政、缺少政权更替的情况下,报纸为代表的媒体在很大程度上发挥了重要的在野党功能①。

的确,从明治维新至第二次世界大战战败,日本媒体有相当的时间,表现出对政权持批判态度的"在野党性"。在明治藩阀政权时代,一些大报纸对权势的腐败做出过严厉的追究和批判。在有关日本与外国的关系上,有报纸倡导强硬的对外路线,有报纸呼吁反战论,常常令当局感到进退维谷。自由民权运动和大正民主运动,是二战前日本两次民主化运动,也是媒体最为活跃的两段时期,媒体的舆论力量,对推进日本政治制度的进一步西方化,发挥了重要的促进作用。二战后直到 20 世纪 70 年代,报纸在"保守——革新对决"的政治格局中,同样采取了拥护革新政治、拥护鸽派宪法的路线,最具代表性的就是 1960 年的"安保反对运动"。在舆论压力下,以岸信介为首的战前派退出政治主流,"繁荣与和平"的国家发展成为日本政治的主流。

（二）战后日本电视媒体与政治的博弈及其影响

1955 年,对于日本的政治和媒体及其二者的关系,都是一个标志着新体制诞生的年份。政治方面,1955 年 1 月,民主党鸠山一郎②内阁解散众议院,定于 2 月举行第二十七届众院选举。在选举之前,左右两翼分裂的社会党即着手准备统一,选举后随着议会中两派党员势力的扩大,进一步加速了合并的速度。1955 年 10 月,社会党召开统一大会,铃木茂三郎当选委员长,浅沼稻次郎当

---

① 　[日]京极纯一:《日本的政治》,东京大学出版会 1983 年版。
② 　鸠山由纪夫的祖父。——作者注。

选书记长。在社会党统一的压力下，一个月后，即 1955 年 11 月，保守的自由党与民主党也实现了合并。媒体方面，在 1953 年，NHK 已经在东京地区正式开始了电视事业。所以当 1955 年的政治巨变来临时，NHK 迅速以电视这一新的媒体方式介入了政治。当时，NHK 制作了有关众院选举的节目，如《推进公明选举的四党首演讲会》，并进行了选举结果的速报。1955 年 4 月，即鸠山内阁诞生的一个月后，NHK 又在电视和广播中同时播出了《询问鸠山首相》。社会党左右翼合并时，NHK 也报道了这一政治事件。一个月之后，NHK 又以《保守党合并大会实况》为题对自由党、民主党合并成为自民党予以报道。可以说，在 1955 年，一些以后长期沿用的主要的政治报道形式，如选举运动报道、选举开票速报、炉边谈话、政党大会报道等，已均在 NHK 电视节目中纷纷亮相。NHK 开创先河之后，电视中新的政治报道形式渐渐多了起来，如阁僚的新年致辞（1956 年，东京广播电视，现 TBS）、国会讨论会（NHK）、辩论演说实况转播（NHK）；到 1959 年，又首次在电视中报道了众议院预算委员会的综合质疑会。这样，电视又进入了国会。

　　1958 年年末，日本的电视普及率是 11%，到了 1959 年年末，上升至 23%，增加了一倍之多。在电视普及率急速上升的同时，1959 年日本也经历了一场政治危机，即围绕安保协约改定的政治动乱和社会党委员长浅沼的遇刺。遇刺事件发生时，NHK 正在转播棒球比赛，但立刻插播了这一新闻。浅沼遇刺的画面及安保斗争中游行抗议的画面，通过电视映入很多人的脑中，对舆论的迅速沸腾产生了直接的作用。1960 年，NHK 的电视新闻由一周的 41 回增加到 67 回①。安保斗争后，自民党认识到了电视这一新媒体

---

① 　[日]谷藤悦史：《现代媒体与政治》，一艺社 2005 年版，第 89 页。

的巨大能量。内阁官房调查室编撰的《安保改定问题纪录》清楚地写明,"安保反对运动,之所以由一开始较为沉闷的气氛剧变为我国政治史中最大规模的大众运动",就是因为电视这一媒体煽动了大众情绪。岸信介本人也在回忆录中承认"疏忽了媒体对策"。所以,自1961年起,政府开始采取积极的传媒对策,其中一个重要举措就是仿效美国二战中罗斯福的《炉边谈话》,通过广播和电视,制作《与总理谈话》节目,此外还首次制作了首相竞选广告、举办了三党首电视·广播讨论会,并且专门在总理府中成立宣传室。自民党方面,则建立了党宣传委员会与商业电视高层、赞助商三方每月一次的例会制度,并成立"日本宣传中心",作为电视政治节目的后援。

第二节　当媒体成为剧场:商业电视网 政治节目的崛起

如果说1960年安保是日本电视政治报道的第一次转机,那么第二次转机则是1979年自民党的四十日纷争①。1970年,日本的电视普及率达到94.8%,70年代末便携式摄像机也开始在电视现场普及,电视记者开始不断对政治家采访,并在电视中播出,电视政治新闻引起了国民越来越大的关注。电视摄像机进入现场,打破了以往建立在政治家与报社记者之间的密室传播结构,越来越多的政治家感到必须高度重视电视,将这种比报纸更具影响力的

---

①　四十日纷争是自民党内福田赳夫派、三木武夫派向大平正芳首相(背后是宏池会和田中角荣派)发起的倒戈运动,要求追究之前地方选举中自民党失利的首相责任。

新媒体用作权力斗争的利器。另一方面,1979 年的自民党纷争也显示出两次石油危机、美苏新对峙对日本政治内部结构的深刻影响。因此,在 1955 体制发生变动和大众媒体时代到来的双重作用下,日本的电视政治再一次进入活跃期。

一、20 世纪 80 年代之前的电视与政治

在 20 世纪 70 年代,日本电视与政治关系的特点,可以用三句话来概括:第一,在政治报道上,电视弱于报纸。第二,在电视圈内,商业电视弱于 NHK。第三,电视表现出在政治报道上有着巨大的潜在影响力。

首先来看第一个特点。在政治报道上,电视弱于报纸,这是典型的日本特色。主要原因有二:第一个是电视在报纸—电视的媒体系列中居于先天的弱势。作为一种职业,电视媒体的发展与其他领域一样,关键在人。但日本各家电视台在创建初期,职员状况普遍鱼龙混杂、良莠不齐,他们之中有电影公司的落魄者,有想进报社没进去的失意者,有过气的舞美监督、导演,有想成为作家、画家和摄影家却总是难能如愿的该行者,总之,人员背景相当复杂,但总体上绝非精英组合。而管理层则要么是报社派下来的一般干部,要么是邮政省退休官僚的"下凡者"。制作人员和管理层这两方面的"弱弱结合",注定了日本的电视从一开始就因不具备从事新闻报道、政治报道的人才,而只能是以娱乐为主的媒体①。当然,这其中也不排除报社高层的私心,即电视虽都在自己旗下,但总是担心功高震主、反客为主,所以尽可能在各方面压制比自己更

---

① ［日］田原总一郎:《田原总一郎战斗的电视论》,文艺春秋 1997 年版,第 32—36 页。

有发展潜力的电视,以保住自己的传统势力范围。在采访、报道力量上,直到20世纪80年代,日本几家全国性大报的政治部通常都有40—45名记者,而电视台一般却还是政治、经济报道的人员混编混用,不做明细分工的原因是电视台人手少,周转不开,大多数电视台同样部门的记者数通常只有报社的一半。即使电视圈中以新闻报道见长的TBS,很长时间其报道局也不过仅有七名员工。报道力量的匮乏使电视在政治信息上依赖于报纸①。

第二的原因是,政治方面对电视发展"胡萝卜加大棒"的政策影响深远。电视媒体与政治博弈的情况,在上节已作了简要分析。执政党和政府对报社及其所属电视台,采取了两手策略,各个击破,"大棒"直接打向电视,而"胡萝卜"则给了能管住电视的报社,即在建立报社—电视、东京核心台—地方台媒体系列的过程中,通过给报社好处,令其管住电视。1962年,TBS启用田英夫为主持人,创办了名为《新闻透视》的节目。由于在日韩邦交正常化、越南战争、成田机场等问题上,田英夫批判政府,引起首相佐藤荣作的愤怒和自民党的抗议,1968年TBS撤下了田英夫。从那之后,各电视台在政治家和自己旗舰报社的双重压力下,采取了规避和自制,轻易不再去碰敏感的、深层次的政治话题,客观上使日本电视在"脱政治"、"娱乐至上"的道路上快速前行。商业电视不碰政治话题,正好符合NHK的利益,因为双方是同行,更是竞争对手。在20世纪六七十年代,政治报道及政治信息的主导权掌握在各大报社和NHK手中。

但即使有这样那样的外在限制,作为声像媒体的商业电视,社

---

① [日]岩井奉信:《五五年体制的崩坏与大众媒体》,年度政治学1996年,第76页。

会影响力还是越来越广泛,显示了巨大的发展潜力,这是电视媒体作用于政治的第三个特征。从上世纪 60 年代初期起,在对社会生活的影响力上,电视已明显超过报纸和广播。根据读卖新闻社所做的调查显示,1961 年三者的社会影响力之比是 41∶35∶18,1964 年是 56∶33∶10,1966 年进一步变为 68∶24∶6。在"新闻报道、信息传播"两项功能上,电视作为"知道世间动向"、"获得有关生活和余暇方面的信息"的媒体,受到的认可已经远远超过其他媒体。但是根据 1986 年 NHK 所作的《信息与生活》调查,在正确性(正确报道世间动向)、社会性(提供社会人所需要的信息)、指导性(进行显示方针、指针的解说或评论活动)、公平性(公平报道各方意见和立场)等项目上,人们对电视的评价仍低于报纸①。

电视与政治的关系中还有一个值得注意的动向,就是早在 20 世纪 60 年代,日本就已有电视明星政治家露出端倪。例如,在 1962 年的参议院选举中,NHK 竞猜节目《我的秘密》的长期嘉宾藤原明从自民党出马,在全国区获得了最高票。藤原是日本电视明星政治家的第一人。1968 年田英夫被撤下后,转而以社会党候选人的身份出马竞选,也成功当选参院议员。

二、20 世纪 80 年代的电视新闻大战

进入 80 年代后,电视媒体顺应时势,不断加大政治报道的力度。例如朝日电视开始尝试派记者到以往只有报社记者参加的对政治人物朝追晚堵的采访中。与此同时,政治家对电视表现出的兴趣也越来越强烈,很愿意通过这个在当时属于新兴的传播渠道,

---

① ［日］牧田彻雄:《电视与媒体传播的变化》,《大众传播研究》2003 年第 63 号。

向国民展示自身、传达政治诉求。这种变化,对于习惯了记者俱乐部安步当车那一套的报纸记者来说,无疑是一个冲击。电视记者对政治家进行追访,一方面使政治家与大众的距离迅速拉近,另一方面也改变了政治家的传播意识和方法。

日本电视中政治新闻的第三次转机,是从朝日电视台 1985 年开播的《新闻站》节目开始的。这是一个更加贴近民众的政治软新闻节目,由朝日电视领衔制作,但同时又有娱乐节目制作公司的参与,并得到了日本最大的广告公司电通的支持。① 节目由原来的广播综艺节目主持人久米宏担任,最初收视率并不令人满意,但1986 年情况发生了变化。那一年,菲律宾总统马科斯下台,挑战者号航天飞机升空爆炸,一系列震惊世界的重大事件接连发生,该节目的命运也出现转机。由于与 CNN 有合作关系,该节目获得了大量的即时素材,因此给人一种耳目一新的感觉。1979 年自民党四十天纷争时,电视政治报道的优势是迅捷性和现场感,而 1986年后又加强了可视性,比如在报道过程中插播很多模型、图表。开启了一种使电视观众能够更舒适地收看电视政治的消费时代。

到 20 世纪 80 年代后半期,各电视台都发现,新闻节目同样可以赚钱,电视新闻报道成为争夺收视率的重要领地。继朝日电视的《新闻站》之后,TBS 电视网 1987 年开播《周日早晨》,由关口宏担任主持人,开创了新闻周刊类节目的新潮流。同年,朝日电视网再开新闻谈话节目《直到凌晨的电视直播》,以长时段的深入讨论"禁忌话题"为卖点。1988 年,日本电视网启用当红电视主持人德光和夫在晚六点时段开播《新闻＋1》。1989 年 TBS 开播《新闻

① ［日］岩井奉信:《五五年体制的崩坏与大众媒体》,年度政治学 1996 年,第 77 页。

23》，主持人是从朝日新闻网挖来的筑紫哲也。1989年朝日电视开播由田原总一郎任主持的《周日工程》。1992年富士电视开播《报道2001》。电视新闻栏目呈现出百舸争流的局面，这些栏目，大部分都延续至今，表现出了商业电视台政治新闻节目的生命力。

从那以后，日本的电视媒体在新闻报道格局中普遍崛起，从六七十年代的娱乐媒体向新闻报道媒体、信息传播媒体加速转变。当时的国际背景和传播技术新革命在助推这一趋势：（1）震惊世界的重大突发事件频发，国际内外局势发生重大变化，如菲律宾政变、挑战者号航天飞机升空爆炸、东欧剧变、苏联解体、第一次海湾战争、切尔诺贝利核电站泄漏事件、大韩航空事件、横须贺渔船与核潜艇碰撞事件等等，观众有获得更多信息的需求。（2）媒体技术如卫星转播进一步成熟，ENG（轻便式摄像机）的普及、日美24小时卫星专用线路的开通、CNN等海外媒体信息传送的实现（日本朝日电视与之有业务合作关系），等等，为电视的崛起不断提供科技动力。（3）各大报纸和NHK等长期侧重报道新闻的主流媒体，没有随着时代的变化产生变革求新的危机意识，客观上给商业电视提供了崛起空间。如上节所述，在记者俱乐部制度下，全国性各大报纸的政治记者实际上被政治派阀"收编"，成为以派阀政治家为主子的派阀记者、马仔记者。这种哈贝马斯所言的"媒体的封建意识"，使得其政治报道要么流于冠冕堂皇的表面文章，要么专注于派阀之间的权力斗争，旧有思维和报道方式与社会越来越脱节，很难应对新生代观众需求的变化。而NHK为了保持"政治中立"，无论新闻节目，还是政治讨论节目，整体上的风格都是"坚实的、厚重的、保守的、没个性的"，也难以满足人们的要求。在这种情况下，媒体观念亟须更新，以《新闻站》为首的商业电视新闻节目与NHK的传统做法反其道而行之，将节目定位为"擦边球式的、轻薄的、新鲜的、说真话的、执着深究的、人性味道的"风格,取得了很大的成功。

据 NHK 五年一度的舆论调查显示,从 20 世纪 80 年代后半期至 90 年代,日本人对电视节目的期待发生变化,表现为对娱乐节目要求下降,而对新闻报道节目要求上升(见表 5—4)。顺应观众需求,这一时期,电视中电影和歌谣节目的比率下降了一半。此外,受众在对新闻报道中的快速报道和"使人能够认真思考"的深度报道的媒体选择上也发生变化,1985 年在深入报道方面,有45.7%的受众选择报纸,43.4%的受众选择电视,1990 年选择报纸的受众降至 36.8%,选择电视的受众升至 52.4%。

表 5—4:日本观众对电视期待要求的变化

	娱乐	报道
1985 年	41.1%	40.0%
1990 年	37.9%	44.1%
1995 年	36.9%	45.5%

(数据来源:NHK 舆论调查)

此外,商业利益的考虑,也成为商业电视转向的重要原因。1986 年朝日电视《新闻站》获得成功时,电视剧、歌谣等娱乐节目的制作费用很高,收视率却已经开始低迷,相比之下,以演播室点评为主的新闻节目的制作费用要少得多,因此各台开始把新闻报道节目作为新的增长点。"因为新闻可以卖钱所以增加新闻节目"[1]成为共识,收视率的竞争,主要不是在于节目内容,而是主持

----

① [日]松田浩:《电视传播了什么》,《新闻研究》1988 年第 446 号,第 11—14 页。

人的明星人气、抢先报道的时效性、节目卖点等商业利益驱动的
竞争。

三、电视媒体与 1993 年自民党下野

在 20 世纪 80 年代后半期,电视新闻报道尤其是政治新闻虽
有崛起之势,但还是受到了来自报纸的束缚,比如所谓的"关机采
访"(即政治家与记者私下的、非正式谈话)仍旧不允许电视记者
参加。电视对首相的单独采访,也受到了由报纸主导的记者俱乐
部的抵制。另一方面,也正是因为在政治报道上受到报纸的诸多
限制,电视逐渐向偏重于主持人主导的电视议论节目模式转变,用
主持人、主播的个人魅力来弥补电视采访报道的弱势,事实证明,
这在现实中既可行也有效。

电视进一步突破报纸限制的标志性节目,是 1989 年诞生的由
田原总一郎主持的《周日工程》。制作这个节目的不是电视台负
责政治报道的报道局而是社会情报局,这说明电视采访仍然深受
报纸主导的记者俱乐部限制。《周日工程》节目扬长避短,以田原
逼问、套出政治家心声为卖点,结果收视率不断上升。过去报纸记
者有机会接触消息来源但不写、不报,政治报道始终流于面子话和
应酬话,电视讨论节目的兴起对报纸的政治报道方式形成了直接
的冲击,政治家也发现通过电视可以直接对大众发言,是政治斗争
中形成和发挥社会影响力的重要途径。以下具体分析在 1993 年
自民党下野过程中,政治与媒体以及媒体之间多重关系的互动。

1993 年自民党下野有两个阶段,第一阶段是 1988 年利库路
特丑闻爆发,政治改革声音突起。第二阶段是金丸因丑闻辞职后,
竹下派内以小渊惠三和小泽一郎两派权力之争为导火索,新旧政
治势力、朝野政治势力的重组和角力。其中又有两个焦点,第一是

改变政治腐败,第二是改变选举制度。

利库路特丑闻曝光后,以报纸为首的主流媒体还想沿用以前的模式,一方面将政治金权腐败归因于执政党,通过主张禁止企业献金赢得道义制高点,另一方面把政治改革争议归结为自民党党内的权力之争,即原竹下派等派阀之间的权力斗争,在采访上继续以竹下派干部为主。这样一来,只要自民党自清门户,大事化小,小事化了,报纸与自民党两全其美,危机也就过去了,然后一切照旧。但问题是,这种方式在此次政治危机中很难奏效,因为自民党内部不只竹下派出了问题,而是除河本派外所有派系都难脱干系,而且在野党也卷入了利库路特丑闻,那种"只是自民党内部出了少数几个坏蛋"的老套路很难自圆其说。这与1974年洛克希德事件有很大不同,那次事件也是贪腐引发的,最终被归结为朝野对立、派阀矛盾,自民党采取措施自我净化,清流派三木武夫政权产生后也就平息下来了。而利库路特事件几乎涉及自民党内部所有派阀,朝中几无好人,谁都不具备站出来"主持公道"的道义权威,以往朝野斗争中清廉的在野党抓住执政党个别腐败现象挑起政争的解释逻辑,已无法成立。

既然腐败是执政党的普遍现象,那么它的执政合法性就成了问题,就应该考虑政权轮替,这样,政党政治的另一个焦点问题——选举制度改革就浮出了水面。在1990年前后,除了利库路特丑闻的冲击,在消费税、日本参加联合国维和等国内国际问题上,自民党都面临重重危机,在这些问题的舆论引导方面,媒体特别是几大报纸长期运用的意识形态式的、左右对立式的报道模式也明显失效。当时,一些清醒的自民党领导人看到了这一点,感到再不洗心革面进行较为彻底的改革,自民党的执政地位将很难维持,所以,自民党内以小泽一郎为首的一派主张废除中选举区制

度,进行选举制度改革,这种比在野党还要积极的变革姿态赢得了
大众的普遍支持。在1992年第八次选举制度审议会的咨询与答
询中,在小泽派主导下,从根本上改变选举制度成了质询焦点,这
比当初在野党提出的以政治资金改革为中心的改革方案,范围还
要广泛。但小泽的主张在自民党内部引起了强烈反弹,派阀领袖
们明里暗里批评他自毁基础,以往朝野之间的对立由此延伸到了
自民党内部,有关政治改革的争论成了自民党内部矛盾的焦点,朝
野之争反而只是陪衬了。如此一来,媒体基于朝野对立的长期报
道模式与现实更加脱节。

　　利库路特事件以后,日本各大报纸总体上主张政治改革,但主
要聚焦在政治资金制度改革或派阀改革上,而很少涉及选举区制
度这个更具根本性的问题。因此,在当时报纸的政治议题中,以小
选举区制为基轴的选举制度改革根本没有成为媒体议论的对
象①。当小泽举起选举制度改革的大旗时,对于这些报纸来说"完
全是个意外"②。报纸的舆论嗅觉落后于政治现实的发展,是其长
期习惯于作政治家"跟班记者"的结果。

　　此外,各大报纸对其关注的派阀势力斗争也没有把握好报道
分寸。当时报纸采访报道的重点还是握有自民党实权的竹下派。
但事实上,自1988年利库路特丑闻后,自民党内就出现了一支新
生政治力量,即1988年成立的超派阀的新人议员、年轻议员的联
合体——乌托邦政治研究会。新人议员、年轻议员之所以要超越
派阀进行联合,是因为他们在自民党内,位置的安排完全是按照当

　　①　〔日〕岩井奉信:《五五年体制的崩坏与大众媒体》,年度政治学1996年,
第81页。
　　②　〔日〕佐藤毅:《政治改革是如何报道的?》,《新闻研究》第506号。

选次数的论资排辈,即使侥幸出线,在实际的选战中也痛感选举区制度对自己不利,因此要求进行根本性的改革。当1991年海部内阁的政治改革法案成为废案后,年轻议员开始在电视节目中公开批评自民党执行部。但唯派阀大佬马首是瞻的报纸,却并不去关注新人议员、年轻议员的呼声。所以,当乌托邦政治研究会里的新人议员离开自民党结成"新党先驱"时,各大报纸的政治记者事前并未能把握事态。当时他们关心的还是竹下派的分裂和羽田派的离党。但现实中,羽田派的离党和新生党的诞生,都是受集结在"新党先驱"周围年轻议员离党的刺激,所以,报纸无视政治变动的因果关系,坚持以派阀为中心的报道方式事实上也失去了有效性。

综上所述,1993年的政治变局,或曰"1955体制"的崩坏,其导火索是政治改革主张的对立,特别是有关选举制度改革的对立。矛盾已不单纯在朝野之间,各个政党内部都出现了分裂。反对派是那些长期享受了中选区制的现实利益的"中坚议员",而赞成派则是在中选区制中处于不利地位的年轻议员。当时适逢自民党竹下派内部出现权力之争,社会党内部当时也有左右对立,因此,政治改革争议实际带有两面性:一是代际之争,一是权力之争。在赞成选举制度改革的一边,又分为两类:一是从个人角度出发的、希望得到政治机会的年轻议员,他们希望通过改革打破论资排辈的格局,能够早日出头;一是自民党实力派人物小泽一郎,他试图改变小国主义政坛大局,同时想在权力之争中占得先机,于是也希望将选举制度改革作为政界洗牌的催化剂。而在媒体层次,还简单地认为政治改革,是以改变金权腐败为主的老调重弹。所以有关政治改革的认知,政治家与媒体各说各话,大众夹在其中困惑不解、无所适从。

1991 年,在自民党最大派阀竹下派的支持下,宫泽内阁诞生了。宫泽内阁通过了上届内阁未完成的《联合国维持和平活动合作法案》(PKO 法案)。但是在 1992 年东京佐川急便事件中,曝出了自民党副总裁金丸信收受五亿黑金的丑闻。金丸辞去了议员职务,政治改革声音不断高涨,以此为契机,竹下派分裂为羽田派和小渊派,宫泽政权的根基愈发动摇。1993 年,国会围绕政治改革出现了混乱,宫泽为了稳定政局,最终放弃了政治改革和选举制度改革。对此,持反对意见的羽田派倒戈一击,支持在野党提出的内阁不信任案,国会被解散了。宫泽政权的垮台,既源于自民党内部的争乱,也源于国会各政党之间的纷争,但来自电视媒体和民间的巨大舆论压力,同样是一个重要因素。因为此前宫泽曾现身电视节目《周日工程》,在主持人田原总一郎的追问下,做出了"一定进行政治改革"、"我不撒谎"等承诺。此后宫泽放弃政治改革方案,他在电视节目中的话被反复截取播放,宫泽政权被看作是言行不一的政权。于是,在之后的电视屏幕中,人们看到了不信任案的表决通过、国会解散、泪眼朦胧的宫泽。自民党分裂了,新生党、新党先驱诞生了,在 1993 年 7 月的众议院选举中,政治乱象进一步加剧。

在这次众议院选举中,除自民、社会、公明、民社、社民连之外,还有在参议院选举中获得了议席的日本新党、新生党、新党先驱参选。选举面临的焦点问题前所未有:是继续自民党政权,还是树立非自民党政权。电视媒体为此展开了选举报道新闻战,进一步使国会的政权选择问题成为社会关注的热点。从议会解散到选举投票,再到开票速报,整个旧体制动摇、社会不满高涨、新生力量萌动的变化过程,通过电视的介入都持续展现在社会大众面前。选举结果是,自民党建党以来第一次没能获得过半议席,这样就诞生了

八党派联合的细川政权。"1955 体制"崩溃了。报纸因其报道未
能把握事件的脉搏、落后于现实发展而遭到冷落,电视媒体反应快
捷、触及实质而使观众趋之若鹜,日本长期以来报纸强于电视的
"报纸—电视"媒体系列也发生了动摇。

第三节　田中康夫的"脱记者俱乐部"运动

2002 年 9 月 1 日,对位于东京西部的长野县来说,是一个具
有政治里程碑意义的日子。这一天,该县选民通过直接选举,将一
个半月前因"失职"而落马的前知事田中康夫重又拥上了知事的
宝座。BBC 记者斯坎伦从东京发出的报道说:"改革派人物田中
康夫是因为抨击建筑业的既得利益者而被解除县知事职务的,现
在,他在选举中以绝对优势获胜,卷土重来。"①田中康夫再次当
选,清楚地表明了长野县的人心所向,人们期许这位"改革知事"
发挥政治理念和领导力,在新的任期内继续进行"与旧体制做斗
争"的县政改革②。

一、《脱水库宣言》与《脱记者俱乐部宣言》

田中康夫任长野县知事期间,曾积极利用互联网与民众交流。
当时在他个人网页的左侧显要位置,曾经并列着四个宣言,这四个
宣言既是田中康夫改革的政策纲领,也是其向传统政治体制和既
得利益者集团宣战的战书。其中两个尤为引人瞩目。第一个宣
言,就是引起田中康夫与县议会尖锐冲突的《脱水库宣言》(2001

①　BBC 中文网,2002 年 9 月 2 日。
②　AERA,2002 年 7 月 15 日。

年2月20日发表)。水库属于公共事业,多数由国家财政拨款,长野县两个水库的建设经费近600亿日元,其中80%都可以获得国家财政补助。花国家预算,为当地建工程,为自己捞实惠,是日本"土建政治"的常态,长野县议会中一半以上的议员都是建设业出身或是其利益代表者。但是,田中康夫却在《脱水库宣言》中宣布,水库对于长野县治水并非良策,不如采用造林,加强堤防等成本更低的方式,将节省下来的资金用于发展教育和科技。停建水库,等于公然向传统政治体制挑战,也等于从根本上拔掉了"水库族"议员的摇钱树,长野县县议会在2002年7月通过对知事田中康夫的不信任案,使其"失职",就是这种矛盾和仇恨的总爆发。

第二个值得注意的宣言叫《脱记者俱乐部宣言》(2001年5月15日发表)。虽然采用与《脱水库宣言》风格相同的题目,表明了改革者同样的决心和勇气,但这个宣言形成的社会影响却远不如前者,常常为人们所忽视。确实,与动辄耗资数百亿日元,庞然大物般的水库相比,记者俱乐部是个多么渺小的存在。再者,从一般人的角度看,记者俱乐部不过只和记者相关,与百姓生活并无干系。但作家出身的田中康夫之所以发出他的这个改革宣言,自有其道理。因为记者俱乐部与水库乃至日本的整个政治体制,都有着千丝万缕的联系。

田中康夫于2000年10月首次当选为长野县知事。之前,他是一位畅销书作家,在1995年神户市反对建设海上机场的运动中,还充当志愿者,征集了35万人的签名。作家和市民运动活动家的经历,塑造了田中康夫亲民的政治理念,这种理念更由于神户市民运动的失败,使他痛感政治体制的弊端,坚定了改革传统体制的决心。2000年9月,田中康夫以无党派身份出马竞选知事,在竞选演说中,他直言长野县县政中依赖公共事业、依赖行政力量、依赖中央政府的三个弊端,并向选民承诺,如果他当选为县知事,将以削减公共事业、市民参与、地方自治为核心方针,带领长野县走入新的政治时代。田中康夫还承诺,如果他当选,将停建计划中的三个水库。

　　本书在前面章节已经提到,由田中角荣开创的土建政治是上世纪70年代后日本政坛的一种常态,这种政、官、企"铁三角"相勾结,靠公共事业各捞好处的利权政治、利益诱导型政治,很多年来已经把日本政坛搞得乌烟瘴气,积弊重重。长野县因主办2000年冬奥会而名声远扬,但各种利益集团以此为契机,几年来一直大兴土木,致使该县债台高筑,县财政濒临崩溃。后来在兴建场馆问题上,又曝出官员政客做手脚并销毁证据的丑闻,县民对政治已经失望至极。而在水库问题上,虽然长野县的水库已基本满足了需要,但那些专吃水库项目的"水库族"议员还在上下活动,力求再在长野县修建几座大型水库。在这种背景下,田中康夫的改革疾呼自然获得了县民们的热烈响应,据当时的民意调查显示,88%的县民赞同田中康夫的水库停建计划。正是在这种人心所向之下,虽然田中康夫仅在选举的前三周才提出参加竞选,虽然长野县所辖市镇的120位地方领导全部表态支持他的竞选对手——原长野县副知事,但田中康夫仍然以多出对手11万票的优势一举当选。这位被人们寄以厚望的新知事上任后果然守信,2002年2月20日,也就是上任后的第三个月,田中康夫即发表了著名的《脱水库宣言》,并在当天宣布,终止预算金额为240亿日元的下取访水库建设。

二、新闻媒体的批判运动与田中的反击

　　宣布停建水库,引发"水库族"议员的强烈反对,并不出乎人

们的意料，令人真正感到不解的，却是一些新闻媒体尤其是几家全国大报的反应。在田中康夫发表《脱水库宣言》后，《读卖新闻》、《朝日新闻》、《每日新闻》、《产经新闻》这四家全国大报连续一周在报纸上刊登"田中康夫无视民主政治程序，搞强权政治"、"田中康夫大搞独裁"、"田中康夫的想法令人不寒而栗"等报道，形成了声讨田中康夫之势。

全国大报的这些批判，与此前各报态度形成了鲜明对比。第一，几年前在田中康夫参加神户市民运动，搞联署签名向行政首脑和议员陈情碰壁时，这些大报还将他作为悲剧英雄大加报道。第二，《脱水库宣言》中"在可能的情况下，不应该建造水泥大坝"的理念，与这些报纸以前"应该检讨公共事业中的浪费"等社论，从内容到观点，都是一致的。第三，《脱水库宣言》发表后，田中康夫的人气更旺，民意支持率一直维持在80%以上。四家全国大报此时连篇累牍地批判田中康夫，似乎与情与理都非常蹊跷。

但是，只要了解日本报纸的运营格局，上述疑问就会迎刃而解。《读卖新闻》、《朝日新闻》、《每日新闻》等全国大报除了在东京设立总局外，在各地均设有支局，每天报纸中地方版的消息，都是依靠地方支局的稿件来支持。因此有关长野县的报道和评价，与其说是各报总局的态度，不如说是各报长野支局观点的反映。而对于这四家报社常驻县政府记者俱乐部的记者而言，田中康夫绝不是一个可爱的人物，因为田中康夫的举动威胁了记者俱乐部的利益。

在长野县政府办公大楼中，共有三个记者俱乐部，它们是由全国大报、电视台、通讯社的新闻记者组成的县政记者俱乐部，由地区报记者组成的县政记者会，由当地专业报纸记者组成的县政专业记者会。一个县政府内竟然有三个记者俱乐部，反映了日本媒体集团内部的级别差异。在三个记者俱乐部中，地位最高，享有权力最多的是县政记者俱乐部,他们对于田中康夫的批判也最为猛烈①。前面已经提到,日本政府官员与记者的会见和新闻发布会,都由记者俱乐部主办,长野县的知事会见就由这三个记者俱乐部共同举办、共同参加。但是,对于记者俱乐部长期享有的主办权,田中康夫却不以为然,经常不予理睬或自行其是,经常做出逾越记者俱乐部"规矩"的举动。比如,他经常代表体育新闻、日本共产党机关报《赤旗》、宗教团体创价协会机关报《圣教新闻》和网络出版物等媒体记者或自由撰稿人,向记者俱乐部提出参加知事会见的申请,但屡屡碰壁②。在申请要求被记者俱乐部拒绝后,田中康夫干脆撇开记者俱乐部,或者单独会见这些"圈外记者",或者为其张罗与其他官员的见面会。这些行为打破了记者俱乐部历来的"祖制",更为关键的是,它严重地冲击了俱乐部记者对信息的垄断权。因此,作为三个记者俱乐部中的老大,县政记者俱乐部特别是其中全国大报的记者对田中康夫胆敢冒犯他们利益的行为深恶痛绝。

此外,传统体制中的政治人物,如县议会中的族议员和各地的市町村长对田中康夫的强烈反对,也深深地影响了俱乐部记者的态度。由于记者俱乐部一直驻扎在县政府办公大楼内,与政治人物之间已经建立了相当牢固的关系,而当"老朋友"与新选知事之间发生冲突时,记者们往往会毫不犹豫地站在老朋友一边。长野县议会中的最大派别是县政会,由自民党与民主党羽田孜派议员组成,最多时人数达45人。县政会是议会中的老大,县政记者俱

---

① 长野县的县知事会见是由三个记者俱乐部共同主办的。但是在知事会见之外,县政府部长、科长级官员、各种团体与记者的会见则由县政记者俱乐部单独主办,其他两个俱乐部的成员也无法参加。

② 日本的体育新闻不只报道体育,也报道其他新闻,而且观点要比几家全国大报煽情且大胆。

乐部是记者俱乐部中的老大,两个老大之间惺惺相惜,互相帮助,组成了坚固的联盟。因此,在田中康夫提出停建水库,并发表《脱水库宣言》之后,那些利益受损的"水库族"议员自然会发动一些熟识的记者朋友去批判田中康夫,而这些记者此时也感到义不容辞,因此无视民意的新闻报道就这样产生了。

对于这一切,田中康夫的应对办法是以硬对硬,绝不妥协。对他而言,此时最不能失去的就是民众的支持。当初在被利益集团一致抵制的不利局面下,他仍然能够高票当选,就是因为把握住了民众最关切的问题。现在,他只要继续致力于摧毁寄生于公共事业的利益集团病灶,就能让更多的人支持自己、响应自己。而要做到这一点,就必须保证自己的声音能够被更多的民众听到,自己也能及时听到民众的意愿。为此,田中康夫开设个人网页,宣传自己的政策;驱车前往边远的山村,与那里的民众举行面对面的市民会议,进行沟通;接受体育新闻、日本共产党机关报《赤旗》、宗教团体创价协会机关报《圣教新闻》和网络出版物等"圈外媒体"的采访,通过他们向更多的民众说明自己的政治主张。但是,所有这一切,对于记者俱乐部来说都是更大的伤害:如果信息不再经由他们发布,如果信息渠道不再被他们控制,那么他们的垄断地位将一夕崩溃。在这种情况下,田中康夫与记者俱乐部之间的龃龉越来越深,发展到最后,就是2002年5月15日《脱记者俱乐部宣言》的发表。

《脱记者俱乐部宣言》指出,时光已经进入了21世纪,日本的很多行业,包括金融事业在内,都在取消原有的政策保护,但记者俱乐部却依然作为受特殊保护的利益团体,享受着不合理的特殊利益。记者俱乐部本来应该是由新闻媒体组成的亲善组织,但现实中,它们却是排他性、垄断性的利益集团,例如记者会见应由记者俱乐部主办,加盟社以外的成员就无法参加。为此,田中康夫宣布:第一,截止到2001年6月底,县政府办公大楼内的三个记者俱乐部必须全部退出。在他们退出后,成立统一的媒体中心,一切信息传播者,无论个人或组织,都可以自由参与。第二,历来由记者俱乐部主办的知事记者会见改由县政府主办,一切愿意参加的人都可参加、提问,会见内容也将在网上发表①。

田中康夫的《脱记者俱乐部宣言》对于日本媒体是石破天惊的。如果说《脱水库宣言》发表后,一些记者俱乐部记者还是出于人情去帮助县议会"水库族"议员的话,那么《脱记者俱乐部宣言》的发表,二者已经同病相怜,命运紧紧地联系到了一起。对于《脱记者俱乐部宣言》,主流媒体在恐慌之余,最初的反应就是封锁消息,他们担心由此造成多米诺骨牌效应,造成媒体垄断格局的崩溃。以《读卖新闻》为例,宣言发表后,《读卖新闻》的长野地方版竟只字未提,只是在社会版,用极不起眼的方式报道了这一消息,而且报道所使用的标题还是"县政府记者俱乐部向非加盟社开放",让人以为是记者俱乐部主动放权,允许非加盟社参加。而且在通篇报道中,"脱记者俱乐部宣言"的字眼一次都没有出现。《读卖新闻》如此,其他媒体的态度概莫能外,毕竟,没有哪家媒体会愿意将自己以往所享有的特权曝光,更不想把现在又被扫地出门的窘态公布于世。媒体封锁消息,是《脱记者俱乐部宣言》不像《脱水库宣言》那样广为人知的直接原因。

在封锁消息、转移话题之外,记者俱乐部还做了两件事,一是想方设法让《脱记者俱乐部宣言》中提到的媒体中心流产(后改名为"表现者中心",以下以新名为准);二是使用手中的媒体资源,对田中康夫极尽中伤诋毁之能事,迫其落选。在第一方面,田中康

① ［日］田中康夫:《脱记者俱乐部宣言》。

夫在《脱记者俱乐部宣言》中，提出要建立一个人人可以自由利用的表现者中心。改建自然要花钱，花钱就要得到县议会的批准。2001年6月，田中康夫第一次向县议会提出金额为3000万日元的预算申请，结果，除共产党议员表示支持外，其余议员全部表示反对。9月，田中康夫再次提出申请，此次申请预算金额减至1800万日元，但即使这样，县议会也依然否决了这个预算案。对于两次否决，县议会方的解释是"建表现者中心，纯属浪费"，此外他们还强调，"对于知事的《脱记者俱乐部宣言》，记者俱乐部成员至今尚未表示同意，在这种情况下，应该先与俱乐部协商，然后再行讨论。"县议会的表态非常明确，那就是建立表现者中心的事，不能抛开记者俱乐部单干。这种急记者俱乐部所急，想记者俱乐部所想的态度，除却双方相互信赖、互相帮助的心理外，还与一位NHK记者的公关活动有直接关联。据田中康夫发表在《SPA!》杂志的一篇文章中披露，NHK这位五十开外的老记者，竟在县议会审议预算案之前，将投票委员会中除共产党议员之外的所有委员求拜了一遍，求拜的目的就是一个：让表现者中心的计划胎死腹中①。

　　由于县议会与记者俱乐部的共谋，建立表现者中心的计划果然没有实现。很快反对阵线向田中康夫发起了第二波攻击，2002年9月知事选举，之前的7月份，县议会即通过了对田中康夫的不信任案，与此同时，媒体对田中康夫新一轮猛烈批判也开始了。不用说，几家全国大报又是急先锋。2002年7月4日，《每日新闻》发表标题为《知事发言片面，大搞个人宣传》的署名文章，文中称，"田中知事经常以作家或个人的身份离开长野县外出，去年7月，在参议院选举期间，他携女友去欧洲度假，时间长达11天。"2002

---

① 《SPA!》2001年7月18日号。

年7月10日,《读卖新闻》发表《田中知事大搞媒体宣传》的文章;
六天后,即2002年7月16日,《朝日新闻》发表文章,标题为《田
中康夫擅长媒体战,县议会急欲效仿》。文中对于田中康夫善于
直接向民众诉求的特点极尽讽刺之能事,并作了这样一番联想和
对比,田中康夫和田中真纪子之流一样,都是善于在公众面前表现
自己的政治明星,田中真纪子已经落马,田中康夫的命运也就可想
而知了。2002年7月26日,《朝日周刊》又发表名为《长野田中知
事的夙敌　县议会六议员不为人知的一面》的文章,文中详细介
绍了强烈反对田中康夫的六位议员的资历,将议长宫泽永一尊称
为"豪杰",并大段引用宫泽永一对田中康夫的污蔑之词:"知事的
人格缺陷就不用说了,我看这个人连脑子都有问题,不知道父母是
怎样教育的。"文章作者还进一步写道,"与善于表演的田中知事
不同,这六位议员根本不知道怎样推销自己",在作者笔下,田中
康夫是个巧嘴如簧的政治骗子,而反对他的议员们,才是一群踏踏
实实,但不会表现自己的"有个性的豪杰硬汉"①。

　　但是,田中康夫依然坚定不移、针锋相对,结果,在与县议会、县
记者俱乐部的交锋中,最先崩溃的是县记者俱乐部,2001年6月21
日,县记者俱乐部提出《对脱记者俱乐部宣言之见解》的反对声明,
再次对驱逐记者俱乐部、收回记者会见主办权的做法表示抗议,但6
月底,三家俱乐部全部老老实实地撤出了县政府大楼。此后一年,在
2002年9月1日长野县知事的重新选举中,田中康夫击败其他五位候
选人,以82万票的绝对优势再次当选,票数比第二位候选人即得到县
议会和一些所辖市镇领导支持的长谷川敬子多出40万张。2002年9

---

　　①　《每日新闻》2002年7月4日版、《读卖新闻》2002年7月10日版、《朝日
新闻》2002年7月16日版、《朝刊朝日》2002年7月26日号。

月11日,面对选举的失败,县议会最大会派县政会宣告解散。

选民直选知事的地方自治制度,成就了田中康夫,使他得以在严峻的政治斗争中获胜;而他的再次当选,不仅再次验证了当地选民对其政治主张的支持,也反映出传统政治体制和利益集团日益衰败的困境。这位"改革知事"此后高举改革大旗,履行他二次竞选时提出的"信息公开、有责解释、市民参与"的承诺,努力将长野县带出低迷的困境。但几家欢喜几家愁,对于那些昔日的记者俱乐部记者而言,田中康夫的再次当选,让他们彻底断了复辟美梦,记者俱乐部这个字眼,在长野县成为历史。一位昔日的记者俱乐部成员感慨道:"没有记者俱乐部,我们只能自己去采访了。不过我感觉好像又回到了记者的原点,其实,这种生活也挺好。①"这可以看作是对"脱记者俱乐部"意义的一种积极诠释。

第四节　半途而废的国会电视

1988年利库路特金权腐败丑闻的曝光,使日本执政的自民党处于巨大的舆论压力中。1989年年初,首相竹下登宣布当年为政治改革元年,要将政治改革作为最重要的课题。虽然竹下没能实现承诺就下台了,但为了维护政权,自民党于该年成立了以伊东正义为本部长的自民党政治改革推进本部,后由藤田正晴任代理本部长,下设政治伦理委员会、国会改革委员会、党改革委员会、选举制度·政治资金委员会四个委员会,开始进行政治改革。在这种背景下,日本出现了类似美国C—SPAN的国会电视,政治与媒体

①　[日]浅野健一:《田中康夫前知事记者俱乐部改革后的一年》,http:www.doshisha. ac. jp/~kasano。

联手建立了一种新的政治传播形态和政治运作方式,但是一波三折,发展演变过程表现出鲜明的"日本特色"。

一、美国的 C—SPAN

在美国的电视政治中,有两个电视频道影响重大:一是 C—SPAN,一是 CNN。有关 CNN 对日本商业电视政治节目的影响,前面已有简单评述,本节将要研究美国 C—SPAN 对日本国会电视的影响及其在现实发展中遭遇的困境。作为背景分析,首先简要考察一下美国 C—SPAN 的情况。

C—SPAN 全称是公共事务有线电视网(Cable-Satellite Public Affairs Network),诞生于 1979 年,创始人为布莱安·拉姆,创立的契机是 20 世纪 70 年代的美国政治改革。20 世纪 70 年代是美国价值观激变的年代,越南战争和水门事件,使美国民众对政治的不信任感持续攀升。为了改变这种对政治的消极态度,当时在美国政界、舆论界出现了阳光改革①的倡议,意思是让政治暴露在阳光下,增加政治的透明度。这一政改潮流开创了信息公开运动的先河,信息公开既包括政治家的资产公开,也包括议会政治活动的公开。当时布莱安·拉姆供职于一家有线电视网旗下的报纸,他产生了一个想法,能否把国会议政的情况原汁原味地、不加剪辑地放到有线电视的平台上,在得到美国有线电视界的支持后,1979 年,C—SPAN 正式开播,开播时公司员工仅有 4 名,订户 350 万。到 20 世纪 90 年代末,C—SPAN 已发展为一家拥有 260 名公司员工,7700 万订户,2 个频道 24 小时播出的电视网,成为在美国政治生活领域中有相当影响的舆论力量。

---

① 即 sunshine reform。——作者注。

在 C—SPAN 的运营中,其与商业媒体的区别和共生关系特别值得关注,这也是造成日后日本与美国的国会电视存在巨大差别的重要原因。首先,在经营理念上,C—SPAN 与商业媒体的区别泾渭分明,它让观众直接面对议员和政策制订者,对反映他们行为的镜头不加编辑、不加评论,由观众自己对政治活动和政治家做出评判。布莱安·拉姆认为,C—SPAN 要区别于商业电视追求刺激、追求轰动效应的收视率至上主义,因为在收视率的诱惑下,商业电视总是会对政治信息进行"曲解"和"过滤",他甚至说,"自追求收视率那一刻起,电视就堕落了"[①]。C—SPAN 的任务,就是要改变商业电视一统天下的局面,促使政治信息充分传播,吸引公众积极参与政治,它要成为联结政治、政府与受众的直接通道[②]。其次,在经营体制上,C—SPAN 被纳入了有线电视基本付费制度体系,从而得到了可以与商业电视共生的经济基础及生存空间。C—SPAN 通过向有线系统运营商收取收视费(每个订户 5 美分)来获得运营收入,开播 20 年之后,全美约有 6500 个有线电视系统播出其提供的节目,订户达 7700 万,C—SPAN 拥有稳定的财源,也就有了稳定的事业基础。

二、政治改革与日本国会电视的雏形

1989 年时,日本 TBS 电视网的政治记者田中良绍负责报道自民党,通过近距离观察,使他深知日本国会的惨淡,"在野党拒绝审议,执政党强行采决,言论之府的国会完全陷入功能麻痹中"。

---

① ［日］田中良绍:《对媒体的幕后操纵》,讲谈社 2005 年版,第 198 页。
② 胡正荣:《竞争·整合·发展——当代美国广播电视业考察》,www.66wen.com。

在与政治家私下交流中,很多议员也对维系三十年的"国对政治"感到不满,但是谁也不愿公开表明自己的质疑意见。田中良绍痛感这样下去日本政治将毫无希望,认为解决拒绝审议和强行采决最有效的办法,就是把国会里发生的一切都通过电视公布于众。因为他发现了这样一个现象,在国会审议中,只要NHK的转播一结束,在野党立刻开始拒绝审议,很有点儿像课堂上调皮的小学生,老师一转身就搞小动作。于是田中良绍产生了一个想法,如果电视连续不断地进行转播,也许会使情况有所转变。于是田中良绍开始考察各国议会的转播情况,这使他知道了美国的C—SPAN,并成了日本版C—SPAN的创建人。

1989年5月,在竹下登宣布辞职后,田中良绍飞抵华盛顿,开始对美国C—SPAN进行考察。8月份,宇野宗佑因自民党在当年参议院选举失败而引咎辞职,海部俊树成为新任首相。田中良绍随即被召到自民党政治改革本部·国会改革委员会,向自民党各位委员介绍了美国C—SPAN的情况。长期以来,自民党政治家对NHK和商业电视的"编辑过滤"均感不满,因此对创办日本版C—SPAN很感兴趣,认为在体制设计上没有问题,只要不编辑就行,很有影响力的自民党放送委员长吹田幌提出应该立刻就做。当年年底,自民党将"导入国会转播专业电视"写入政治改革大纲,此后社会党也将"建立C—SPAN式的电视机构"确立为党的方针,公明党、共产党也表示赞成。这样,创办日本的国会电视得到了各政党一致同意。

为了使更多的日本人对国会电视有所认识,田中良绍制作了一档名为"打开密室国会"的节目,1989年11月在TBS《报道特集》节目中播放。当时英国也正在讨论是否引入国会电视,但撒切尔首相不同意,认为国会转播只会有利于持攻击立场的在野党。

田中的节目为时一小时，介绍了英国的论争和美国 C—SPAN 的情况。

随后，国会改革委员会委员长羽田孜提出，在众议院议员运营委员会中设立国会电视转播小委员会，出乎意料的是，这项动议却遭遇到了强烈的反对。反对力量恰恰来自主导日本政治的官僚势力，一个是国会事务局，一个是邮政省。国会事务局的反对理由有二，一是不希望被曝光，二是会影响到相关机构的工作。邮政省的反对理由，则是开设这种电视台，将损害 NHK 国会转播的既得利益。但羽田孜坚持成立小委员会，最后终于成立，并决定于1990年首先开办限定版国会电视。

1990年，日本限定版国会电视开播。之所以被称为限定版，是因为它不面向一般民众，收视范围仅在国会内、议员会馆、霞关官厅所在地。摄像机首先安装在召开预算审议等重要委员会会议的第一委员室，从1991年1月起在国会，4月起在议员会馆范围进行直播。计划到1996年12月前，所有的委员会室都安装了转播设备，到1998年年初，国会分馆、别馆、宪政纪念馆、记者会馆、国会图书馆、国会附属关联设施以及所有官厅部门都可以收看到国会转播，其中众议院为九个频道，参议院为七个频道。1990年限定版国会电视出现后，反响并不大。以新闻界为例，大部分政治记者对国会转播不感兴趣。据每日新闻政治部记者仓重笃郎观察，在最重要的首相官邸俱乐部，国会转播的利用率非常低，除预算委员会外，其他频道一概无人关注，而且对预算委员会的转播，也仅收看有首相、官房长官参加答辩的部分①。国会电视无法吸引人是因为国会讨论本身缺少实质内容，收看国会转播对记者写

---

① ［日］仓重笃郎：《国会电视改变报道》，《综合新闻研究》第163号。

稿子也没有用处。

三、国会电视的现实遭遇

虽然限定版国会电视遭到冷遇,但是田中仍然坚持推进这项尝试,要给国会电视找一片立身之地。当时在日本,多频道有线电视、卫星电视等新媒体业已开始普及,所以在技术上,开创这一空间毫无问题。关键的障碍还是制度环境,在于日本多频道广播电视的特殊性。这种特殊性就是在与政、官两界的共谋下,媒体利益集团通过近亲繁殖的方式把持着新生广电资源,有线电视、广播卫星电视(简称 BS)、通讯卫星电视(简称 CS)都被囊括其中。新技术创造的新空间,几乎全部成为政官财铁三角的势力范围,新生力量很难进入,这也就决定了日本国会电视日后无处容身的坎坷命运。

(一)国会无缘有线电视

前文已述,美国 C—SPAN 的出现全赖于有线电视,一是有线电视的媒体平台,一是有线电视稳定的收入来源。但是当 C—SPAN、CNN 在美国异军崛起的时候,日本的有线电视发展却异常缓慢,阻力重重。[①] 日本的有线电视都分布在地面微波信号不易到达的偏僻区域。当时,管辖有线电视的邮政省认为,有线电视对于国土狭小的日本来说不合适,将来也不会普及。邮政省这样的态度耐人寻味,最根本的原因是不想让凭小资本就可运营的有线电视进入电视界,打破已有的电视产业利益格局。田中良绍在地方调研和座谈时,时常听到村长、町长们讲起有线电视在地方发展

①　这一部分的资料来源为田中良绍:《对媒体的幕后操纵》,讲谈社 2005 年版,第 198—240 页。

的障碍,主要是遭遇到 NTT(日本电话电报公司)与 NHK 的反对。对于 NTT 来说,有线电视可以作为电话通讯手段,会夺走自己的客户,美国就是因为有线电视的出现,打破了 AT&T(美国电话电报公司)的垄断,所以 NTT 想尽量延迟这一竞争对手的入市。对于 NHK 来说,它靠收视费维持,靠广告生存的商业电视对其不构成竞争,但有线电视靠收视费,二者会产生竞争,有线电视每月3000 日元可收看 30 个频道,而 NHK 每月 1000 多元却只能收看两个频道,所以担心观众会在比较价格之后选择有线电视而放弃NHK。另外,阻碍有线电视发展的还有各大报社。日本的商业电视都是大报社旗下的系列企业,大报社以有线电视会侵害商业电视利益为由,动员“邮政族”为有线电视的普及设置障碍。就这样,几种势力轮番动员自民党的邮政族议员,最终说动邮政省设立了很多限制性法规,抑制有线电视的发展。直到1993 年克林顿政权诞生,启动信息高速公路的革命性计划,提出将全美所有家庭纳入光纤网,日本因害怕落后,才开始放松限制,但即使这样,新业者仍很难进入。因为没有 NTT 或电力公司的协助,很难铺设网络,而已有的有线电视也是收视率至上主义,和现有靠地面微波传输信号的商业电视没有两样。田中良绍在日本推行以有线电视为传输平台的国会电视的努力,在商业利益与政府部门联手打压之下,被证明此路不通。

(二)国会无缘卫星电视

卫星电视是 20 世纪 80 年代兴起的又一个影响巨大的新媒体技术。卫星电视有两种:广播卫星电视(BS)和通信卫星电视(CS),其特点是容量大、覆盖广、传输快,传播效果可观。它们本来可以合二为一,但世界上只有在日本这两种卫星传输形式同时并存,这也是日本利权政治体制造就的产业利益条块分割的特殊产物。为了保护既有的产业利益,政官财"铁三角"可以联手扼杀新兴产业,设置种种障碍不许入场,上述有线电视的发展就是一例;而为了保护既得利益,又可以巧立名目,不计成本,不管效率,让大量的资源或闲置或空转,如上述长野县的"水库族"就是这种情况。种种积弊,在日本卫星电视的发展中暴露无遗。例如,日本的 BS 有一个重要特点,就是频道少,并且都控制在既有电视集团手中,而其他国家的 BS 动辄有上百个频道,并且大都是由新的产业资本掌控。日本在 1989 年从美国引进了 BS 卫星,就是由 NHK 出面购买的。当时购买美国的 BS,中曾根政权有两个考虑,一是缓解白热化的日美贸易摩擦矛盾,二是借这个平台,推广由电视生产厂家、NHK 和邮政省共同进行的高清晰视频(high vision)电视计划①。对于 NHK 来说,购买美国的 BS 解决所谓边远地区收视难问题不过是幌子,真正用意是扩大自己的势力地盘,因为后来在 BS 上播放的并不是 NHK 原有的两个频道,而是新开设的频道。

在 1989 年时,日本的 BS 电视预定为 8 个频道,开播时仅有 NHK 两个频道和 WOWOW 共 3 个频道,其余的五个频道,是预留给由 5 家全国大报做后台的 5 家商业电视网的,在这种情况下,如果国会电视再占一个频道,就会与商业电视网之间形成竞争,所以五家报社联手反对国会电视进入 BS。这样空议了两年,最后各种方案都被否决了,国会电视上 BS 的构想终告流产。

再看 CS 方面。当时对国会电视命运产生重要影响的,是 CS110 度广播卫星电视的出现。上文已述,日本的卫星电视非常

---

① 有关高画质电视,存在着日本与欧美的业界标准之争,结果日本模式遭到挫败,因为世界的潮流是比起高质画面,更重内容。——作者注。

特殊,分为 BS 和 CS,用户都想看的话,需要安装两套天线,但是CS110 因与 BS 处于同一位置,所以可以合用一个天线。2000 年初,原 CS 广播的 80 家委托放送事业者都表明要申请 CS110 度卫星广播执照,国会电视也在其中。但是 2000 年夏,一道规定从天而降,称在申请执照之前,据社团法人 CS 卫星放送协议会说,必须由五个频道捆在一起申请,否则不予受理。能将五个频道捆在一起申请的,只能是电视台(电视局)、全国性的大报和大资本,新入场的小产业资本根本不可能。就这样,日本传统的地面微波电视和新兴的有线电视、BS、CS 全部成了媒体既得利益集团(报社、系列电视网、邮政族议员)支配的世界。1989 年热议政治改革时,明确写入自民党政治改革大纲,并且日本政坛所有政党一致赞成的"美国 C—SPAN 式日本国会转播专业电视台",经过十多年令人绝望的抗争和挣扎,就这样从电波世界里消失了。

(三)日美国会电视的简单比较

从国会电视在美国和日本不同的命运,可以看出两国电视体制和电视理念的巨大不同。美国既有商业电视的收视率至上主义,也给了公共电视(public television)一席之地,并采取一系列不同于商业电视的政策措施予以扶持。而日本则是把公共事业的运营完全资产化、市场化,投入市场,自由竞争,经营不好就自生自灭。这种做法看似公平,但问题是面对已经被既有利益集团分割完毕的市场垄断格局,日本政府根本没有为新兴产业特别是新兴公共事业提供任何入场的前提条件,结果犹如让刚刚破土而出的嫩芽去同参天大树比肩并立,毫无疑问,这样的"公平竞争"结局只有一个,小苗在大树的压抑下不见天日、枯萎凋零。这就是日本电视业发展的残酷现实,早已经作大作强的垄断巨头不但不给"新入场者"任何生存发展的机会,反而游说政府制定种种扭曲的政策,逐步把有线电视、卫星电视新领地变成自己财富增值的殖民地。经过政官财"铁三角"一番精心打造,电视业发展的体制环境和产业格局都呈现出一种典型的"马太效应":已有的让你更多,没有的让你更加一无所有。本来,田中良绍等人出于对日本政治异变的忧心,想通过创办日本版的 C—SPAN,让更多的民众有渠道有机会了解自己选举的议员在国会的活动情况,借此重新唤起国民对政治的热情、对政党和国会的信心。这样一番苦心,在利权政治的制度机器里饱受蹂躏,最后彻底幻灭了。

在美国有关国会电视(C—SPAN)和公共广播电视网(PBS)问题,美国国会多年来不断举行听证会,政府、企业、社会团体、公众代表、媒体界代表等有关各方在国会的舞台上互相辩驳诘难,各自阐明立场,有关政策和法律法规皆可成为评判对象。媒体在报道这些听证会的同时,还会就有关问题组织访谈、调查和民意测验,吸引社会各界进一步关注议题的发展。但是在日本,从来没有听说过为国会电视举行过什么国会听证,也从来没有见过各大媒体为此组织过公开的讨论,实际的情况是,在社会上大部分人甚至国会议员都不明就里的情况下,创设国会电视这种新型公共空间的理念就泯灭了,而固有的媒体垄断体制却进一步得到了强化。美国在其经济、政治、社会和文化各方面固然有着重重弊端,有些更是寄生于其社会制度中难以克服的痼疾,但它在社会运行中留有很多弹性空间,国会电视、公共广播电视系统及为此进行的国会听证、媒体辩论和社会参与都是这方面的表现,结果使它哪怕在面临危机时还能够进行调整和转圜,由此一次次得以避免制度的整体崩坏。而日本的局面看似严实缜密,但在一潭死水中却包含着颠覆性的危机,国会电视成为绝响就是这样一个信号。

第五节　首相与媒体：剧场政治的
失败者森喜朗

本章前此已分析了日本新闻界的记者俱乐部制度。首相官邸作为日本政治的中枢,自然少不了有全天候驻扎的记者俱乐部。这个记者俱乐部以首相官邸所在地命名,被称为"永田俱乐部",又称"内阁记者会",是日本剧场政治不可缺少的舞台。本节将以"内阁记者会"和森喜朗政权为个案,进一步观察日本媒体与政治关系的互动机理。

一、日本首相官邸的采访机制

在日本,历史最长、规模最大的记者俱乐部就是内阁记者会。作为常驻首相官邸,对首相活动进行日常采访、报道的媒体组织联合体,到 2002 年 5 月,内阁记者会共有 103 家加盟社(含外国媒体),记者约 500 名,其中的常驻社,即在总理府大臣官房广报室登记备案的新闻媒体只有 18 家。这些新闻媒体大多位列此前述及的"第一方队",它们所享有的权利比其余的 85 家要多得多,内阁的一些组织如税制调查会等举办的活动,只有这些记者才有权旁听。外国记者仅具有"观察员"资格,不能听政要对记者的吹风,提问只能用日语。对首相的采访,也是日本主要媒体的特权。此外,负责制定内阁记者会规章制度,并在俱乐部总会上拥有投票权的,仅有《读卖新闻》、《朝日新闻》、《每日新闻》、共同通讯社和 NHK 这 5 家媒体,每两三个月轮换一次、行使俱乐部最高管理权的干事也基本从这 5 家中产生。

驻扎在永田俱乐部的媒体记者,被称为"首相番",即首相的跟班记者。日本的全国大报均有一个栏目刊登首相每天的行踪，首相几点钟与谁会见，几点结束办公等，这些"流水账"就是出自跟班记者的手笔。首相出国访问时，要在专机上接受记者采访，因此也有记者跟班。在日本电视新闻的画面中，簇拥在首相身边的，就是这些跟班记者。但也不是所有跟班记者总跟着跑，首相在没有公务的周末、节假日期间的动向，根据各新闻单位的协定，由共同社、时事社这两家媒体负责"跟班"，各报或各电视台使用他们的信息。

担任首相跟班记者的，基本是各新闻媒体从地方分社上调到报社政治部的年轻人。自吉田茂担任首相的时代，各报社派出跟班记者的做法就已经固定下来。当时的媒体有着"担当战后民主主义"的自负，因此时刻监督国家最高权力者的动态，显得十分名正言顺。但直到池田勇人时代，都还没有首相在官邸走廊边走边接受记者提问的作法。当时记者只是一拥而上跟在身边，并不像后来那样问个不停。可以说，在那时首相与记者之间的主动权掌握在首相一方，只有当首相想向媒体说点什么的时候，他才会开口，这时的首相发言等同于记者会见中的正式发言。如果首相谈的是重要的政策问题，媒体方面会临时改派资深记者取代年轻的跟班记者进行采访。

跟班记者与首相在首相官邸或国会走廊上边走边谈，相对自由的采访方式，开始于佐藤荣作时期。而将首相一天的行踪刊登在第二天报纸上的做法，也源于此时。佐藤之所以采取这种"亲记者"的做法，据曾经担任过当时首相跟班记者的人称，是因为在长期政权的末期，佐藤内阁的支持率走低。为了提高支持率，佐藤想出了这个苦肉计，即通过与年轻的跟班记者轻松对话的方式，向国民传递自己亲民的风格。但是，佐藤本人实际上却不易为人接近，正因如此，当时的年轻记者们并不敢轻易造次①。之后的田中角荣，则根本不理会这群首相跟班记者，他经常只把合乎自己心意的田中派跟班记者叫到家中，进行恳谈。三木武夫、福田赳夫、大平正芳三位首相，除了一些特意准备的发言，接受跟班记者的采访基本停留在简单感想问答的程度上。从铃木善幸时代起，首相跟班记者的提问开始变得正式且强势，即也可以在首相走路的过程中提出一些重要的问题，首相必须作出正式回答。中曾根康弘、竹下登直到森喜朗，日本首相与跟班记者的关系都是这种模式②。

二、小渊首相突然病倒与密室首相的诞生

2000 年 4 月 2 日凌晨 1 点，日本首相小渊惠三突然发病，被送院急救。当天早晨 5 点左右，医院的主治医师把首相住院的消息，通知了时任官房长官青木干雄。青木随即通知了时任自民党参议院议员会长的村上正邦和当时的自民党干事长代理野中广务。其后，村上通知了自己的盟友、时任自民党政调会长龟井静香（二人甚至被称为村龟派）。这几个人是除小渊家人和医院以外，全日本最早知道首相病倒一事的人。而一般的日本国民知道小渊首相病倒，是在差不多一天之后，也就是说，消息封锁了近一天。

4 月 2 日是周日。当天早晨 10 点钟，野中广务还出演了现场直播的朝日电视台政治讨论节目"周日工程"。在节目里，野中当

---

① 佐藤荣作虽曾苦心搞好人缘，但仍在大众中没有好人缘。引退时，他在首相官邸的记者会见室，站在电视摄像机的镜头前，象猛虎一样咆哮着把记者们轰出去。见升味准之辅：《日本政治史》第四册，商务印书馆 1997 年，第 1141 页。

② ［日］外山众司：《应该重新思考对国家领导人的采访方式》，《综合新闻研究》2000 年秋刊，第 12 页。该文作者系日本产经新闻社论说委员。

然只字未提首相病倒一事,但节目结束后,他匆匆赶往赤坂的王子宾馆,商议后事。事情到了这个阶段,再也不能不叫上党的干事长了,所以森喜朗也被喊来一块参加密室商议。自民党领导层结构是这样的:党总裁之下,有干事长、政调会长和总务会长组成的三驾马车,也被称为党三役,这三个人可以说是金字塔的第二层。因此,在当时看来,除了龟井、森之外,还应该叫上总务会长池田行彦,但最终池田没有被招呼,密室会议成员为五人。当时政治上的事不少,北海道火山有珠山的喷火对策尚未完善,冲绳峰会开幕在即,更重要的是,两个月之后将举行众议院选举,当时自由党党首小泽一郎虎视眈眈。五人从中午开始商议,不久分开。青木在当晚7点左右去医院看望小渊。在随后的记者会见中,青木说当时小渊对他讲一切都拜托了。但这一说法也招致不少怀疑,因为据医生的说明和一些杂志上的照片,弥留中的小渊惠三似乎已很难做出这样的"托付"。当晚,五人继续在宾馆房间里商议,最后决定让森喜朗继任。

日本学者福冈政行这样形容发轫于2000年4月5日的森喜朗政权:"它像一个不受欢迎的婴儿,从出生的那一刻,就因'出生的秘密',难以赢得人们的喜爱。""出生的秘密",即是指从2000年4月2日小渊病倒至森喜朗内阁成立,三天中发生的,谜团重重的政权更替的过程。这一过程发生于两个密室,一是昏迷的现任首相接受治疗的病室,一是五位自民党大佬商议下任首相人选的东京某宾馆客房。而两个密室只有青木游走其间,包括媒体在内的其他方面均不知晓。医院方面直到小渊首相死后才召开了记者见面会。从民众的角度来看,政府首脑与医院相勾结,进行信息操作,是一种典型的密室政治,对人民主权而言自然是一种极大的不尊重。而从媒体的角度,因为当天是周日,首相动静由通讯社记者向公邸电话询问,被以谎言搪塞却浑然不知,竟在第二天即周一的报纸上登出"首相在官邸进行政策学习"之类的大误报,实在是丢尽了面子。但由于害怕得罪消息源,即使青木官房长官在记者见面会上对首相的病情含糊其辞,也没有跟班记者对其提出尖锐的问题,见面会匆匆结束。难怪连日本新闻界内部的人士都发出"日本首相官邸及政治家的见面会真是绅士"的感慨①。因此,可以说,在首相等老牌政治家与年轻的跟班记者之间,存在着明显的重量级差异。

三、森喜朗与媒体的"387 天的战争"

由上可以看出,2000 年 4 月新生的森政权带有两个"胎记":危机性和密室性。但仅以此作为森喜朗政权缺少政治合法性,也并不符合日本的历史事实。因为战后自民党总裁选举绝大多数是形式,本质上无非是以派阀力学、派阀长老之间的谈合为根本依据,在派阀议院席位数字的硬道理下产生新总裁,所以基本上历任自民党总裁选举都没有悬念。在森喜朗之前,选举时结果尚未定盘的仅有三次:鸠山政权后的岸信介、石桥湛山、石井光次郎之争,佐藤政权后的田中角荣、福田赳夫、三木武夫、大平正芳之争,福田政权后首次引入预备选的福田赳夫与大平正芳之争。而在临危受命上,大平正芳去世后选出铃木善幸的过程,与森喜朗基本一样。事实上,森内阁成立之初,内阁支持率尚可,表 5—5 是 2004 年 4 月和 5 月日本三大报纸所作的电话舆论调查结果。可以看出,在政权成立之初,密室政权的支持率并不低。

---

① [日]七井辰男:《官邸取材面临转机》,《综合新闻研究》2000 年夏刊,第 12 页。该人为日本每日新闻社政治部记者。

表5—5：森政权 2000 年的内阁支持率

调查时间	朝日新闻社	读卖新闻社	每日新闻社
2000 年 4 月	支持 41 不支持 26	支持 42 不支持 36	支持 40 不支持 24
2000 年 5 月	支持 19 不支持 62	支持 28 不支持 55	支持 20 不支持 54
2000 年 6 月	支持 19 不支持 59	无调查	支持 20 不支持 58
2000 年 7 月	支持 29 不支持 51	支持 27 不支持 61	支持 19 不支持 60
2000 年 8 月	支持 21 不支持 56	无调查	无调查
2000 年 9 月	支持 28 不支持 51	支持 28 不支持 59	支持 20 不支持 54
2000 年 10 月	支持 23 不支持 56	支持 30 不支持 56	支持 15 不支持 58
2000 年 11 月	支持 18 不支持 64	支持 18 不支持 70	支持 18 不支持 61
2000 年 12 月	支持 18 不支持 65	支持 25 不支持 61	支持 15 不支持 62

（数据来源：［日］松本正生：《政治意识图说》，中公新书 2001 年版。对于《读卖新闻》社一月之内的多次调查，取平均值计算）

真正导致森内阁支持率出现明显下降的，是其 2000 年 5 月 15 日在"神道政治联盟国会议员恳谈会"成立三十周年纪念活动上的讲话。讲话中，森宣称日本是以天皇为中心的神国，希望国民将这一点铭记在心。这种神国论与第二次世界大战期间的神国天皇体制观点类似，此言一经媒体报道，立刻引起舆论轩然大波。神国发言之后，其内阁支持率迅速下降。

但实际上，神国发言以及内阁支持率下降，对于森喜朗来说是迟早的事，因为森显然属于密室型政治家，他既不善于也不屑于在媒体面前表演。在他眼中，首相跟班记者都是他孩子辈的小家伙，围着他叽叽喳喳地提一些在他看来无聊或是难以回答的问题，实在是烦心透顶的事。森并非不重视与媒体的关系，但他的眼里只是媒体的高层管理者、资深记者，对于首相官邸的小跟班，他出于习惯地想用身份、等级的威严去喝退。却不知这些记者虽然算不上报社的大牌，但毕竟是国民与首相之间近乎唯一的交流通道，得罪了他们，他们手中的笔杆子和镜头自然就不会出现什么良好形象了。因此，从就任首相开始，森喜朗与跟班记者之间的争吵、冷战就从来没有停止过，甚至连自民党内部和森熟稔的媒体高层都搞不懂，首相为什么会和一帮年轻跟班记者搞不好关系。

首相不把跟班记者放在眼里，记者们也就不放弃任何一个揶揄首相的机会。由于森经常拒绝回答问题，记者将他讽刺为"点点点首相"。同时森的发言，除去"神国"发言、"国体"发言（2000年6月3日）以外，一些本可以不是问题的发言也因媒体的断章取义，演变为失言问题，如"请无党派层睡觉"（2000年6月20日）发言、"关机采访"发言（2000年7月7日）均成为媒体嘲讽的对象。"请无党派层睡觉"的发言，森的本意是指在即将到来的大选中，自民党的优势并不像媒体报道的那样稳固，还有几成的无党派浮动层，他们要能睡觉就好了。这本是森氏幽默，却被媒体传播（也是一种误导）为森对无党派主权的亵渎。而"关机采访"发言，是森在对记者提出的问题不耐烦时训诫记者的话，他说：总是给你们讲，这些重要的问题不可能在10秒钟内回答，我自己不是超人。森并且向跟班记者团指点向他提问的方式方法，并威胁说这种指点是关机发言，不能泄露。如果哪家泄露出去，今后就不再搭理。结果第二天《朝日新闻》、《读卖新闻》均以"首相指点采访方法，并称不得泄露"为题，将这件事彻底曝光在公众面前，对首相资质的质疑成为坊间的热谈。在这场持续 387 天的"战争"中,失败者无疑是首相本人。

第六节　政治家的明星化与政治的剧场化

在战后相当长的时间里,以几家全国性大报为主、也包括公共媒体 NHK 的日本主流媒体,在经济利诱下被纳入政治的利权体制,表面唱着批判高调,实则享受着来自当局安排的利益,双方在此过程中形成了稳固的互利互助机制。这一过程中,电视这一当代最具影响力的媒体,被人为地"脱政治化",加上战后日本"男主外、女主内"的父系家庭权力结构,日本电视逐渐走上了一条简单至上、煽情至上、娱乐至上、收视率至上的道路。自 20 世纪 80 年代中期以后,日本旧有政治体制、政治传播体制不断崩溃。此中,以电视为代表的软性、娱乐性媒体取代报纸,成为政治传播梯队的第一方阵。媒体化的政治陷入了一种腐败的政治家和官僚与清廉无畏的改革家二元对立的模式。顺应时势,很多政治人物诉诸最直观的情感刺激的手法,用孩童般的非黑即白、非好即坏、非此即彼的简单逻辑,居然在电视表演中屡屡得分,一批偶像明星政治家就此脱颖而出。煽情性的、剧场性的政治节目似乎引发平民百姓越来越多的兴趣,也为电视媒体带来了高收视率和广告收入,但简单化处理政治议题的趋势,即政治的剧场性却使日本政治陷入了一种普遍的情绪化困境,民粹主义之风悄然而起,愈演愈烈,显示出很强的破坏性,日本离社会统合、建设新型政治体制的目标渐行渐远。

一、著名电视人的评论

在当今日本的电视界和政界,田原总一郎的地位是无与伦比

的。1993 年的细川护熙非自民党连立政权,甚至被评论家称为
"久米·田原连立政权"①。那么,田原总一郎本人如何看 20 世纪
90 年代后政治与电视之间的关系呢? 以下,从田原本人的一些评
论可以看出政治剧场化的闸门怎样打开并迅速大潮汹涌:

"在 1993 年的众议院选举中,电视发挥了巨大的影响力。没
有在电视里的频繁出演,日本新党的海江田万里、新生党的栗本
慎一郎、无所属的高市早苗、先驱党的簗濑进等根本无从
当选。"

"细川护熙、羽田孜、武村正义的新党三人组合,不单是新闻
节目,早、中、晚的杂报节目也竞相报道。这三人的共同之处,是都
给人一种无毒、无恶、不耀眼的印象,而且看起来都是很认真的、很
诚实的性格,不像是做坏事的人。这种形象特别适合电视。"

"细川护熙虽然看起来有些弱,但正因如此才让人感觉不会
做坏事。"

"新生党选择羽田孜担任党首而不是小泽一郎,是非常巧妙
的选择。"

"在 1996 年众议院选举中,夹在自民党和新进党之间的民主
党,通过让鸠山由纪夫、菅直人连续出演电视节目,取得了善战的
结果。"

上述评论没有一条是牵涉到政治的实质性内容的,强调的都
是形象(看起来很诚实)、观感(不像做坏事的人)等表面的东西,
这就是当今日本媒体表现的政治,是日本民众能够感觉得到的政
治,也是政治人物每天上演的政治。

---

① 界屋太一发明了此说法。见[日]田势康弘:《政治新闻的罪与罚》,新潮
社 1994 年版,第 144 页。

二、政治家的明星化

如前所述,自20世纪80年代中后期起,以商业电视网为中心,出现了一批新型电视新闻节目。这些节目基于电视受众以女性为主、常规政治报道由各大报社主打的现实,另辟蹊径,在节目制作实践中突出了两点特征,对日本政治与媒体、媒体与公众的关系产生重大影响。一个特点是追求简约和易懂性,尤其是白天时段、面向主妇的电视节目越来越倾向于简单化。电视制片者认为,节目必须强调大众性,原来高高在上的官报性电视新闻已经不符合时代需求,即使朝日电视晚间节目《新闻站》,也为了增加其庶民性,采用广播综艺节目主持人,强调从普通大众的角度看世界、看问题,当时《新闻站》的目标是制作中学生都能看懂的新闻[1],久米就是以其大众口味、大众风格而广受好评。1988年日本电视网推出德光和夫的《新闻+1》,其目标也是要做让"德光能明白的新闻",因为德光本人被认为是普通大众的代表,德光明白了,老百姓也就看得明白了。

另一个特点是追求刺激性。例如,田原总一郎以逼迫政治家说出真心话为卖点,政治家对他又爱又怕,爱其节目的高收视率,所以都竞相通过这个平台吸引大众、凝聚选民;恨则是由于节目具有高度的挑战性,主持人的问题刁钻,稍不留神就会失言,光环尽失。宫泽喜一、桥本龙太郎等都因在其节目中说话随便,对重大问题表态不慎,而在现实中又无法兑现,在观众中留下言行不一的负面印象,影响了他们的政治前程。

在这样的电视生态中,政治家想出头露面,就会努力朝着两个

---

① ［日］早河洋:《新闻站的实验》,《新闻研究》1988年第446号。

方向发展：第一，必须要学会讨女性受众喜欢。首先，形象上要符合当代日本女性的审美。森喜朗那样的长相和风度，自然比不过细川护熙、小泉纯一郎，细川的长围巾、小泉的狮子头，都为其人气增分不少。其次，要会说话，尤其是要经常说一句简明扼要的隽语精句。自20世纪80年代后，电视摄像机的轻便化使电视记者对政治家的贴身采访成为惯例，这种采访都是片断式的问话，同对演艺明星的采访没有两样①，在使用中也是片断式地混杂在软新闻节目中，政治与娱乐，政治家与演艺明星，就这样在电视软新闻的娱乐空间中融合了。这一点，从表5—6的形象对比中就能够看得比较清楚。

　　第二，要符合电视新闻善恶二元简单对立的价值取向，只有呈现"战斗的政治家"姿态，才能获得电视台的青睐和观众的喝彩。像土井多贺子、菅直人、小泉纯一郎、田中真纪子等人，之所以能够成为"人气政治家"，是因为他们都善于以官僚、自民党政治家为抨击对象，善于在言谈话语中带出风趣、机智的警句，总能够吸引观众的眼球，节目之后也经常被人津津乐道、成为老百姓的家常话题。

　　在适应电视生态之外，走明星化路线对于改革派政治家来说，也是其在政治现实中的一种立身、护身之道，这一点无论是新生政党，还是老自民党都概莫能外。先看新生政党。本书第三章曾经提及，在20世纪90年代初期的改革派中有一派力量，就是以先驱党、日本新党为代表的市民参加型政党。对于这些新型政党来说，如何吸引志同道合者加入以及如何争取民众支持，都是非常现实的难题。在候补人问题上，当时日本社会终身雇佣制度还比较普遍，一般市民不愿意冒险投身风险很高的政治领域，而且，日本企

---

① [日]田势康弘：《政治新闻的罪与罚》，新潮社1994年版，第61页。

表5—6：传统型议员、小泉纯一郎与当红电视主持人的三方形象对比

事项	传统型议员	小泉纯一郎	当红电视主持人
支持基础	人脉、地盘、金脉等为中介的现实的、坚固的纽带	以政治参与感为中介的抽象的、微弱的纽带	以电视为中介的抽象的、微弱的纽带
支持层	农业、自营业男性	城市白领、女性、学生	城市白领、女性、学生
体型	肥硕、健壮	清瘦、时尚	清瘦、时尚
表情	威严的、权威的	尖锐的、软性的、洒脱的	尖锐的、软性的、洒脱的
声音	粗大、寡言	高调、善言	悦耳、善言
衣着、姿态	土气、硬派	洗练精干、注意着装	洗练精干、注意着装
文化流行	钝感、生疏	敏感	敏感

（［日］远藤薰：《间媒体社会与舆论形成》，东京电机大学出版社2007年版，第60页。）

业对于职工是全人格的抱摄，企业不喜欢自己的员工加入另外的组织，这种心理员工也有。所以对于一般国民来说，加入政党还是有很强的抵抗感。这样，市民型政党的组织方式，最终就走上了与自民党同样的道路，即不得不依赖一种类似于支持者俱乐部似的个人后援会。事实上，市民派议员的支持基础，都是建立在个人的信赖、爱戴之上，与政党、政策联系不深①。正因为这些新政党在政治务实层面上的不足，所以作为号召市民的战略，他们更加注重务虚，更加注重形象和魅力，依靠明星型党首、骨干，在人气下创立新党、开展新政。

在自民党方面，上文已多处涉及，自20世纪80年代末期日本开始的改革，对于自民党来说破坏性是相当大的，正因如此，党内的

---

① ［日］大岳秀夫：《日本型民粹主义》，中公新书2003年版，第19页。

抵抗也一直不断。而在改革大潮中，自民党若想保持执政党地位，又不得不顶住阻力进行改革。这样，为了与其他政党竞争改革党的形象，为了用改革者的人气效应抵挡党内压力，也需要明星型党首。例如1996年的桥本龙太郎。当时按照自民党内的论资排辈，应该由小渊派的小渊惠三出任首相，但考虑到形象，考虑到人气，最后决定由更年轻、更帅气的桥本出任。到2001年的小泉纯一郎，这种倾向更加明显。自民党最大派阀桥本派领袖野中广务自己放弃出马，转而支持小泉，正是出于对人气效应的考虑，在这一点上，可以说是密室政治出于维持实际权力的目的，对剧场政治的利用。

此外，日本的地方自治体实行行政领导直选制度，这种制度环境有利于明星型人物的脱颖而出。例如昨今两任东京都知事——青岛幸男和石原慎太郎、长野县前知事田中康夫，大阪府现知事桥下彻、宫崎县现知事东国原英夫，要么是著名演员，要么是著名作家，要么是经常在电视节目中露脸的嘉宾，总之都属于明星型人物。而地方政治的游戏规则经过电视媒体的传播，又势必影响到中央政治，2001年自民党总裁选举就是一场非常类似于全民公决式的选举。

三、政治的剧场化

电视的大众性和政治家对电视的接近，并非一无是处。客观上使老百姓对政治的关心多了，了解多了。例如1996年众议院选举中，当时桥本龙太郎通过电视，向民众解释增加消费税的必要性，靠着电视媒体的帮助，实现了"增税下的胜选"，这在以往是从未出现过的事情①。但是，从总体上，日本政治家在电视中能够做

---

① ［日］大岳秀夫：《日本型民粹主义》，中公新书2003年版，第226页。

到以深入浅出的方式解读政治的人是很少的,而且越来越少。要么是专业绕口,令人不知所云,要么是避重就轻,令人稀里糊涂。再加上综艺节目把政治变成娱乐,以此搏收视率,更是加剧了政治报道的综艺化、娱乐化倾向。这些节目一方面倾向于情感刺激,强调善恶对立;另一方面又倾向于体育赛事式的表现,强调胜负对决。到小泉时代,政治家对这种剧场化的娴熟运用达到顶峰。

此外,日本国政体制的短周期性也加剧了政治的戏剧化色彩。日本实行议会内阁制,与美国相比,政权不稳,首相弱势。首相一经选出,政策的得失就会占据媒体话题,包括丑闻,然后再通过众院大选,选出执政党,选出新首相。至2007年,战后日本共举行了21回选举,只有1976年12月的第34回总选举是四年众议院议员任期的期满选举。① 平均计算,日本的选举间隔为2年10个月,上台、对打、下台,如此局面反复不断。

媒体市场的大众化,造成媒体之间激烈的商业竞争,为在竞争中胜出媒体都不择手段地哗众取宠,而媒体体制的封闭,新生的媒体如国会电视等根本无法立足,固有的传媒利益集团只顾利益、不负责任的竞争使得这种政治剧场化陷入每况愈下的恶性循环。在日本,报纸受电视政治剧场化带来大幅赢利的触动,也越来越趋向于煽情,而报纸的介入又为电视的政治剧场化注入了更大的动力,竞争进一步升级,内容和形式更加离谱。而欧美国家较为普遍的媒体批评在日本又几乎不存在,因为日本的报纸——电视系列的媒体产业结构,使得报纸与电视"本是一家人",对彼此的失范行为不可能产生建设性的互相批判。在这种"近亲繁殖"的媒体格局中,你黑我也不说你黑,我要比你还黑,大家一起黑,媒体的社会

① ［日］伊藤惇夫:《权力者的信息战争》,光文社2003年版,第129页。

责任越来越异化为逐利游戏,热热闹闹的媒体剧场使日本大众的政治认知能力不断被腐蚀和消解,"一亿人总白痴"将是其最为可怕的社会后果。这一点,后面章节的案例会显示得更加突出。

第六章　小泉剧场政治

小泉纯一郎为日本社会留下两项政治遗产，一是"小泉革命"，一是"小泉剧场"。"小泉革命"很快已被证明是一项负资产，在任五年，小泉的改革导致日本社会贫富差距急剧扩大，多数民众对自民党的执政表现日益不满，自民党在小泉之后的参院选举和重要的地方选举中接连失利，继任者安倍、福田、麻生不得不一再进行政策调整，为小泉的改革"还账"，最终还是不能令选民满意，自民党终于在2009年8月被失去耐心的日本选民赶下了台。但如何评价"小泉剧场"则复杂得多，小泉凭借"没有禁区的改革"和"摧毁自民党"的口号一度得到近90%民众的狂热支持，小泉历次参拜靖国神社也均有高达50%的日本人表示支持，下台之后人们仍然对其行为举止和过人魅力回味不止，甚至把自民党拉下马的民主党在选举中也依然用的是"小泉剧场"的手法。本章将从日本政治、媒体、社会舆论和社会思潮等角度，深入分析"小泉剧场"的形成和发生，以及其长期的社会和政治效应。

第一节　小泉纯一郎其人

戏剧是人世的缩影，人物是戏剧的灵魂。对于戏剧化的政治来说，站在政治舞台中央的主角是否深得剧中三昧，乃是决定剧场政治精彩与否，是能否打动观众的关键。前已述及，自20世纪90年代以来,日本政治最主要的戏剧情节在于大众反感精英、"普通人"抵制既得利益阶层的民粹主义思潮,经过媒体的打造和放大,形成了善恶二元对决的主旋律。这种新的舞台设计,不仅对主人公的表演技能要求甚高,对其出身背景也有不同以往的新标准,因为在战后日本长期形成的利权政治的风气之下,不沾钱财、特立独行的政治人物实属稀缺。小泉纯一郎恰恰是这样一个崛起的人物,但小泉的崛起并非无迹可寻,而是深深地带着家族和时代的烙印。

一、小泉纯一郎祖上三代的从政经历及对其本人的影响

小泉纯一郎的老家在横须贺,这个当今的美军驻日基地,在帝国时代就已是日本最大的军港。小泉的曾祖父小泉由兵卫是掌控码头搬运工的黑道人物,后来把家业传给了儿子小泉又次郎。又次郎作为码头老大,负责指挥劳力,为帝国海军做物资补给运送工作。1905 年爆发的日比谷烧讨事件,改变了小泉家族的命运轨迹,使小泉家族一举从江湖迈入殿堂,并最终在纯一郎一代登上了权力巅峰。

日比谷烧讨事件,是日本近代史中最初的大众运动。这个百余年前发生的事件,对考察今天的日本政治依然是一个重要的起点。事件的背景是,日本在甲午战争(日本称日清战争)之后,胁迫中国签订了《马关条约》,根据该条约,日本不但获得巨额赔款,而且占据了中国的辽东半岛。但俄国、法国和德国对这一领土割让方式不满,出面干涉,史称三国干涉还辽。日本政府为了这一苦涩,大肆宣传要举国"卧薪尝胆",终于在 1904—1905 年的日俄战争中打败了俄国。但是虽在战争中获胜,日本付出的代价也极为巨大,死了 43000 人,军费花费高达 17 亿日元。可随后的朴次茅斯协议,并没能使日本获得它预期的高额赔偿。沸腾的民意无法

接受这种结果,于是在右翼人物头山满、政治家小川平吉的巧妙煽动下,愤怒的民众烧了内务大臣的馆舍,与警察发生暴力冲突,事件持续三天,最后死17人,逮捕2000人。通过这次支持军国主义的狂热的大众运动,活跃在横须贺码头的小泉又次郎深切地体会到了草根阶层蕴涵着可观的政治能量,他迅速决定投身政界:先是在1905年当选神奈川县的县议员,又在1908年当选为国会议员。"在明治末期国家主义与民粹主义的勃发中,小泉又次郎身上的侠客之血与青云之志终于开出了灿烂之花"①。

又次郎进入中央政界后,很快加入由民粹主义者发动的"南北朝正闰论"政治运动②,显示出其保皇鹰派色彩。1908年之后,又次郎先后辗转于改进党、犹兴会、又新会、同志会、宪政会、民政党等政党、政治组织,并在1924年至1927年间当上了日本众议院副议长。1928年任立宪民政党干事长,1929年出任滨口雄幸内阁的递信大臣③。就这样,"横须贺的任侠之徒登上了日本国政的中枢"。由于当年又次郎的父亲在其身上刺了九门龙,所以又次郎被称为"刺青大臣"。这位引人瞩目的"刺青大臣"上任后,即奔走

____

① 　[日]藤原肇:《小泉纯一郎与日本的病理》,光文社2005年版,第33页。

② 　南北朝正闰论是一场围绕南朝与北朝哪个是皇室正统的争论。在《寻常小学校日本历史》教科书中,喜田贞吉等著者认为,所谓的南朝正统论没有根据。对于这种"历史修正主义"做法,政界出现了以藤泽元造为首的批判运动,指责这种说法损害皇统,小泉又次郎是这场运动的成员之一,亲自参与运作将喜田贞吉开除出文部省。

③ 　祖父又次郎在滨口内阁的大臣经历对纯一郎有着很大的影响。2005年在邮政民营化改革进入实质的,也是最激烈的权力斗争阶段后,小泉在当年的新年所感致辞中引述过滨口雄幸的经历:"昭和初期,滨口雄幸首相果断地实行了严峻的经济财政政策,缔结了伦敦军缩条约。在军部、官僚和经济界的强烈抵抗和干预下,他矢志不渝,抱着只要能为国家履行自己的责任和义务,即使自己倒下也在所不辞的信念,渡过难关。"

于推动普通选举的政治运动中。又次郎这样热衷于各种政治运动,是因为他深谙大众运动背后的权力之道。

自20世纪30年代,日本走上军国主义道路,并越陷越深。在昭和法西斯政治体制中,又次郎成了翼赞政治家团体中的一员,只不过此时他身边多了一位接班人——倒插门的女婿小泉纯也。小泉纯也本姓鲛岛,出身于鹿儿岛县的一个破落家庭。1930年从日本大学法学部毕业后,先是做立宪民政党的事务员,后又当上了递信大臣小泉又次郎的秘书。其间他与又次郎之女芳江暗渡陈仓,甚至一度私奔,生下三女两男后,才终被又次郎承认,得以继承了岳父的政治衣钵。

翼赞政治,是近卫内阁时代为支持圣战而确立的,目的是使民权(议会)伏拥于皇权的政治运动,其思想源于国家主义。这一政治手法为之后的东条英机所延续,但是到了1944年,随着日本军队的节节败退,翼赞体制内部也出现了反东条独裁政治的势力,其中有岸信介,也有小泉又次郎和小泉纯也。这是小泉家族与岸家族的第一代联手。

战后的盟军占领时代,小泉家族与岸家族的重要人物都因翼赞政治时期"参与战争"而被解除公职。冷战开幕、美国改变对日政策后,他们又都相继回到政坛。复归后的小泉纯也追随岸信介,成为岸派一员。1960年岸信介因安保运动下台后,岸派分裂,小泉纯也转身投向藤山爱一郎派,并在池田内阁时代成为防卫厅长官。所以小泉家族与岸家族可谓是世交,这种交情到了第三世代,发展为小泉纯一郎与安倍晋三之间的联袂与禅让。

二、小泉纯一郎进入政坛及前期的从政经历

再看小泉纯一郎本人的政治经历。小泉纯一郎1967年从庆

应大学毕业后游学英伦①。1969 年其父小泉纯也突然病故,他匆忙赶回日本,作为家中长子(纯一郎是二子中的长子,上有三个姐姐)成了家族的继承人,旋即出马参加 1969 年的众院选举,但这次选举小泉没能成功。之后凭着家族关系,他投身到福田赳夫门下做门生。日后小泉纯一郎任命福田康夫(福田赳夫之子)为内阁官房长官,也是为感激当年福田赳夫收留他做出的回报。在 1972 年的众院选举中,小泉纯一郎成功当选,从此开始了他的政治人生。1979 年他出任大平正芳内阁的大藏政务次官,1988 年出任竹下登内阁厚生大臣,1992 年出任宫泽喜一内阁邮政大臣,1996 年出任桥本龙太郎内阁厚生大臣(第二次桥本内阁),1998 年就任清和会(森喜朗派)会长,直至 2001 年 4 月当选自民党总裁。

小泉虽然给人一种"不粘锅"的清新印象②,但从其政治经历来看,实际上他是一个不折不扣的政坛世家、政界老手。有三十余年的议员经验,出任过三回内阁阁僚,做过三塚派、森派的会长,可以说身处权力中枢的小泉,其历世与阅人,皆非一般舆论所称的"局外人",更不是所谓的"普通人"。自 20 世纪 70 年代中期以后,小泉旁观了一次又一次的权力斗争。对三木武夫发起倒戈运动后,他甚至已经在琢磨用超越派阀的方法谋取相位的可能性了③。因此,虽然不像祖父当年那样辗转于各个政党,但纯一郎也

①　从 1967 年至 1969 年归国,小泉纯一郎在英国伦敦大学未取得一个学分,仅为登录在籍。

②　为台湾媒体形容马英九的比喻,形容一种与政界贪腐风气沾染不深的清流风格。

③　据称在 2004 年小泉曾经令人去重新调查当年三木武夫为何没有顺应党内压力,解散议会进行大选。见御厨贵:《虚无主义的宰相小泉纯一郎论》,PHP 研究所 2006 年版。转引自大岳秀夫:《小泉纯一郎民粹主义研究》,东洋经济新报社 2006 年版,第 246 页。

在自民党中先后栖身于福田派、安倍派、三塚派、森派之中,但是与谁都沾染不深,这个冷眼政客在暗暗地等待着机会。

第二节　2001年自民党总裁选举

2001年,小泉终于等来了一个很好的机缘。此时的森喜朗内阁已经臭名昭著,自民党也已岌岌可危。而小泉虽已在政界混迹多年,并且数度入阁,却依然个性鲜明(在很大程度上是先天性格与后天策略的结合)。对于政界内外,他都已经有了很深的了解,这种阅历便于他对形势进行准确的把握。在秩序将要崩溃的非常时刻,小泉纯一郎选择了爆发,强悍地呼出了"摧毁自民党"的口号。套用中国作家南妮评价20世纪90年代美国女影星沙朗·斯通的话①:强悍像一阵惊雷,它袭击了生活的平庸、呆板与传统的苍白、单调。独立与强悍是一种永远的神秘。现代人通常都希望自己在生活里居于主动,而小泉所反映的强悍形象,恰恰迎合刺激了这种社会心理,使大众释放出了郁积的情感能量。下面具体分析一下小泉横空出世的几个重要片段。

一、前任密室内阁的助力

2001年小泉以压倒性优势当选自民党总裁时,其选举搭档田中真纪子被舆论公认为"小泉之母",意思是没有以快人快语博得大众喝彩的真纪子,就不可能有小泉的大胜②。田中真纪子对小

---

① 南妮:《所谓女人》,上海文化出版社1999年版,第50页。
② 田中真纪子之所以公开对自民党大加批判,主要是因为经世会成员对其父田中角荣的"背叛"和薄情。参见[日]浅川博忠:《平成永田町剧场》,讲谈社文库2003年版。

泉的帮助自不待言,但实际上在产生新总裁、新首相过程中还有一个人同样重要,堪称"小泉之父",他就是小泉担任会长的自民党森派的元老、前首相森喜朗。可以说没有深遭民众舆论和媒体厌恶的森内阁的反衬,就不可能有小泉轰轰烈烈的登场。在森政权从2000年4月5日至2001年4月21日的执政时间里,除去舆论的炮轰,自民党高层不得不决定易师换将的另一个重要原因,是选举当头、党内也产生了相当的压力。

（一）加藤之乱。加藤之乱是2000年秋发生在自民党内部的一次未遂的逼宫政变,本书第三章曾有详细分析。2000年6月的众院大选时,自民党在实力派野中广务的运作下,通过与保守党、公明党的联合,勉强维持政权,但在持续走低的内阁支持率的压力下,党内不满现体制的呼声越来越高,同时在野党也在积极酝酿内阁不信任案表决。2000年11月9日,在与新闻界的聚会上,自民党加藤派领袖加藤纮一表示,可能要联合在野党造反,并说下一次内阁人事安排不是森,而是他本人主导。但经过自民党执行部,包括森派会长小泉纯一郎的私下分化加藤派的工作,2000年11月20日众院全体会议审议内阁不信任案时,加藤本人最终采取了缺席战术弃权,使该案未获通过。虽然加藤之乱虎头蛇尾,无疾而终,但自民党面临统合危机的窘态,经由媒体的传播放大,一览无余地暴露在公众面前。

（二）阁僚丑闻相继曝光,内阁支持率跌破10%。先是森内阁官房长官中川秀直的情色丑闻被周刊杂志曝光,中川辞职。之后,围绕KSD（中小企业经营者福利事业团）经济事件,又牵出森内阁经济财政担当相额贺福志郎,额贺也引咎辞职。2001年2月,森内阁支持率跌破10%,媒体对此大加渲染。《朝日新闻》2001年2月19日头版标题为"森首相下台不可避免,支持率暴跌至9%",

《读卖新闻》2001年2月27日头版标题为"森内阁支持率暴跌至8.6%,90%国民对国政不满"。3月5日,在野党又一次对森政权提出不信任案,虽最后又一次被否决,但自民党核心层已经决定换将,野中广务公开表示不信任案虽被否决,但并不代表着森内阁被信任。随后,日本渔船与美国潜艇相撞,森应对危机措施缓慢,再遭媒体轰击。自民党考虑到当年6月将至的参院选举,决定提前进行总裁选举。

二、自民党的助力:总裁选举方法的大众化改革

由于森喜朗内阁备受舆论批判,遭民众厌倦,为保住2001年6月的参院选举,自民党中央党部痛感形象更新的重要性。为了向国民展示"开放的自民党",表示对党与民众关系的重视,自民党在2001年总裁选举方法上做出三项重要改革①。

第一,在总裁候选者党内推荐人数上放低门槛,由30人降为20人,即20人就可以提名总裁候选人。

第二,增加地方票数比例。以往自民党总裁选举的选票,是参众两院议员与地方都道府县的47名议员代表均计一票。由于国会议员在数量上占绝对优势,总裁选举自然是以永田町为重心。为了更多倾听国民的声音和地方的呼声,自民党干事长古贺诚决定在2001年总裁选举中将各都道府县的1票增到3票,即地方票总数增至141票。对此,时任总裁森喜朗也表示赞成。

第三,导入预选制度。这是在小泉纯一郎的家乡党支部——自民党神奈川县县连的强烈主张下实现的,小泉自然是这项改革的热情鼓吹者。预选制是仿效美国总统选举的制度,即各都道府

---

① [日]浅川博忠:《平成永田町剧场》,讲谈社文库2003年版,第165页。

县的 3 票,先在地方党员中投票,赢家通吃。在 2001 年自民党总裁选举中,除山口和广岛之外,日本其他所有的都道府县都举行了预备选。预备选重心在草根的地方党员,候选人必须要跳出永田町的小圈子,到各地拉票。所以,2001 年自民党总裁选举的四位候选人都跑遍全国进行拉票。如此一来,自民党总裁选举成为了一场事实上的首相公选,即全民投票。

三、小泉出马参选的环境因素及竞选战术
(一)参选的政治、社会和媒体环境的变化

在 2001 年之前,小泉已经有过两次出马参加自民党总裁选举的经历。第一次是 1995 年,对手是桥本龙太郎。当时自民党时任总裁是河野洋平,桥本任通产大臣,二人旗鼓相当,竞争理应非常激烈,但选举前河野却突然退出了,这样就造成了桥本稳胜的局面。但当时自民党大佬竹下登认为,自民党的总裁选举是选首相,装样子也要装出来,必须要有竞争态势,因此就授意三塚博、森喜朗出来与桥本交手。可三塚与森慑于桥本当时的人气,不敢出马,于是小泉被抬了出来。在获得森的首肯后,小泉咏着"知不可为而为之"的和歌出马参选,以 87 票对 304 票的悬殊比例大败于桥本。

第二次是 1998 年与小渊惠三之战。候选人有三位:小渊派小渊惠三、脱离小渊派的梶山静六、三塚派的小泉纯一郎。当时按常理从三塚派出马的应该是森,但森认为自己不可能胜,与其这样不如做个二号人物,当个干事长。这时,年轻议员中也出现了期待小泉出马的呼声。就是在这次总裁选举中,田中真纪子的名言"凡人小渊、军人梶山、怪人小泉"传遍日本。选战前本以为小泉在人气上占优,得票应居第二,但结果却出乎人预料,梶山得票超过

100,小泉则只得了84票,当时甚至有人认为小泉的政治生命就此完结。

在第三次,也即2001年的总裁选举中,情况与前两次相比,发生了很大的变化。首先,90年代日本政经体制面临剧烈转型,自民党虽然在1996年重新上台执政,但其很多政策应对不力,甚至属于错误决策,造成经济萧条、社会凋敝,批判自民党和对政党不信任的无党派层人数不断攀升,整个日本弥漫着一种失望抑郁的"闭塞感"。在这种大气候下,小泉大胆地提出了"摧毁自民党"的破坏性改造口号,这种反自民党、非自民党的形象受到社会欢呼。自民党内的年轻议员和都市选区议员,以及平泽胜荣、田中真纪子等对舆论很有影响的政治家都支持、鼓动小泉出马。

其次,桥本派本身的力量进一步分散了、衰弱了。桥本派是田中派、竹下派、小渊派的嫡传。在竹下派成立时,曾有"竹下派七奉行",即桥本龙太郎、小泽一郎(后自由党党首)、羽田孜(后民主党特别代表)、小渊惠三、梶山静六、渡部恒三、奥田敬和等七大将。而2001年总裁选举时,小渊病故,梶山由于身体原因放弃出马,小泽等人早已离党,七大将仅剩下桥本一人。且此次总裁选举中,桥本派内的两大实力人物野中广务与青木干雄也貌合神离。过去竹下派以共同行动见长,团结紧密,具有极强的组织能力,被称为"铁盟"、"团结一致便当"。该派的大佬或实力派人物,在资金和位置上对年轻议员悉心关照。每逢选举,只要是本派阀议员召开的政治资金活动会,该派其他议员的秘书绝对都去声援,事无巨细地帮着一起做。但在2001年这种状况已经不见踪影,桥本派在组织和集票能力上迅速下滑。

再次,媒体报道热度及积极舆论的增加,使小泉纯一郎从预备选阶段就势不可挡。和前两任首相小渊惠三、森喜朗不爱上电视，甚至被称为"电视逃兵"不同①，小泉可谓是电视的宠儿。第一，小泉的画面形象和声音形象俱佳。电视画面中的小泉，视线总是稍微朝向斜上方，给人的感觉是"看着天空，憧憬着梦想，无所畏惧"②。声音形象上，小泉音调低沉，话语简洁明快，非常符合电视媒体的特点。第二，也是最为关键的，在于小泉的"怪人"形象，与以往传统型自民党政治家迥然不同、大异其趣，但恰恰与求新的媒体取向和求变的社会心理相吻合。因此，很多以往对政治冷嘲热讽，甚至不闻不顾的电视节目、周刊杂志包括体育报纸，开始以一种"娱乐性"态度热情地报道此次总裁选举。以朝日电视网的《电视拳击赛》节目为例③，这原是一个以男女关系、社会八卦为主的辩论节目，很少涉及政治问题。但自2001年春季起，该节目的政治话题节目收视率直线上升，据朝日电视网社长广濑道贞说，当时政治问题带来的高收视率，感觉好像挖到了金矿④。此外，面向主妇的午间软新闻节目，因为有田中真纪子对小泉的助选，也是连日追踪，反复报道，引得坊间家庭妇女津津乐道。这对小泉非常有利。小泉也相当识时务，在竞选中采取了一套行之有效的战术。

（二）小泉的竞选战术

一是远交近攻，以攻为守。2001年的自民党总裁选举共有四

---

①　在1999年自民党总裁竞选中有三位候选人：小渊惠三、加藤纮一、山崎拓。由于小渊不爱上电视辩论，加藤和山崎阵营讽刺他为电视逃兵。但当时自民党总裁选举还是遵循"派阀游戏"规则，小渊身为竹下派掌门，即使是电视逃兵，也在两次总裁选举中获得了压倒性胜利。

②　[日]和田圭、有贺さつき：《实况解说！小泉剧场》，PHP研究所2002年版，第48页。

③　日语原文为TVタックル，主持人是著名导演北野武。

④　[日]星浩、逢坂严：《电视政治》，朝日新闻社版2006年版，第195页。

位候选人:桥本龙太郎(时任行政改革担当相)、龟井静香(时任自民党政调会长)、麻生太郎(时任经济财政相)和小泉纯一郎(原厚生大臣)。这四位候选人,应该说各有所长,各有所短。桥本的长处是背后有党内最大派阀的支持,但正如上文所述,桥本派此时的凝聚力已大不如前。桥本在三年前失败过,1998 年因参院选举自民党失利,引咎辞职。再加上桥本在执政期间,曾把消费税从 3%提高到 5%,废除了两兆日元的特别减税,又增加了老人护理方面两兆日元的国民负担。所以当时民众舆论认为桥本是增加国民负担的失政者。龟井静香也是活跃于政界、媒体界的政治明星,通晓政界和媒介游戏规则①。麻生在当时虽然知名度不高,但家世背景(为吉田茂外孙)、个人背景(曾代表日本参加过奥运会)和说话风格也使他看起来个性鲜明。

小泉的长处在于他的个性显得与众不同,此外还有备受主妇追捧的田中真纪子的助选。短处则是其在党内势力基础薄弱,不但所属森派在自民党内是小派阀,而且在本派中小泉也一向独来独往,与大家联系都不密切。在这种情况下,小泉采取了更重视国民而非自民党党员的远交近攻、以攻为守的战术。也就是把其他三位候选人作为自己的对立面,娴熟地使用了树敌获胜的手法。在政策主张上,小泉提出了与其他三位候选者有较大区别的政策。其中最突出的是“景气对策”、“构造改革”、“自民党体制”等。例如在“景气对策”上,其他三位候选人都支支吾吾地表示“财政出动、扩大财政支出是没有办法的办法”,沿用了自民党的传统逻辑和说辞,而小泉则呼吁财政再建,减少财政支出。再例如构造改

① 龟井静香在日后的邮政民营化问题上站到了小泉的对立面,2005 年 9 月11 日众院大选中他离开自民党,另创新党。

革,小泉大胆提出"没有禁区的改革",对自民党改革则提出了"解党式改革"。这些超越常规的提法抓住了盼望改革的社会心理。而在向其他三位进攻时,小泉还树立了自己清白、刚正不阿的政治形象。

小泉特别重视与国民的联系。在街头演说以及电视出演中,小泉总是强调"自民党因为不听百姓的声音,所以遭到厌恶,我要作由国民选出的首相;如果我当选首相,将在人事安排上彻底使派阀失去效力"。这些说辞自然博得观众喝彩。而田中真纪子与小泉相比,更是有过之而无不及。对于电视媒体来说,再没有比猛女骂人更刺激收视率的了。例如田中真纪子毫不顾忌地拿已经故去的小渊惠三(因与桥本同属一派)作为攻击对象,说:"小渊恬不知耻地说自己是世界最大的欠债者,这么一说他的脑血管就爆裂了,小渊成了'佛头'(在日语中指死人)"。田中的这番话受到自民党执行部的严厉警告,但电视对田中和小泉的追捧热情丝毫不减。

在与媒体的接触,即公关战略上,小泉多年的政务秘书饭岛勋功不可没。饭岛的媒体战略就是让大众通俗媒体多多报道小泉,走的是一条大众路线,即"电视比文字重要,周刊杂志比一般报纸重要"。其本人曾经在接受记者采访时表示:"与其在大报上登个豆腐块,不如让体育报纸来个头条。"①经过大众媒体的通俗化、娱乐化传播,自民党内部的总裁选举成为了事实上的首相公选,小泉则成了最贴近民众的候选人。地方预选中的赢家通吃,使自民党党员最终不得不顺从民意,小泉得以在最后的总会投票中胜出。

二是化繁为简,不同凡响。除在政策上与桥本龙太郎、龟井静香、麻生太郎三位竞争对手划清界限外,小泉在"外观"及说话方

---

① 　[日]上杉隆:《小泉的胜利,媒体的败北》,草思社2006年版,第37页。

式上,塑造了一种干练、简洁的形象。以往自民党政治家为了不让对方抓住话柄,使用一种令人费解的"永田町用语",最具代表性的是竹下登,竹下登被称为"语言清楚,意思不明"。但小泉则不同,他明明白白、清清楚楚地把自己的观点亮出来。例如竞选中小泉高呼"没有禁区的改革",虽然缺乏细节上的陈述,但却是一种很易于理解的表述方式。此外,小泉站在"反永田町常识"的立场上,提出进行邮政民营化口号。当然,对于"何时"以及"怎样"的问题,小泉也都没有触及,仅停留在口号上。这种战术不论是2001 年4 月的总裁选,还是之后的几次选举都没有改变。有评论家认为,小泉的这种战术很适合选举,在面对选民的短暂时间里,如果很详细地涉及具体内容,效果反倒不好,三言两语、标语口号的方式,更容易获得国民的支持①。可以说,小泉巧妙地使用抽象与感性相结合的方法,唤起了日本民众的改革幻象。

三是引古喻今,刺激悲情。虽然从气氛上,2001 年的自民党总裁选举有很大的首相公选的味道,但毕竟最终投票以及计票,还只是在自民党党员中做出。因此,如何吸引自民党党员支持自己,也使小泉费尽心机。他采取了有针对性的悲情战术。2001 年4 月13 日,也就是自民党总裁候选公开受理日的第二天,自民党本部举行了四位候选人演说会。会上小泉是最后一个发言者。上台后的小泉首先吟咏了一首和歌,然后问下面的党员是否知道和歌的作者和意。当底下的听众一脸茫然时,小泉严肃地告诉大家,他吟咏的和歌是昭和天皇作于1946 年8 月15 日,也就是战败一周年祭日里的和歌,意思是要向那苍然的青松一样,顽强地坚持。

---

① 〔日〕和田圭、有贺さつき:《实况解说! 小泉剧场》,PHP 研究所2002 年版,第35 页。

这次演说对于因森政权而处于低谷的自民党党员来说,特别能打动心扉,同时又发人振作。小泉的这次演说在党内获得了极好的反响①。两周后,小泉取得了压倒性胜利。

四、选举结果及其后的小泉旋风

(一)出人意料的选举结果

在2001年自民党总裁选举结果揭晓前,越是政治行家、政治分析行家,越是没有预想到小泉会获得压倒式的大胜。因为当时虽然民间舆论很热,但当时自民党的现实还是240万党员中有65%是"职域党员"。所谓"职域党员"是指与相应职业对口的业界党员,如建筑界、金融·银行界、医师会、特定邮局局长会等业界,在自民党内都有自己的势力范围和基层党员,投票与其说是表达党员的个人意愿,不如说是按照组织安排给代表自己业界利益的候选人投票。在自民党各派阀中,与业界联系最多、联系最广的无疑是桥本派,桥本本人当时是桥本派会长,在自民党的票田中,桥本派的地盘是最大的。因此当时的行家都认为,即使地方票增加,也不会改变桥本派占优的大势。随着预备选举的临近,虽然各新闻机构舆论调查的结果显示出小泉的势头不断看涨,但圈内人士还是认为桥本输的可能很小②。

但是,预备选一揭票,结果就大大出乎圈内人的意料。在47个都道府县的预选中,小泉拿下41个,共得123票。桥本仅在五处获胜,除自己的家乡外,还有岛根、鸟取、京都(野中广务的地

① [日]浅川博忠:《人间小泉纯一郎》,讲谈社文库2001年版,第41页。
② [日]和田圭、有贺さつき:《实况解说! 小泉剧场》,PHP研究所2002年版,第20页。

盘)、冲绳四处。岛根是竹下登的地盘(竹下王国),当时是青木干雄(参议院干事长)的势力范围。在相邻的鸟取,桥本派也拥有很大的影响力。冲绳因为小渊惠三在那里搞了冲绳峰会,所以对桥本派有好感。而京都则是桥本派实力人物野中广务的地盘。4月24日自民党总部进行最终投票,总票数是487票:国会票346票+地方票141票。结果,小泉获298票,桥本获155票,麻生获31票,龟井退出,无效票3票,小泉获得压倒性胜利。

(二)人事布局兑现选举诺言,民意支持率前所未有

2001年4月26日,经过国会指名选举,小泉纯一郎正式就任日本第87代首相。对于小泉来说,党三役和阁僚的任命,是他能否兑现其"没有禁区的构造改革"、"自民党解党式改造"竞选公约的试金石。小泉果然打破自民党旧习,在人事方面无视派阀意见,完全按自己意向决定。例如,在干事长人选上,小泉任命山崎拓担任,这种做法有违惯例,因为以往该职都由最大派阀会长或相应的实力派人物担任,而山崎拓当时仅是一个人数只有20名的小派阀会长。此外小泉还任命麻生太郎为政调会长,虽然在此次总裁选举中,麻生是在政策上与小泉相差最远的,例如麻生不认可小泉的构造改革政策,而是主张靠财政支出拉动景气复苏,可小泉不计前嫌。但小泉对桥本派的态度非常决绝:桥本派虽是最大派阀,但小泉没有任命该派任何一人担任要职。

在总裁选举中小泉就曾表示,如果自己能够胜选组阁,将会重视女性、民间人士和年轻人,其后果然说到做到。小泉内阁有五位女性大臣:法务大臣森善真弓、外务大臣田中真纪子、文部科学大臣远山敦子、国土交通大臣扇千景、环境大臣川口顺子。民间人士大臣三名:除远山文部相、川口环境相之外,还有原庆应大学教授,经济财政担当大臣竹中平藏。年轻人中有防卫厅长官中谷元、行政改革担当大臣石原伸晃(东京都知事石原慎太郎之子)。而在小泉新内阁中,除小泉本人外,最受重视的明星级人物有三位:田中真纪子、竹中平藏和石原伸晃。

小泉钦点成立的政治"剧组",还有自民党长老级人物,被昵称为"盐爷"的财政大臣盐川正太郎①,可谓老中青梯队完善、男女比例协调,自不待说为媒体提供了丰富的谈资与话题。而电视、周刊杂志、体育报纸等大众媒体的大量绘声绘色地报道,又使小泉内阁的支持率达到史无前例的高度:2001年5月《读卖新闻》社的调查结果为85.5%,《朝日新闻》为84%。虽然出自同一个政党,但小泉与三个月之前支持率仅为9%的森内阁相比,可说是天壤之别。

(三)巧用媒体,掀起政坛旋风

出任首相后,小泉本人的语言天才和表演天才也有了更大的、更加理想的展现舞台。在政务秘书饭岛勋的安排下,小泉每天两次定点接受官邸记者的采访,通常情况下采访分中午、傍晚两次,中午采访不带电视摄像,而傍晚采访则为电视录像采访。这种体制使得小泉毫不费力地占据了晚间新闻节目这一重要阵地,就各种各样的话题,发表自己的意见和评价。当然在这些问题中也经常夹杂着一些非政治的,比如时尚品位、个人兴趣等问题,但小泉从不拒绝,一概欣然作答,侃侃而谈。

2001年5月7日,小泉在国会的首次演说中提出了"积极与国民对话"的政策口号。并表示将采用市民会议、电邮杂志等崭新形式,与国民对话。市民会议是由阁僚或首相本人奔赴全国各地,以听证的形式与市民直接交换意见。从2001年6月起,市民会议开始付诸实施,在第一年度基本为每周一回,之后为每两周一

---

① "盐爷"也是2001年"日本新语·流行语"前十位获奖词汇。

回。虽然事后证明,这些市民会议、听证会八成是假,即花钱雇托,制造气氛①,但在谎言没有被戳穿的当时,这种亲民的政治风格为小泉内阁形象增色不少。

电邮杂志方面,2001 年 6 月,首相个人电邮杂志正式问世。值得关注的是,该杂志一方面宣传小泉的政策主张,但另一方面也放入了诸如小泉写真集等"非政治"、"非政策"方面的内容。据首相官邸发布的数字,在创刊后的三周里,小泉电邮杂志的登录者超过 200 万人,在网络虚拟空间,小泉人气也在不断升腾。2001 年"日本新语·流行语"授予小泉纯一郎为年度获奖人物,小泉本人也亲自出席了颁奖仪式。原来收视率仅在 2% 的 NHK 国会转播,因有小泉现身而升至 7%。而自民党本部的纪念品商店,小泉的海报,相关物品受到了一向对自民党避而远之的女性以及年轻人的青睐。小泉首相的诞生,其影响和意义已远远超越长期令人厌倦的政治领域,成为了一种社会现象。

第三节　"9·11"事件与自卫队海外派兵

如果说内政方面,小泉纯一郎尚有其多年的党政经验,那么在外交领域,他却是个十足的门外汉。虽然其父小泉纯也曾作过防卫厅长官,但对于外交、防务政策,小泉纯一郎本人很少表现出关心,在成为首相之前,他甚至极少有出访或与国外政要交往的经历。但是,2001 年美国发生"9·11"恐怖袭击事件,国际政治形势随之出现巨大变化,使小泉不得不快速做出反应。由于首相本人在外交方面的外行,日本之后一系列外交决策基本采取自下而上

---

① 此事在安倍晋三执政时被在野党揭穿,为此安倍带头自减薪水。

的方式,即由外务省和防卫厅充当政策主体,首相仅在方向和时机上予以决断,但即便如此,小泉的出身背景及其特殊的执政风格,还是使他在客观上大大改变了日本在战后外交安保政策上的被动,不但在两三年之内制订了《恐怖对策特别措施法》、《有事法制》等一系列重要法律,还将自卫队的行动范围扩展至印度洋、伊拉克。在小泉与小布什建立起"哥儿们交情"后,日本一跃成为继英国之后美国最铁杆的盟友。

一、借"9·11"契机,小泉加速推进日本军事大国化进程

本书第三章第二节曾经述及,自20世纪80年代起,在内外势力的相互作用下,日本已经开始从战后和平宪法规定的小国主义外交路线,向军事大国化的方向迈进。高喊"战后政治总决算"的中曾根康弘是正式行动的第一人。进入20世纪90年代后,在十年多的时间里,日本的军事大国化改革实际已经历了三个阶段。

第一阶段是20世纪90年代前半期,其间日本以国际贡献为旗号,扩大了自卫队的活动范围。第一次海湾战争后,小泽一郎等人不断在媒体中打屈辱牌,痛呼日本出巨资,却未换来一声感谢,无论如何要成为受人尊重的、有尊严的国家。1992年6月,日本国会立法通过《联合国维持和平活动合作法案》(以下简称《PKO协力法》),随后以国际贡献和维和活动的名义和方式,向柬埔寨、卢旺达、东帝汶派遣了自卫队。在《PKO协力法》的国会审议过程中,当时的社会党虽以"自卫队海外派兵违反宪法"为由强烈反对①,但之前通过媒体的不断宣传,已使多数日本国民赞成自卫队

---

① 此时的小泉纯一郎也曾公开反对自卫队海外行动,甚至反对首相参拜靖国神社,因此小泉一度被看作是"鸽派"。

参加维和活动,因此反对之声在舆论中成为少数意见。

第二阶段是从克林顿政权时期的日美安保再定义至20世纪90年代末。日美安保再定义,目的在于把日本纳入美国世界性军事活动的战车。在这一阶段,有一点特别值得重视,就是日本确定国际着力点的立场发生了微妙的转变。在20世纪90年代初,保守势力一直试图在联合国框架下,以“国际贡献”的名义,实现海外派兵,这种方式在说服国民方面也比较易行。但是,1993年后美国急速脱离联合国框架,越来越多地采用单边主义外交政策。再加上当时日本在联合国入常方面未能取得实质进展,因此自90年代中期后,日本也开始逐渐改变借助联合国实现海外派兵的策略,转为更加重视日美同盟,以此实现借船出海。为了说服国民,媒体舆论开始不断制造威胁,其中以朝鲜和中国为主。

1996年,克林顿与桥本龙太郎共同发表《日美安全保障共同宣言》。1997年,两国又发表了《日美防卫合作新指针》。该指针的构想是在日美军事合作的体制下,日本以派遣自卫队为主要方式,配合美军维护全球秩序的军事行动,为美军提供全方面的后方支援,以此承担起维护全球化秩序的军事责任。在这些国际协定的框架下,自卫队可以走出国门,开展后方地域支援、后方地域搜索协助、船舶检查等任务,并且准许自卫队“有限度地使用武器”①。1999年日本又制定通过了“周边事态法”,规定了配合“新指针”的国内体制。

第三阶段是2001年“9·11”事件发生后,日本迅速强化了对美国的军事协作机制。此时的美国布什政权,较克林顿政权时期又有很大的改变,即越来越不把联合国放在眼里,越来越倾向于单

---

① 郑毅:《当代日本新保守主义思潮研究》,《日本学论坛》2005年第3期。

边军事行动。在这一阶段,随着日美军事一体化的加深,日本的宪法与现实之间出现了很大的矛盾。一方面,战后和平宪法郑重承诺:"日本国民诚实地企望以正义和有秩序为基调的国际和平,永远放弃国家主权发动的战争、武力威胁或使用武力作为解决国际争端的手段。为达此目的,日本不保持陆海空军和其他战争力量,不承认国家交战权"。另一方面,日本参与的美国军事行动,其国际协调性色彩越来越淡,与美国一起追求自身利益的军事色彩却越来越重。这种情况下,如何保持日美同盟和"宪法九条"、日本军事协调与专守防卫之间的平衡,对日本来说是一个有关国家战略转折的大问题。

在这些重大问题上,小泉充分展示了他的另一种戏路,即要么是哑剧(对问题避而不答),要么是闹剧(对问题驴唇不对马嘴地乱答)。而小泉的这一套表演与官僚主导的外务省、防卫厅的密室政治相互呼应,在剧场与密室的双重手法下,这个关乎日本未来方向的重大问题,被神奇地消解和遮盖了,日本瞒天过海,实现了在防卫政策上的重大突破和转变。

二、从阿富汗到伊拉克:日本对美军事支援的决策过程
(一)处心积虑,借助美国创造出兵条件

"9·11"事件发生后,小泉充分表现出了他的敏感:事发不到一个小时,即指示内阁危机管理中心组建官邸联络室(后改为对策室),他本人则随后赶到,并让大家"保持冷静"。2001年9月12日早十点左右,小泉在电视中露面。对于刚刚发生的事件,他仅以近乎评论的口吻说:"恐怖活动真可怕,因为无法预测。"而此时以英国为首的西欧国家首脑已经先后做出了"谴责恐怖活动,支援美国"的表态。由此可见,当时日本当局尚未形成明确对策。

但小泉已在考虑如何借船出海,突破和平宪法,实现海外派兵的夙愿。

"机遇"出现在日本受到来自美国方面的"外压"之后①。9月15日,日本驻美大使柳井俊二秘密访问美国副国务卿阿米蒂奇,向美方提出,希望他们能够出面向日本政府施压,促使日本国内对事态做出积极反应。第二天,外务省向官房副长官安倍晋三汇报了阿米蒂奇与柳井的会谈内容,至此日本与美国决策高层合演的双簧由此展开。9月16日傍晚,小泉首相把自民党干事长山崎拓招至官邸,指示其在自民党内进行有关派遣自卫队的引导疏通工作。与此同时,外务省方面开始做野中广务、青木干雄等桥本派干部的工作。除山崎拓外,官房副长官安倍晋三也对相关行动表现出很大的关注与支持。而自卫队方面,9月15日开始已经在海上自卫队幕僚本部的主导下,开始秘密制定名为《美军支援相关对策》的派遣计划。该计划包括派遣四艘最新、最高性能的宙斯舰进行信息搜集。在此过程中,安倍晋三还越过防卫厅内局,直接与自卫队联系,参与制定相关的对策预案。

9月18日,日本驻美大使柳井俊二举行了"9·11"事件后的首次记者见面会。在发言中,柳井满怀期待地说希望日本政府能吸取海湾战争时的教训,早日派遣自卫队。所谓教训,还是指在第一次海湾战争中,"日本虽然负担了130亿美元,却没有获得相应的国际评价"。9月19日,外务省制定包括派遣自卫队在内的七项支援对策,小泉将之作为"当前措施"予以公布。对外公布之所以紧锣密鼓地赶在19日,是因为9月20日发达国家的八国集团

---

① 大岳秀夫:《小泉纯一郎民粹主义研究》,东洋经济新报社2006年版,第157—197页。

计划要发表一个联合声明,日本想在此之前表明自己的积极态度。七项支援对策包括派遣自卫队舰艇进行情报搜集,对美军进行医疗、运输支援,对周边地区进行人道的、经济的支援,难民支援等内容。9月21日,自卫队护卫舰为美国航空母舰驶出横须贺基地护航。但该行动是秘密进行的,甚至事先连官房长官福田康夫、执政联盟的公明党干事长都没有通知。

9月25日,小泉首相赴华盛顿与美国总统布什进行会谈,小泉向布什表示,在今后的对美支援中,日本将采取积极的"主体性的行动"。在美期间,小泉还参加了CNN等电视台的访谈节目。访美归来后,10月5日,阁僚会议通过恐怖对策特别法案,并提交国会。当时日本各媒体的舆论调查均显示,约有70%上下的国民支持日本对美军进行支援,而小泉内阁的支持率又上升了十个百分点。

10月7日,美英联军开始轰炸阿富汗。这时美方催促日本派遣宙斯舰,日本驻美大使柳井为促成此事,故意向新闻界透风。此举招致了舆论和田中真纪子外相的批判,田中一怒之下将柳井大使召回日本。与此同时,支援美军的新法制订工作也在加紧进行。10月29日,《恐怖对策特别法案》在参议院大会获得通过。11月2日,该法正式对外公布,即日实行。

11月2日,日美局长级调整委员会举行首次会谈。美方再次提出希望日本派遣宙斯舰,而此时的防卫厅出于对人员伤亡的担心,态度并不积极。美方表示不满后,内阁官房开始出面,敦促防卫厅改变态度。但此后,自民党总务会也出现了反对派遣的意见。11月16日,对美支援基本计划在安全保障会议和内阁会议获得通过。但派遣宙斯舰却因遭到抵制而搁浅,作为替代,日本决定派出护卫舰和补给舰到印度洋,为美英舰船提供燃料补给。11月20

日,防卫厅长官向自卫队下达进行情报收集的派遣命令,但这一派遣命令的内容在十天后的国会承认中,依据《恐怖对策特别法案》,"情报收集"变更为"支援"。

进入2002年后,美国单边主义的色彩越来越浓,而且攻打伊拉克也如箭在弦,一触即发。小泉虽然毫不动摇地支持美国,但为了显示自己乃至日本的"主体性"或"个性",2002年2月在东京会见美国总统布什时,小泉说:"没有大义的力量是暴力。没有力量的大义是无力。现在美国既有大义又有武力。正因如此,美国应该追求国际协调。"此话作为外交辞令,具有相当的技巧,既没有损害美国的面子,也体现了日本的意见。

2002年3月,日本政府决定对阿富汗重建进行财政、物资支援。约一年之后的2003年3月,在布什对萨达姆开战的最后通牒到期之前,小泉根据自己的决断,抛开官僚拟定的文稿,用"自己的语言"表明了对美国攻打伊拉克的支持。而小泉之所以将表态拖到最后,显然是不给反对派留出反应的时间。

2003年3月20日,美英在没有联合国决议的情况下对伊拉克开战。同年6月,日本内阁会议通过了《伊拉克复兴支援特别措施法案》,并提交国会。根据此法案,自卫队可以向美英联军进行医疗、运输、建设、补给等支援。同年10月,小泉在再次当选自民党总裁后,决定派遣陆上自卫队赴伊拉克。12月,日本政府举行安全保障会议和临时内阁会议,正式批准了关于向伊拉克派遣自卫队的基本计划,并对外公布。2004年1月16日,自卫队先遣队开赴伊拉克。

从以上一系列的决策过程来看,在推动日本对美进行军事支援,并将自卫队派出国门的决策上,日本政府可以说是积极应对,态度主动。小泉纯一郎出身于横须贺,这里是美国驻日军事基地所在,其父也曾出任过防卫厅长官,加上小泉与小布什之间的投缘,因此虽然在具体政策上是外行,但在方向上,小泉从一开始就决心坚定地支持美国,之后也没有动摇。在制订新法的程序上,小泉采用了其内政方面的改革经验,即在《恐怖对策特别法案》、《伊拉克复兴支援特别措施法案》等法案初步成型后,不经过自民党事前审查程序,而是先在执政联盟内获得首肯,然后向在野党进行说明,最后才是在自民党总会、自民党政务调查会上进行说明。通过精心的导演和策划,小泉把自己的政治意志与长期形成的民粹意识、舆论氛围成功地融合在一起,终于将自卫队推向海外。

(二)以多种面孔驾驭媒体

小泉纯一郎虽由于舆论的支持得以上台,但他并不是一个随舆论而动摇的人,甚至在必要时,他根本不把舆论放在眼里,要么不为所动、我行我素,要么插科打诨、蒙混过关。国会通过决议决定向伊拉克派兵后,日本舆论对此分歧很大。据《每日新闻》的民意测验,48%的日本人反对向伊拉克派兵,40%的人支持派兵。日本共同社的一项民意测验则显示有51.6%的日本人反对出兵,42.8%的人支持。多数民众反对出兵,一些民众团体还到东京永田町的首相官邸和国会前举行抗议集会,强烈要求撤消向伊拉克派遣自卫队的计划。与此同时,各在野党领导人也纷纷发表讲话,反对政府的伊拉克派兵行动。

面对这些反对之声,小泉纯一郎的应对可谓从容淡定。在日本临时内阁会议正式批准向伊拉克的派兵计划后,小泉在首相官邸举行的记者招待会上"解释"了政府的派兵计划。小泉说,当前伊拉克的形势十分严重和危险,日本政府不仅"要为伊拉克战后重建提供物资援助,而且决心派遣自卫队支援美军"。2004年1月19日下午,小泉在参众两院联席会议上发表施政方针演说,称在伊拉克重建过程中,日本应当承担"应有的风险",希望全体国民理解并支持向伊拉克派兵计划。在演讲中,小泉对向尚处于战争状态的伊拉克派遣自卫队作了辩解。他说:"如果我们只是在物资给予支援,因为有危险就把出力的任务交给其他国家,那么我们就没能承担起作为国际社会一员应尽的责任和义务。""日本的发展和繁荣有赖于世界的和平与稳定,我们将积极地为伊拉克重建做出贡献。"此时的小泉,颇像一个为朋友两肋插刀、仗义出剑的武士。

但小泉也时常表现出他刚愎自用、率性随便的多面性格。在和平宪法框架下,日本如此支援美军行动,确实有很多不可说、不能说的地方,为此小泉的反应时常显得乖张无礼。例如在国会审议中,在野党的社民党党首质问小泉,美国攻打阿富汗的行为是否是战争。这个问题很难回答,因为如果是战争,那么根据战后宪法的规定,日本就不能参与其中。对此,小泉的回答令人瞠目结舌:"如果美国说是战争,那就是战争",是否战争、是否合宪的关键问题就这样被忽悠了。又如在向伊拉克派遣陆上自卫队一事上,虽然派兵的名目是"支援伊拉克战后建设",派遣地点也是伊拉克南部较为安全的萨玛沃地区,但毕竟伊拉克的治安状况令人担忧。因此自卫队的安全问题成为当时国会争论的热点话题。当在野党党员向小泉询问哪里是安全地区时,小泉的回答是:"哪里是安全区域,哪里是不安全区域,你现在问我,我也不知道"。身为一国首相,小泉做出如此发言,实在出乎人们的预料。这种"耍无赖"式的答问方式,与其说是性情流露,不如说是精心设计的自我性格演示和自我性格刻画,这恰恰是小泉及日本剧场政治的绝妙之处。密室中的运筹与剧场中的表演两相结合,使战后日本实现了第一次海外派兵。小泉执政期间的很多决策,都是这样在官僚周密的安排和首相幕后密谋与前台表演的配合中变成现实的。

三、新闻管制与人质危机中的舆论导向

针对自卫队的海外派兵,日本民间舆论出现分歧,反对比例略多。那么在这一"国论二分"(即舆论出现旗鼓相当的分化)的问题上,新闻媒体是如何表现的呢? 以下通过分析 2004 年自卫队派兵过程中的新闻管制以及人质危机中的舆论导向,来探究日本媒体在重大问题上所发挥的作用。由于此次伊拉克报道涉及派遣自卫队这个敏感问题,所以日本媒体与政府之间的关系,较之以往更加微妙。又由于人质事件的发生直接关系到了自卫队撤兵与否的问题,各种有形、无形的新闻管制更是史无前例。一向闹闹哄哄的剧场突然间变得鸦雀无声。

(一)有形的新闻管制——对自卫队报道进行诸多实质性的限制

一是"3·11 报道协定"。为了使自卫队能够走出国门,实现历史突破,日本政府可谓煞费苦心。经过防卫厅、外务省考察团的实地考察,日本政府决定将自卫队派往治安情况稍好的伊南部城市萨马沃。在防卫厅看来,自卫队派遣顺利与否的关键就是"情报战",因此自行动伊始,防卫厅就将情报紧紧地抓在自己手中,对媒体进行种种控制。

2004 年 1 月 9 日,日本防卫厅正式下发自卫队赴伊的派遣命令。也就是在当天,几家大媒体的负责人被召集到防卫厅参加新闻发布会。具有讽刺意味的是,此次新闻发布会发布的新闻是——请媒体以后不要报道自卫队在伊的情况,尤其是自卫队员的安全情况。会后,防卫厅长官石破茂又向这些负责人发去了书面信件,内容依然是不要报道自卫队。对于防卫厅提出的要求,主

流媒体一致保持缄默，没有一家媒体对这种赤裸裸的新闻管制提出正式的反对和抗议。之后，防卫厅果然说到做到，推迟例行新闻发布会、取消自卫队高官同媒体的见面会等事件时有发生。此举似乎激怒了媒体，因为他们清楚：自卫队赴伊举世关注，而防卫厅的封锁消息等于给他们断了粮。2004年1月23日，日本新闻协会、日本商业广播联盟向内阁官房长官福田康夫提出照会，照会中称：

　　　　目前在萨马沃，有关自卫队先遣队的采访已陷入混乱局面……这种局面之所以产生，最大根源在于防卫厅无视新闻界再三提出的申请，未能适当地提供信息……恳请政府认真体察现状，建立在萨马沃的定期新闻发布会制度，采取必要措施，保证适当的消息来源及相应的采访活动。

在提出正式照会后，新闻协会、商业广播联盟作为日本新闻界的代表，开始与防卫厅进行"水面下"的谈判，参加人除新闻协会方面，还有一些报纸和通讯社的代表。有关谈判的具体过程和详细内容外界无从得知，但立教大学社会学教授服部孝章称，他手中有一份双方正式达成协议之前的谈判记录，记录表明防卫厅希望媒体仅仅报道由防卫厅发布或防卫厅同意报道的消息①。

2004年3月11日，新闻界与防卫厅正式达成协议，这就是"3·11报道协定"。协定主要有四项内容：(1)政府有向国民说明自卫队赴伊援建活动具体情况的责任。(2)报道自由应给予最大限度的尊重。(3)最大限度地保证自卫队员以及报道人员的人身安全。(4)报道应注意不要影响自卫队顺利执行任务。

---

① *Media Pulling Punches On Iraq Coverage Restrictions*：Japan Media Review 2004-4-29.

乍看之下,这份协定是一种双赢格局:新闻界通过谈判,使政府公开承认有发布信息的责任,并表示尊重新闻自由。但实际上,防卫厅才是真正的赢家。所谓"最大限度地保证自卫队员和报道人员的安全、报道不应影响自卫队顺利执行任务"等约定,不过是新闻管制的换样说法。因为如果适用"最大限度",就意味着可以取消一切采访报道。对这一新闻管制的做法,绝大多数媒体表示沉默。全日本一百多家报纸中,只有《每日新闻》和《北海道新闻》报道了这份协定,没有一家报纸对此事发表评论。

二是借人质危机支走媒体。2004 年 9 月底,第 48 届日本媒体伦理恳谈会在神户召开。会上,几位有过赴萨马沃采访自卫队经历的全国大报记者表明,防卫厅的报道限制确实相当苛刻,比如自卫队营地的地址在当地不是什么新闻,但防卫厅不许他们报道;阿拉伯媒体报道的内容一概不许采用,甚至记者想单独采访一下自卫队员的要求,也不允许①。但即使这样,防卫厅仍不满足。最终他们巧妙地利用人质事件,彻底地将媒体送出了萨马沃。

2004 年,伊拉克先后发生三起绑架日本人质事件,其中两起发生在 4 月份,一起发生在 10 月份,前两起事件中的人质最终获释,第三起的人质则遭到绑架者的杀害。人质事件中小泉政府与媒体的博弈及后来的走向,对于认识政府与媒体的关系具有重要的典型意义。2004 年第一起人质事件的事发当天,即 4 月 8 日深夜,防卫厅就同各媒体驻萨马沃的记者联系,希望他们出于安全考虑,迅速到自卫队营地集合。当时各媒体的记者也异常紧张,很快集中到了自卫队兵营。不料这一招是典型的请君入瓮,到后没几天,自卫队的军官就分别找这些记者谈话,询问他们是否有撤离之

---

① 《朝日新闻》2004 年 10 月 1 日。

意,并表示如果有此意,自卫队可以派飞机运送他们。在与东京总社取得联系后,日本各大媒体的记者由空军自卫队的 C—130 飞机护送,全部离开了萨马沃,其中多半以上被送往科威特①。

　　从表面上看,自卫队护送主流媒体离开萨马沃是"3·11 报道协定"范围内的"运输支援",而且协定中也写明,"一旦当地出现治安恶化,新闻协会及商业广播联盟判定现场采访难以维继时,将迅速撤离所有的特派记者"。但是,此番撤离还是疑团重重:首先,人质事件发生在巴格达,据萨马沃距离很远。而且萨马沃是日本政府口口声声所称的"非战斗区",在当时也并未发生任何类似事件,何以将当地的治安形势判断为这般险恶。其次,前两起人质事件早在 2004 年 4 月中旬就得到解决,按照主流媒体的一般做法,风头过后还会陆续回来,但直到半年后的 10 月底,也没有允许一家主流媒体回到当地。而第三起人质事件的发生,更使他们的回归变得遥遥无期。因此可以认为,作为防卫厅,是不准备让媒体回到萨马沃的。日本媒体所有关于萨马沃局势和自卫队的消息,全部依靠防卫厅发布。谁是这场"情报战"的赢家已不言自明。

（二）无形的新闻管制——以安全为名要求报道"克制"

　　人质事件发生后,日本政府开始注意到记者这种特殊群体所带有的隐患。为了获得独家新闻,记者在采访中经常会铤而走险,而一旦他们被劫为人质,则会给日本国内带来震荡,进而直接影响到国家政策的走向。对于自由记者,由于他们的个人身份,管理起来颇具难度,但对于主流媒体,政府却有一套行之有效的方法。4月人质事件发生后,日本政府"强烈劝告报道机构即刻将记者撤出伊拉克",对此,一些媒体如《读卖新闻》等立刻响应,另一些媒

---

① 《媒体与市民》2004 年第 7 期。

体如《朝日新闻》坚持记者留在现场①。但频繁的安全警告使留下
的媒体最终也无法坚持,据统计,在 2004 年 4 月短短的一二十天
内,政府共发出多达二十二次安全警告。这种高压使新闻媒体难
以承受,所以当 10 月人质事件发生时,几乎所有的主流媒体都老
老实实地"自动"撤出了伊拉克。

　　主流媒体之所以对政府的劝告言听计从,主要原因有三:第
一,确实担心员工发生不测。由于日本主流媒体采用的是终身雇
佣制的用人制度,因此作为企业,最不愿面对的就是自家记者在工
作中出现伤亡。如果那样,媒体不但要作出高额赔偿,负起照顾本
人或家庭的责任,还有可能面对家属提出的诉讼②。虽然这些被
派往战争地区的记者都上了战争保险,但单单从"义理人情"的角
度,这种风险也是媒体企业不愿承担的。第二,担心得罪政府。在
日本,主流媒体主要依赖政府提供消息。可以想象,如果不听从政
府的撤退劝告,执意留在伊拉克,那么一旦自家记者被劫为人质,
势必会触犯政府,该媒体在首相官邸、外务省、防卫厅等等政府部
门的记者俱乐部里,都会受到惩罚,甚至会被取消采访资格。第
三,担心得罪舆论。人质事件发生后,日本舆论对当事人极不友
好,出现了打压人质的浪潮。由于媒体是这股打压浪潮的领唱者,
所以一旦自家记者被劫,如何应对将成为一个难题。

(三)人质事件中的舆论导向

　　2004 年揭晓的"日本新语·流行语"中,"自我责任"一词榜
上有名。这种要求人质事件当事人为自己行为负责的自我责任

---

　　①　《朝日新闻》2004 年 4 月 16 日。
　　②　在日本,如果媒体的社员记者因公死亡,在保险公司的赔付之外,媒体公
司的赔偿金仍将高达上亿日元;而如果是自由记者,则只需保险公司赔付。——
作者注。

论,自第一起事件发生起,就已经成为舆论的主流,而到第三起事件时,连此前对人质及家属尚持关怀态度的媒体也加入进来,形成了媒体及社会舆论的高度统一。之所以形成打压人质的浪潮,最根本的原因在于:通过对个人的批判,使政府免于被批判;通过让自己承担后果,使政府免于承担责任,进而免于改变国家海外派兵政策。在三起人质事件中,日本媒体是怎样塑造和引导舆论的呢?

一是将国家政策与个人遭遇相分离。人质事件发生后,日本政府最担心的事情发生了——劫持分子要求日本从伊拉克撤出自卫队。2004年4月8日深夜,官方长官福田康夫召开紧急记者见面会,表明"日本没有理由撤退自卫队"。这种斩钉截铁的态度使主流媒体看清了方向,也随即定下了调门。4月9日,日本发行量最大的报纸《读卖新闻》发表社论《不可向卑劣的威胁屈服》,文中力陈日本不撤自卫队的理由:撤自卫队就是向恐怖分子屈服。过去日本赤军劫持日航飞机时,政府的屈服助长了恐怖主义的蔓延,此次日本绝不应再重蹈覆辙。

这种为政府主张提供合理性支持的论调,并不出乎人们的意料。最能体现《读卖新闻》力挺政府、甘为当局分忧姿态的,是针对三名人质的一段批评:"外务省自去年伊拉克局势紧张后就发出最高级别的危险警告,但三人无视警告,不得不说是头脑简单"。客观地讲,与之后铺天盖地的人身攻击相比,"头脑简单"谈不上严厉,但却具有引领舆论的标志意义。从当天见报的福田记者会见发言稿来看,至少在4月8日深夜,以福田康夫为代表的日本政界尚没有把人质事件同个人责任联系起来,因此可以说,在人质事件第二天就明确表示出对人质个人责任的态度,是《读卖新闻》的创举。这几句不算严厉的批评,不仅开日后批判浪潮之先河,而且更为重要的是,它的出现使日本政界人士茅塞顿开,顿悟了应对人质事件的办法,即可以通过谴责个人,让舆论焦点聚集到个人责任上。从4月9日起,小池环境相、竹内外务次官、福田官房长官、公明党冬柴干事长、井上防灾相陆续成为公开批判人质个人的政府或政界高官。

从4月9日到4月19日,《读卖新闻》共发表六篇社论评论人质事件。综观这些社论,该报的论调有两条线索:一是有关自卫队,一是有关人质个人。这种割裂自卫队问题与人质问题之间的关系,使二者处于平行线的做法,在4月13日的社论中表现最为明显。在这篇名为《应该严格区分人质解放和日本的伊拉克政策》的社论中,读卖强调"必须避免因人质事件使关乎日本国益的重要政策发生改变的事态发生","人质家属竟公然提出撤退自卫队的要求,这种要求政府改变重要政策的言行是有问题的","政府多次发出退避劝告,因此三人不是被卷入事件中,而是自己惹祸上身。这种缺少自我负责的不负责任的行为,给政府和相关机构增加了很多无谓的负担,应该深刻反省之"。

在4月份的两起人质事件中,以读卖为首的保守媒体虽然主导了日本舆论的走向,但当时毕竟还有《朝日新闻》发出不同声音,认为日本应该重新思考追随美国派遣自卫队的问题。但到了10月28日第三起人质事件见报时,连《朝日新闻》也改弦更张,认为"应该将人质事件同自卫队延长与否的问题区分对待"。对于人质个人的态度,《朝日新闻》完全重复了4月份时《读卖新闻》的语调,认为人质漫无目的地前往伊拉克,无异于是自己跑去送死。因此可以说,日本新闻界关于第三起人质事件的态度是一个标志,以此为契机,日本新闻界在"国益"的旗号下,大大加速了保守化的进程。

二是用选择性的报道误导国民。2004年4月9日,日本各大媒体报道了人质事件,其中朝日新闻第三版头条的标题是《三人被蒙目,画面极冲击》。事实上,劫持分子提供的录像带中,有更加具有冲击力的画面,只是没有一家主流媒体采用,因此大部分日本人无缘看到。画面中三名人质坐在地上,脖子被刀顶住,当时只有一些小报或杂志予以刊登。对此,朝日新闻的解释是,考虑到读者和人质家属的心情,所以没有刊登。但真正的情况是,人质家属并不认同这种理由,相反提出了严正的抗议。其中一位家属表示,媒体为什么不采用这些画面?为什么不让更多的人知道我们的亲人正处在极度的危险中?[①] 此外,当时日本出现了反自卫队派遣、要求政府撤军的游行,但大部分媒体也没有报道此事。而当第三起事件以悲剧收场时,很自然没有人能从主流媒体那里看到尸体被星条旗包裹的悲惨景象。

有选择性地报道,不仅限于隐藏信息,更多地还表现为千方百计营造打压人质的气氛。在三起事件中,人质本人和家属完全被媒体塑造成"有罪"或"麻烦制造者"的形象。打开电视、翻开报纸,凡是出现人质及家属的画面或报道,无外乎两个主题词:一是感谢、一是道歉,以《读卖新闻》为例,随便找出几个新闻标题,就能说明这种倾向。4月15日人质被放后,有以下一些新闻标题见诸报端:《轻率的行动,重大的责任》(4月16日)、《高远小声说抱歉》(4月17日)、《安田说感谢,父亲想揍他》(4月18日)。其他报纸的表达方式也与此大同小异。新闻标题是新闻报道的灵魂,对读者有相当大的影响,而此类新闻标题所塑造出的,都是对人质不利的负面形象。这种形象塑造与不断来自政界的批判交相呼应,编织了一张让人质和家属无法抬头的恢恢大网。

---

① 《朝日新闻》2004年4月14日。

此外,当第二起事件的人质被释放后,立刻有报纸报道说,其中一人即自由记者安田纯平还有继续留在伊拉克之意。报道一出,立刻引来很多对安田的批判,认为他太任性,太不负责任。实际上安田在获得自由后,立刻表示回国,但从报纸的报道看,好像是在经过外务省的一番规劝后才表示愿意回国的。对此安田表示,这完全是外务省的情报操作,而报道机关在没有向本人核实的基础上就发稿,本身就说明了他们的问题①。

三是有功属政府,有过归个人。4月15日夜,第一起人质事件的三位当事人被平安释放,日本举国皆大欢喜。在欢呼声中,主流媒体虽然也不忘感谢伊拉克宗教组织的斡旋相助,但却将更多的赞美投向了本国政府。事实上,在4月15日人质释放之前,日本新闻界还在为得不到信息而担忧,抱怨政府低效的营救行动,但一俟事件解决,所有这些抱怨和担忧都顷刻消逝。

4月17日,《朝日新闻》头版头条报道说,16日该报的紧急舆论调查结果显示,有73%的国民肯定政府拒绝撤退自卫队的做法;有50%的国民认为应该继续派遣自卫队。同时,该报在一版还报道说,在人质解放前,小泉首相与切尼副总统举行了会谈。会谈中,首相要求美军延长在费卢杰的停战,美国果真配合。因此政府认为,正是在这种停战所带来的和平氛围下,才迎来了4月15日夜人质的释放。《朝日新闻》曾经被小泉首相斥为"抵抗势力",连朝日都如此高唱赞歌,其他亲政府媒体的态度就可想而知了。

但是,幸运不能重复多次。当10月底人质事件再次发生时,与政府配合默契的新闻界也感到事态严重。面对更加复杂的形势,媒体为政府找到的出路就是,丑化当事人,将可能发生的最坏

---

① 《媒体与市民》2004年第7期。

情况完全归结为个人责任。在这种逻辑下,香田证生这个年仅24岁的青年人被塑造成一个不知世界险恶的无知者、不务正业的流浪汉、不听人劝的送死鬼。

四是转移话题,回避矛盾。日本新闻界对第三起人质事件的报道可谓用尽心机。从事件背景来分析,由于劫持者是手段更为残忍的扎卡维组织,所以无论政府还是新闻界,在事发当初都感觉到凶多吉少。恰在几日前,日本新潟发生地震,因此在天灾人祸的报道中,日本新闻界很巧妙地更多聚焦在抗震救灾上,试图转移视线,淡化人们对人质事件的关注。

10月28日,人质事件的消息见报,但这则消息却没有能够占据各报的头版头条。当天,日本各大报的头版头条给予了一位四岁男童,他因地震被困于车中达四天之久,最终被成功营救。小男孩奇迹般的生还,也许是编辑赋予其重要新闻价值的原因,但从10月28日之后的四天里,人质事件虽然也被报道,但无论是篇幅还是力度,都明显有一种有意不作充分报道的感觉,直到人质被害。11月1日,各大报以头版头条报道了香田证生被害的消息,同时各报还以社论给予评论。但如前文所述,早在10月28日事件发生当初,日本各大媒体就已经形成了统一战线,所以即使是人质被害,也没有使媒体改变立场。当天各报的论调依然是此前观点的延续,即日本不应向恐怖分子屈服,应该更加积极地在国际事务中发挥作用。从11月2日起,主流媒体所做的,就是尽一切可能分散人们对人质事件的注意。从企业丑闻到新球团成立;从布什的再选到阿拉法特的病重,一夜之间,日本媒体好像已经忘记人质被害一事,更不要谈对自卫队的海外派遣进行检讨和反思了。此外还值得一提的是,在人质被害后,《朝日新闻》再也没有搞过紧急舆论调查,相反,该报却在11月2日三版显著的位置为政府开脱，称"政府一直在通过第三国与犯人交涉，只是没有得到好的结果"。

四、政治传播危机何在?

通过分析2004年三起人质事件中日本政府以及主流媒体的所作所为，可以发现，日本的政治传播在剧场政治中有其光鲜的一面，但仍没有摆脱密室政治的阴暗。从媒体的角度来分析，其问题主要体现在以下几个方面:

(一)独善其身、自私自利

"新闻自由"、"社会公器"一直是日本新闻界的自我标榜，但从对自卫队派遣伊拉克的报道可以看出，真正主导当代日本主流媒体的价值观，不是所谓的新闻自由、公益至上，而是一种独善其身的自私情结。这从主流媒体在危急时刻的"集体失语"可以得到印证。为了保证自家员工的安全，为了不开罪政府，维护既得利益，主流媒体不惜以舆论功能的沦丧为代价，放弃报道职责。这种忽视职业道德的做法，客观上决定日本媒体虽然在规模和硬件上处于世界顶尖水平，但依然无法在重大问题上发出有影响力的新闻报道，无法形成强大的传播能力跻身世界一流媒体。

(二)重权轻民思想愈演愈烈

日本主流媒体虽然以"民众知情权的捍卫者"、"监督权力的第四权力"自居，但是在处理与官方和民众之间的关系时，明显表露出重权轻民的思想，这种倾向在2004年一系列的人质事件中进一步明显。其中最具代表性的表现就是，不但对政府的新闻管制保持沉默，而且通过掀起打压人质的舆论浪潮，帮助政府免于被追究政治责任。第三起人质事件发生后，主流媒体扮演的已不是为民代言、监督政府的"第四权"，而是通过对人质事件的冷处理，控制社会舆论,成为维护政权稳定的"安全阀"。虽然在半个月之后即11月下旬开始,少数报纸如《每日新闻》也就自卫队延时派遣问题进行了讨论,但由于错过了舆论效应的最佳时机,并没有对政府决策产生影响。

(三)对重大问题避重就轻

21世纪初的十年,是日本二战后最重大的政策转向期。修改宪法、海外派兵、行使集体自卫权等重大问题陆续排上议事日程。对于这些重大问题,日本主流媒体虽予以关注,但报道时却更多地停留在对既成事实的追踪报道上,而疏于追究问题的本质。例如人质事件,各主流媒体的报道很明显无法摆脱"国益"二字的影响,在他们看来,如果因人质事件影响到自卫队派遣,就是有损了国益。在人质被害后,主流媒体无不对此事三缄其口,没有媒体敢于思考更重大的社会问题,即究竟怎样的国家政策才真正符合日本的"国益"。这种避重就轻、重眼前轻长远的报道姿态,客观上加剧了日本社会的右倾。

(四)媒体之间越来越缺少立场的平衡

长期以来,日本的主流媒体被大致划分为左中右三派。但是自20世纪80年代《读卖新闻》右转起,日本新闻界已经渐渐失去了这种平衡。《读卖新闻》已经成为日本发行量最大的报纸,影响极大。以《朝日新闻》为代表的左派报纸,其影响正日渐萎缩,立场也开始摇摆不定。在人质事件报道中,《读卖新闻》开批判人质论之先河,而《朝日新闻》虽然在前期持相反姿态,但最终也没能坚持住自己的立场,终于在第三次人质事件中向右靠拢,使日本的新闻界整体右倾,过去的立场平衡的媒体格局不复存在。

二战后,日本的新闻改革是民主改革中一个重要的组成部分。新闻界在摆脱了军国主义的压制后,曾无比珍视来之不易的自由,并对战争中追随军部的做法深刻忏悔。但是六十多年后的今天，弥漫在日本新闻界的空气，却表现出与战前及战争时期极为相似的特征。日本新闻界的这种走向，对整个社会的舆论和价值观产生了巨大而深远的影响。

第四节　2005年"9·11"众院选举

2005年9月11日举行的日本众院选举和小泉率自民党取得压倒性的胜利，可以说是继2001年自民党总裁选举之后，"小泉剧场"中最华丽的篇章。这次大选被舆论称为"邮政解散选举"，因其具有两点特别之处：一，大选的主题是邮政，即邮政民营化问题。二，因为参议院没有通过邮政民营化相关法案，为坚持他在此问题上的改革立场，小泉超乎常规地解散了众议院，而且选择了9月11日这一具有特别含义的日子。为了分析这一幕剧场政治的玄机奥秘，需要简单地对来龙去脉有所交待。

一、邮政民营化问题对小泉的政治意义

有关小泉的政治立场和政策主张，在本章第一节已经有所述及。通过邮政民营化问题，小泉的个人性格、政治主张和政治演技成功结合的特点进一步凸显：第一，小泉出身于横须贺这样的大都市型选区，因此与地方利益诱导的利权政治少有粘连，在金钱问题上，可以说他是比较干净的，这也是他能够上台的形象基础。

第二，小泉担任首相前从政近三十年来，一直身处岸派、福田派、安倍派、三塚派、森派这一谱系中。自1960年岸信介因安保问题下台，日本政治的重心转向经济问题之后，这一谱系基本是自民党内的"保守旁流"，与田中角荣开创的"保守本流"相对。对小泉

来说,他的最大敌人,就是他口中的"抵抗势力",其主体是继承保守本流的经世会、小渊派、桥本派。因此,邮政民营化改革可以说是小泉与桥本派之间最重要的生死一战。

第三,小泉1979年出任大平正芳内阁的大藏政务次官时,就已深受发轫于英美的新自由主义的影响①,对邮政民营化问题颇为关注,并倾向于将日本的邮政从国营改为民营②。1992年任宫泽喜一内阁邮政大臣后,小泉开始公开提倡邮政民营化,遭到了邮政官僚的全面抵制。1995年在与桥本龙太郎竞争自民党总裁时,小泉将邮政民营化定为自己最大的竞选公约。所以,邮政民营化不但是小泉政治身份的标签,也是体现他政治演技的重要主题。

第四,在政治风格上,小泉不是具有高度专业知识的政策派,他的特点是善于抓大放小、化繁为简。在小泉看来,日本利权政治中"利"的根源之一,就是邮政。因为日本的邮政事业在邮递业务之外,还有邮政储蓄(邮储)和简单保险(简保)两项金融业务,业务额巨大:邮储达250兆日元,简保达120兆日元。这笔近400兆日元的资金为日本的财政投融资提供原始资本。邮政资金以财政投融资的形式,源源不断地流向公共事业、特殊法人,滋生了利权政治。所以要改变日本的"政官财"铁三角,打破既得利益,就要首先切断它们的财源,把市场机制导入邮政事业。

第五,维持与美国友好关系的需要。2002年2月,小泉在与

---

① 1979年撒切尔出任英国首相。1980年里根当选美国总统。第一波新自由主义潮流兴起之时,恰恰是小泉开始从普通议员转向政治中坚的时期。

② 在邮政等领域的新自由主义改革方向上,小泉深受其庆应大学恩师加藤宽的影响。加藤曾在1981年中曾根时代的第二临调中主导过日本国铁的改革。后来在小泉组阁时,加藤力荐竹中平藏,竹中也在日后成为小泉改革团队中的最主要干将之一。

布什的会谈中保证绝不抛售美元。在美国财务部当时发行的总额为10667亿美元(约合112兆日元,2003年末数字)的国债中,日本政府的保有额约为三分之二,计6375亿美元(约合71兆日元)。日本购买美国国债使用的是国民的纳税,不足部分由政府短期债券调配,短期债券的利息支付以及其他用途的调配所造成的不足,最终还要由国债填补,如果国债不够,就开始增税。这样日本国民的血汗钱就被用于填补美国财政的窟窿,用于给其因战争不断扩大的财政赤字埋单。到2005年8月,美国用于伊拉克战争的月开支已经超过越战时期,为每月56亿美元。日本邮政储蓄金额超过300兆日元,这笔钱一直为美国觊觎。因为一旦实行民营化,这笔巨资就可流向美国,购买他们高利息的债券。因此,在2005年8月日本参院否决邮政民营化法案后,《金融时报》载文说:世界的金融产业还需要耐心地等一等,才能吸纳到约350兆日元的日人储蓄①。可以说,邮政民营化改革自20世纪90年代初成为美日构造谈判议题后,一直是美国方面未曾放弃的要求。

二、民营化改革中小泉的政治表演手法

虽然小泉一直把邮政问题和桥本派作为他改革的靶子,但桥本派这个党内最大派系的势力却不易撼动。自民党最大的,也是最强的利益支援团体就是全国特定邮局局长会(简称"全特"),该会不但有全日本各地19000名特定邮局局长作为会员②,而且其属下的集票机关"大树"还有10万名自民党党员,是自民党最为

① 参见 http://d.hatena.ne.jp/toxandoria/20050815。
② 日本的特定邮局是明治初期时的制度,与国家设立的普通邮局不同,邮局的土地和营业场所由各地(尤以偏远地区为甚)的乡绅拿出自己的私有财产充当,因此局长职位世袭,而且身份上是国家公务员。

倚重的票箱。1996 年桥本内阁启动行政改革时,因为财政投融资等金融领域的改革不可避免地涉及邮政问题,所以当时全特就发动各方力量予以反对。反对活动不仅限于自民党,社会党、民主党等政党也都在邮政领域有各自的支援团体,他们在反对邮政民营化方面意见一致。小泉需要为新的演出酝酿最佳的舞台氛围和时机,而在这方面,他显示出异乎寻常的过人之处。

(一)把握时机,出奇制胜

小泉做事强悍、特立独行,但并不是一个鲁莽之人,相反他非常善于审时度势、顺势而动,在最有利的关节点把握政治的最佳时机。上台伊始,小泉首先着力的并不是邮政民营化改革,而是道路公团改革。道路与邮政两项改革在时间上有先后之分,在结果上也看似有成败不同:前者是以小泉为首的改革派向自民党内的道路族低头让步,后者则是小泉阵营的全面胜利。但在推进改革、展现改革的手法上,二者都体现出小泉剧场政治的一些共同特点。

一是小泉善于利用抽象口号,唤起舆论民意中的改革幻象。对于改革的具体问题,小泉向来避重就轻或干脆避而不谈。例如他在鼓吹民营化时,常常挂在嘴上的一句口号是:民间能做的事让民间做。至于民营化的目的究竟何在,选择什么路径等本质问题,他一概不予触及。这和上节提到的对美军事支援策略有异曲同工之妙。正因如此,舆论对小泉也有"首相说明不足"的不满,但他照样我行我素,舆论也没有办法。其次,在借助抽象口号和改革幻象的力量,树立起自己的改革者形象后,小泉就大张旗鼓地发动"阶级斗争",把政治家、官僚说成是腐朽的、死守既得利益的特权阶级,用善恶对立的民粹主义方式展开批斗。最后,用改革者的面具遮盖其在改革过程中的退缩,即台上斗争,台下妥协。道路公团改革的最后结果,实际是小泉内阁向道路族做出了重大让步。因

为小泉所宣称的"重大成果",即使不进行民营化改革也都能
实现。

二是小泉重用那些拥有媒体权力和资源的人士,让他们充当
宣传员,为改革造势。比如小泉第一次组阁,就出乎常规地任命石
原伸晃为行政改革担当大臣。对小泉来说,石原伸晃不但有一个
著名的父亲石原慎太郎,而且其本人也出身于日本电视台,娴于媒
体沟通技巧。在道路公团改革中,受小泉信任和重用的是著名作
家猪濑直树,猪濑曾发表过不少批判日本利权政治的著述,并经常
在电视①、报纸和周刊杂志中露面,是小泉内阁最合适的改革形象
推销员。2001 年 5 月末,石原大臣的私人咨询机构行政改革断行
委员会成立,五名成员中就有三位媒体人士,分别是猪濑直树、
《读卖新闻》论说委员朝仓敏夫和富士电视网报道局解说委员长
船田宗南,足见小泉对媒体舆论的重视。

三是小泉始终重视操控和调动民意。如果说道路公团改革涉
及高速公路收费等民生问题,民众尚有些切身感受,那么邮政民营
化,尤其是邮储和简保等金融领域改革的问题,对一般百姓来说就
是丈二和尚摸不着头脑的"硬议题"了。所以单就政策内容本身,
很难进行政治动员,获得支持,对此,小泉依然采取了民粹主义剧
场政治手法,而且较道路公团改革更趋娴熟到位。详细情况将在
下面"9·11"选举部分具体论述。

四是在媒体和民意的剧场之外,小泉也非常懂得密室政治的
权力之道。没有十足的把握,没有成熟的时机,他绝不轻易出手。

---

①　猪濑直树每隔三周就以专家身份参加一次日本电视周一晚间的新闻节
目,讲解特殊法人改革。他还是富士电视网周六早间新闻节目的常客。在《周刊
文春》中也有连载专栏。转引自大岳秀夫:《小泉纯一郎民粹主义研究》,东洋经济
新报社 2006 年版,第 22 页。

从赢得总裁选举到五年首相任期,事实一再说明,小泉不搞中曾根"半夜鸡叫"式的仓促改革,一定要等到最佳出演时机,争取最佳表演效果。小泉上台后不久,虽然为践行竞选公约,成立了首相私人恳谈会"邮政三事业方式恳谈会",但在 2001 年 7 月的参议院选举中,同其他改革一样,邮政问题仅停留在口号,并没有落实到具体层面。2002 年撤掉田中真纪子后,小泉内阁支持率骤降,再加上经济指标恶化,显然也不宜于在邮政问题上出手。况且,此时连首相的私人恳谈会内部也出现了意见分歧。对于小泉来说,邮政问题不能急,他必须首先赢得三场关键的选举,即自民党总裁选举、2003 年 11 月的众院选举和 2004 年 7 月的参院选举,否则就不能巩固自己的政权基础,就没有本钱去与邮政族"决战"。为此,在 2003 年与 2004 年的两次选举中,小泉阵营刻意没有将邮政民营化列入主要议题。直到 2004 年 7 月参院选举过后,万事俱备,小泉才又重新将邮政问题拿到经济财政咨询会议审议,真正启动了民营化的具体立案。

(二)刚柔相济,剧场与密室交响运用

一是采取怀柔和分化、和与斗的双重手段,对付桥本派。在 2005 年的邮政解散之前,小泉就已采取上述手段,于 2003 年成功地分化了桥本派。他联合的对象是桥本派的参院领袖青木干雄,斗争的对象则是邮政族头目、原自民党干事长野中广务。青木能被小泉拉拢,出于三点:第一,小泉的党首效应在 2001 年参院选举挽救了自民党,保住了自民党及青木本人在参院的主导地位。第二,小泉组阁时对桥本派彻底封杀,却出人意料地复活了从参院提拔两名担任阁僚的做法,且在具体人选上听从青木的安排,这使青木对小泉有感激之心。第三,在邮政民营化问题上,青木并不像野中那样坚决反对,而是一个中立派。拉青木压野中的这些谋略,取得了预期的效果:青木与野中关系不断恶化,野中将青木称为桥本派的犹大,而青木则借助小泉的力量,从野中手中夺取了桥本派的实权。2003年自民总裁选举后,野中宣布从政界引退,这是小泉在党内斗争取得胜利的重要标志①。

二是利用密室与剧场的调包计,将自己的改革主张转变为自民党的公约。比较明显的有两次。第一次是2003年6月自民党总裁选举前。6月9日小泉与青木密会,商讨总裁选之后的内阁改造问题,之后便开始使用"全党一致"的说法,向党内展现其包容协调的态度。就在自民党内人士渐渐放宽心绪的时候,小泉出人意料地在2003年8月号的《中央公论》上宣称,如果总裁选举中能够胜出,那么自己的方针就要成为党的公约。第二次是在2003年10月,众院选举之前。当时在实现邮政民营化的最终期限问题上,小泉阵营与时任总务大臣麻生太郎,包括青木之间出现意见相左状况。此时小泉在自民党政调会里成立了政权公约制定委员会,由自己的亲信武部勤担任事务局长。这个委员会在选举候选人毫不知情的情况下,加入小泉阵营的观点,然后将其称为全党选举公约。之后,小泉的说辞是"既然是打着竞选公约进行的大选,那么邮政民营化就应当被看作是党的公约,予以公认"。小泉在邮政问题上开始全方位展现其"独裁者"面目。

三是步步为营,迫使党内各方就范。2004年7月参院选举完毕,邮政民营化进入实质攻坚阶段,小泉阵营使用强硬的、变通的、煽情的、冷酷的等一切手段,完成了邮政民营化的立案、立法过程。

---

① 野中广务曾用"毒馒头"来形容2003年自民党总裁选中小泉对桥本派采取的分化政策,当时小泉许诺如果再选成功,将给这些"投诚"者分配职位。后来"毒馒头"一词获2003年"日本新语·流行语"前十位大奖。

首先,小泉的干将竹中平藏甩开民营化筹备工作室,召集一些民间人士另立门户,制定民营化的组织方案。此时对于小泉来说,已经没有能够束缚他的选举因素了。2004 年 9 月他出面调停麻生负责的总务省方面的意见。在双方确定基本方针后,他再次无视自民党事前审查的惯例,直接将基本方针拿到阁僚会议上决定。2004 年 9 月 27 日,小泉进行了内阁改造,任命竹中平藏担任新设的邮政民营化担当大臣,而武部勤担任自民党干事长,这显然是有备而来,即一旦法案在国会遭否决,就一举解散重新大选。在这次组阁中,青木的意见也被小泉置之度外,因为从利用价值上,此时的青木已经远不及 2003 年时那样举足轻重。

自 2005 年 1 月始,邮政民营化法案开始在政府与自民党之间进行实质协议。此时通常国会也已开幕。由于自民党内不同意见难以平息,所以直到 4 月国会就要闭幕,双方也没能拿出最终方案。但小泉强硬地表示不会延期,必须在此次国会通过。之后,小泉坚持推动采用由竹中起草的政府案。2005 年 4 月 27 日,该法案在阁僚会议上通过,自民党慑于小泉解散国会,也同意将法案提交国会审议。

三、参院否决,解散众院

2005 年 7 月 5 日,《邮政民营化》在众院表决,以五票的微弱优势通过。在众院表决之前,虽然干事长武部勤已经发出“如果不遵从‘党议’,就要处分”的恐吓令,但仍有 51 人没有投赞成票,其中 37 人反对,14 人弃权。此中的很多人都是一些支持基础稳固、不怕选举的老牌议员。他们与其说是反对法案,不如说是反感小泉的独裁手法。7 月 13 日,法案移交参议院审议。在 8 月 8 日表决之前,小泉也低声下气地打了不少拜托电话,因为参议院首相无权解散,没有杀手锏就只能来软的。但即使这样,表决当日该法案还是被否决了。自民党内有 30 人没有投赞成票,其中 22 人反对,8 人弃权。小泉立即宣布解散众院,进行大选。

在战后日本的宪法框架下,解散众院重新大选并不乏其例,此番已是第二十次,但因参院否决某项法案而解散众院,则是第一回。小泉执意把参议院的否决,看作是对内阁的不信任和对其改革路线的否决,所以坚持解散众院,重新大选。深究起来,小泉的做法并不合道理。因为此前该法案在众院审议中已获通过,面对参院的否决,自己不做妥协,而是动用职权,解散通过法案的众院,实际是把众院当成了其政治剧场的祭品。

小泉执意牺牲众院,当然是因为他不想牺牲自己。解散众院看似冒险之举,实则却更利于小泉。首先,如果不解散众院,小泉只能面临两种选择:要么内阁集体总辞职或放弃法案,要么修改后重新提交参院审议。前者是他不愿的,后者又是他把握不了的。日本参院议员任期六年,三年改选一半,仅从时间上,任期将满的小泉就耗不起。再者,如果小泉忍气吞声地与国会周旋下去,那么在剩下的日子里,无论在国会还是自民党内,反对派不仅会继续对他说三道四,还会加紧考虑“后小泉时代”的首相人选问题,届时,小泉势必要被边缘化,成为“跛脚宰相”。这种壮志未酬、束手待毙的感觉自然难以忍受。

相反,如果先发制人,解散众院,则可化被动为主动,但前提是自民党能赢。那样的话,第一,小泉的党总裁地位可重新得到巩固,因为他是大选中自民党的招牌。第二,邮政法案可拿到新众院再次审议。日本宪法规定,只要新众院三分之二的议员同意,即使参院否决,法案也即可成为法律,这样小泉就能如愿以偿。第三,小泉甚至可以援用中曾根康弘的做法,把首相任期再延长一年,彻底过足首相瘾。这样看来,小泉解散众院,重新大选,不仅不是自掘坟墓,相反却是自辟生路。可谓不破不立,破字当头,立在其中。

四、"小泉剧场"在大选中全面拉开帷幕

对于这次解散大选,小泉阵营早有准备:在众院表决仅以五票优势通过时,小泉就已授意干事长武部勤着手进行选举准备,而另一心腹干将竹中则早在2004年秋就已经领会了小泉的意图。相比较而言,自民党内的反对派,包括在野党在内,都过于乐观地估计了形势,感觉小泉不可能这样无情,不可能冒这样大的风险,搞解散选举。

但接下来的事完全出乎他们的意料。在宣布解散众院进行大选后,小泉马上接受了电视采访。在镜头面前,他一脸严肃地讲到了伽利略。小泉说当年伽利略面对死亡威胁,仍然坚持"地动说"。自己也要这样,不管遇到什么困难,都要把邮政民营化改革进行下去。小泉的"伽利略演说",效果与2001年总裁选举时他吟咏昭和天皇战败后所作的和歌一样,目的都在于唤起悲情,争取支持。把解散选举与伽利略、死刑联系起来,虽然牵强附会,但通过电视媒体传播出去后,瞬间产生了巨大冲击力,对于剧场来说这就已足够,因为没有谁在进展的戏剧表演中去仔细思考其中的逻辑。小泉的"伽利略演说"出笼后,晕头转向的自民党反对派及最大在野党民主党几乎没有进行任何反驳,话语权完全掌握在小泉手中。此外,"伽利略演说"还制造了一个潜在的幻象,就是那些反对邮政民营化的抵抗势力,相当于顽固主张"地心说"的中世纪教廷。在这种语境中,小泉成了真理的象征。

小泉没有成为抵抗势力的牺牲品,反倒是他对反对派进行了"刺杀"。选定在9月11日进行大选投票,暗含了他要对反对派

进行"恐怖袭击"。在随后的备选过程中,小泉阵营对投反对票的本党党员采取了实质上清除出党的处置:不给他们自民党候选人的身份,即使他们以无党派身份当选后,也不允许他们复党。不仅如此,小泉还向反对派议员所在的选区派出了"刺客"候补,这些"刺客"不少是通过公开招募选定的,与选区没有地缘、血缘关系,被称为空投候补。更令民众和媒体关注的是,刺客中有不少长相漂亮的职业妇女,她们受到了小泉阵营的特殊优待①。此次大选自民党共推出 26 名女性候补,其中 7 名是老议员,19 名为新人,最终她们全部当选②。

　　除去"空投美女"的亮色,此次大选中,小泉又再次高唱打倒既得利益阶层的老调。但这一次他所说的既得利益阶层并不是官僚、族议员等,而是邮局职员和邮局局长。对于选举广告公司拟定的竞选口号,小泉感觉不够刺激,自己亲自操刀创作了两条口号。其中之一是:"诸位,固守 27 万邮政公务员的既得利益,还能进行改革吗?"显然,普普通通的邮局职员因为他们的公务员身份,也被小泉当作享受既得利益的特权阶层了。这虽然不符合政治逻辑,但却抓住了剧场的表演逻辑,抓住了煽动民粹的核心,长期对自民党利权政治深恶痛绝的大都市选民,见到"既得利益"就人人喊打,激情中人们一时无暇去分辨什么才是真正的"既得利益"。

　　对于党内党外的反对派,小泉创作的另一个竞选口号也颇有

　　①　小泉阵营向这些"刺客"候补提供了在比例选区的优厚保障,即使在小选区中落败,也可在比例选区中复活。
　　②　选举后,原首相森喜朗这样评价这些女性议员:她们如果觉得是自己赢了选举就大错特错了。她们能胜,是因为商工会议所会头、农协会长、小泉首相最讨厌的(派阀)大佬都参与进来了。见《读卖新闻》2005 年 9 月 14 日。

针对性:"我曾与国民约定,即使摧毁自民党也要进行改革。请不要阻止改革!"在这一口号的语境里,小泉虽是自民党总裁,但似乎早已与利权的、腐败的自民党划清了界限。更妙的是"请不要阻止改革",这句话简直具有魔力,让人不得不进行对号入座式的"自我审查":我投小泉的票,我就是改革者,相反就是阻止改革。无论是自民党党内的邮政族等反对派,还是同样依赖邮政工会系统的反对党,如民主党、社会党,以及不准备投票给自民党的普通选民,在这种话语的巨大压力下,纷纷在心理上缴械投降,谁愿意作逆历史潮流而动的"阻止改革"的势力呢。

对于剧场政治的重要舞台——新闻媒体,小泉阵营的手法同样具有鲜明的剧场色彩:

(一)运用后现代的选举手法,直接对选民进行攻心。小泉有如此风光的这一天,离不开左膀右臂的扶持,经济上他依赖经济财政大臣竹中平藏,公共关系方面则依赖政务秘书饭岛勋。自四年前小泉上台时,饭岛就开始精心培育小泉与媒体之间的关系:不仅每天安排首相的记者见面会,通过电视画面,向公众传播小泉雷厉风行的政治形象,还确立了首相与全国大报总编的定期会餐制。饭岛甚至不顾主流新闻界的反对,打破惯例,主动跟品位不高但发行量不小的周刊杂志拉关系。在大众文化时代,体育报纸、艺能周刊杂志、电视综艺节目等对政治的兴趣,往往反映受众需求的周期性和很强的消费性。比如国政选举、政变、丑闻等一发生,立即趋之若鹜,形成炒作的热点。到小泉时期,这类以往被政治家不屑一顾的通俗媒体,成天追踪小泉、田中真纪子,成为促成"小泉旋风"的重要因素,结果,受这些原本不入流的媒体的带动,精英媒体也不得不参与狗仔队式的报道追踪,各路媒体人马蜂拥而上,在娱乐和搞笑中合流。所以,从一定意义上说,阳春白雪追随下里巴人,是现代大众文化最为吊诡的一个趋势,饭岛勋的媒体战略就紧紧抓住了这一时代特点。饭岛认为,周刊杂志、综艺节目的政治报道很重要。2002 年 1 月,饭岛在接受《周刊朝日》的访谈时说:"以前政治家对他们的支持不会抱有期待的那些社会大众,现在开始对政治抱有兴趣,因为他们看周刊杂志和电视的综艺节目。只要这些媒体一报道小泉,销售量或收视率就大幅上升。我坐公交车的时候,会有人说,啊,是饭岛啊,就跑来跟我照相。即使不是小泉本人,偶尔我(代表他)受邀参加电视节目,收视率也会上升。"饭岛所讲的政治家对他们的支持原来不抱有期待的人,就是自民党习惯于密室的传统政治家们不知道怎么与之打交道的社会大众,这些人潜在的政治能量在小泉时代轰然迸发。日本著名评论家、记者筑紫哲也曾说,小泉与田中真纪子都是不像政治家的政治家,他们与传统的政治媒体关系并不深,但与社会上的通俗大众媒体却打成了一片,所以顷刻间形成了小泉旋风。自民党议员山本一太也认为,在这次关键的众议院选举中,饭岛更加重视周刊杂志、体育新闻等媒体的信息,这与以前的老派政治家大不一样①。此外,如同美国的选举剧场一样,自民党还花 1 亿 5 千万日元的高价雇用商业公关公司,借助传播专业人士,小泉及自民党的公关策略更加"有的放矢"。这些后现代的选举战略,是还停留在密室阶段的传统政治家想都不敢想的。

　　(二)制造新闻,喂饱媒体,主导舆论。在此次大选中,小泉阵营主动向媒体"喂料"的倾向表现得尤为明显。自解散众院后,"小泉流"的新闻就源源不断地出现在公众面前:不推举党内反对派做候选人,向反对派所在选区空投对手,逼迫中间派和地方党组

---

① 　[日]《朝日新闻》2005 年 10 月 25 日。

织支持小泉路线,放言开除反对派党籍,等等。小泉一反以往遮遮掩掩的做法,不仅不怕自民党分裂的家丑外扬,甚至蓄意暴露矛盾,将一向神秘的、难得窥见的政治运作过程大白于天下。8月素来是媒体的暑假,但这一年的8月,所有媒体让不断被小泉制造出的新闻忙了个底朝天,社会大众也过足了观赏"政治秀"、"新闻秀"的观赏之欲,无形中舆论被小泉牢牢掌控。

(三)戏说政治,吸引眼球。小泉不仅主动向媒体喂料,而且还净喂"好料",提供的都是富有戏剧性和趣味性,能吸引媒体和公众的新闻。在推荐党内反对派的对立候选人问题上,从一开始,自民党党部就使用"刺客"这一危言耸听的说法,继而又由小泉出面,力邀名女人、网络新贵①参选。对于以往不太有名的候选人,小泉和自民党干脆把媒体招呼过来,在电视镜头下直接让候选人表态。与此同时,小泉还巧舌如簧地通过媒体反复宣扬其改革"大义",把自己描述成誓死摧毁既得利益集团、大胆创新,为民谋利的改革者。在这种强大的舆论攻势下,虽然大部分民众并不明白邮政改革的内容和意义②,但对政治的兴趣度骤然上升,而且对小泉的改革也深信不疑。

五、小泉及自民党的大胜

"小泉剧场"给自民党带来了戏剧性的选举结果,自民党获得

---

①　指堀江贵文,为日本第三大网络门户活力门总裁。后因股市违规操作被判刑。

②　小泉上台以后一系列的民调结果都显示,民众最关心的议题是年金改革和景气对策。2005年1月当小泉内阁把邮政民营化作为最大议题交付国会时,日本政府曾进行过一次网络调查,在十项政策课题中,邮政民营化排到了第八位。年金、福祉、景气、雇佣、治安、防灾均在邮政之前。转引自大岳秀夫:《小泉纯一郎民粹主义研究》,东洋经济新社2006年版,第87页。

了雪崩式的胜利。其戏剧性主要表现在四个方面:第一,自民党在四分五裂中居然取得了压倒性的胜利,包括83位新人在内共获296个席位,是最大的在野党民主党的近3倍;占据全部议席的61.7%,仅次于1961年的佐藤政权,居战后排序之二。第二,现任首相得票数创历史新高。小泉纯一郎在其所属的神奈川选区共获19万7037票,为日本现行选举制度实行以来的最高得票数。第三,选民投票率达67.5%,比前次大选上升7.65个百分点。第四,NHK的开票新闻快报节目收视率达20.3%,创同类节目九年来的新高;各商业电视台同类节目的收视率皆超过前两回众院选举,位居榜首的TBS收视率高达15.6%。

在这样的胜利背景下,2005年10月11日,日本众院通过邮政民营化法案,10月14日,参院通过该法案。至此小泉终于实现了他最大的政治目标。

但这一切,都是一场令人眼花缭乱却又充满了激情泡沫的政治肥皂剧。邮政民营化问题从来没有经过认真的政策讨论,但却被简单化地定性为利权与反利权的善恶问题;邮局公务员的身份自始至终被炒得热热闹闹,但却没有人清楚其后更为重要的本质问题,就稀里糊涂成了小泉的权力斗争工具。很多严重的问题,到泡沫和激情消退后才渐渐显露。例如,2005年邮政大选结束后,日本国会曾追究制作邮政民营化公关营销插页的广告业者与邮政民营相竹中平藏之间的勾结关系,没曾想在此过程中却暴露了更为严重的问题。原来,在自民党雇用的广告业者提交的方案中,可见明确的"靶标战略"——以智商高低为纵轴,以对小泉政权的构造改革的评价为横轴,把国民分为ABCD四类。自民党广告的靶标就是其中的B层,这一层以主妇和孩子为中心,加上老人。他们对于邮政民营化、构造改革的意图几乎全无了解,但是支持小泉的个性,广告业者将这一层作为小泉支持的基盘①。由此可见,2005年众院选举是一次不折不扣的"大众迎合型的民粹主义"选举,也是彻头彻尾用政治表演蒙蔽选民的愚民选举。但是,胜者为王,败者为寇,无论如何,在这场政治斗争中小泉是最大的赢家。

第五节　小结:小泉剧场政治与小泉神话的构造

通过以上分析可知,所谓小泉革命,确实有许多言过其实的成分。小泉标榜的构造改革,并不是像通常想象的那样是由他开创或大力推动的一场真正的改革。早在20世纪80年代以美英为首的新自由主义风潮刮起时,日本就已出现了中曾根康弘的改革,国铁和电信公社的私有化都是在中曾根治下完成的。虽然中曾根此举有很多的政治谋略隐藏其中,但其客观效果却是初步转变了社会党的社会支持基础,中曾根遇到的工会压力是很强的,阻力也比小泉要大许多。

而整个政治制度、行政制度的改革,是在1993年非自民党的细川护熙政权时代开启并迈出了实质性步伐的。作为1955年以来第一个非自民党首相,又基于政经体制转型的变革呼声,细川护熙上台后制订了全方位的改革方案,从政官财"铁三角"的打破、中央省厅的再编、公务员人事制度的改变,到内阁职权的强化、地方分权及自治体的再编,乃至经济规制的放松,改革计划可谓全面而宏大。细川领导的非自民党联合政权虽匆匆谢幕,但由其描绘的改革蓝图却成为此后日本历任政权的改革依据。

1996年自民党重新掌握相位,在桥本龙太郎治下,日本进行

---

① ［日］鱼住昭:《国家与媒体》,筑摩书房2006年版,第19页。

了六大改革。桥本六大改革涉及财政构造、社会保障、教育、税制、经济构造、金融等诸多方面，对以往的开发主义政经体制进行了很大的改变。但是，也正因为这六大改革，以及采纳当时日银总裁速水优坚持主动改革而能在景气下滑时被动增加货币供给的政策，使得桥本六大改革，以战后日本第一次出现经济负增长而收场，被称为桥本萧条，桥本也在其后的参议院选举中败选下台。

　　相比之下，小泉改革的幅度和遇到的阻碍，要比上述三人小了很多。他所谓的抵抗势力主要是自民党内的桥本派和"邮政族"。在小泉任内，这一派内部的分化和衰败呈加速趋势：野中广务2003年总裁选后从政界隐退，2004年牙医联盟献金疑惑曝光后，桥本龙太郎也非常被动，2005年大选前桥本宣布从政界隐退。而该派的另一位大将青木干雄早被小泉阵营拉拢过来。所以，表面上小泉营造出敌人很强很大的氛围，做出视死如归的样子，但实际上他所称的"抵抗势力"早已群龙无首，近乎一盘散沙。此外，从邮政民营化法案本身来看，该法案成立所引起的冲击，要远远小于当年国铁以及电信的私有化。而且，整个邮政私有化要到2017年才完成，在折中协调中也增加了保障乡村地区基本服务的有关条款，使得法案的冲击降到最低。在金融改革和经济复苏方面，小泉上任没多久，日本的银行状况就逐渐好转，2002年坏账就已经开始减少。小泉时代的日银总裁福井采取的是传统的恢复经济景气的宽松货币政策，这与其说是小泉的功劳，毋宁说是银行体系的自我调整，或是日银政策调整奏效。所以，纵观自中曾根时代开始的新自由主义政策路线，就内容来说，很难说小泉有哪些政策革命，小泉做的与历任首相相比，并无特别之处①。

---

　　①　参见方向归零博客。

　　但是,小泉革命,或者说小泉的剧场政治又是成功的。首先,小泉的个人背景和资历,符合当代日本的民粹主义基调。自20世纪80年代以来,在美英新自由主义改革和开发主义政治"结构腐败"的交互作用下,日本政治的话语被民粹主义浸染。其中商业性媒体政治节目的兴起是一个重要动力。在强调故事性、耸动性的论坛节目、政治软新闻节目中,节目主持人、记者不再用传统的一本正经的形式播报新闻,而是试图以"庶民代言人"、"庶民视角"的身份设定议题,主导话语,这样一来,大众媒体舞台上需要的是更像演员的政治家,传统的密室政治家已经过气。时势造英雄,时代给了小泉这样能够动员大众情感的政治人物大显身手的舞台,塑造了日本民粹主义的景观。

　　小泉的成功,在于他以一种极端的、戏剧性的方式,唤起了日本民众宣泄政治失望,进而对政治精英更加不信任的情绪。20世纪90年代,经济从巅峰骤落,到1995年以后,已经明显影响到了民众的生活,担心、焦虑成为主流社会心理。心理学上讲的群体性心理反应,体现在21世纪之初的日本,就是焦虑心理在社会上的传染扩散。这种焦虑点燃了民粹主义之火。在民粹主义的话语模式中,政治被定位成善良的、廉洁的"改革派"对阵道德败坏的、腐败的"抵抗势力",后者是包括官僚、议员在内的政治精英,到2005年9·11选举时,连邮局职员都成了被攻击的"既得利益者"。密室中产生的森喜朗接任首相后,日本国民对精英把控的派阀政治终于忍无可忍。森喜朗支持率跌破10%,使自民党在选举压力下迫其辞职,预告了以往派阀政治走到了终点。在这之后主导日本政治的反派阀、反政治精英的社会情绪,给了没有明确派阀属性的田中真纪子以及小泉纯一郎崛起的空间。但是讽刺的是,小泉、田中二人其实都是重要政治人物的二代三代,而非庶民的代表。森喜朗下台后的自民党党内总裁选举,原本预想是掌握多数国会议员的桥本龙太郎稳操胜券,但是没有明显派阀属性、但民间人气极高的小泉纯一郎与田中真纪子联手,以"改变日本、摧毁自民党"的口号,在预备选阶段就已取得了九成选票。这种压倒性胜利对永田町的国会议员造成巨大压力,在总投票中,小泉战胜了桥本龙太郎,赢得总裁选举。

使用抽象的政治口号,创造了全民参政、打倒既得利益阶层的政治幻象,这是小泉剧场政治成功的奥妙所在。在媒体和民意的剧场之外,小泉又娴熟地运用密室政治手法,不断地在后台巩固自己的权力。

至此已经非常明了。所谓小泉革命,其实是政治动员模式的革命,是政治运营模式的革命。在政治动员上,小泉注重党外动员,借助媒体的力量、国民人气的力量,获得自己的合法性。这就是为什么小泉热衷于首相公选制的真正原因。在政治运营模式上,小泉完全不按以往的规则行事,根本不把自民党放在眼里,总是超越自民党直接去忽悠大众,结果反而赢得了对自民党的主导权。在小泉之前,前首相中曾根康弘也曾主张过首相公选。但是,小泉要搞的公选和中曾根大异其趣,中曾根的目标是成为基于党内组织基础上的总统型首相,当年中曾根派在自民党党内是小派阀,所以他就联合、利用田中派的势力,正因如此中曾根内阁会被称为田中曾根内阁。也就是说,中曾根对自民党还是派阀联合的老派政治,而小泉对自民党,尤其是桥本派,则是典型的斗争的政治、分裂的政治。这种革命手法在2005年的众院选举中重现,桥本派被彻底击败。

在选举之外平常的政治运营中,以往的首相都是首先意识到自己是自民党总裁,然后才是首相。如制定法案时,第一步要经过党内事前审查程序,征得"全员一致"①后,才会进入下一程序。而小泉则完全不同。在党内他奉行三不主义,即"不说服、不妥协、不调整"②,即使在总务会上也是以裁决,而非全员一致的方式。小泉任内的很多法案都是先经执政联盟,后经在野党,最后才是在自民党总会、政务调查会进行说明。对于自民党,小泉不能不说是无情或寡情的,但这实际上就是他驾驭民粹的法宝,以民意压本党,最后将自己化作民意的唯一代表,服从自己就是服从民意。

而在外交,如自卫队海外驻兵一事上,小泉内阁采用了彻头彻尾的"密室"手法,通过新闻管制和舆论导向,使日本社会将海外派兵、人质危机这样重大问题的讨论,归结为"个人"问题。可以说,小泉成功地抓住了民粹主义、娱乐主义的社会心理,利用政治体制改革成果,把握了剧场政治中的话语权。

当然在五年五个月的任期中,小泉也并不总是自民党选举获胜的保证(详见表6—1)。2001年参院选举、2005年众院选举自民党获得大胜,而2003年众院选举和2004年参院选举则是在野党的民主党跃进。而从投票率看,只有2005年众院选举特别高。另外,从日本内阁府所做的政策民意的反映度调查来看,小泉任内这一指标并无特别上升。可见,小泉剧场政治的人气,同政治、同民生之间并无直接联系,确实是一场政治舞台肥皂剧。

---

①　先在党内让反对派把反对意见充分说出来,然后再做工作。如果还有不同意见,那么在投票前这些反对派会自动退出投票,客观上全员一致。日本老政治家后藤田正晴认为,"全员一致"是自民党的智慧,维持了自民党"和"的体面,因为"政治不但需要理,还需要情"。正因如此,后藤田认为小泉的施政方式非常危险。参见[日]后藤田正晴:《情与理》,讲谈社1998年版。

②　是日本政治学者御厨贵的评价,见[日]御厨贵:《虚无主义的宰相小泉纯一郎》,PHP新书2006年版。

表6—1:1995年以来日本众参两院选举投票率及结果情况

选举	日期	首相	比例选区	选举区	结果
参院选举	1995年7月23日	村山富市	44.50%	44.52%	新进党大跃进
众院选举	1996年10月20日	桥本龙太郎	59.62%	59.65%	自民党确保稳定多数
参院选举	1998年7月12日	桥本龙太郎	58.82%	58.84%	自民党大败，桥本辞职
众院选举	2000年6月25日	森喜朗	62.45%	62.49%	自民党失败，民主党跃进
参院选举	2001年7月29日	小泉纯一郎	56.42%	56.44%	小泉旋风，自民党大胜
众院选举	2003年11月9日	小泉纯一郎	59.81%	59.86%	自民党确保稳定多数、民主党跃进
参院选举	2004年7月11日	小泉纯一郎	56.54%	56.57%	民主党跃进
众院选举	2005年9月11日	小泉纯一郎	67.46%	67.51%	自民党大胜

小泉创造了一个神话,使日本人迷恋他又害怕他,他像是21世纪初突然跳出的一颗炸弹,炸毁并瓦解了老自民党统治的秩序。小泉神话的形成在于颠覆常识之后实现的控制。为了颠覆旧有的秩序,就一定要制造出轰动效应,因为不搞出点轰动效应,就无法引人注意,就没有人气。有了人气之后,就可以更加大胆地颠覆现存的秩序而又能少受甚至不受惩罚和控制。当小泉实现了不被控制——不被政党、派阀、媒体、支持率所控制时,他就控制了他所处的政治世界。在这个过程中,可能困扰人们现实生活的任何实质性问题都没有解决,但演员和他的演出却获得了巨大反响。小泉纯一郎最后就是这样在日本政治历史中留下痕迹的。

第七章　安倍剧场政治

民粹主义既然已经成为日本政治的社会基础，既然小泉纯一郎可以因此成为史上最成功的政治家，其后来者也莫不跃跃欲试，安倍晋三就是抱着这样的愿望登上日本政坛的。与小泉"主攻自民党"的表演不同的是，安倍的剧场主要是外向的，他喊出的口号是"美丽国家"，试图抓住日本民众日益明显的民族主义和保守主义合流的思潮倾向，用"政治大国"的目标凝聚日本社会情绪化的民意和舆论，像小泉一样完成自己的舞台表演，但其政权尚在襁褓之中就黯然夭折。是安倍个人的演技出了问题，还是日本社会的剧场氛围发生了转化，本章拟以安倍政权形成和消亡过程为案例，对日本剧场政治的内在机理作进一步的分析。

第一节　政治美感的变化：从小泉纯一郎
到安倍晋三

1936年，本雅明在《机器复制时代里的艺术作品》这篇经典论文中提到了"政治美感化"的重要概念①。本雅明认为，面对新兴的无产阶级大众，法西斯主义提供的不是任何新的政治权利，更不是帮助其完成对现存分配制度的挑战，而只是一个表达自我的机

---

① 唐小兵:《回望法西斯景观》,《读书》2006年第10期。

会或仪式。法西斯动员和组织大众的方式，是将审美引进政治。政治美感化的必然结果是战争，因为"只有战争才能为大规模的群众运动设定一个目标，并且丝毫不涉及既定的财产制度"。

在本雅明的"美感化的政治"的理论框架下，美国社会学家法拉斯卡·赞珀尼通过《回望法西斯景观》一书，检讨了意大利法西斯时代的成因、文化逻辑和后果。对于由墨索里尼开创的美感化政治所满足的历史需要，赞珀尼认为有两点至关重要：第一，随着现代工业都市的出现和传统农业手工业社会的解体，一个被贵族出身的法国人勒庞称为"群氓"的"乌合之众"，作为一个新的社会群体出现了。第二，为了解决这个新群体与旧社会之间的秩序矛盾，必须使用"无产阶级的暴力"，去斗争、去牺牲、去征服、去不断地克服自我。

墨索里尼的政治美感在于使用"铁血的战斗精神"去斗争、去牺牲、去征服。墨索里尼首先斗争的"敌人"，是腐朽的资产阶级的民主代议制①：

> 墨索里尼最初是以左翼社会党人的面貌出现在政治舞台上的。1912年7月年仅29岁的墨索里尼，在意大利社会党全国大会上，言辞激烈地攻击社会党改良派，提出社会党的策略应该是政治斗争而不是经济斗争，其目标是推翻资产阶级的民主代议制，重归社会主义运动的理想、信念和热情，从而使意大利获得重生。墨索里尼对议会制的决然否定，得到了与会代表和社会舆论的众声喝彩，因为以代表和分配利益为原则的议会，在当时普遍成了腐败、妥协、孱弱无能和唯利是图的代名词。操纵议会的自由党所代表的实用主义，喋喋不

---

① 唐小兵：《回望法西斯景观》，《读书》2006年第10期。

休的辩解和争论,一本正经的投票,欲盖弥彰的虚伪乱象,都使得墨索里尼所呼唤的理想主义和精神价值更具吸引力。人们呼唤一个政治"新人"的到来,一个"热血革命家"的出现,一个应"英雄时代而生的社会主义者"的降临。这样一位让人们思想澎湃的领袖,正是操控勒庞眼中的乌合之众所必需的,也正是韦伯在此时所形容的超凡脱俗,有魅力的政治人物,其恢宏倜傥的革命气魄,与蝇营狗苟、鼠目寸光的官僚政客必定形成鲜明对照。

回视日本,本书第四章曾经述及,对于小泉剧场政治,曾有不少论者认为,"大众迎合型政治家"与"热烈欢呼的无知大众"式的民粹主义政治,构成了民主主义的危机,开辟了通向法西斯的道路。从成因上来看,当代日本与 20 世纪一二十年代的意大利确有几分相似,即旧有的共同体秩序相继崩坏:从冷战时代的国民经济框架、日美同盟、自民党一党优位的政党体制、派阀、业界卡特尔等政经组织,到日本式经营下的终身雇佣、男主外女主内的生活和行为方式,都在冷战结束、全球化加速发展的大背景下急剧转变。而自 1995 年第一次参加自民党总裁竞选,小泉就期待问鼎日本政治的至高权力,他的政治搏击正处于这样的大变动、大分化的历史进程之中。泡沫经济破灭后被裁员的失业者,因企业为减少成本、不增加正式员工而造成的非正式员工,虽然尚没有作为一个明确的阶级或阶层发动社会动乱,成为"群氓",但至少在思想意识上,他们的不满甚至反叛已经非常明确了,其矛头对准的正是腐败的"利权政治家"和只知道保全自我利益的官僚。

但是,小泉与墨索里尼既有诸多相似,又有很多不同。相似的是他们对于"蝇营狗苟、鼠目寸光的官僚政客"的言词激烈的抨击,不同的是墨索里尼的目的在于从体制上颠覆资产阶级的民主代议制、建立资产阶级的独裁制,而小泉的目的则在于通过实行"构造改革",延续和维护资本主义体制。墨索里尼治下的意大利,"与政治美感化相辅相成的,是经济生产的精神化"。他所提倡并推行的"各阶级合作"体制,目的是培养人们的国家意识和责任感,克服所谓"经济人"的无穷欲望①。而小泉治下的日本,与政治美感化相伴的,却是在小政府框架下市场经济产生的利益最大化。在新自由主义的旗帜下,以大企业为代表的"经济人"在减负(放弃对员工的福利保障,放弃对社会稳定就业的义务)之后,可以更加轻装前行地去追求"经济人"的无穷欲望,为此他们甚至发明了"个人责任"这一冠冕堂皇的说辞。

因此,小泉极欲展示的政治美感,体现在对原有利益政治体制的执意摧毁,对利权政治的代表——官僚政客的无情驱逐。虽然小泉将此演绎成"善与恶的搏斗,获得了情节剧式的夸张和结局",但其本质是在顺应英美新自由主义式全球化的前提下,对日本内政领域的"法西斯"治理。至于墨索里尼最后引导意大利走向的战争,走向的罗马帝国逻辑式的殖民扩张,走向"被强权凌辱的无产国家"与强权国家之间的冲突,小泉政治在此方面走的是另一种路径,因为"9·11"之后,日本与世界第一强国美国的关系在各取所需的关系下进一步加强了合作,而不是对抗。小泉剧场政治中,唯一带有民族主义情绪的表演,可以说是靖国神社参拜。对此问题,客观地评价,小泉虽以"不屈服"的姿态展示,但也仅停留在个人性格层面、文化层面,可以说还只是一种点到为止的意象。

但是,到了安倍晋三时代,这种美感却从根本上被置换了。与

---

① 唐小兵:《回望法西斯景观》,《读书》2006年第10期。

小泉相比,安倍的政治美感更多地带有民族主义情结。安倍着意的不是打倒利权,而是打倒屈辱的"战后体制"。在安倍眼中,政治美感的源泉,不是一扫利权政治家的"恶",而是一扫日本的战败国地位,这是他所谓"美丽国家"的理念基础。

第二节　从剧场中清醒:差距社会、
下流社会与社会统合危机

正如大岳秀夫所指出的那样,一般民众对小泉政治最大的期待,是希望他能够净化被腐败丑闻污染的日本政治和行政①,小泉正是准确把握和利用了这种社会心理,才导演和演出了以2005年"9·11"选举为代表的一幕幕的政治剧。这种带有强烈道德意味的政治期待,一方面带有一种脱离战后日本经济社会发展模式(自民党主导的开发主义)的纯粹伦理取向,好像要求政治和政治家不食人间烟火,另一方面又在原有共同体的崩坏、个人原子化之后,充当了一个想象中的社会磁极,展现为在政治剧场中对蛊惑型政治家的狂热②。

但是,到了小泉执政的后期,由于之前"9·11"选举在政治秀上的登峰造极,日本民众对政治和政局的关心开始转向与他们关系更加切实的日常生活。此时,"格差社会"、"胜组"、"负组"、"咖啡难民"成为流行于社会舆论的热门词汇。2006年,"日本新语·流行语"推选"格差社会"为前十位获奖词汇③。这一词汇是

---

① [日]大岳秀夫:《小泉纯一郎民粹主义研究》,东洋经济新报社2006年版,第127页。

② 参见金赢:《哭砂日本》,《东方早报》2005年11月3日。

③ 该词的发明者为东京学艺大学教授山田昌弘。

指在小泉内阁重视市场原理、放松规制、加速新自由主义改革的影响下,日本"一亿总中流"的社会结构崩坏,社会成员在收入、教育、职业等诸多方面出现两极分化。"胜组"是指高收入、高社会地位者,"负组"则是指低收入、甚至无固定收入的社会底层。"咖啡难民"则是指那些因没有住所,寄宿于咖啡网吧的临时工。2006年2月5日,日本《朝日新闻》公布了一项调查①,结果显示,74%的被调查者认为日本的贫富差距在扩大,只有18%的被调查者认为贫富差距没有扩大。在40多岁和50多岁的男性被调查者中,认为日本的贫富差距在扩大的人所占比例高达83%。在被问到如何看待自己的财务前景时,81%的被调查者表示担忧,只有15%的人表示不担忧。在被调查者中,有28%的人表示自己目前没有分文储蓄。有51%的被调查者认为,日本贫富差距扩大的趋势是一个"问题"。

2006年,社会消费问题专家三浦展所著的一本反映日本社会变化的《下流社会》问世。这里的"下流",并非汉语中形容人品行不端、举止轻浮的意思。"下流社会"实际是作者发明的一个新词,相对于此前传统的"中流社会"而言,指中产阶级向下坠落的态势。三浦认为与20世纪70年代的"一亿总中流"相比,20世纪90年代后的日本社会实际上是一个每况愈下的下流社会,这种社会格局形成的原因有三:第一,年轻人的价值观。也就是20世纪70年代后出生的35岁以下的一代,已经没有了父辈那样通过努力,上升为中流的憧憬。第二,泡沫经济以及税收政策的影响。在泡沫经济时代,拥有土地等资产的日本人和无产人群的贫富差距

---

① 新华社2006年2月6日电。该调查以日本全国各地2124名20岁以上的民众为对象,调查时间是2005年11月到2006年1月。

拉大,泡沫经济破灭后,这种贫富差距继续扩大。另外在20世纪
80年代,高收入者的所得税曾经非常高,但那之后渐渐减少了。
于是,高收入者实际能够使用的钱增加了。但是,低收入者的税却
增加了,再加上后来又引入了消费税,这使得低收入群体能够用来
消费的钱越发减少了。第三,雇用环境的恶化。泡沫经济破灭后,
日本企业持续大量裁减正式社员员工,同时增加了许多非正式员
工。于是,即使从名牌大学毕业也不能成为正式员工的人增多了,
无论干多少年收入也不会升高的人增多了。不仅如此,成为正式
员工的人在泡沫经济破灭后,工资也基本不涨了,奖金经常减少甚
至干脆没有。三浦认为,"下流社会"的概念能够代表当今日本的
状况。

实际上,无论"格差社会"还是"下流社会",都是研究日本剧
场政治的重要构成部分,换言之,"格差社会"、"下流社会"与剧
场政治之间恰恰是当代日本政治与社会的表与里、光与影。小泉
剧场政治虽然热闹好看,既符合了大企业的实际利益,又满足了
社会弱者的依赖心理,但是社会统合的危机丝毫未有改善,反而
愈发扩大。这正是差距社会、下流社会的现实。仅以自杀人数为
例,20世纪90年代后半期,尤其以1998年为界,日本的自杀
人数激增。1997年以前每年自杀者在2.1万至2.5万左右,
1998年超过3万人,2002年达到32143人。特别是50岁以上的
中高年男性自杀增加显著,2002年这一年龄层的自杀人数是
1990年的2倍,达到了2万人,其中因经济问题自杀者显著增
加①。因此,当台上的表演者偷换了时代的"美感",当人们逐渐从
剧场中清醒,开始直面生活时,日本的剧场政治轰然终结。但安倍

---

① [日]内阁府编:《平成一五年版国民白书》2003年,第14页。

的剧场政治却在没有把握住这一时代脉搏的情况下拉开了序幕。

第三节 2006年自民党总裁选举

一、"英雄"安倍

如上所述,要成为剧场政治中的角色,政治家必须要符合当今社会最重要的传播舞台——电视媒体的文化取向和价值取向。20世纪80年代后期以来,日本政界无论朝野,只要是能经常在电视上露脸,获得人气的政治家,基本上可以在党内或政府内获得提拔,如社会民主党原政审会长辻元清美、现党首福岛瑞穗、原外相田中真纪子,原国土交通相石原伸晃等,被称为政界贵公子的安倍晋三也是其中的一位。

2006年9月,仅当选三回众议员,资历和经验均大有欠缺的安倍晋三,在自民党总裁选举中实现了不战而胜,成为战后日本最年轻的首相。安倍的成功,关键在于两点:一是其本人因在朝鲜人质问题上采取强硬态度而获得的国民"人气"。二是小泉的提携及其后的"禅让"。前者可以说是安倍登上日本剧场政治舞台中央的最重要的因素。2002年小泉纯一郎第一次访问朝鲜,时任官房副长官的安倍晋三随行。日朝谈判中,安倍坚持在绑架人质问题上持不容让步的强硬立场,由此博得了注重家庭价值、喜欢善恶对立的电视媒体的青睐。在这场有关朝鲜绑架人质问题的政治戏剧中,安倍扮演了一个为了使分裂家庭重新团圆,勇敢战斗的英雄角色。在妖魔化朝鲜和朝鲜绑架人质问题的过程中,安倍的政治表象、媒体表象与国民舆论和谐统一。自此安倍搭上了媒体政治、剧场政治的顺风车,一路青云直上。2006年5月,时任日本官房长官的安倍晋三在一次演讲中直言:"如果没有舆论调查,根本无法想象在现阶段我可以成为首相候补。"安倍此言道出了剧场政治中的人气政治家的生存之道,也折射出当代自民党总裁选举的机制。

二、福田康夫的退出与安倍晋三的大胜

在 2006 年自民党总裁选举"麻垣康三"的竞争中①,安倍晋三获得决定性胜利的转折点是在当年的 6 月初。此前安倍虽然也在各种舆论调查中领先,但直到 5 月份,同属森派的福田康夫的支持率也在不断上升,成为其最具威胁性的竞争对手。这时安倍阵营采取了两手:第一,中坚派、年轻派议员组成被称为安倍近卫队的"再挑战支援议员联盟"②;第二,时任官房长官的安倍,放弃不参加电视节目的自我规束,开始积极参加各种电视节目。2006 年 6 月 3 日、4 日连续两天,安倍晋三接连出演了读卖电视、TBS、NHK、富士电视、电视朝日等台的节目,宣扬其总裁选的核心政策——帮助那些陷入生活危机的民众,使其能够再次战胜挑战。这时的安倍在其传播顾问世耕弘成的策划下,有意淡化了鹰派色彩③。党内有年轻一代国会议员的支持,大众媒体又对这位年轻帅气的"贵公子"予以青睐,因此安倍的支持率在此后不断上升,并很快超过了福田。进入 7 月后,福田在权衡各种利弊后退出竞选,最终成就了安倍的成功。

在宣布参选的记者招待会上,安倍曾讲道:"身边也有你还年轻,耐心等一等更好之类担心的声音,但是既然已经被寄予了这样

---

① 指麻生太郎、谷垣祯一、福田康夫、安倍晋三。
② 所谓支援"再挑战",是指扶持那些小泉任内新自由主义改革下的失败者重新就业、改善他们生活窘况的活动。
③ 金赢:《安倍政权传播政策管窥》,《日本学刊》2006 年第 6 期。

大的期待,作为战斗的政治家,我无法后退。"安倍所言有两点值得特别关注:第一,战斗的政治家。此言道出了当代日本剧场政治的主旋律。须知,小泉就是以坚忍不拔的"战士"形象始终受到媒体青睐、舆论热捧的。第二,被寄予期待。安倍的这番话,道出了媒体、舆论对政治家的巨大影响力。媒体的造势,除了连篇的报道之外,还有一种重要手段,就是由各媒体所做的舆论调查。自从小泉上台后,日本媒体开始频繁地进行舆论调查,而在以往,比如20世纪六七十年代的佐藤荣作时代,舆论调查至多一年几次。对于这种频繁的舆论调查以及由调查结果滋生新舆论的现象,也有日本学者发出警告,认为调查之频繁,对日本政治生态浮躁化产生了巨大的刺激性影响①。那么,安倍人气,即其本人所言的各种舆论调查中的高位支持数字中间,是否含有水分? 是否存在人为操作的空间呢? 下面以日本第一大报《读卖新闻》的舆论导向为例作具体分析。

在2006年"后小泉"的自民党总裁选举中,《读卖新闻》是最为大张旗鼓进行舆论调查的报纸。在这一过程中,借舆论调查的数字,《读卖新闻》非常热心地为宣扬脱离战后体制、主张制定"自主宪法"的安倍搭建剧场舞台。例如刊登在2006年7月5日该报的舆论调查是这样的②:"小泉首相将在今年9月的自民党总裁选举中任满辞职。如果有认为合适的人选,请写出一人的姓名"。调查结果是安倍晋三43.7%、福田康夫19.3%、麻生太郎4.0%、谷垣祯一1.9%、山崎拓0.4%。

---

① 参见[日]松本正生:《舆论调查的走向》,中央公论新社2003年版。

② 《读卖新闻》2007年7月5日。该调查采用面访方式,调查时间为6月17、18日。

乍看之下安倍的优势显而易见。但仔细计算又可发现，"另选他人"、"说不出"、"无法回答"的比例应该达到30.7%，可是《读卖新闻》对这一位居第二的数字采取了省略的、视而不见的报道姿态。2006年7月5日，在《读卖新闻》舆论调查发表的当天，朝鲜进行导弹试射，于是该报又进行了一次紧急全国电话舆论调查，在这次调查中支持福田的比例微增到21%，但支持安倍的比例升到48%。7月8日、9日两天《读卖新闻》又进行了面访调查，结果是福田18%，安倍46%，二者的差距已经具有决定性。

此外还有一点值得重视，即《读卖新闻》的调查问题设计。在2006年7月5日的调查问题中有这样一项："你对这五位有何印象?"指标中有年轻、亲切感、领导能力、改革姿态、平衡感觉、政治经验六项。结果是：

安倍：年轻(第一位)、亲切感(第一位)、领导能力(第三位)、改革姿态(第一位)、平衡感觉(第三位)、政治经验(第四位)。

福田：年轻(并列第四位)、亲切感(第四位)、领导能力(第四位)、改革姿态(第五位)、平衡感觉(第一位)、政治经验(第二位)。

麻生：年轻(第三位)、亲切感(第五位)、领导能力(第二位)、改革姿态(并列第三位)、平衡感觉(并列第二位)、政治经验(第三位)。

谷垣：年轻(第二位)、亲切感(并列第二位)、领导能力(第五位)、改革姿态(第四位)、平衡感觉(并列第一位)、政治经验(第五位)。

山崎：年轻(并列第四位)、亲切感(并列第二位)、领导能力(第一位)、改革姿态(并列第二位)、平衡感觉(第五位)、政治经验(第一位)。

这一倾向于形象(年轻)、感觉(亲切感、改革姿态、平衡感觉)的调查显然有利益安倍晋三,而不是福田康夫。如果说纸面媒体如《读卖新闻》、《产经新闻》力捧安倍,是出于双方在修宪问题上的一致,那么电视媒体对安倍的追捧,则更多地出于对其家世名望(安倍外公为岸信介)及俊朗形象的喜好。在与报纸、电视的"蜜月"中,安倍成功当选自民党总裁,而且在这次总裁选举中,他所获得的支持率甚至超过了2001年时的小泉①。

第四节　安倍政权的形象设计与传播政策

2006年9月26日,安倍晋三在组阁中任命了五位首相助理。这一人事安排是在安倍推进政治改革,强化官邸职能的背景下做出的。据日本媒体报道,安倍对助理的重视程度非同一般②。他不仅在阁僚任命仪式上先于大臣宣布助理名单,而且在执政的头一个月里,与助理会见的次数远远超过了与大臣会见的次数。

在五位首相助理中,"广报"助理世耕弘成的地位最为特殊。从分管范围看,"广报"似乎比安全保障、经济财政等务虚,但从世耕与首相的亲密接触看,该职位显然具有特别的功能。"广报"英译为communications,具有信息传播、公关或宣传等多重含义。自1996年桥本内阁至今,10年来日本历任首相共任命了15位助理,

---

① 电视媒体在这次总裁选中的导向更是无以复加,由于篇幅关系此处不再赘述,参见石田英敬:《小泉剧场2.0》,《论座》2006年第12期。

② 安倍执政一个月以来,与其会见次数最多的前十位阁僚是:1. 盐崎官房长官(31回),2. 下村官房副长官(16回),2. 世耕弘成首相助理(16回),4. 小池首相助理(14回),5. 铃木官房副长官(12回),5. 中川自民党干事长(12回),7. 三谷秀史内阁情报官(8回),8. 麻生外相(7回),9. 菅总务相(6回),9. 的场官房副长官(6回)。参见《读卖新闻》2006年10月26日。

但设立"传播事务助理"尚属首次。世耕就任此职至少说明两个动向:第一,日本政府首次将"广报"置于"重要政策"的战略高度,预示着信息的传播、沟通和操控在未来日本政治中将占据更加重要的地位。第二,为推动内外政策目标的实现,安倍政权将在传播事务助理的"辅佐"下,力图逐步确立一种新型政治传播体制。

一、传播政策确立的时代背景

安倍政权高度重视传播事务的重要性,有其深刻的近期背景和长期背景。从近期看,能否在2007年的参院选举中战胜民主党,是决定安倍政权及其战略目标命运的大决战。为赢得选举,稳定政权,实现战略目标,必须树立自民党的良好形象,因此需要高度重视传播和形象的塑造。从长期背景看,自20世纪80年代末以来,日本的政治传播环境发生了许多根本性的变化。类似电视肥皂剧的"人气政治"逐渐取代以往完全靠门阀派系台下角力的权威政治、利益政治,表演型政治人物开始引领时代潮流,迫使政治家及政党不得不进行转型,积极投入公开的传播攻势,通过造势来赢得媒体和公众的支持。进入新世纪后,这种趋势已演变为政治角逐的"定势",越来越多的日本政治家认识到:要取得政治成功,必须适应大众文化时代的传播规则,用"专业"手法经营政治与媒体、公众的关系。政治只有在大众传播过程中掌握主动,才能有所作为。

从1988年利库路特丑闻爆发、日本政局陷入动荡,至2006年安倍晋三以70%的高支持率上台执政,18年间日本的政治传播环境,尤其是第一大政党自民党与媒体、公众的关系,大致经历了三个阶段的演变:

（一）动荡期（宫泽内阁至森内阁）

这一时期日本政治传播环境的主旋律是国民中弥漫的"自民党不信"乃至普遍的"政治不信"。由于媒体对金权政治、密室政治等负面新闻的密集报道，自民党获得的支持率长期明显低于内阁在公众中的支持率①。这意味着即使由自民党总裁担任首相，公众的期待也是寄予特定的政治家，而非第一大政党自民党。在此期间，自民党丧失了1955年体制确立以来一直拥有的操控政治传播的主导地位，对内政外交以及相关的社会事务的议程设置能力大大下降。此消彼长，长期附庸于政治力量的媒体尤其是电视的议程设置功能却越来越强，筑紫哲也、久米宏、田原总一郎等人主持的电视节目，对这一时期的舆论和政局产生显著影响②。媒体对政治的热议，激发了公众的政治兴趣，一种带有消费性、戏剧性的媒体政治在日本应运而生。此外，互联网的兴起和普及也使公众找到了新的参政途径。2000年6月众院选举时，部分选民就通过互联网发起了"自民党落选运动"③。这一阶段，对媒体与公众的批判，自民党采取了对立姿态④。也就是说，时势已易，但作为老大政党的自民党此时还放不下身段，依然故我，不能以新的姿态因应新的政治传播环境。

（二）突变期（小泉第一次、第二次内阁）

这一时期日本政治传播环境的主旋律是"摧毁自民党"、"小

① ［日］松本正生：《舆论调查的方向》，中央公论新社2003年版，第43页。

② ［日］大岳秀夫：《日本型民粹主义》，中公新书2003年版，第201页。

③ 杨均池：《资讯化对政治人物支持度的影响》、中国台湾"国政"研究报告2002年版。

④ 对媒体，自民党在1998年10月创立了"报道监视制度"。随后几年中，又努力推进影响媒体新闻自由的三点立法。对民众，1999年以来以强化国家主义为目的的各种立法，如《国旗、国歌法》《盗听法》等都可纳入这一延长线上考虑。

泉改革"。2001年开始,自民党终于在总结森喜朗时代无视民意教训的基础上,采取公开竞争方式选举总裁。小泉纯一郎敏锐把握媒体与公众由"自民党不信"产生的迫切呼唤改革的心理,一路打着"摧毁自民党"的旗号,登上权力宝座。小泉的政治历程很大程度上是"时势造英雄"和"识时务者为俊杰"的结合:由于不具备党内派系基础,小泉意识到只有借助媒体与公众舆论等"党外力量",才能击败党内"抵抗势力",巩固政权①。为此,他充分利用电视、小报、因特网等大众媒体,积极建构和传播自身的"摧毁型改革者"形象,由此形成了内阁的高支持率,并进而借助"民意"、"民气",打垮桥本派等大派阀势力,一定程度地改造了自民党。在这一时期的政治传播环境中,小泉作为另类自民党政治家营造、引导和掌握话语权,媒体与公众受之吸引、与之呼应,形成了新的政治传播和互动的格局;自民党内部诸多派系虽受打压,但该党在整体上也利用小泉人气,维持甚至提升了执政党的地位。因此,从结果看,一方面,"剧场政治"、"人气政治"重击了自民党的权威政治、利益政治模式,另一方面,由于久违的长期政权失而复得,自民党又有了"余裕"的空间重新思考如何与媒体、公众建立新型的关系,因此这是一个新型政治传播格局正在形成和有关各方相互磨合的时期。

(三)整合期(小泉第三次、第四次内阁与安倍内阁)

这一时期日本政治传播环境的主旋律是"自民党重生"、"安倍改革"。2004年9月第三次组阁时,小泉不计此前参议院选举中自民党的失利,留用安倍晋三,令其担任自民党干事长代理,继

---

① [日]御厨贵:《虚无主义的宰相小泉纯一郎论》,PHP新书2006年版,第37页。

续进行党务改革。安倍与其他新生代政治家携手,一方面从更高的公共关系层面,如候选人公募制、政治资金透明化等政策切入,推进自民党改革,促使媒体与公众形成"自民党已脱胎换骨,成为现代政党"的印象,另一方面继承和发扬小泉剧场政治的手法,并借助专业公关公司的力量,争取媒体与公众的关注与支持。在2005年9月11日的众院选举中,小泉主导的国政改革与安倍主导的党政改革实现对接,自民党获得压倒性胜利。

2006年9月,安倍晋三作为改革事业的后继者当选自民党总裁兼日本首相。在组阁中,安倍高度重视传播事务,不但任命有专业公关背景的世耕弘成担任传播事务首相助理,而且将原自民党广报部部长根本匠及广报局副局长下村博文同时安排至政权核心。这些人事安排意味着安倍政权力图以更加明确的政治主导意识,更加专业的公关手段,努力提高政府及自民党的政治宣传与动员能力,通过将媒体议程、公众议程整合到政策议程,实现合力效应下,实现国家战略目标。

二、传播政策确立、实施的过程

在考察日本政治传播模式时,森内阁、小泉内阁与安倍内阁构成了三个类型完全不同的样本。与森内阁的"缺少人气"相比,小泉内阁与安倍内阁属于"人气内阁"。若进一步将小泉内阁与安倍内阁的人气作一比较可以发现,小泉内阁的人气多是基于小泉个人性格的"天然"人气,而安倍内阁的人气则更多基于团队运作和专业经营,属于一种"合成"人气。在打造安倍人气和安倍政权传播政策的过程中,现任传播事务首相助理世耕弘成无疑是一位关键人物。可以说,从1998年投身政界到2006年担当重任,世耕推广、应用其传播理念的过程就是安倍政权传播政策从酝酿到基本成型的过程。

（一）理念阶段

2001 年 6 月，以安倍晋三为核心的自民党少壮派政治家，借小泉内阁诞生的"东风"，在自民党内成立了"国家战略本部"，小泉纯一郎挂名担任部长，前首相中曾根康弘担任最高顾问。该组织意在探讨 21 世纪日本发展的方向，设定国家目标，明确国家理念。正式成员八位，世耕弘成是其中之一。当时的世耕虽属议员"一期"，政治资历浅，却是一位公关事务专家，有十年宣传工作的经验。因此，无论撰写报告，还是发表见解，他都紧绕传播事务的中心，提出专业性建议。2002 年 3 月"国家战略本部"发表最终报告，其中第四部分第五条建议充实内阁官房情报能力、第六条建议提拔专业传播人才担任内阁广报官、内阁发言人，强化官邸传播功能①。大约同一时期，世耕还参加了由山本一太组织的"新世纪总理宣言研究会"。在研究会报告书中，他对当时首相官邸粗放的传播体制提出了批评和建议②。2002 年 2 月，在小泉内阁支持率因田中外相免职事件大幅下滑时，世耕甚至专门拜会了小泉，向他提出两点建议：1. 引入媒体对策专家，成立传播战略室，每天对新闻报道进行追踪分析，进行舆论调查。2. 组织五至六名专业人才，结合舆论动向，确定首相在记者见面会上的口径。但这些建议连同上面的报告统统被固执己见的小泉当成了耳边风，世耕空有一番抱负无法实现。所幸的是，时任官房副长官的安倍晋三对他的建议表示了认可，这为后来二人的合作埋下了铺垫。

---

① http://www.secj.jp/pdf/20030313。

② 山本一太主编：《如果我是日本首相》，当代世界出版社 2004 年版，第 127 页。

(二)实践阶段

2003年9月,小泉提拔年仅49岁的安倍晋三担任自民党干事长。在随后的2003年11月的众院选举中,民主党得以胜出。基于危机意识,2003年12月2日,由安倍挑头成立了"党改革检证·推进委员会"。2004年10月的参议院选举中民主党再次跃进后,该委员会升格为"党改革实行本部"。自民党接连两次在势头上败给民主党,给世耕弘成施展其传播抱负提供了难得的机遇,他抓住机会向安倍进言,建议立刻推行自民党传播体制改革,使自民党成为"能赢选的政党"。在其《自民党改造计划650日》中,世耕描述了从2003年12月2日至2005年9月11日的650天内,自民党党务改革,包括传播体制改革,从启动到收获的过程。在此期间,世耕作为党改革实行本部的重要人物,在安倍的支持下,一步步将自己的传播理念运用到党务改革的实践中①。

这一阶段,世耕正式的头衔是党改革实行总部事务局次长兼战略传播体制确立部会长。由此可以看出,他既是传播事务的部门总管,又全面参与了其他党务改革事务;既将传播作为自民党赢选的战术,又以战略的思维来思考传播对自民党未来发展的意义。2004年10月,党改革实行本部提出了五点改革计划:1.候选人公募的制度化;2.政治与金钱关系的透明化;3.战略性传播体制的确立;4.选举能力的强化;5.召开各种市民会议。这五条计划虽然看似只有第三条与传播事务有关,但实际上每条都牵涉到自民党作为政党与社会、与媒体、与公众的关系,是一种更高层次上的公共关系改革。在实行上述改革措施的过程中,世耕有意识地吸引媒体介入,通过新闻报道的传播,力求促使公众形成"自民党变了"的印象。

---

① [日]世耕弘成:《自民党改造项目650日》,新潮社2006年版。

在战略传播体制的创建上,世耕认为自民党传播体制改革的关键在于整合资源、突出重点。改变原来各宣传部门之间的条块分割,实现一元化管理,将负责制作广告的广告局、联系记者俱乐部的报道局、发行党报的新闻局、管理网页的多媒体局等各自分散的部门,统一整合集中到总裁和干事长周围,以一种灵活、务实、积极的姿态,为党高层服务。通过树立良好的党首形象,树立良好的自民党形象。做法上世耕采取了如下具体措施:1. 建立专职为干事长服务的公关小组;2. 宣传部长时刻贴近干事长;3. 建立新闻发言人机制;4. 引入专业的公关公司协助打理公关事务。

2005 年 8 月 9 日小泉解散众院的第二天,世耕临危受命,以党宣传本部部长代理的身份,全面主导了自民党大选中的传播事务。选举中,他成立并领导"传播战略小组",在专业传播队伍的配合协助下,成功地实现了自民党与民主党之间的形象逆转,即媒体与公众印象中的自民党"民主"化和民主党的"自民"化,为自民党大胜立下汗马功劳①。

(三)发展阶段

众院选举获胜后,自民党进入狂欢状态,但世耕保持了冷静。作为党的形象设计师,他清楚自民党的薄弱环节之所在,他认为党改革,包括传播体制改革,需要继续进行下去。但由于选举后安倍晋三升任官房长官,以及自民党内的人事调整,世耕的传播事业一时处于停滞状态。

为发展和落实自己的传播理念,世耕主要做了两方面的工作:

---

① 指自民党成了"年轻"、"旧体制的破坏者"、"有新鲜活力"的政党,而民主党则成了"老朽"、"旧体制维护者"、"既得利益集团"的象征。[日]伊藤惇夫:《自民化的小泽民主党能否战胜民主化的安倍自民党?》,《中央公论》2006 年第 11 期。

第一，改变自民党党内对传播事务的机会主义态度，努力促使"9·11"选举中的传播机制日常化。当时，多数自民党议员虽然通过"9·11"大选认识了专业传播在选举中的威力，但很多人认为，在非选举时期，传播并不必需。由于党内普遍感觉没有必要维持专业公关小组，自民党改变了与合作公关公司 PRAPJAPAN 的合作方式，签订了一种临时雇用合同，即只在选举时聘请公关公司。世耕虽坚持认为有必要常设专业的传播顾问，但这一建议没有被党部采纳。2005 年年底，尚处于兴奋期的自民党忽然被耐震伪装问题、活力门总裁被捕等系列问题缠身，出乎意料地陷入窘境，这时党高层如干事长武部勤方才意识到平常时期危机管理、传播管理的重要性。而世耕也借此机会，促成了自民党与 PRAPJA-PAN 公司的再次合作。目前，自民党党改革实行本部下设八个部会，其中之一是"确立战略性传播机制"部会。在该部会的推动下，自民党的传播体制改革处于进行过程中。

第二，帮助安倍晋三竞选自民党总裁，借首相之力在国政层次改革传播体制。此次世耕弘成担任传播事务首相助理，显示了安倍对世耕的器重。实际上，安倍之所以能在 2006 年总裁选举中实现"不战而胜"，很大程度应归功于世耕为其制定的合适的竞选传播战略。在对安倍的形象塑造中，世耕对安倍的形象设计突出两点：其一，安倍是主导自民党改革的领军人物，具有政治领导力的安倍既是自民党，也是日本国家未来希望之所在。2006 年 7 月，在总裁选举的前哨战中，世耕出版了他的第二本著作《自民党改造计划 650 日》，这本书虽然也用不少篇幅介绍了自己的传播事业，但作者竭力突出的重点仍是安倍对自民党改革发挥的核心作用。此书对安倍参选起到了绝妙的宣传作用。其二，安倍不是右翼鹰派人物。据世耕介绍，从 2006 年 5 月正式着手为安倍制定竞选战略时,世耕就在如何消减安倍身上的鹰派色彩上费尽心思。因为舆论普遍将安倍看作是极端的民族主义者,为扩大支持者覆盖面,世耕就把竞选运动的诉求点放在"安倍是既能坚持原则,又能为国家利益灵活行动的新现实主义者"这一象征性的暗示上。安倍每次参加记者会见、出演电视访谈节目或出席政治活动,世耕都要为其淡化鹰派形象的方法提出具体建议①。从最终安倍取得压倒性胜利的结果看,这套竞选设计无疑是非常成功的。2006 年9 月 29 日,安倍在其就职演说中再次强调"没有任何为特定团体及个人从政的想法",这显然也是世耕为缓解舆论疑虑而进行的公关设计。投桃报李,安倍当选首相后把改革官邸传播体制、日本政府传播体制的重任委托给世耕,昔日永田町的公关先生一跃成为首相的公关先生、日本的公关先生。

三、新型政治传播体制的雏形

世耕弘成早年留学美国波士顿大学研究生院,学习传播。这段学习经历对他日后的政治理念、政治传播理念影响至深。在《专业传播战略》一书中,他认为当今世界"由政府首脑进行战略性传播的最佳范例是美国白宫",并坦言自己曾努力研究过白宫的传播体系。由此可以看出,世耕着手建立的新型官邸传播体制是以白宫为样本的,当然其中也不乏"日本特色"。与传统的官邸传播体制相比,安倍型官邸传播体制具有以下几个特点:

(一)由官僚化走向专业化

与森内阁、小泉内阁相比,安倍内阁的传播体制在组织建构上

---

① 〔日〕世耕弘成:《安倍智囊阐明的媒体战略后台》,《论座》2006 年第 11期。

并无太大差异,除添设传播事务首相助理一职外,内阁广报官和内阁情报官都为原有机构。但在前安倍时代,内阁广报官更多的是一种官僚性质的职位,通常由具有事务次官经历的人担任。名义上是首相的公关主管,但实际并不能为首相提供必需的服务。这种情况从办公地点的物理距离中也可一目了然:内阁广报官与首相办公室各在一处,分离办公,所以基本不能指望由内阁广报官为首相提供及时、到位的公关辅佐。真正为首相打理公关事务的是人数有限且任务繁多的首相秘书官。例如小泉时代,小泉之所以能有效地把握媒体,除本人"天才"式的媒体应对才能外,政务秘书饭岛勋的作用不容忽视。饭岛本人对日本媒体的情况非常了解,又在媒体界有相当的人脉关系,所以能在重大问题的媒体对策上为小泉出谋划策。而前首相森喜朗就没有那么幸运,身边既无了解传播规律的政策秘书,本人也缺乏应对媒体的意识和能力,因此森的媒体应对能力非常拙劣,这在绝大程度上导致了政权的短命。

到安倍上台执政时,首相本人包括身边的智囊,如世耕弘成,早已看清形势,知道安倍不具备小泉那样卓越的应变能力。为弥补不足,需要训练有素的专业人员进行把握。除借用外部专业公关公司的力量外,必须使内阁广报室发展成一个能为首相打理公关事务的专业团队。因此在组阁时,安倍曾计划改变过去论资排辈的官僚做法,起用媒体相关人士或国会议员担任内阁广报官。虽然最终安倍的想法没能完全实现,该职位由官僚背景的长谷川荣一担任,但考虑到长谷川的个人资历,这一人事任命还是属于能力优先的破格提拔[①]。因此从发展趋势上来看,今后内阁广报官

---

① 《每日新闻》2006 年 9 月 28 日。

及内阁广报室将继续由官僚机构向专业方向发展,内阁广报室将
成为未来日本的"白宫新闻办公室"。

(二)由被动化走向主动化

进入2006年10月以后,首相官邸与内阁记者会围绕首相记
者会见次数及方式问题出现多次争执。从中可以看出,在建立新
型传播体制的计划中,官邸方面显然要掌握较之以往更多的主
动权。

日本实行记者俱乐部制度,常驻在某一政府或政党机构中,由
记者俱乐部组织安排一切采访。由于这种方式使记者与被采访对
象之间长期保持近距离接触,所以一方面有利于被采访对象控制、
影响媒体记者,但另一方面也使被采访对象近乎零距离地暴露在
记者眼前,很难有效地保护自己。以往日本政界经常出现的"失
言"事件,也与这种制度有很大关系。1998年世耕当选参议员后,
有机会走进首相官邸观察官邸采访机制,当时他看到的景象令他
无比震惊:没有什么领导人会像日本首相那样毫无准备地被各种
媒体的跟班记者采访。宛如"赤裸"的森喜朗在走出办公室被跟
班记者包围的一刹那,就像一个猎物暴露在饥肠辘辘的野兽面前。
到小泉时代,这种记者围追堵截,首相被动应付的采访形式有所改
变,首相开始在固定的时间(一天两回)及固定的地点(不再边走
边谈)接受采访,这实际在很大程度上增加了被采访对象的主动。

到安倍时代,这种由首相掌握主动的倾向更加明显。首先,世
耕弘成坚持记者会见不宜多,应一天一回。其次,每次采访前由记
者俱乐部统一准备好几个问题,经由首相秘书官检查后交给首相
准备。首相回答问题时语句非常简短,据统计在其执政的第一个
月,安倍每次记者会见的时间平均为四分钟。再次,首相秘书经常
以时间安排为由,中止会见。对这种新型首相受访机制,《每日新

闻》的评价是"单方通行"，即首相方想尽量减少与媒体直接对话的机会，只把对自己合适的、好的一面展示出来。

（三）由分散化走向集中化

在世耕弘成看来，首相官邸传播体制存在的问题与自民党党部当时存在的问题一样，就是条块分割、资源分散，各自为政、合力不足。官邸每年投入上百亿日元的宣传预算，但这些钱主要用于各种陈腐的宣传杂志，宣传册子，以及不知道谁会看的宣传目录。世耕认为，这根本算不上是有效的公关。

正如对自民党传播体制的改革一样，世耕对官邸传播体制的改革也从整合资源、突出重点的方向入手。整合资源分为三个层次，一是整合内阁广报室下属各个部门的资源。使各部门保持联动，形成团队合力。二是整合首相传播事务助理与内阁广报室、内阁情报室的资源。履任之初，世耕明确表示今后自己的课题就是如何与官邸选播体制的条块分割进行"合作"①。因为从组织结构上，首相传播事务助理直属首相，内阁广报官、内阁情报官直属内阁官房副长官，如何超越机构障碍，有效合作，将直接决定内阁传播体制改革的成败。三是整合内阁官房与内阁各省厅的广报资源，将这些资源集中到内阁广报室进行统一调配。

突出重点就是运用团队力量，突出首相，保护首相，使首相成为日本国家形象的代表。安倍内阁成立后，官邸在继承小泉时代政府电子网络杂志的做法外，新设立了政府因特网电视台，还曾探讨用动漫方式介绍首相的活动。而作为首相传播事务助理，世耕一项重要的工作就是充当首相应对外界时的"防波堤"。当时，无论记者会见，还是外事活动，世耕都紧随安倍身旁时刻提供对策

---

① 《每日新闻》2006 年 9 月 29 日。

辅佐。

四、实现国家发展目标过程中的传播战略

在其名为《专业传播战略》的著作中,世耕弘成这样开篇道:"传播就是计划管理(project management)。计划必然有目标。专业传播人士应以计划管理者的责任和权限,在预算、人员、时间等有限的条件下,全力推动目标的实现。为了达到目标,必须确立一种与经营方针、战略相统一的传播战略①。"

安倍晋三执政后,明确了建立"美丽的国家日本"这一国家目标,其传播战略的重点在于两个方面:

(一)向世界宣传日本

在2006年9月29日的就职演说中,安倍特别提到了外宣工作的重要性:"向世界宣传面向未来的新日本的'国家认同',即我国的理念、应走的方向、日本特色。对今后的日本非常重要。我将集中我国的睿智,作为一个战略问题推进国家的对外宣传。"

2006年10月26日,日本内阁成立"对外宣传策划·联络会议"。该会议由世耕弘成任总协调人,通过将各省厅的宣传事务统一纳入官邸领导,积极向海外宣传日本的经济、旅游、文化等信息,推广日本的魅力。在26日的首次会议上,内阁广报部、外务省、总务省、厚生劳动省、文部科学省、农林水产省等八个部门派负责人参加,商定今后共享各部门的外宣资源,在国际会议上向包括海外媒体在内的国际社会积极发言。联络会议计划以2006年11月的APEC会议为亮相舞台,积极向海外展示、推销"美丽的日本",在会上不仅安倍夫人安倍昭惠积极开展"夫人外交",世耕弘

---

① ［日］世耕弘成:《专业的广报战略》,ゴマブックス2006年版。

成也以首相助理的身份与各参加国政府要员及海外媒体举行会谈。当时,"对外宣传策划·联络会议"还计划寻求与日本各驻外使馆、日本贸易振兴机构及产业界进行联动,扩大外宣范围①。

(二)掌握国内的议程设置

对安倍政权来说,要想实现修改教育基本法、修改宪法等国家目标,首先需要解决的问题是如何使政府的议程成为公众的议程、媒体的议程。在内阁成立之初,日本各主要媒体曾就民众对安倍政权的态度及期待进行了舆论调查。虽然总体上安倍政权获得了非常高的支持率,但民众对安倍内阁的政策期待显然与内阁本身的政策目标相差甚远。如《朝日新闻》的舆论调查结果显示,被调查者认为政府最需加大力度的领域排序是:年金、福利制度改革:43%,景气、雇佣政策:17%,财政再建:15%,教育改革:11%,修改宪法:2%②。这表明对日本民众来说,与生活密切相关的年金、福利问题远比所谓的"脱离战后体制"更具吸引力。因此如何填平政府与民众之间政策取向上的鸿沟,成了安倍政权对内传播工作的重点。

此外,如何驾驭媒体,进行有效的新闻管理,也是安倍政权对内传播工作不得不面对的重要问题。更确切地说,驾驭媒体比驾驭公众更为重要。由于上台前强烈的民族主义色彩以及明确的政治主导意识,安倍本人及其政权在媒体舆论,尤其是精英舆论层次存在着不小的争议。因此要成功执政,实现战略目标,安倍政权必须克服媒体中的"国论二分",由政府掌握议程设置,而不能让媒体确定议程;由政府推进议程,而不能让媒体干扰议程。这是未来

---

① 《每日新闻》2006 年 10 月 28 日。

② 《朝日新闻》2006 年 9 月 28 日。

安倍政权传播战略中需要解决的又一关键问题。

2006年10月30日,《日本经济新闻》公布了一项舆论调查结果。结果显示,与9月末相比,安倍政权的支持率下降了三个百分点,为68%,不支持率上升了四个百分点,为21%。虽然是微弱的数字差异,但也在一定程度上表明公众对安倍政权的"清新感"正随着时间的推移而流失。不仅如此,由于安倍政权传播战略的正式亮相,以保护宪法九条为理念的护宪派也着手建立自己的传播战略与传播体制①。虽然在政治资源上护宪派处于劣势,但民意不可轻,考虑到日本多数民众对修改宪法九条的保留态度,在有关修宪的传播战、舆论战中安倍并不具备优势。

与此同时,安倍政权内部的信息发送也呈现出混乱倾向。自10月中旬中川昭一自民党政调会长、麻生太郎外相相继阐述"核议论必要论"之后,10月26日,官房副长官下村博文也对有关慰安妇问题的河野讲话提出质疑。这些有悖于安倍公开表态的言论,也从另一个侧面表明安倍政权内部传播管理的困难性和局限性,对安倍政权传播政策的影响力构成巨大考验。

在当今媒体高度发达的时代,建立和实施传播战略对政府或政党来说确实成为了一种必须,从这一意义上来讲,安倍政权确立传播战略也算是顺时之措。但随着媒体商业化竞争的激烈和公众媒体评判能力的增强,任何政府操控媒体及舆论的能力都会越来越显现出局限性,即使是"战略性传播的最佳范例美国白宫"也不能例外。就像寓言"皇帝的新衣"一样,一旦公众发现被传播出来的信息是令人厌恶的丑陋现实,那么传播战略将成为最不具战略意义的战略。

---

① http://www.janjan.co.jp。

第五节 2007 年参院选举

一、安倍剧场政治的走调

在当选日本首相之前,安倍的成功更多在于其"战斗"政治的戏剧冲突性,即外交上对朝鲜、中国的强硬民族主义态度①。内政上作为小泉继任者,他一方面宣扬"对失败者再挑战的支援",但另一方面也不忘宣扬对改革的坚持。但是就任首相后,这两方面安倍都没能够坚持,安倍剧场在政治现实中出现了变调和走调。首先,在外交上,由于民族主义的一套进行不下去,包括对中国政经分离论的放弃以及对北朝鲜强硬政策的难以维系,不得不事实放弃或改弦更张。内政方面,一方面是本章第二节中所述的曾被小泉剧场的光芒掩盖的日本社会深层矛盾暴露出来,另一方面,安倍上台后允许 2005 年造反议员复党,以此为转折点,民众对安倍的"改革者"形象产生严重质疑,此后安倍阵营的丑闻不断暴露在剧场中。当年为小泉包括安倍本人造势欢呼的剧场,很快变成了怀疑拆台的剧场。正所谓成也剧场,败也剧场。

从安倍阵营来看,其"劣化"现象主要表现为三点:

第一,内阁成员钱色丑闻、失言接连不断。从前农相松冈利胜事务所假账问题、行政改革担当相佐田玄一郎的虚假事务所费问题到新农相赤城德彦政治团体的不合适的会计问题等,全部是政治与金钱的问题。此外还有本间正明在公务宿舍包养情人的丑闻,失言问题则有柳泽伯夫厚生劳动相的"女人是生育工具"、久间章生防卫相"向长崎丢原子弹是没有办法的事"、麻生太郎外相

---

① 安倍一度坚持强调日中关系中的"政经分离"。——作者注。

的"老年痴呆"失言等。

第二,政治手法上的强暴,引起野党愤怒。在安倍政权下,强行采决成为国会的家常便饭,使议会民主制的基干受到严重威胁。在临时国会中,《国民投票法案》、《年金时效撤废特殊法案》、《伊拉克支援特别措置法延长法案》、《美军再编法案》、《少年法改正案》、《公务员制度改革法案》等一系列重要法案,全部是强行采决。在参议院选举中最大的焦点问题《年金时效特例法案》,在众议院厚生劳动委员会上仅有半天质疑便强行采决。

第三,不但剧场前台露丑,在剧场后台也缺乏有力的调解和沟通。例如政府、执政党之间的调整以及国会对策方面,就没有相应的核心人物。小泉时代担当这种沟通调解使命的干将有福田康夫官房长官、盐川正十郎财务相,在中曾根康弘时代有后藤田正晴,这些实力派为了政权的维持,有时要充分顾及在野党,甚至有时要在本党内扮演恶人角色,以求得朝野平衡。安倍内阁中,官房长官盐崎恭久没有这个能力,井上义行也远不具备小泉政务秘书饭岛勋那样的折冲协调的能力。

二、自民党的大败

2007年7月29日,日本进行三年一度的参议院选举。2007年7月2日,日本《朝日新闻》发表舆论调查结果,安倍内阁的支持率跌至28%,对于自民党来说,这是一场凶多吉少的选战。

选战要依靠有选举权的普通大众。如果说朝野政党的矛盾多出自政治手法层次,那么在2007年参院选举中,安倍政权与民众的矛盾,则体现在政治理念的差异之上。这种差异简单地讲,是利益的问题。对安倍政权来说,其政治理念及谋求的政治利益,是摆脱战后体制,是修宪,是日本的再次崛起。而对老百姓来说,这些并不是他们的关心所在。在经历了十余年剧烈的社会变动后,日本民众追求的政治利益,是领导人如何重振经济,以及如何尽可能公平地分配和提供社会保障。换言之,他们对于安倍政权的期待,是希望他能够继承改革路线,铲除日本政治经济体制中制约持续发展和公平分配的结构性腐败,而不是修改和平宪法或行使集体自卫权。可以说,在安倍政权的抱负与国民的期待之间,从一开始就存在着大幅落差。

安倍上台后,以退党党员的复党活动为始,民众的期待不断落空。在九个多月的政权运营中,民众看到的是内阁大臣的黑金,是首相对臣下的偏袒,是官僚对民众的怠慢。因此,安倍内阁给民众造成的印象,不是改革的进步,而是改革的退步;不是新气象的呈现,而是旧体制的复归。在这种潜在的"反安倍"舆论环境下,在野党重新揪出养老金记录丢失问题,向安倍政权发难①。

养老金关乎民众的根本利益,更关乎选票,但这样重要的问题也似乎并未引起安倍的足够重视。直到2007年6月24日,安倍还在公开场合表示要把修宪作为参议院选举的议题。无奈选票在民众手中,所以,当民众的不满不断被媒体的养老金问题报道激发升级后,安倍也就不断地失去议程设置的主导能力。在参院选举的议题中,养老金问题占据了绝对优势,在这种环境下,安倍的劣势已是不言自明。

从得票上来看,自民党此次是空前挫败。最难堪的是29个单一议席的选区,自民党只取得6个。这些乡村选区基本上都是传统自民党的地盘。在都市选区自民党挫败并不稀奇,但在乡村地

---

① "消失的年金"成为2007年"日本新语·流行语"前十位获奖词汇。

区惨输却相当罕见。以九州岛的佐贺县来说,自民党自创党以来从未在此输过任何一次选举,这一次却败选。四国以及东北的单一选区自民党全败,九州岛及四国地方守住几个基本地盘,但也陷落多席。自民党参院干事长片山虎之助在冈山县意外输给民主党的一个新人,民主党学习了2005年小泉的刺客手法,将这位女性候选人对自民党老议员的选战作为重点攻坚,女性候选人手持日本刀杀虎——片山虎之助的象征画面,被各电视网重复使用。在人口较多选出两席的都道府县,全都是两党各占一席。除了新潟外,其他11个选区民主党当选人得票都高于自民党。在选出三席的县市中,除了大阪外,民主党都取得2:1的优势,而自民党跟公明党在大阪各取得一席,算是执政联盟选的比较好的区域,但这主要也是靠选票分布均匀的先天优势,而不是选票没有流失。唯一有斩获的,只有在新潟从民主党手上夺下了一席。

自民党这次大败,说明了其传统地盘——乡村地区的倒戈,即在地域间的经济差距不断拉大的情况下,开始不支持他们的老主顾自民党。根据《朝日新闻》在选前的民调,认为地域间经济差距严重的选民比例大幅上升,高达64%。在四国的高知县,有高达74%的选民认为地域间经济差距严重。即使是这一比例最低的关西的滋贺县,也高达54%。认为地域差距严重的选民中,45%表示要把区域选票投给民主党,只有28%要投给自民党。民主党看准这些问题,将竞选主攻方向放在经济格差以及年金问题上。民主党党首小泽一郎是1993年裂解自民党的核心人物,深谙自民党组织战的技巧,成功建立地方的组织,是打进自民党农村滩头堡的重要因素。

相反,安倍主打的还是爱国教育以及修宪。尽管选举结果并不一定表示日本国民反对修宪,但至少显示日本多数选民并不认为这些议题的重要性足以凌驾于经济年金等民生议题之上①。

2007 年参院选举有两点意义:第一,准两党制现出雏形。在 2003 年的选举中,很多观察家已经认为日本具有两党制的雏形,不过 2005 年自民党大胜后,一度又使人猜想民主党会不会泡沫化。这一次选举等于再次确认了日本准两党制的确立。第二,政党的社会结构进一步变化。以往乡村都是自民党的铁票,这一次由于更广泛的对日本贫富差距、区域差距扩大的不满,农村开始转向。自民党以往以大量公共工程来处理这个危机,但在政府负债累累下,这个模式已经很难持续。农村选票的松动对日本政治结构具有决定性的影响。

在上述分析之外,对安倍的媒体公关与国际环境这两个因素也有必要作简要评析。

在安倍的媒体公关方面,安倍一再进退失据。上文已述,就任首相后,为弥补自身能力的不足,也为更好地运营剧场政治,实现"摆脱战后体制"的夙愿,安倍特别任命世耕弘成担任其传播事务的首相辅佐官。这一举措从设计上是好的,但在实际操作中却犯下了几个致命的错误,因此从结果上不能不说是失败的。

1. 太重派系,亲疏有别,以至于无法在总体上掌控媒体。在安倍剧场前半,主人公与《读卖新闻》、《产经新闻》等报纸和电视有着长期的良好关系,但另一面是从其祖辈岸信介与《朝日新闻》之间夹杂着的家族情感的深刻宿怨,2005 年初朝日·NHK 纷争就是双方的一次政治角力。在出任首相前后,安倍事务所相继和《选择》、《周刊朝日》、《周刊现代》、《朝日新闻》以及《朝日新闻》山田厚史编集委员发生纠葛,共提起四件诉讼。这既显示了安倍

———————
① 参见"方向归零"博客。

作为政治家的幼稚和狭隘心胸,也彻底把在精英阶层有广泛影响的日本第二大报纸《朝日新闻》推向了自己的对立面。此外,当政后,安倍特别青睐两家媒体的三位记者:《产经新闻》的阿比留瑠比、石桥文登和NHK的岩田明子。这三位记者独享宠爱,使产经和NHK总能够超过其他媒体,获得独家新闻,以至于其他媒体将富士产经集团称为"安倍政权的特务机关"①。在安倍执政的一年时间里,官邸的新闻被两家媒体独占,如首相就任前的靖国参拜、公务员制度改革经过等等,都是按照同样的方式传播的:首先是NHK在深夜一点钟的最终新闻中进行首报,这个时间是报纸早刊的截稿时间,因此报纸只能干着急。但第二天唯有《产经新闻》进行详细报道。有时《朝日新闻》、《每日新闻》连影子都摸不着。对产经和NHK的偏重,激起其他媒体和记者的不满和愤怒,因此一旦风向有变,立刻出现对安倍政权"墙倒众人推"的局面。

2. 感情用事,背离专业要求,以至犯下媒体公关中的大忌。在安倍政权中,负责媒体战略的实际有两个人,一是前文提到的新设首相辅佐官世耕弘成,一是内阁总理大臣首席秘书官井上义行。首先,这二人关系微妙,据《周刊朝日》报道,井上对世耕的位置非常妒忌,因此经常设障,甚至阁僚会议都不允许世耕参加。其次,这二人对外又是惊奇的一致,即与安倍亲近的人,自己也与之亲近,与安倍有过节的人,自己也与之疏远,这实际触犯了媒体公关的大忌,是非常不职业的公关。

在西方国家,负责首脑公关事务的人被称为政治化妆师(spin doctor),他们的任务就是靠给媒体喂料,一方面为自己架势,一方面给对手拆台。近年来美国布什的总统顾问卡尔·洛夫、英国布

---

① ［日］上杉隆:《官邸VS媒体》,《诸君》2007年第12号。

莱尔政权的阿拉斯提尔·坎布尔就是典型代表。这种人物老辣世故,会和媒体玩游戏,操控媒体,而不是与媒体对抗,哪怕是自己不喜欢的媒体也会同其虚与委蛇,不使其成为自己的对立面。在这一意义上,小泉的前政务秘书饭岛勋应该被称作是日本的 spin doctor。饭岛媒体公关的成功技巧之一,是吸引体育报纸、周刊杂志、电视软新闻、电视杂谈节目对小泉的关注。如前所述,他实用主义的理念非常有效:大报的政治版内容往往枯燥,少有人看,反倒是娱乐类报纸更加引人注目,与其在大报政治版登一个小豆腐块,不如在体育新闻上来个头版头条。而且,体育报纸登完后,周刊杂志、电视软新闻节目还要追踪报道,形成持续循环效应。这与安倍政权的媒体战略相比,确实要高明得多。

　　(二)安倍未能及时有效地因应国际环境的变化。21 世纪的第一个十年,在西方国家出现了一批长期政权,如美国的小布什政权、英国的布莱尔政权、意大利的贝卢斯科尼政权、日本的小泉政权。这些政权在政治手法上具有惊人的相似性,为获得权力和政治正统性,他们都能娴熟地操弄媒体政治、剧场政治。在政策内容上,这些政权也极为相似,概括地说,就是在经济上配合大幅度的市场全球化和企业全球化的新自由主义改革,以及与此互为表里的对民族、国家价值的再评价,在全球推广新保守主义的价值认同,发起"价值观外交"的攻势。此外,虽然在程度上有差异,这些政权也都或多或少地带有民粹主义因素。

　　但是,在 2007 年,这种新自由主义、新保守主义的叙事和展示,迎来了巨大的转折。最主要的标志是演绎这一"新自由主义物语"的美国,因在战争中深陷泥潭而使新保守主义的神话崩坏。与此同时,在新自由主义改革下带来的贫富差距效应已经显现,各国开始出现对新自由主义、贫富差距不断扩大进行越来越多的质疑和重新思考,向左转重新成为各国的主要政治话语。长期以来从媒体表象中被驱逐出去的"社会"重新浮现。社会话语的重新浮现使市场原教旨主义的改革和新保守主义的国家观开始退潮,这是世界范围的大趋势。① 日本在这一世界潮流中也深受影响,尽管民众普遍认同"普通国家"、"政治大国"的发展目标,但是面对日益衰败的经济形势,普通国民认为"入常"等外交事务的重要性和紧迫性远远低于社会福利等民生议题;而日本精英阶层也认为进一步改革利权政治,建立"政治家高、官僚低"的决策和治理模式,真正实现政治家全面掌控内政外交,比实现一两个外交野心更重要。但安倍"美丽国家"的剧场政治与国民和精英的这种现实要求越来越脱离,结果,2007 年因"年金问题"而失去参议院选举的安倍终于在执政刚满一年就被迫下野。安倍剧场政治的终结,与世界范围的构造调整处于同一周期②。安倍政权的"摆脱战后体制"这一新保守主义的话语不但在与民主党"生活第一"的相比中落后,也在当前的世界潮流中显现出落后性。随着安倍政权的夭折,"摆脱战后体制"之类的话语将在一段时期内退向幕后。

---

① ［美］沃勒斯坦:《新自由主义全球化即将寿终正寝?》,《参考资料》2008年2月14日。

② ［日］石田英敬:《乱七八糟的安倍剧场》,《论座》2007 年 10 月号。

第八章 结 论

第一节 日本剧场政治的特征及其特殊性

在概括人类所处的时代及其社会制度时,人们往往喜欢用当时影响最大的事件、制度、进程、工具、技术、主题等来表征,如石器时代、网络时代、垄断资本主义、苏联式社会主义等等。这种形象生动的分类尽管不尽准确,但却经常能够凸显出最深刻的社会变革和最主要的制度特征。在本书中,作者就尝试用剧场政治作为核心概念,来说明当代日本政治社会的新变化,以反映它的时代特征。

说起剧场政治,也许会被认为它是近年来随着高新科技推动的当代媒体的高度发达而出现的新现象。但实际上,自古以来政治就一直带有很强的剧场性。只是在不同的时代、不同的政经体制和不同的社会文化背景下,剧情、表演者和观众各有千秋而已。政治是关于重要公共利益的决策和分配活动,其最本质的作用在于有效地为集体行动调动资源,实现集体目标。在这个过程中出现了某些成员、集团对另外一些成员、集团进行支配和统治的权力,权力的目的在于实现秩序,达成目标,维持集体。值得注意的是,在进行支配和统治时,政治的权力并不仅仅是物理性的、暴力性的,即通过惩罚和威胁或回报的承诺迫使他者去做他本不想做的事情的硬权力,还包括了通过让他人"欣赏"、"遵从"、"赞叹"、

"忠诚"、"崇拜"而不战屈人之兵的软权力,即通过吸引而非强迫达到预期目标的能力。政治的剧场性源自政治的公共性,公共的概念包括两大范畴:第一,与集团利益相关。第二,社会成员都可以接近的公共行为。因此,各种各样的政治支配,无不动员了包括财富、威信、组织、法律承认的权限、暴力等所有的资源,以社会全体成员为看客,通过不断竞演"被信仰的"与"被赏赞的",使权力和政治剧场化,最后倾倒观众,实现自己政治传播和社会动员的诉求。

在现代社会,尤其是西方国家,剧场政治至少包含两大基轴:一是以选举、以议会等分权体制为核心的民主政治剧场,一是以电视为核心的商业媒体剧场。剧场政治,是政治表象空间与媒体表象空间的两相重合。从政治的角度,是政治"演员"通过在媒体"舞台"的"表演",获得选民"看客"的支持,以此为合法性基础运行政治的一种政治手法。从媒体的角度,则是大的利益集团这些媒体"剧场"的经营者,通过对政治"剧情"的设定和对"演员"的选拔,引导观众"看客"的价值取向,以此为话语权力对政治施加影响的一种政治手法。

联系到本书所研究的当代日本剧场政治,它的特征可以概括为以下四点:首先,当代日本剧场政治是全球化时代资本主义的政治。20世纪80年代美英主导的经济全球化大潮席卷资本主义世界,日本首当其冲。自中曾根康弘时代起,在政界、经济界的主导下,日本开始进行政经体制改革,其主题不外乎是经济上的新自由主义和政治上的新保守主义,即改革战后由自民党主导的"日本式开发主义国家"中的经济壁垒和军事小国主义限制,这一改革过程正是日本政治从"密室"转向"剧场"的过程。

其次,当代日本剧场政治是电子媒体时代的政治。20世纪80

年代后半期,与政治体制转型、政界力量再编同步发生的,还有政治传播体制的转型和媒体格局的再编。长期形成的以几家全国性报纸和日本广播协会 NHK 为中心的政治传播秩序,出现了滞后于形势的被动。此时,电视新闻秀、电视访谈,甚至是体育报纸取而代之,开始成为政治传播的主体。充斥新型媒体舞台的主旋律,是黑白分明的对抗和冲突——自民党主流、官僚机构是坏蛋、恶人,来自民间或自民党旁流的"改革者"是英雄、好人。英雄的"改革者"展示英姿、放大英姿最主要的场所是电视,英雄获得人气、获得政治合法性的场所也是电视。在电视节目尤其是钟爱"善恶分明"剧情的电视软新闻节目中,改革政治家与英雄、选民与观众实现合体。

再次,当代日本剧场政治是投机性的风险政治。在密室政治时代,自民党政权从 1955 年到 1993 年,维系 38 年不动,而自 1994 年日本启动政治改革,1996 年按照新选举制度进行选举后,小选举区制度的零和博弈性,使包括自民党在内的日本主要政党,无不处于难以把握局面的风险态势中。当然,除政绩、政策之外,媒体热衷曝光的丑闻也成为当代日本政治最大的风险性因素之一。

第四,当代日本剧场政治是一种悖论状态下的工具性政治。以小泉剧场政治为例,首先,小泉主张的"民间能做的交给民间"、"小政府"等"构造改革"(意为结构改革)公约,本质上是从新自由主义、新保守主义意识形态立场出发的改革,既不符合大众利益,也无意改变"密室"政治中大众的消极被动。而这种悖论只有在剧场的情境下,只有通过剧场性地善恶二元论,即将老自民党设定为恶的、腐败的、守旧的象征,将新自民党设定为善的、清廉的、革新的象征,才有可能博得公众的支持。在议会制的民主制度框架下,若想推进并不真正满足公众利益的,或者说没有公众"结果满足"的改革,唯一可行的方法就是换汤不换药,使公众产生"过程满足",即创造一种短暂但却亢奋的虚拟的公众参与感,而这只有通过剧场化的设计,通过戏剧性的政治表演才能实现,小泉"剧场政治"的最大功效即在于此。经济基础决定上层建筑,经济子系统的非公众利益化以及政治子系统的非民主参与化,决定了日本需要以一个"剧场化"的公共空间,戏剧性地解决矛盾,而社会—文化子系统中个人的前现代(自我的不独立)、现代(客观及主观上都无法再依赖共同体、独立的个人)、后现代(无法实现成熟独立的现实孤立)的三重结构,以及作为社会中介和剧场平台的传播机制的前现代(体制上的依赖政府和高度垄断)、现代(技术上的高度发达)、后现代(内容上的商业取向、娱乐取向)的三重结构,恰恰为小泉剧场政治的成立提供了必要条件。

此外,还有一些因素构成了日本剧场政治的特殊性,这也是日本在20世纪90年代短短十余年中成为"电视政治"发达国家的重要原因。第一,议会内阁制。与美国总统制不同,战后日本实行议会内阁制,选举尤其是众院选举在整个政治过程中最为重要。至2007年年末,日本战后共举行了21回众院选举,平均计算,间隔为2年10个月。选举结束、选出首相后,媒体包括朝野政党内部的多元势力,便开始在执政政策的失败或失误包括丑闻上做文章,一待条件许可即开始重新洗牌,这样在政权具有稳定性和长期性的同时,日本政治在稳定性中也包含着变化甚至剧变的因素。当然,并不是人人都可以成为剧场政治的主角。目前在日本只有两类政治家符合剧场政治主角的条件,一是地方的行政首脑,因为日本地方实行自治,其行政首领选举为直选制。一是大政党的领袖,如自民党、民主党。小泉虽然高呼"摧毁自民党",但实际上他的立身基础还是自民党。

第二,媒体方面激烈的商业竞争和媒体与政治的关系。经过第三章、第四章、第五章的考察,可以清楚地看出日本剧场政治中"剧场"即媒体方面的问题。首先,主流媒体本身在日本就是一个巨大的既得利益集团,是一个利权政治的卡特尔。简明地说,虽然其媒体从产业发展上是成熟的、发达的,体制上也采取较为合理的"公共·商业并存"的二元体制,但其本质上是任何一个媒体都毫无例外地离不开政治的庇护,一方面是公共媒体不公共。在与政府的关系上,伊拉克战争中 NHK 的立场与英国的 BBC 形成的鲜明对比,即是典型的例证。另一方面是商业媒体不商业,在对业界既得利益的保护上,新兴媒体包括国会电视等在发展过程中的被压制,就是例证。因此从根本上,日本的媒体在整个政治体制中处处依附于利益集团,其自由空间是非常有限的。但是这些媒体之间的竞争又异常激烈,而且也正由于政治上的有限空间,决定了媒体在商业性方面的过度竞争。由此日本的剧场政治更加热闹有趣,但也更加琐碎无聊。

第三,无党派层的逐年增加。日本的选战分为"地面战"和"空中战"。地面战是跑选区,拉关系,空中战是信息战,从散布小道消息、丑闻,制作竞选标语、海报,到在媒体上露面公开进行自我营销和宣传,都可算作信息战。近十余年来,空中战在日本选举中的重要性逐年增加,因为特定政党或候补的支持者逐年减少,无党派占据选民中的比例已经超过一半。因此在传统的地面战之外,必须进行以无固定支持政党的"无党派层"为目标的空中战。对当代日本主要政党来说,如何通过媒体吸引无党派层的支持,是最为重要的课题。

第二节　密室与剧场

以下将结合战后日本政治社会结构的发展过程,借助"广场"、"密室"、"剧场"三个概念,从对政治、媒体、舆论三者关系的把握角度,再对当代日本剧场政治的生成机制及其表象特征作一总结。这里,广场、密室、剧场都是一种隐喻,来形容某一时代的政治主流。"广场意味着把大众作为权力的来源,从大众的激情或狂热中汲取政治能量,而密室政治则倚重少数权势人物"①。1960年的安保斗争运动,是在日本社会党、共产党、共产主义者同盟等左翼政党或极左组织的领导下,动员大众参与的一种有效的抗衡密室政治的院(议院)外运动,也是战后日本政治史中一次具有代表性的广场运动。这次广场运动,在舆论上获得了有"悔恨共同体"②意识倾向的大众媒体的支持,在阻止日本修宪、重回战前体制方面获得了成功,可以说是广场对密室的胜利。

但是其中的阶段变化值得注意。即"最后是自民党主流派同社会党在王子饭店的密室达成协议,决定使国会正常化,而对法案则不再继续审议。另一方面,岸信介与大野伴睦定下密约,从而顶住主流派内的背叛,勉强保住政权而没有下台"③。此后,财界和新闻界又陆续发表了要求排除暴力和拥护议会主义的声明。由于激昂的广场运动并未就此平静,岸信介不得不无奈下台,广场也终

---

① 熊易寒:《总统辩论:在广场和剧场之间》,http:/www. ChinaMPAonline. com/。

② "悔恨共同体"为日本著名学者丸山真男所言。

③ [日]升味准之辅:《日本政治史》第四册,董果良译,商务印书馆1997年版,第1070页。

于被密室所消解。

自安保斗争之后,自民党政权意识到,重新武装的军事化、政治上战前的复古化具有巨大风险,于是开始致力建立一种重经济、轻政治的政治模式。在大众与政治的关系层面,这种政治模式的核心就是转移大众的政治热情,减少大众的政治参与,使大众脱离政治、远离政治,政治决策只在少数政治精英、权势人物(包括在野党领袖)的小范围内进行,这又是一种典型的密室政治。

具体的操作手法有二:一是在自民党一党政权和开发主义政治下建立"企业社会"的结构,把劳动者中的精英阶层固定在大企业中,通过将"查定"结果(对员工及家属政治参与,如从事市民运动、左翼运动的情况进行调查)与个人地位升迁、经济利益挂钩的方法,使在经济收入、社会地位上处于上层的大企业劳动者首先主动放弃政治权利,远离政治或拥护能够为企业带来优惠利益的自民党。自1960年代中叶起,大企业工会迅速脱离社会党,日本的左翼政党与其说失去获得政权的斗志,不如说它们的政治生存空间不断被架空和挤压,逐渐失去了存在的社会基础和现实依据,这也是战后日本社会民主主义薄弱,以至于成为战后民主主义越来越成为"装饰"的一个相当重要的原因。

二是自民党政权在搭乘由经济增长带来的"企业社会"统合快车的同时,在因经济增长造成衰退的农村和都市自营业层中,实行利益诱导型政治,将这两大块组织整合进其支持基盘中。在这一过程中,自民党成为包容性政党。利益诱导需要利益的划分和交易,因此,在议会政治层面,是被称为"国对政治"的密室政治,即朝野党领袖在赤坂的"料亭"中,在觥筹交错中,就政策问题、利益分配进行洽谈。当然,密室政治还有一个重要的组成部分,就是自民党各派阀以及派阀大佬之间的合纵连横、上下其手。这一时期,为了维护民主主义的门面,也需要朝野政党共同合演一些政治秀,在国会中表演出一些争议和对立的场面。因此,此时的密室政治也有剧场政治的一面,当众争得面红耳赤、不可开交,私底下又拉拉扯扯、大作交易。

在密室(议会)之外,从1960年至1980年代末,日本经济实现了经济增长、克服了两次石油危机。在自民党利益诱导型政治下,大企业之外的中小企业以及弱小产业的劳动者普遍享受到了富裕,出现了"一亿总中流"的变化,大众逐渐沉默,或对政治持肯定现状的保守态度,或转而注重私人生活的享受,其中一部分转变为在理念上偏左、在行动上温和的无党派层①。因此在1968年"全共斗和赤军运动"、学生叛乱失败后,大规模社会运动走向低迷和边缘②。昔日被召唤到"广场"上的大众被消解了,被分化了,而在密室政治体制下,政治掌握在少数权势者手中,大众被隔绝在政治之外。虽然自1970年代中期起,伴随着利益政治、国对政治中结构性腐败问题的曝光,政治不信、无党派层逐渐成为大众与政治关系的主流,但是由于上述的政经体制,所以最终没有形成能够足以挑战自民党的稳固政治力量和具有号召力的政治路线。

再来看媒体。伴随着整体经济增长和20世纪60年代自民党政权提出的信息产业化政策方向,昔日对政权持批判态度的媒体(主要是五家全国性大报社),也逐渐放弃了"悔恨共同体"的立

---

① 1970年代初起日本市民运动再次出现新的高潮,表现为环境运动和地方政治中挑战自民党成功的"革新自治体"。这些力量一方面被社会党吸收,但更多地则被自民党诸如环境厅、环境基本法等政策所消解。因此这一时期,在国政层面,自民党政权是稳定的。
② 有关战后日本的社会运动,参见[日]小熊英二:《战后日本的社会运动》,《论座》2007年第11号。

场,转而追求以经济利益为重的产业化发展,对自民党政权形成了极深的政治依赖。这种媒体的政治经济利益交换体制,最具代表性的,就是反映为商业报社与商业广播电视之间的"系列"关系。在对这一媒体体制的形塑过程中,田中角荣无疑是一个非常重要的政治家,而田中恰恰又是利益诱导型密室政治的开创者。因此,被内化到以自民党政治为核心的密室政治中的媒体,其自身也成为密室政治中的一个组成部分,最具代表性的表现就是几家全国性大报社中的派阀记者。

在非商业的、唯一的公共媒体 NHK 方面,以国会报道为中心,NHK 本身也成为国对政治的其中一部分。对于国会转播,NHK 的惯例是,只转播预算委员会情况,而且仅转播各党的第一轮质疑。预算审议按照会期,要进行两个多月,而且是每天审议,但是 NHK 只转播最初的两三天。这样的话,在有电视转播的有限的时段内,在野党紧紧抓住最适合电视的丑闻不放,猛烈追究。而一旦没有电视转播立刻进入拒绝审议状态。这样一来,国会审议就停了下来,于是转而进入了国对政治的暗地交易。那么,NHK 的国会转播"惯例"是出于什么样的理由呢? 一位国会议员曾这样解释,NHK 的预算必须得到国会承认,因此国会是 NHK 的股东总会。NHK 不能干让股东不高兴的事,所以也就不想因全程转播国会的事得罪朝野政党。由此可见,媒体"永田町论理"式的报道,在很大程度上是为了使密室政治免于大众视线的关注及大众舆论的影响,不是为了监督密室而是要促其稳固存在。这一时期,可以说是(自民党)政治对大众、舆论的胜利,是密室对广场的胜利。

但是,相安无事的密室政治需要特殊的内外条件。对于战后日本来说,能够出现密室政治,最重要的外部条件无疑是冷战中美国对日本的战略考虑。从 20 世纪 60 年代至 80 年代末期,支撑日本"战后体制"的实际上是两大砥柱：一是外交上的小国主义，表现为宪法九条与日美同盟相结合的，轻军事的外交安保政策，一是内政上的开发主义，表现为自民党一党优位与官僚主导相结合的，重经济的利益诱导政策（美国为日本提供了大量的市场机会）。这两大砥柱自然都离不开美国为日本撑起"无风"的天空。因此当80年代末，由美国的里根和英国的撒切尔两个右翼政府所领导的新自由主义与新保守主义狂潮席卷世界时，日本也不可避免地受到了冲击，这就是80年代中期时机不成熟而匆忙行事的中曾根改革。而且，自80年代末后，冷战突然终结使日本的国际环境进一步发生深刻变化，过去曾是日本代名词的"经济增长"已经无法继续，在重重压力下，日本的改革便不可阻挡地开始了。表现在政治领域，即新老政治势力开始对战后体制进行改造。

　　具体来讲，政治方面的变革是对自民党政权形式及内容两方面的改造。形式上是从自民党一党优位制变成保守两大政党制：1988年利库路特丑闻曝光，自民党政治受到强烈震撼。1993年自民党分裂后下野，非自民党的细川护熙联合政权上台，并大力推行政治改革。1996年以自民党为首的桥本龙太郎联合政权成立，表面上自民党虽又重新掌权，并在联合政权的状态下保持稳定，但此时的自民党也开始顺应时代潮流，变成了改革政党，这就是关乎战后体制根本的桥本六大改革。到了2001年小泉政权，对自民党既有支持基盘的改革再次加速，一方面自民党受到更大摇撼，另一方面在野的民主党在不断地成长壮大，保守两大政党制愈发具有现实性。内容上则是从外交上的小国主义和内政上的利益诱导型政治变为军事大国化和新自由主义政治。这两方面的改革以细川政权为始，到桥本政权正式展开，经过因经济衰退而又有重回老路倾向的小渊、森两任政权的停滞后，到小泉时代重又加速。

值得注意的是,在这一过程中,日本政治出现了一种全新的形式,就是本书所要探究的当代日本剧场政治。笔者认为,它与国对政治中的剧场政治大不相同,当代日本剧场政治的出现有两个重要背景:政治层面是在以美英为首的全球化背景,日本内外政治势力对小国主义外交和利益主义内政的否定性改革,媒体及舆论层面是以战后体制为靶标的,带有故事性、耸动性的电视政论节目、政治软新闻的兴起,二者交合于20世纪80年代末期。在这一过程中,由于既有政党政治、以经世会政治为代表的派阀政治、金权政治受到舆论的批判和瓦解,功能日益低下和空洞化,新的政治领袖开始转变政治动员方式,即越过政党、派阀界限,利用大众对密室政治及政治精英的不满,利用媒体(以电视软新闻、周刊杂志为中心)对黑白分明、善恶对立式政治事件的喜好,动员大众情感,满足媒体需求,并在二者的支持力量下推进改革。

因此自1988年利库路特丑闻曝光、消费税问题又引起民怨之后,日本剧场政治的"剧情",几乎清一色是"改革者"向既有威权、既有秩序的代表者——"守旧派"(小泽一郎语)、"抵抗势力"(小泉纯一郎语)的挑战。在这种对抗模式中,昔日的政治主流即利益政治型政客、官僚机构是坏蛋、恶人,昔日的政治旁流或没有利益纠葛的民间人士,是"改革者",是英雄,好人。在电视,尤其是钟爱善恶分明剧情的软新闻剧场中,选民与观众、改革政治家与英雄实现合体。因此可以说在剧场政治下,尤其是小泉时代,广场与剧场合二为一,以此摧毁密室。

对于这种剧场政治,日本的学者和评论家褒贬不一,批判者如大岳秀夫认为这是一种民粹主义,即小泉成功地唤起了日本民众对政治精英不信任的情绪。肯定者如高濑淳一则认为,日本政经体制的转型是从利益政治向非利益政治的转型,在这种需要大众付出、承担痛苦的改革中,必须使用小泉"问信于民"式的对大众"感情的鼓舞",方可获得合法性支持,实现改革目的。不管怎样评价,至此可以基本看出当代日本剧场政治的风格和全貌。

经过以上分析,剧场政治的机制可大致概括为:剧场政治的成功与否,关键在于能否实现政治、媒体、舆论三者之间的和谐统一,其中最重要的是政治表象空间与媒体表象空间的重合。二者重合后,政治领袖可以通过媒体"呼风唤雨",对政治施加强大影响。在小泉时代,小泉纯一郎独来独往,与派阀沾染不深的背景,加上其强硬执著的摧毁自民党利权政治的诉求(虽然在很大程度上是与桥本派的政治权力之争),引起了媒体和大众的强烈共鸣,因而获得了巨大的政治力量。以小泉的鲜明个性为支点,小泉阵营成功地在政治与媒体的界面,创造了"小泉剧场"这一媒体与政治联动后产生的表象空间。在这一空间中,不断"表演"的首相,不断获得媒体和大众的喝彩,不断掌握议程设置的霸权,并得以不断弥补和遮掩媒体表象空间与政治表象空间之间的缝隙,形成了不断向前滚动的合力循环。从这一意义上,小泉剧场是一件在无人有勇气喊出真话前的"皇帝的新衣"。

但是,这一件"皇帝的新衣"禅让到安倍晋三之后,则在短时间内被识破真相,遭到唾弃。安倍政权之所以虎头蛇尾、安倍剧场之所以无法进行下去,最根本的原因就在于这一幕政治剧中,主角安倍前半场与后半场的形象、作派相差太大,尤其后半场的表现背离了当代日本剧场政治的剧情,因而难以获得媒体和大众的支持,以至于无法继续担当政治主角。在前半场即出任首相前,安倍被称为"绑架问题的安倍"和"小泉改革继承者的安倍",内政外交均符合当代日本剧场政治的剧情和主角性格设定(强硬的、坚定的)。而在后半场即出任首相后,内政方面使造反派议员复党、祖护失言阁僚,外交方面放弃或改变在对中、对朝关系上的强硬等做法,均使其"非利权政治的改革者"、"战斗的政治家"的形象受到质疑。在议会政治层面,上台后安倍政权采取强权手法,借助前首相小泉纯一郎打下的众院绝对多数优势,无视朝野分歧,强行通过一系列涉及日本未来发展根本的法律和法案。这种高压的、无视对方的傲慢手法,强烈地刺激了在野党。丑闻频出并不断升级,在野党无疑是其中的重要推手。安倍自民党在 2007 年 7 月参议院选举中的惨败,应该是这两方面的共同作用。2007 年 9 月 12 日,安倍晋三突然以身体健康为由撂挑卸担。经过福田康夫、麻生太郎自民党政权近两年的惨淡经营,2009 年 8 月 30 日,日本民主党在第 45 届众院选举中使用几乎与小泉同样的戏剧性手法,靠着大批"选举刺客"一举上台,日本剧场政治由此掀开了新的一页。

参 考 文 献

一、日文文献

著作

［日］大岳秀夫：《日本型民粹主义》，中公新书2003年版。

［日］大岳秀夫：《小泉纯一郎民粹主义研究》，东洋经济新报社2006年版。

［日］谷藤悦史：《现代媒体与政治》，一艺社2005年版。

［日］远藤薰：《间媒体社会与舆论形成》，东京电机大学出版社2007年。

［日］上山春平：《被埋葬的巨像：国家论的尝试》，岩波书店1977年版。

［日］御厨贵：《虚无主义的宰相　小泉纯一郎论》，PHP新书2006年版。

［日］藤原肇：《小泉纯一郎与日本的病理》，光文社2005年版。

［日］浅川博忠：《平成永田町剧场》，讲谈社文库2003年版。

［日］浅川博忠：《人间小泉纯一郎》，讲谈社文库2001年版。

［日］和田圭、有贺さつき：《实况解说！小泉剧场》，PHP研究所2002年版。

［日］星浩、逢坂严：《电视政治》，朝日新闻社版2006年版。

［日］上杉隆:《小泉的胜利,媒体的败北》,草思社 2006 年版。

［日］鱼住昭:《国家与媒体》,筑摩书房 2006 年版。

［日］后藤田正晴:《情与理》,讲谈社 1998 年版。

［日］松本正生:《舆论调查的走向》,中央公论新社 2003 年版。

［日］松本正生:《政治意识图说》,中公新书 2001 年版。

［日］世耕弘成:《自民党改造项目 650 日》,新潮社 2006 年版。

［日］世耕弘成:《专业的广报战略》,ゴマブックス2006 年版。

［日］村上泰亮:《新中间大众时代:战后日本的解剖学》,中央公论社 1985 年版。

［日］渡边浩:《企业社会日本的变貌》,旬报社 2004 年版。

［日］渡边浩、后藤道夫编:《讲座 战争与现代 1 新战争时代与日本》,大月书店 2003 年版。

［美］查马斯·约翰逊《美利坚帝国与日本:武力依存的构造》,集英社新书 2004 年版。

［美］查马斯·约翰逊《对美利坚帝国的报复》,集英社新书 2000 年版。

［日］高桥彦博:《现代政治与社会民主主义》,法政大学出版社 1985 年版。

［日］青木康容:《现代日本政治的社会学》,昭和堂 1991 年版。

［日］佐藤诚三郎、松崎哲久:《自民党政权》,中央公论社 1986 年版。

［日］加茂利男:《日本型政治系统》,有斐阁 1996 年版。

［日］日本经济新闻政治部:《政治破坏——小泉改革是什

么?》,日本经济新闻社 2001 年版。

[日]山口二郎:《战后政治的崩坏》,岩波新书 2004 年版。

[日]铃木美胜:《看得见的政治,看不见的政治》,文艺春秋 2001 年版。

[日]伊藤惇夫:《政党崩坏》,新潮新书 2003 年版。

[日]高濑淳一:《不利益分配社会》,CHIKUMA SHIN-SHO2006 年版。

[日]NHK 放送文化研究所:《现代日本人的意识构造》第六版,NHKBOOKS2004 年版。

[日]岩濑达哉:《新闻没劲的理由》,文库 2001 年版。

[日]西山武典:《泄露消息:新闻报道的表里》,讲谈社 2002 年版。

[日]鱼住昭:《渡边恒雄——媒体与权力》,文库 2003 年版。

[日]武田徹:《NHK 問題》,CHIKUMA BOOKS2006 年版。

[日]田中良绍:《媒体的幕后支配》,讲谈社 2004 年版。

[日]京极纯一:《日本的政治》,东京大学出版会 1983 年版。

[日]松田浩:《战后史中的电视停播事件》,岩波书店 1994 年版。

[日]田原总一郎:《田原总一郎战斗的电视论》,文艺春秋 1997 年版。

[日]田势康弘:《政治新闻的罪与罚》,新潮社 1994 年版。

[日]伊藤惇夫:《权力者的信息战争》,光文社 2003 年版。

文章

[日]石田英敬:《小泉剧场 2.0》,《论座》2006 年第 12 期。

[日]石田英敬:《乱七八糟的安倍剧场》,《论座》2007 年 10

月号。

[日]田中直毅:《小泉革命的源流》,中央公论 2001 年第7 期。

[日]伊藤惇夫:《自民化的小泽民主党能否战胜民主化的安倍自民党?》,《中央公論》2006 年第 11 期。

[日]世耕弘成:《安倍智囊阐明的媒体战略后台》,《論座》2006 年第 11 期。

[日]上杉隆:《官邸 VS 媒体》,《诸君》2007 年 12 号。

[日]齐藤英之:《民粹主义与现代日本政治》,http://www.jrc.sopia.ac.jp/kiyou/ki23/saih.pdf。

[日]渋谷望:《总下流社会》,《论座》2007 年 1 月号。

[日]社会经济国民会议:《面向议会政治的提言》。

[日]村田欢吾:《政党选举中的新闻报道与政党广告》,《朝日总研报告》1996 年第 123 期。

[日]田中良绍:《努力地读解奇妙的政治》,The Commons2008 年 4 月 21 日。

日]言论 NPO:《福田政权百日座谈会》,http://seiji.yahoo.co.jp/column/article/detail/20080425 - 04 - 1001.html。

[日]本泽二郎:《永田町》,本泽二郎政治评论 2008 年 3 月 14 日。

[日]岩井奉信:《五五年体制的崩坏与大众媒体》,年度政治学 1996 年。

[日]牧田徹雄:《电视与媒体传播的变化》,《大众传播研究》2003 年 63 号。

[日]松田浩:《电视传播了什么》,《新闻研究》1988 年第446 号。

[日]佐藤毅:《政治改革是如何报道的?》,《新闻研究》第

506 号。

[日]浅野健一:《田中康夫前知事记者俱乐部改革后的一年》,http:www.doshisha.ac.jp/kasano。

[日]仓重笃郎:《国会电视改变报道》,《综合新闻研究》163 号。

[日]外山众司:《应该重新思考对国家领导人的采访方式》,《综合新闻研究》2000 年秋刊。

[日]早河洋:《新闻站的实验》,《新闻研究》1988 年第446 号。

[日]七井辰男:《官邸取材面临转机》,《综合新闻研究》2000年夏刊。

[日]小熊英二:《战后日本的社会运动》,《论座》2007 年第11 号。

[日]内阁府编:《平成一五年版国民白書》,2003 年。

二、中文文献

1. 日文译著

[日]大下英治:《田中军团》,应杰等译,华夏出版社 2002年版。

[日]富永健一:《日本的现代化与社会变迁》,李国庆、刘畅译,商务印书馆 2004 年版。

[日]北冈诚司:《巴赫金——对话与狂欢》,河北教育出版社2002 年版。

[日]森岛通夫:《透视日本:"兴"与"衰"的怪圈》,天津编译中心译,中国财政经济出版社 2000 年版。

〔日〕丸山真男:《日本的思想》,宋益民、吴晓林译,吉林人民出版社 1991 年版。

〔日〕山本一太主编《如果我是日本首相》,当代世界出版社,2004 年版。

〔日〕丸山真男:《日本的思想》,宋益民、吴晓林译,吉林人民出版社 1996 年版。

〔日〕丸山真男:《日本的思想》,区建英、刘岳兵译,三联书店 2009 年版。

〔日〕小泽一彦:《现代日本的政治结构》,世界知识出版社 2003 年版。

〔日〕边见庸:《何为小泉时代?》,新华社东京 2002 年 3 月 8 日电。

2. 欧美译著

〔美〕W. 兰斯·班尼特:《新闻:政治的幻象》,杨晓红、王家全译,当代中国出版社 2005 年版。

〔美〕克利福德·格尔茨:《尼加拉:十九世纪巴厘剧场国家》,赵丙祥译,上海人民出版社 1999 年版。

〔英〕安吉拉·麦克罗比:《文化研究的用途》,李庆本译,北京大学出版社 2007 年版。

〔美〕约书亚·梅洛维茨:《消失的地域:电子媒介对社会行为的影响》,肖志军译,清华大学出版社 2002 年版。

〔美〕欧文·戈夫曼:《日常生活中的自我呈现》,冯刚译,北京大学出版社 2008 年版。

〔法〕居伊·德波:《景观社会》,王昭凤译,南京大学出版社 2007 年版。

　　［美］巴林顿・摩尔:《民主与专制的社会起源》,拓夫等译,华夏出版社 1987 年版。

　　［美］尼尔・波兹曼:《娱乐至死》,章艳译,广西师范大学出版社 2004 年版。

　　［美］戴维・波普诺:《社会学》,李强等译,中国人民大学出版社 1999 年版。

　　［美］萨拜因:《政治学说史》,商务印书馆 1986 年版。

　　［美］埃里克・沃格林:《城邦的世界》,陈周旺译,凤凰传媒出版集团译林出版社 2009 年版。

　　［德］卡尔・马克思:《路易・波拿巴的雾月十八日》,《马克思恩格斯选集》第一卷,人民出版社 1995 年第 2 版。

　　［德］卡尔・马克思:《哲学的贫困》,《马克思恩格斯选集》第一卷,人民出版社 1995 年第 2 版。

　　马克思、恩格斯:《共产党宣言》,《马克思恩格斯选集》第一卷,人民出版社 1995 年第 2 版。

　　［美］施拉姆等:《传播学概论》,周立方等译,新华出版社 1985 年版。

　　［法］彼・阿尔贝等《世界新闻简史》,许崇山等译,中国新闻出版社 1985 年版。

　　［美］梅尔文・德弗勒等:《大众传播通论》,颜建军等译,华夏出版社 1989 年版。

　　［英］埃瑞克・霍布斯鲍姆:《帝国的年代》,贾士蘅译,江苏人民出版社 1999 年版。

　　［美］保罗・莱文森《数字麦克卢汉——信息化新纪元指南》,何道宽译,社会科学文献出版社 2001 年版。

　　［美］丹尼尔・贝尔:《资本主义文化矛盾》,三联书店 1989

年版。

[法]巴尔扎克:《幻灭》,傅雷译,人民文学出版社1989年版。

[美]鲁思·本尼迪克特:《菊与刀》,吕万和译,商务印书馆2007年版。

[美]安东尼·奥洛姆《政治社会学导论》,上海世纪出版集团2006年版。

俄罗斯《独立报》2009年8月7日,《普京的第一个十年》,转引自2009年8月11日《参考消息》第1版。

[美]柯特·安德森:《奥巴马时代的流行文化》,转引自《美国社会文化面临剧变》,见环球时报2009年8月21日第23版。

[美]沃勒斯坦:《新自由主义全球化即将寿终正寝?》,参考资料2008年2月14日。

3. 中国

著作

朱力:《变迁之痛——转型期的社会失范研究》,社会科学文献出版社2006年版。

施治生等著:《民主的历史演变》,北京出版社1982年版。

《各国新闻出版法选辑》,人民日报出版社1981年版。

李彬:《全球新闻传播史》,清华大学出版社2005版。

蒋立峰、高洪:《日本政府与政治》,台湾扬智文化事业股份有限公司2002年版。

高增杰主编:《日本的社会思潮与国民情绪》,北京大学出版社2001年版。

龙一春:《日本传媒体制创新》,南方日报出版社2006年版。

俞可平:《民主与陀螺》,北京大学出版社 2008 年版。

王新生:《日本简史》,北京大学出版社 2005 年版。

南妮:《所谓女人》,上海文化出版社 1999 年版。

阿城:《七十年代》,三联书店 2009 年版。

张国良:《现代日本大众传播史》,学林出版社 2002 年版。

文章

田中初:《电子媒介如何影响社会行为——梅洛维茨传播理论述评》,浙江师范大学学报 2006 年第 1 期。

唐海江、吴高福:《西方政治媒体化评析》,《国际新闻界》2003 年第 2 期。

舒瑜:《从"想象的共同体"到"巴厘剧场国家"》,社会学人类学中国网,2006 年 7 月 13 日。

张静:《政治社会学及其主要研究方向》,《社会学研究》,1998 年第 3 期。

金赢:《日本人质危机背后的新闻危机》,《日本学刊》2005 年第 1 期。

金赢:《2005 年大选:日本泡沫政治的标志性一页》,《日本学刊》2005 年第 6 期。

金赢:《安倍政权传播政策管窥》,《日本学刊》2006 年 6 期。

金赢:《哭砂日本》,《东方早报》2005 年 11 月 3 日。

金赢:《小泉强势从何而来》,《环球时报》2006 年 3 月 30 日。

杨均池:《资讯化对政治人物支持度的影响》、台湾国政研究报告 2002 年。

熊易寒:《总统辨论:在广场和剧场之间》,http:/www. ChinaMPAonline.com/

郑毅《当代日本新保守主义思潮研究》,《日本学论坛》2005年第 3 期。

唐小兵:《回望法西斯景观》,《读书》2006 年第 10 期。

胡正荣:《竞争·整合·发展——当代美国广播电视业考察》,www. 66wen. com。

俞可平:《现代化进程中的民粹主义》,《思想学术》2008 年4 月。

三、英文文献

Grant,August E. & Wilkinson,Jeffrey S. (Editors) , *Understanding Media Convergence*,OUP,USA,2008。

Young,Hugo *One of Us*:*Life of Margaret Thatcher*,Pan Books;2Rev Ed edition,1993

Theda Skocpol,*Protecting Soldiers and Mothers*:*The Political Origins of Social Policy in the United States*,Cambridge, Massachusetts:The Belknap Press of Harvard University Press,1992。

Thompson,John B,*The Media and Modernity*:*A Social Theory of The Media*,Polity Press,Cambridge,UK,1995.

Thompson,John B,*Political Scandal*:*POWER AND VISIBILITY IN THE MEDIA AGE*,Polity Press,Cambridge,UK,2000.

Kantrovitz,Ernst Hartwig,The King's Two Bodies:A Study in Mediaeval Political Theology,Princeton University Press,1957.

Joe McGinniss:The Selling of the President,Penguin,USA,1988

Stressen,N,*Press Law in the United States*,Article 19 Press Law and Practice reports,London,1993。

Richard Viguerie & David Franke, *America's Right Turn*, Bonus Books, USA, 2004。

Paul A Taggardt, The New Populism and the New Politics: New Protest Parties in Sweden in a Comparative Perspective, London: Macmillan, 1996。

Hans-Georg Betz and Stefan Immerfall, The New Politics of the Right: Neo-Populist Parties and Movements in Established Democracies, NY: St. Martin's Press, 1998。

Freeman, Laurie Anne, *Closing the Shop: Information Cartels and Japan's Mass Media*, Princeton: Princeton University Press, 2000.

Media Pulling Punches On Iraq Coverage Restrictions: Japan Media Review 2004 – 4 – 29.

Margaret Canovan, *Trust the People! Populism and the Two Faces of Democracy*, Political Studies, 47: 2 – 16, 1999。

致　谢

　　本书是在我博士论文的基础上修改完成的。论文完成于 2008 年 5 月。此后的一年多来,日本政治社会继续发生深刻而且复杂的变化,在进一步研究过程中我又形成了一些新的、不尽成熟的认识。在本书即将付梓之际,要感谢很多前辈和同事。首先,要衷心感谢我的导师李汉林教授的悉心指导,没有他的耳提面命及诸多帮助和鼓励,这个研究是难以想象的。要深深感谢我所供职的中国社会科学院日本研究所的领导和同事们,要感谢中国社会科学院社会学研究所的老师和同学们,他们在我学术研究和博士研究生学习期间给了我许许多多宝贵的指点和帮助。要感谢人民出版社的陈鹏鸣编审和有关编辑,他们令人敬佩的高水平工作使这本书得以顺利出版。我还要永远感谢我的父母、丈夫的照顾和支持,感谢吴秀云女士及其家人的帮助。最后,我要特别感谢我亲爱的女儿洁洁,当我准备博士论文答辩时,刚满 4 岁的她,就已经神情严肃地为妈妈加油鼓劲了。"祝妈妈写博士顺利",就是洁洁常说的一句话。正是由于这个最庄严美好的祝福,我有了一点一滴完成论文、再一字一句修改成书的不竭动力。

金　赢

2009 年 8 月

责任编辑:陈鹏鸣

封面设计:徐　晖

责任校对:周　昕

图书在版编目(CIP)数据

密室与剧场——现当代日本政治社会结构变迁/金赢 著.
-北京:人民出版社,2009.8
ISBN 978 - 7 - 01 - 008401 - 5

Ⅰ. 密… Ⅱ. 金… Ⅲ①政治制度-变迁-研究-日本-现代
②. 社会结构-变迁-日本-现代 Ⅳ. D731.3

中国版本图书馆 CIP 数据核字(2009)第 189800 号

密室与剧场

MISHI YU JUCHANG

——现当代日本政治社会结构变迁

金　赢　著

人民出版社 出版发行

(100706　北京朝阳门内大街 166 号)

北京瑞古冠中印刷厂印刷　新华书店经销

2009 年 8 月第 1 版　2009 年 8 月北京第 1 次印刷
开本:700 毫米×1000 毫米 1/16　印张:25.25
字数:293 千字

ISBN 978 - 7 - 01 - 008401 - 5　定价:45.00 元

邮购地址 100706　北京朝阳门内大街 166 号
人民东方图书销售中心　电话 (010)65250042　65289539